Check では，主に問題で扱われている以外の単語 ... た。
赤シートを活用して，最終仕上げをしてください。

Check 一覧

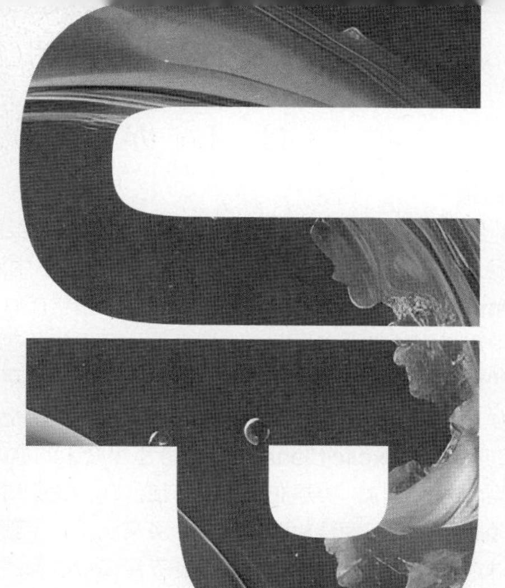

- 文法
- 語法
- 語い
- 熟語
- 会話
- 発音／アクセント

四訂版

〈データ分析〉大学入試 アップグレード

UPGRADE
英文法・語法問題

PRODIGY 英語研究所
霜 康司・刀祢 雅彦・麻生 裕美子 編著

CHART INSTITUTE

はしがき

●英語学習の近道

「留学したほうが英語力は伸びる」とよく言われます。英語圏で暮らすと流ちょうに英語を操れるようになるのは，学習内容を意識しなくても生活の中で自然と暗黙的な学習(implicit learning)ができるからです。けれども，留学だけが英語力を伸ばす方法ではありません。様々な外国語学習の研究によると，一定の年齢を過ぎて外国語の文法や語いを身につけるためには，覚えるべき事項を解説・明示せずに用例に触れさせる帰納的な学習よりも，あらかじめ覚えるべき項目を明示して解説を加えた後に多くの実例に触れる演えき的で，明示的な学習(explicit learning)のほうが効果的なのだそうです。

英語学習の当面の目標は，英語を流ちょうに，かつ正確に使えることです。留学しようがしまいが，英語を正確に使うための近道が英文法で，学習のポイントを明示してくれる大学入試問題は最高の教材です。正確な英語を身につける最短の道しるべとなるべく，本書はまさに〈アップグレード〉しました。

●大学入試問題のデータからよく出る問題を精選

本書は過去 28 年間の英語の大学入試問題延べ約 14,000 回分，約 4,500 万語の英文データに基づいて，入試で頻度の高い項目を精選しました。

PART 1 は第 1 章 **時制**，第 2 章 **助動詞** から始まり，適語句選択・空所補充・(語句)整序など短文の問題が掲載されています。けれども，時制·助動詞が大切なのは適語句選択·空所補充・(語句)整序の問題だけではありません。実は，ライティングで最もよく間違えるポイントの１つが時制・助動詞なのです。それぞれの問題の背後にある文法事項を意識し，正しい英語を読み書きできるように心がけてください。

PART 2 と PART 3 には第23章 **数量表現**，第26章 **多義語**，第27章 **文をつなぐ語句** のような類書にあまりないセクションがあります。これらはもちろん，入試問題で頻出だからこそ収録したセクションです。たとえば，第26章 **多義語** の account は過去 28 年間に 572 問も出題されており，この１単語だけで文法の１項目に匹敵するほどの頻度です。(***UPGRADE* 200** p.281) また，第27章 **文をつなぐ語句** には as a matter of fact「実は」，on the contrary「それどころか」というような Discourse Marker(ディスコースマーカー)が取り上げられています。これらは，特に長文中の適語句選択・空所補充問題で近年増加傾向の項目です。

第21章 **名詞・冠詞の語法** では，冠詞の設問を増補しました。冠詞もまたライティングで最もよく間違えるポイントの１つです。短文の問題を通して，ライティングのための文法力もアップしてください。

●項目ごとによく出る事項

大学入試問題で覚えておくべき単語は 4,000〜7,000 語ありますが，それぞれの単語の意味を知っているだけでは，正しい英文を書いたり話したりすることはできません。動詞ならば自動詞・他動詞の区別，名詞ならば可算名詞・不可算名詞の区別など，その語法を知る必要があります。discuss は他動詞，furniture は不可算名詞などと，それぞれの単語の語法を取り出して何千も覚えてゆくのはとても大変そうです。けれども，近道があります。大学入試問題の語法問題を解けるようになるためには，その頻度を知ることが一番早い方法です。たとえば英語の名詞で不可算名詞は無数にあり，それらを一つ一つ取り出して覚えるのはなかなか骨が折れそうですが，入試における頻度を知るとそれほど難事業でもないとわかるでしょう。不可算名詞の問題はこの28年間で715問出題されていますが，無数の不可算名詞がまんべんなく出題されているわけではありません。実は不可算名詞の問題の66%がinformation，advice，furnitureに関する設問なのです。

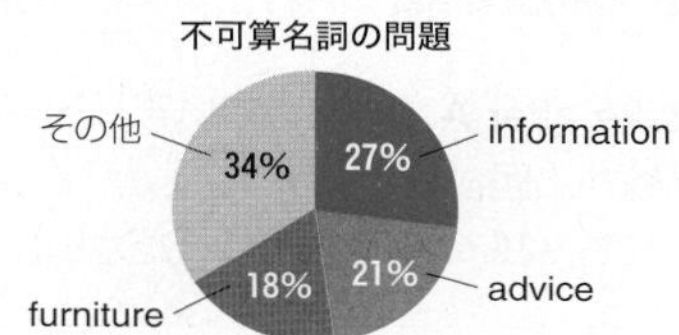

別の言い方をすると，たった3つの不可算名詞を覚えていれば，不可算名詞の問題の66%を押さえたことになるのです。「その3つくらいなら誰でも知っているだろう」と思う人がいるかもしれませんが，実際は違います。たとえばinformationが不可算名詞であることを問う設問は東京大学でも出題されており，正答率は高くありませんでした。また，アメリカに数年いた生徒たちの中には，ライティングでan informationと書いて間違える人がいます。つまり，どの単語が不可算名詞なのかは，英語圏で数年間生活しているだけで自然と覚えられるわけではなく，意識的に覚える必要があるのです。

上の3つの不可算名詞に加えて，あと10個を覚えてしまえば，ほとんどの不可算名詞の問題を正解できます。(Check 66 不可算名詞はこれが出る！ p.231) もちろん，ライティングでもこれらの不可算名詞は頻出ですから，やはり頻度順に覚えるのが圧倒的に有利なのです。

●悪しき「受験英語」を排し，「実用英語」にターゲット！

今の大学入試問題は，英米の新聞・雑誌・書籍・web siteなどから作られることが多く，実用的な現代英語が使われています。ところが，受験参考書の中には，悪しき「受験英語」の内容がそのまま保持されているものがあり，そこには最近の入試問題には出題されていない項目が掲載されています。たとえば，次のような項目です。

□ directly 接 = as soon as　　□ want V-ing = need V-ing

上の項目は英和辞典にも収録されており，決して間違った表現ではありません。しかし，これらの事項は500大学を10年間受験し続けたとして，1度出会うかどうかという頻度です。これ以外に覚えるべき事項は何万もあり，当然本書には収録していません。

このように徹底したデータリサーチで，本書は受験生に無駄な努力をさせません。

●単語・熟語問題は使い方から使い分けまで

英単語や英熟語の言い換え問題では，類義語句について，できる限り微妙な使い方や意味の違いについても触れています。たとえば，「複雑な」という意味の形容詞，complexとcomplicatedは言い換え問題でよく登場します。ですから，complex = complicatedと覚えておいて差し支えないですし，それだけしか書かれていない参考書もよく見かけます。

しかし，どちらを使っても全く同じというわけではありません。本書の **847** の解説をご覧ください。

> **847.** ①：complex「複雑な」= complicated
> ▶ 頻出の言い換えパターンだ。ただし，微妙な違いもある。complex は「多くの部分が絡み合う構造」を言い，しばしば，技術用語として使う。一方，complicated は日常語として使うことが多く，「扱いづらかったり，解決や理解が難しかったりする問題や状況」に用いることが多い。

もう1つ例を挙げます。take after A「A に似ている」という熟語は，しばしば resemble という動詞との言い換え問題が出題されています。しかし，この2つはいつでも交換可能なわけではありません。これも **925** の解説をご覧ください。

> **925.** ②：take after A「A(肉親)に似ている」= resemble A
> ▶ take after は血のつながりがある人に用いるが，resemble は単に「…に似ている」だけで血縁関係がなくともよい。 ➲ 536

このように，個別の設問を解くための知識だけではなく，実際に話し言葉や書き言葉として運用する際に留意すべき事項を取り上げています。

こうした詳しい解説を掲載する最大の効用は，解説を読むことで必修事項が長期記憶に定着することです。英語に限らず，覚えるべき対象があいまいなままでは記憶できません。ほかの事項と比較したり，関係性を知ったりすることで対象の実像がはっきりします。そして，輪郭が明確な対象ほど記憶に定着しやすいのです。

●頭スッキリ！ 覚えるための整理本

英語の学習には熟語や定型表現の習得は不可欠です。しかし，何のつながりもない項目を丸暗記するのには限界があります。たとえば，電話番号や郵便番号のように英語の表現がアルファベットの羅列だったとしたら，何千個も暗記する気にはならないでしょう。

けれども，英語のイディオムや定型表現はすべて語彙のネットワークの中に存在しています。どの表現もほかの表現との関係の中で，意味や用法が決まっているのです。たとえば，次の例を見てください。

> **UPGRADE 254「…について」の of**
> これらの表現の **of** は **about** に近い意味である。
>
> **1049.** ③：**remind A of B「A に B を思い出させる」**
> ☑ remind A **that** ～「A に～ということを思い出させる」
> ▶ remember との区別が非常によくねらわれる。
>
> **1050.** ③：**inform A of B「A に B を知らせる」**
> ☑ keep A informed of B「A に B のことを絶えず知らせる」
>
> **1051.** ③：**convince A of B「A に B を信じさせる」**
> ▶ この表現の受身が A **be convinced of** B「A が B を確信している」= A **be sure of** B だ。**convince** A **that** ～「A に～ということを信じさせる」と，その受身形 A **be convinced that** ～「A が～ということを信じている」にも注意。

この 3 つは〈動詞＋〈人〉＋ **of** ＋〈情報〉〉「〈人〉に〈情報〉を…」という構造になっているのがわかります。こうした形でしっかり整理をして覚えておけば，**notify A of B**「A に B を通知する」や **warn A of B**「A に B(危険など)を警告する」のような少し頻度の低い表現が出てきても，容易に理解することができるでしょう。

このように熟語や定型表現を覚えるときに，個別の表現と既知の動詞・前置詞などの意味・語法と関連づけることがとても重要です。なぜなら，どんな事項でも，既知の知識と有機的に結びつくことで，長期に残る記憶が形成されるからです。熟語や定型表現の意味の広がりを知り，実際の使用場面を知ることで長期記憶が作られるのです。

●英文法はリーディング，リスニング，ライティング，スピーキングの基礎

英文法とは，すなわち英語のルールです。ルールには例外がつきものですから，多少ややこしく感じることがあるでしょうが，一通り目を通し，折に触れて見直してください。

一気にすべてを覚えることは難しいかもしれませんが，時間をかけて繰り返しましょう。そうすれば，英語を使うあらゆる場面で必ず役に立ちます。

本書を通して，皆さんが新しい人生を歩み出せることを切に願っています。

改訂にあたっては，今回も数研出版編集部に大変お世話になりました。なかでも，渡邊寛子様，中原栄太様，髙木耕平様におかれましては，何年にもわたって様々なご示唆をいただきました。緻密な作業を積み重ねた原稿のやり取りに，英語教育に対する並々ならぬ情熱が感じ取られ，そのような方々に本書の上梓を委ねることができたのは，何よりの喜びです。深謝。

2023 年　初秋　　　　編著者しるす

本書の構成と効果的な使い方

■ 本書で扱った問題の形式

本書で扱った問題形式は以下の通りです。各問題形式にはそれぞれ下のような問題指示文が入るものと考えてください。（選択肢は，文頭に来る語も小文字で示してあります）

- **適語句選択**　（　）に入れるのに最も適切なものを選びなさい。
- **適語句補充**　日本語の意味に合うように（　）に適切なものを入れなさい。
- **同意文**　各組の文がほぼ同じ意味になるように（　）内に適語を入れなさい。
- **部分英訳**　日本語に合うように英文を完成させなさい。
- **整序**　（日本語に合うように）［　］内の語句を並べかえなさい。
- **同意語選択**　下線部と同意のものを選びなさい。
- **空所補充**　次の空所に入る適切な語を入れなさい。

① *Data Research*
入試を徹底的に分析し，ねらわれる項目をランキングで示しました。出題傾向がここに凝縮されています。試験前に重点的にチェックしましょう。

② 問題とマーク
実際の入試問題から，良問を精選しました。なお，問題文の英文は英文校閲によって若干の変更をした箇所もあります。

頻出
大学入試で出題頻度の高い項目であることを示しています。

発展
最難関大学で特に重要な項目であることを示しています。
（マークが付いていない問題は標準的な問題です）

③ 問題の和訳　赤シート
問題を解くときに見えないように，赤シートで隠しましょう。

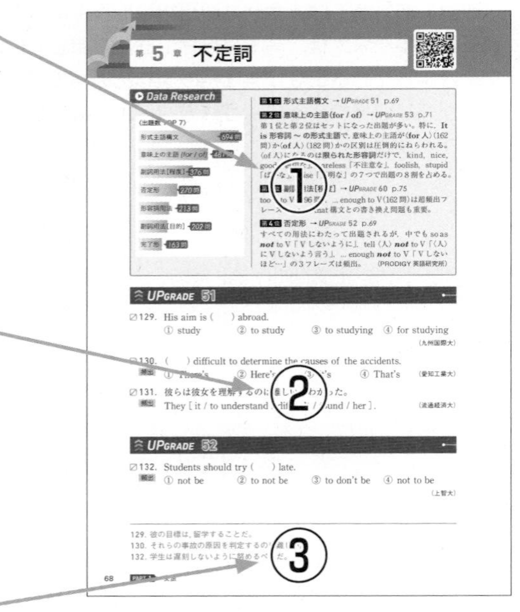

その章の問題のポイントや急所は何かを簡潔に解説しました。

■ 本書の構成

本書は見開き２ページ構成です。左のページには問題が，右のページには解答と解説が掲載されています。問題文の日本語訳は左ページの下にあります。

■ 本書のデジタルコンテンツ

本書では紙面のQRコードからアクセスすることで３種類のデジタルコンテンツをご利用いただけます。（詳細は → 後見返し）

① 英文音声の再生
② ドリル問題（本書掲載の全問題＋類問）
③「本書の学習法」に関する紹介動画

〈紹介動画〉

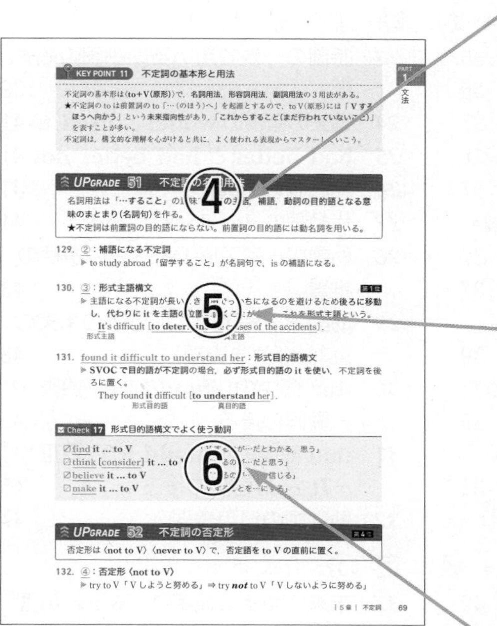

KEY POINT 11 不定詞の基本形と用法

不定詞の基本形は〈to＋V(原形)〉で，名詞用法，形容詞用法，副詞用法の３用法がある。
★不定詞の to は前置詞の to「…(のほう)へ」を起源とするので，to V(原形)には「Vするほうへ向かう」という未来指向性があり，「これからすること(まだ行われていないこと)」を表すことが多い。
不定詞は，構文的な理解を心がけると共に，よく使われる表現からマスターしていこう。

PART 1 文法

UPGRADE 51 不定詞の名詞用法

名詞用法は「…すること」の意味で，文の主語，補語，動詞の目的語となる意味のまとまり(名詞句)を作る。
★不定詞は前置詞の目的語にならない。前置詞の目的語には動名詞を用いる。

129. ②：補語になる不定詞
▶ to study abroad「留学すること」が名詞句で，is の補語になる。

130. ③：形式主語構文 第1位
▶ 主語になる不定詞が長いとき［illegible］ちになるのを避けるため後ろに移動し，代わりに it を主語の位置に置くことが［illegible］これを形式主語という。
It's difficult [to deter［illegible］causes of the accidents].
形式主語 真主語

131. found it difficult to understand her：形式目的語構文
▶ SVOC で目的語が不定詞の場合，必ず形式目的語の it を使い，不定詞を後ろに置く。
They found it difficult [to understand her].
形式目的語 真目的語

Check 17 形式目的語構文でよく使う動詞

- find it ... to V 「［illegible］が…だとわかる，思う」
- think [consider] it ... to V 「［illegible］…だと思う」
- believe it ... to V 「［illegible］信じる」
- make it ... to V 「Vすることを…にする」

UPGRADE 52 不定詞の否定形 第4位

否定形は〈not to V〉〈never to V〉で，否定語を to V の直前に置く。

132. ④：否定形〈not to V〉
▶ try to V「Vしようと努める」⇒ try ***not*** to V「Vしないように努める」

|５章| 不定詞 69

④ *UPGRADE* 解説
この項目で扱う事柄の概説です。全体的なポイントをつかんでおきましょう。

⑤ 解答と解説 赤シート
着眼点を丁寧に解説しました。選んではいけない選択肢などにも触れています。

秘伝
理屈ではなかなか覚えられない事柄を覚えるためのコツを伝授します。

！注意
特に気を付けるポイントを示しました。

＋α
英語上級者向けの解説です。

誤答
誤答となる選択肢などの解説です。どのような誤りを犯しやすいのかも，しっかり理解しておきましょう。

重要表現
問題の英文で使用されている重要語句に関する解説です。

⑥ Check 赤シート
問題に出てきた単語や熟語以外に覚えておくとよいものを一覧表にしました。

Q&A

英語について疑問に思うことなどを，わかりやすく解説しています。
実用英語にも役立つ知識が得られます。

目次

PART 1　文法

第 1 章 時　　制 (pp. 18 ～ 33)

第 2 章 助　動　詞 (pp. 34 ～ 47)

第 3 章 仮　定　法 (pp. 48 ～ 59)

第 9 章 前　置　詞 (pp. 104 ～ 119)

第 10 章 接　続　詞 (pp. 120 ～ 137)

第 11 章 関　係　詞 (pp. 138 ～ 159)

第 12 章 疑　問　文 (pp. 160 ～ 167)

第 13 章 比　　較 (pp. 168 ～ 181)

第14章 否　定 (pp. 182 ～ 191)

第15章 倒置・省略・代用・強調 (pp. 192 ～ 199)

第16章 主語と動詞の呼応 (pp. 200 ～ 203)

PART 2　語法

第17章 動詞の語法⑴ (pp. 206 ～ 209)

第18章 動詞の語法⑵ (pp. 210 ～ 211)

第19章 動詞の語法⑶ (pp. 212 ～ 219)

第20章 動詞の語法(4) (pp. 220 ～ 229)

第21章 名詞・冠詞の語法 (pp. 230 ～ 237)

第22章 代名詞の語法 (pp. 238 ～ 247)

第23章 数量表現 (pp. 248 ～ 257)

第24章 形容詞の語法 (pp. 258 ～ 267)

第25章 形容詞・副詞の語法 (pp. 268 ～ 277)

PART 3 語い

第26章 多 義 語 (pp. 280 ～ 297)

第27章 文をつなぐ語句 (pp. 298 ～ 303)

第28章 重要語いの整理 (pp. 304 ～ 308)

PART 4 熟語

第29章 基本動詞の熟語 (pp. 310 ～ 347)

第30章 前置詞でつかむ熟語 (pp. 348 ～ 381)

第31章 副詞でつかむ熟語 (pp. 382 ～ 397)

第32章 重要熟語の整理 (pp. 398 ～ 406)

PART 5 会話

第33章 会　話 (pp. 408 ～ 431)

PART 6 発音・アクセント

第34章 発音・アクセント (pp. 434 ～ 450)

○ 索　引 ○

本書で使用する記号について

●文法用語

文の要素　S＝主語　V＝動詞　O＝目的語　C＝補語

所有格　one's → 主語と同じ名詞の所有格
例 make up one's mind → He made up *his* mind to study abroad.
A's → 名詞の所有格（主語と同じ名詞でなくてもよい）
例 in A's way → That car is in *our* way.

目的語　A, B

準動詞　不定詞（to V），動名詞（V-ing），分詞（V-ing, V-ed），原形不定詞（V）

●括弧と記号

（　）　省略可能
［　］　直前の語と入れ替え可
「　」　見出し語の訳
＝　同意語（句）
⇔　反意語（句）
⇄　言い換え
×　誤り

例　例文
参考　関連して覚えておくとよい内容
《米》《英》　米国用法，英国用法

品詞記号
動…動詞　名…名詞　形…形容詞
副…副詞　接…接続詞　前…前置詞

文法解説の記号
［　］　名詞節
〈　〉　副詞節
（　）　形容詞節

PART 1

文法

第 1 章 時制

Data Research

〈出題数 TOP 6〉

時・条件の副詞節中の時制	451 問
現在完了形	428 問
過去形	410 問
過去完了形	368 問
現在完了進行形	95 問
未来完了形	90 問

第1位 **時・条件の副詞節中の時制→ UPGRADE 12** p.31
節中では**「未来のことを現在形で表す」**というルールが問われる。when「～するとき」, if「～すれば」, by the time「～するまでに」, as soon as「～するとすぐ」の順にねらわれる。さらに when と if は**名詞節との識別**も必要だ(→ UPGRADE 13 p.33)。
英文法最頻出項目の1つ。

第2位 **現在完了形→ UPGRADE 5** p.23
状態の継続「今までずっと～だった」が最多。この用法では have been, have known, have lived の3つで8割を占め, **第5位**「**現在完了進行形**」(**動作の継続**)との区別もポイントとなる。since「～以来」か for「～の間」と併用されることが多い。
＊「…してから X 年になる」(→ UPGRADE 8 p.27)は 15 年で 100 回以上も出題されている頻出表現だ。

第3位 **過去形→ UPGRADE 3** p.21
日本語の「～した」の意味で**現在完了形との区別**を問う出題が多い。... ago などの**現在完了形と共に使えない副詞**(→ Check 3 p.25)が解答のカギになる。

(PRODIGY 英語研究所)

UPGRADE 1

☑**1.** I usually (　　) home at around eight o'clock.
① leave　② am leaving
③ was leaving　④ will be leaving　(学習院大)

☑**2.** Water (　　) at a temperature of 100 degrees Celsius.
① boils　② is boiling
③ was boiling　④ used to boil　(上智大)

☑**3.** Hurry up. Everybody (　　) for you.
① waited　② waits
③ is waiting　④ has waited　(駒澤大)

---

1. 私はふつう8時ごろに家を出る。
2. 水は摂氏 100 度で沸騰する。
3. 急ぎなさい。みんなが君を待っているんだ。

☑ Check 1 時制の形

	現在	過去	未来
基本時制	do [does]	did	will do
進行形	am [is/are] doing	was [were] doing	will be doing
完了形	have [has] done	had done	will have done
完了進行形	have [has] been doing	had been doing	will have been doing

KEY POINT 01 現在形・現在進行形のイメージ

★**現在形**は「**現在を中心として過去，未来にわたる幅広い時間**」に対して用いられる。

The Kamo River **runs** through the center of Kyoto.
「鴨川は京都の中心部を貫いて**流れている**」(**恒常的な事実**)

過去　現在　未来

runs

(今も昔も，そして未来にもあてはまるイメージ)

現在形は，①**恒常的な事実**や**不変の真理**のほか，②**現在の習慣**，③**現在の状態**を表す。
(➲ *UPGRADE* 1，2)

★**現在進行形**は「**現時点**で行われている**一時的な動作**」を表す。

A white horse **is running** through the forest.
「一頭の白馬が森を**駆け抜けている**(最中だ)」

(現時点のみにあてはまるイメージ)

UPGRADE 1 現在形と現在進行形

1. ①：現在の習慣 ⇒ 現在形
   ▶ **usually**「**通例，ふつう**」があるので，習慣的な動作と考える。本問では**現在の習慣**を表す**現在形**の① leave を選ぶ。

2. ①：不変の真理 ⇒ 現在形

3. ③：現時点で進行中の一時的な動作 ⇒ 現在進行形
   ▶「急げ」に続く文として「みんなが君を待っている(から)」と考え，wait という「**動作**」が**現時点で進行中**であることを表す③ is waiting を選ぶ。

UPGRADE 2

☐ **4.** その5匹の犬は私のおじさんが飼っているものです。
The five dogs (　　) to my uncle.
① belong　② belongs
③ are belonging　④ have been belonging　（浜松大）

☐ **5.** (　　)に入れるのに不適切なものを選びなさい。
John is having (　　).
① lunch　② a good car　③ a good time　（関西学院大）

Check 2　ねらわれる状態動詞　☆最頻出はknow, belong, resemble, haveの順！

☆心象系【認識・思考・感情など】

- ☐**know**「…を知っている」
- ☐**understand**「…を理解している」
- ☐**believe**「…を信じている」
- ☐**wish**「望んでいる」

☆知覚系（意志的ではないもの）

- ☐**see**「…が見える」
- ☐**hear**「…が聞こえる」
- ☐**taste**「…の味がする」
- ☐**smell**「…のにおいがする」
- ☐**look**「…のように見える」
- ☐**sound**「…のように聞こえる」

＊ **look (at ...)** は「(…を)見る」, **taste** は「…の味を見る」, **smell** は「…のにおいをかぐ」という**意志的な**意味では**動作動詞**になる。

例 He ***is tasting*** the cake.「彼はそのケーキの**味見をしている**」

☆その他の状態【所有・属性・構成など】

- ☐**resemble**「…に似ている」
- ☐**belong**「属している」
- ☐**contain**「…を含んでいる」
- ☐**consist**「成り立っている」
- ☐**remain**「…のままである」
- ☐**depend**「次第である, 依存している」
- ☐**have**, **own**「…を持っている」
- ☐**be**「…である」

＊ **have** は「**…を食べる, 飲む**」「**(時間)を過ごす**」の意味では**動作動詞**になる。

+α 状態動詞の中には,「一時的な状態」を表すとき進行形になるものがある。
例 She *is being* a good girl this morning.「彼女は今朝はよい子にしている」

UPGRADE 3

☐ **6.** Mahatma Gandhi (　　) in 1869.
頻出　① has been born　② is born　③ had been born　④ was born
（上智大）

---

5. ①ジョンは昼食を食べている。　③ジョンは楽しい時間を過ごしている。
6. マハトマ・ガンジーは 1869 年に生まれた。

UPGRADE 2 動作動詞と状態動詞

「動作」を表す動詞＝動作動詞 ⇒ 進行形にできる
「状態」を表す動詞＝状態動詞 ⇒ 進行形にできない
動詞の大半は動作動詞であるため，入試では**状態動詞がねらわれる。「…している」という日本語に惑わされないように注意。**

4. ①：**belong は状態動詞 ⇒ 進行形にできない**
▶ **belong (to ...)**「(…に)属している，(…の)所有物である」は**状態動詞**なので，進行形の③，④は不可。現在形の① belong を選ぶ。 ➡ UPGRADE 1

5. ②：**意味によって動作動詞にも状態動詞にもなる have**
▶ ②「**…を持っている**」の **have** は状態動詞 **⇒ 進行形にできない。**
John has a good car. が正しい形だ。
▶ ①「**…を食べる**」，③「**(時間)を過ごす**」の **have** は動作動詞 **⇒ 進行形にできる。**

KEY POINT 02 過去形のイメージ

★過去形は「**現在とは切り離された過去**」に対して用いられる。
I **was** in Canada for three years.
「私は(**かつて**) 3 年間カナダに**いた**」(**過去の状態**)

過去形は，①過去のある時点の(完結した)動作，②過去の習慣的動作，③過去の状態などを表す。

★「**過去のある時点で進行中の一時的な動作**」には**過去進行形**を用いる。

UPGRADE 3 過去形と過去進行形

6. ④：**過去のある時点の(完結した)動作 ⇒ 過去形** 第3位
▶ in 1869 という**過去の時を示す副詞句**があるので，**過去形**を選ぶ。
誤答 このような特定の過去を示す副詞句は現在完了形と併用できないため，① has been born は不可。 ➡ UPGRADE 6 p.25

☑7. Martha had a flat tire while she (　　) Tower Bridge.
頻出
① crossed　② was crossing
③ has been crossing　④ had been crossing　（青山学院大）

UPGRADE 4

☑8. These plants (　　). Can you give them a little water?
① are dead　② are dying　③ had died　④ have died
（兵庫医療大）

☑9. James (　　) an early flight to Paris tomorrow.
① are going to take　② took
③ is taking　④ has taken
（北里大）

KEY POINT 03 現在進行形は「まだ終わっていない動作」を表す

現在進行形は，基本用法の**①現時点で進行中の一時的な動作**「～している」をはじめ，**②完結する瞬間への接近**「～しかけている」，**③近未来**「～する予定だ」のすべてに共通して「まだ終わっていない動作」を表す。

UPGRADE 5

☑10. I (　　) my homework, so I can sit back and watch the game.
① once did　② had just finished
③ will finish　④ have just finished　（摂南大）

---

7. マーサがタワーブリッジを横断中にタイヤがパンクした。
8. これらの植物は枯れかけている。少し水をやってくれる？
9. ジェームズは明日パリ行きの早朝便に乗る予定だ。
10. 私はたった今，宿題を終えたので，くつろいで試合を見ることができる。

7. ②：過去のある時点で進行中の一時的な動作 ⇒ 過去進行形
▶ had a flat tire「タイヤがパンクした」のは「タワーブリッジを**横断している最中だった**」と考え，**過去進行形**の ② was crossing を選ぶ。

UPGRADE 4 注意すべき進行形

8. ②：注意すべき進行形 その1 ― 完結する瞬間への接近「…しかけている」
▶ die「死ぬ」という一瞬で完結する動作の場合，**be dying** は「死んでいる」ではなく，**「死の瞬間へと近づきつつある＝死にかけている」**（まだ生きている）ことを表す。
ここでは後続の「水を少しやってくれる？」という発言から，植物がまだ生きていると判断し，**現在進行形の② are dying「枯れかけている」**を選ぶ。

9. ③：注意すべき進行形 その2 ― 近未来「…する予定だ」
▶ **近い未来に予定している行為を表すために**，will ... の代わりに**現在進行形**を使うことがあり，特に会話文では多く見られる。

誤答 主語の James が３人称単数なので，①は is going to take なら可。

+α **be going to V** には①「**V するつもりだ**」（意図・計画），②「**V しそうだ**」（予測）の意味がある。例 It *is going to* rain.「雨が降りそうだ」（予測）

KEY POINT 04 現在完了形のイメージ

★**現在完了形**〈have＋V-ed〉は「**過去から現在へとつながる時間**」に対して用いられる。
I **have been** in Canada for three years.
「私は今まで３年間カナダにいた」（**現在までの「状態」の継続**）

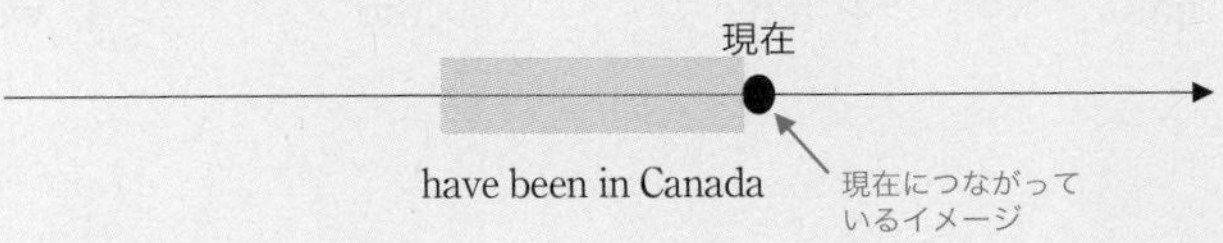

現在完了形は，①**現在までの完了**，②**現在までの経験**，③**現在までの「状態」の継続**などを表す。

★**現在までの「動作」の継続**には**現在完了進行形〈have been V-ing〉**を用いる。

UPGRADE 5 現在完了形と現在完了進行形

10. ④：現在までの完了 ⇒ 現在完了形〈have＋V-ed〉　第２位
▶ 後半の「くつろいで試合を見ることができる」という**現在の状況につながる**のは④ have just finished「**今(宿題)を終えたところだ**」となる。
▶ **just「ちょうど(…したところだ)」**は**現在完了形**と併用されることが多い。

誤答 ①「かつて(宿題を)やった」は過去形(現在と切り離された過去)であるため，現在の「くつろいで…できる」という状況に直接つながらない。（➡ UPGRADE 6）

☑11. We are all tired of snow. It (　　) for four weeks now.
頻出
① has been snowing　② is snowing
③ snowed　④ will have snowed　(明治大)

☑12. Mike and Ted are good friends. They (　　) each other since childhood.
頻出
① are knowing　② were known
③ have known　④ have been knowing　(埼玉医科大)

UPGRADE 6

☑13. (　　)に入れるのに不適切なものを選びなさい。
頻出
I haven't seen him (　　).
① for a long time　② last week　③ since January　④ today
(早稲田大)

☑14. When (　　) you come to Japan?
頻出
① has　② have　③ did　④ were　(東海大)

☑15. "Have you visited a pyramid?"
頻出
"Yes. I (　　) one when I was in Cairo."
① had visited　② have visited
③ visited　④ have gone to　(中部大)

---

11. 私たちは皆，雪にはうんざりだ。もう４週間も雪が降り続いている。
12. マイクとテッドは親友だ。彼らは幼なじみである[子供のころからの知り合いである]。
13. 私は(①長い間 / ③１月から / ④今日)彼に会っていない。
14. あなたはいつ日本に来たのですか。
15. 「あなたはピラミッドを見に行ったことがありますか」「はい。カイロにいたとき，(１基)見に行きました」

11. ①：**現在までの「動作」の継続 ⇒ 現在完了進行形〈have been V-ing〉**

▶「(今)雪にうんざりしている」のだから，「(今まで４週間ずっと)**雪が降り続いている**」という意味になる。**現在完了進行形**の① **has been snowing** が適切。

▶ **for 〜「〜の間(ずっと)」**は**現在完了(進行)形**と併用されることが多い。

12. ③：**現在までの「状態」の継続 ⇒ 現在完了形〈have+V-ed〉** 第２位

▶ **know** は状態動詞(➡ Check 2 p.20)なので，**(現在完了)進行形にできない**。

▶ **since 〜「〜以来(ずっと)」**は**現在完了(進行)形**と併用されることが多い。

UPGRADE 6 現在完了形と共に使えない副詞

現在完了形は「過去から現在につながる時間」について用いるので，「現在と切り離された」**特定の過去を示す副詞(句・節)とは共に使えない**。

13. ②：**last week「先週」は現在完了形と共に使えない**

▶ **last week** のような**特定の過去を示す副詞句は過去形と併用**する。

+α ④ **today** は文脈次第で，設問に登場した現在完了形のほか，現在形・過去形・未来を表す will 〜 などとも併用可。

14. ③：**疑問詞の when「いつ(〜)か」は現在完了形と共に使えない**

▶ この文では「いつ(日本に来たの)か」という**特定の過去の時点**が問われていると考え，**過去形**の③ did (you come)を選ぶ。

15. ③：**接続詞の when 節「する[した]とき」は現在完了形と共に使えない**

▶ **when I was in Cairo**「カイロにいたとき」のような**特定の過去を示す副詞節は現在完了形と共に使えない**。

▶「ピラミッドを(１基)見に行った」のは**過去形**の I **was** in Cairo と**同時期**なので，**過去形**の③ **visited** を選ぶ。質問文の Have you visited ...? につられて，現在完了形の経験用法と混同しないこと。

☑ Check 3 現在完了形と共に使えない副詞

☑ **yesterday**「昨日」　☑ **last year**「昨年」　☑ **in 2000**「2000 年に」

☑ **X years [months, weeks, days] ago**「X 年[月，週，日]前に」など**特定の過去を示す副詞(句)**

☑ **接続詞 when 〜の節**「〜したとき」　☑ **疑問詞の when**「いつ(〜か)」

UPGRADE 7

☑ **16.** Mary is absent today. She (　　) to Hokkaido.
① comes　② has been　③ has gone　④ has arrived
（上智大）

☑ **17.** "Are you going to the bank?" "No, I've (　　) to the bank."
① yet gone　② been yet　③ already been　④ had gone
（京都外語大）

UPGRADE 8

☑ **18.** It (　　) ten years since I left my hometown.
頻出
① has passed　② has been　③ was　④ passed
（日本女子大）

☑ **19.** 彼が死んで３年になる。
頻出
Three years (　　) (　　) since he died.
= He has been (　　) (　　) three years.　（弘前大）

Check 4　「彼が死んで３年になる」のバリエーション

☑① He died three years ago.
☑② Three years have passed since he died.
☑③ It has been [is] three years since he died.
☑④ He has been dead for three years.
★②③が頻出だが，ユニークな言い回しの④も含めて正確に覚えておきたい。

---

16. メアリは今日は留守だ。彼女は北海道に行ってしまった。
17. 「あなたはこれから銀行に行く予定ですか」「いや，銀行にはもう行ってきました」
18. 私が故郷を出てから 10 年が過ぎた。

UPGRADE 7　have been to A と have gone to A

16.　③：have gone to A「Aに行ってしまった(ここにはいない)」− 完了[結果]

▶「メアリは今日は留守だ」に続く文なので，「(北海道に)行ってしまって，今ここにいない」の意になる③が適切。

17.　③：have been to A「Aに行ってきたところだ」− 完了

▶「これから銀行に行く予定ですか？」に対して，No と答えているので，「すでに(銀行に)行ってきたところだ」の意になる③ (I've) already been (to ～) を選ぶ。

誤答 yet は現在完了形と併用する場合，原則として否定文・疑問文で用いるので，②は不適切。

例 I have*n't* finished the work ***yet***.「私はまだ仕事を終えていない」
Have you finished the work ***yet***?「あなたはもう仕事を終えたのですか」

+α **have been to A, have gone to A** には「Aに行ったことがある」(経験)の意味もあるが，この意味では共通なので区別が問われることはない。

UPGRADE 8　「…してからX年になる」の表現

18.　②：It has been X years since S+過去形.「Sが…してからX年になる」
＝X years have passed since S+過去形.「Sが…してからX年が過ぎた」

▶ この文は，Ten years have passed since I left my hometown.「私が故郷を出てから10年が過ぎた」と書き換えることができる。

19.　have passed / dead for：
X years have passed since 〈人〉+died.
＝〈人〉has been dead for X years.　「〈人〉が死んでX年になる」

▶ 下の文の has been dead は be dead「死んでいる」の現在完了形。直訳では「彼は3年間死んでいる」だが，「彼が死んで3年になる」の意で用いる。

☑ **20.** He (　　) in Paris for ten years when the war broke out.
頻出
① had lived　② was living　③ lived　④ has lived
(松山大)

☑ **21.** I (　　) in New York for three years when I was a child.
発展
① have once lived　② lived
③ had lived　④ have been living
(東海大)

☑ **22.** I (　　) a book for an hour when he entered the room.
頻出
① had been reading　② had read
③ have been reading　④ was reading
(梅花女子大)

☑ **23.** The road was muddy, as it (　　) the day before.
頻出
① rains　② rained　③ has rained　④ had rained
(流通経済大)

☑ **24.** 誤りがある部分を選びなさい。
When she said she ① had met him three hours ② ago, I ③ thought she ④ was telling a lie.
(流通経済大)

KEY POINT 05　「X 時間前に」の X hours *ago* と X hours *before*

「現在から X 時間前に」　⇒ **X hours ago** … 過去形と併用
「過去のある時点から X 時間前に」⇒ **X hours before** …過去完了形と併用
★「X 日前に」「X 月前に」「X 年前に」も同様に ago と before を使い分ける。

---

20. 戦争が起こったとき，彼はパリに 10 年間住んでいた。
21. 子供のころ，私はニューヨークに３年間住んでいた。
22. 彼が部屋に入ってきたとき，私は１時間本を読んでいた。
23. 前日に雨が降ったので，道はぬかるんでいた。
24. ３時間前に彼に会ったと彼女が言ったとき，私は彼女がうそをついていると思った。

KEY POINT 06 過去完了形のイメージ

★過去完了形〈had + V-ed〉は広い意味で「**過去より前のこと**」に対して用いられる。

I **had been** in Canada for three years until I came to Japan.

「私は日本に来るまで3年間カナダにいた」(**過去のある時点までの「状態」の継続**)

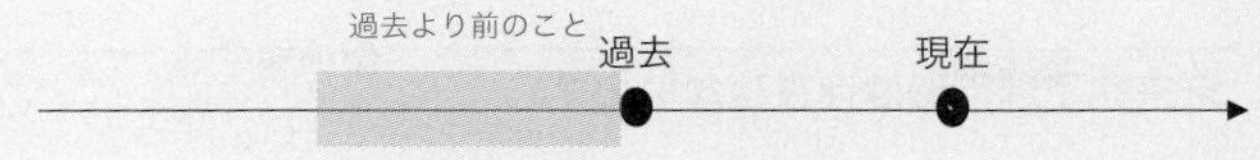

過去完了形は，①**過去のある時点までの完了・経験・「状態」の継続**
②**大過去[過去の過去]** の両方を表すことができる。

★**過去のある時点までの「動作」の継続**には，**過去完了進行形〈had been V-ing〉**を用いる。

UPGRADE 9 過去完了形と過去完了進行形

20. ①：**過去のある時点までの「状態」の継続 ⇒ 過去完了形〈had+V-ed〉**

▶ **live** は原則として**状態動詞**であり，「戦争が起こった」という**過去の時点まで**に**10年間**「彼がパリに住んでいた」という**状態が継続していた**と考え，**過去完了形**の① had lived を選ぶ。

21. ②：**過去と同時 ⇒ 過去形**

▶「ニューヨークに住んでいた」のは(I) **was** a child「子供だった」のと**同時期**なので，**過去形**の② lived を用いる。

誤答 **過去完了形は「過去より前のこと」にしか用いることができない**ので，③ had lived はダメ。多くの人がひっかかりやすいワナ問題。機械的に解くのではなく，文脈を考えることが重要。

22. ①：**過去のある時点までの「動作」の継続**
⇒ 過去完了進行形〈had been V-ing〉

▶ **read** は**動作動詞**なので，「彼が入ってきた」という**過去の時点までに1時間**にわたって「私が本を読んでいた」という**「動作」が継続していた**と考える。

誤答 ② had read は「読んでしまった」という完了の意味で，for an hour「1時間(ずっと)」と共に使うことはできない。

23. ④：**過去の過去＝大過去 ⇒ 過去完了形〈had+V-ed〉**

▶ **was** muddy「(道が)ぬかるんでいた」時点よりも，「雨が降った」時点のほうが1日前なので，**過去の過去＝大過去**と考え，**過去完了形**を用いる。

24. ②：**「3時間前に」の three hours *ago* と three hours *before***

▶ (three hours) **ago** は**「現在から3時間前に」**の意味で**過去形と併用**する表現。本問では，**過去完了形 had met と併用**されているので，**「過去のある時点から3時間前に」**の意味の(three hours) **before** が正しい形だ。

UPGRADE 10

☑25. Next month I (　　) Alice for 20 years.
頻出 ① know　② will have known
③ am knowing　④ will have been knowing　（慶應大）

Q&A❶ 未来完了進行形は存在しないの？

未来完了進行形〈will have been V-ing〉は実際の英語ではほとんど使われず，「動作」の継続であっても未来完了形で代用されることが多い。

例 Next month I *will have worked* at the firm for 20 years.
「来月で私はこの会社で 20 年間働いたことになる」

ただし，入試では，未来完了進行形がまれに出題されることもある。

UPGRADE 11

☑26. A friend of mine said to me, "The party was really a success."
= A friend of mine told me that the party (　　) really (　　) a success.　（芝浦工業大）

UPGRADE 12

☑27. I'll phone you after (　　).
頻出 ① I arrive　② I arrived
③ I will arrive　④ I will have arrived　（青山学院大）

☑28. By the time she (　　) there, it will be nearly dark.
頻出 ① get　② gets　③ getting　④ will get　（慶應大）

☑29. Please tell me as soon as you (　　) your homework.
頻出 ① will have done　② will do　③ have done　④ had done　（札幌学院大）

---

25. 来月でアリスと知り合って 20 年になる。
26. 私の友達の 1 人が私に「パーティは本当に成功だった」と言った。
27. 到着してから，あなたにお電話します。
28. 彼女がそこに到着するころまでに，ほとんど真っ暗になっているだろう。
29. あなたが宿題を終えたらすぐ私に教えてください。

UPGRADE 10 未来完了形

未来のある時点までの「完了・経験・継続」⇒ 未来完了形〈will have＋V-ed〉

25. ②：未来のある時点までの（状態の）継続
⇒ 未来完了形〈will have＋V-ed〉
▶ know は状態動詞。「来月」という**未来の時点まで** 20 年間「私がアリスと知り合いである」という**状態が継続**することを表す**未来完了形**を用いる。

UPGRADE 11 時制の一致

主節の動詞が過去形になると，従属節の動詞もそれに合わせて変化することを「時制の一致」と言う。

KEY POINT 07 「時制の一致」の基本ルール

①主節の動詞が過去形になると，従属節の動詞は**主節と同時**なら過去形になる。
I ***think*** that he ***is*** wrong.「私は彼が間違っている**と**思う」
⬇
I ***thought*** that he ***was*** (×is) wrong.「私は彼が間違っている**と**思った」

②主節の動詞が過去形になると，従属節の動詞は**主節より前**なら過去完了形になる。
I ***think*** that he ***was*** wrong.「私は彼が間違っていた**と**思う」
⬇
I ***thought*** that he ***had been*** (×was) wrong.「私は彼が間違っていた**と**思った」

★「時制の一致」のルールは必ずしも厳格なものではないが，英作文や英文解釈では「**日本語とのずれ**」がカギになる。（従属節の動詞が will，can などの助動詞を伴う場合の時制の一致は，助動詞の章（➲ UPGRADE 23 p.39）で詳述。

26. had，been：直接話法 ⇔ 間接話法
▶ 直接話法を間接話法に書き換えるとき，主節が過去形の場合，従属節の動詞は，〈現在形 ⇒ 過去形〉，〈過去形 ⇒ 過去完了形〉になる。（話法は p.204 で詳述。）

UPGRADE 12 時・条件の副詞節中，未来 ⇒ 現在形 第1位

時（when，until，as soon as，after，before，by the time など）や，条件（if，unless など）の接続詞が導く**副詞節中では，未来の事柄を現在形で表す。**
文法では**入試最頻出項目**の 1 つだ。

27. ①：after「～したあとで」の副詞節中，未来の事柄 ⇒ 現在形で表す
28. ②：by the time「～するまでに」の副詞節中，未来の事柄 ⇒ 現在形で表す
▶ by the time は接続詞であることにも注意。 ➲ 302
29. ③：as soon as「～するとすぐ」の副詞節中，未来完了の事柄
⇒ 現在完了形で表す

UPGRADE 13

☑ **30.** She told me she would be here about six. Anyway, I'll tell you when she (　　).
頻出
① comes　② had come　③ will come　④ would come　（立命館大）

☑ **31.** "John, is Mary still using your camera?"
"Yes, I wonder when she (　　) it."　（群馬大）
① returns　② returned　③ will return　④ has returned

☑ **32.** Please give him my best regards if (　　) to see him.
頻出
① you happen　② you will happen
③ you had happened　④ should you happened
（名古屋外語大）

☑ **33.** We don't know if he (　　) back to Japan again.　（神奈川大）
① does come　② comes　③ would come　④ will come

KEY POINT 08　whenの基本３用法

① 接続詞〈～したとき〉：副詞節をつくる　＊節中では未来の事柄 ⇒ 現在形
Tell me 〈**when** he **comes** back〉.「彼が帰って来た**とき**，教えてください」

② 疑問副詞［いつ～か］：名詞節をつくる　＊節中では未来の事柄 ⇒ 未来を表す形
Tell me [**when** he **will come** back].「彼が**いつ**帰ってくるか教えてください」
V　O　O

③ 関係副詞（先行詞を受ける）：形容詞節をつくる　＊節中では未来の事柄 ⇒ 未来を表す形
Tell me the time (**when** he **will come** back).「彼が帰ってくる時刻を教えてください」
先行詞
★関係副詞の **when** については関係詞（➡ 367，368）を参照。

---

30. 彼女は私に６時ごろここに来ると言いました。とにかく，彼女が来たらあなたに伝えます。
31. 「ジョン，メアリはまだあなたのカメラを使っているの？」
「うん，いつ返してくれるかなあ」
32. 彼に会うことがあったら，よろしくお伝えください。
33. 彼が再び日本に戻って来るかどうか，私たちにはわからない。

UPGRADE 13 when 節・if 節 ― 副詞節か名詞節か

when, if が副詞節を導く場合 … 節中, **未来の事柄 ⇒ 現在形**を用いる
when, if が名詞節を導く場合 … 節中, **未来の事柄 ⇒ 未来を表す形**を用いる
★この識別には構文的な理解が必要だ。

30. ①：**接続詞 when「〜したとき」の副詞節中, 未来の事柄 ⇒ 現在形**
▶ I'll tell you 〈**when** she *comes*〉.
S V O

31. ③：**疑問副詞 when「いつ〜か」の名詞節中, 未来の事柄 ⇒ 未来を表す形**
▶ when she will return it「いつ彼女がそれを返してくれるのか」という疑問詞節が wonder「〜を疑問に思う, 〜かしら」の目的語の**名詞節**となり, 節中では**未来を表す形**を用いる。
I wonder [**when** she *will return* it].
S V O

32. ①：**接続詞 if「〜すれば」の副詞節中, 未来の事柄 ⇒ 現在形**
▶ Please give him my best regards 〈**if** you *happen* to see him〉.
V O O

重要表現 give 〈人〉 my best regards「〈人〉によろしく伝える」 ➡ 1228

33. ④：**接続詞 if「〜かどうか」の名詞節中, 未来の事柄 ⇒ 未来を表す形**
▶ if he will come back to Japan again「彼が再び日本に戻って来るかどうか」が don't know の目的語の名詞節となる。
We don't know [**if** he *will come* back to Japan again].
S V O

KEY POINT 09 if の２用法(共に接続詞)

① **接続詞〈〜ならば〉: 副詞節をつくる ＊節中では未来の事柄 ⇒ 現在形**
We'll play baseball 〈**if** it **is** fine tomorrow〉.「明日晴れ**たら**野球をするつもりだ」

② **名詞節をつくる[〜かどうか] ＊節中では未来の事柄 ⇒ 未来を表す形**
I wonder [**if** it **will be** fine tomorrow].「明日晴れる**か(どうか)**なあ」
S V O

第 2 章 助動詞

Data Research

〈出題数 TOP 6〉

助動詞＋完了形	433 問
that 節中の (should+)V(原形)	313 問
used to V	150 問
had better (not)	139 問
would rather (not)	108 問
cannot help V-ing / cannot (help) but 原形	98 問

第 1 位 〈助動詞＋完了形〉 → UPGRADE 28, 29 p.43
最頻出は〈should have＋V-ed〉「Vするべきだった(のに)」(**過去の事実の反対**)で，〈must have＋V-ed〉「Vしたにちがいない」(**過去の事柄の推量**)との区別は必出。混同しないよう注意。

第 2 位 that 節中の(should＋)V(原形)
→ UPGRADE 30, 31 p.45
should のない原形が出題の8割以上で，suggest，propose，recommend，insist，demand の5動詞が頻出。

第 3 位 used to V → UPGRADE 24 p.41
would との使い分けと共に，be [get] used to V-ing「Vするのに慣れ(てい)る」との区別も重要。(→ 173 p.83)

なお should と would は複数の項目に登場し，合わせると圧倒的な出題頻度になる。この2つを含め主な助動詞は複数の意味・用法を持つので，それぞれの正確な理解が必要だ。

(PRODIGY 英語研究所)

UPGRADE 14

☐ **34.** "Are you going to the concert?" "I'm not sure. I (　　) go."
① mustn't　② will　③ won't　④ may　(桃山学院大)

☐ **35.** 頻出 (a) I am sure that he is sick.
＝(b) He (　　) be sick.
① may　② can　③ will　④ must　(鶴見大)

☐ **36.** "Can I have some sweets? I'm hungry."
"You (　　) be hungry. You've just had lunch."
① should　② may　③ can't　④ must　(東洋大)

UPGRADE 15

☐ **37.** 適切なものを選びなさい。(1つとはかぎらない)
Will you answer the door? It (　　) be the postman.
① might　② could　③ shall　(早稲田大)

---

34. 「そのコンサートに行くつもりなの？」「わからない。行くかもしれない」
35. (a)彼はきっと病気だろう。(b)彼は病気にちがいない。
36. 「お菓子を食べていい？腹ぺこなんだ」「腹ぺこなはずはない。昼食を食べたばかりだ」
37. 玄関に(応対に)出てくれない？① ② 郵便屋さんかもしれない。

UPGRADE 14 推量の may と must と can

34. ④：may「…かもしれない」— 弱い推量

▶ I'm not sure.「(コンサートに行くかどうか)はっきりしない，わからない」に続く内容なので，**弱い推量の ④ may「(行く)かもしれない」**が適切。may は話者の確信度が 50%ぐらい。

誤答 ② will「(行く)つもりだ」，③ won't「(行か)ないつもりだ」は共に意志未来を表す。(➡ Check 8)

35. ④：must「…にちがいない」— 強い推量

▶ **I'm sure that S+V.「きっと S は V するだろう」≒ S must V.**

36. ③：cannot [can't]「…はずがない」— 否定の推量

▶「昼食を食べたばかり」なのだから，「空腹である**はずがない**」と考える。

Check 5 can の主な意味・用法

① **能力**	I **can** swim.	「私は泳ぐことができる」
② **可能性・推量**	Children **can** be cruel.	「子供は残酷なことがある」
＊否定文で	The rumor **can't** be true.	「そのうわさは本当であるはずがない」
＊疑問文で	**Can** the rumor be true?	「そのうわさははたして本当だろうか」
③ **許可**(≒ may)	**Can** I have a look?	「見てもいいですか？」

UPGRADE 15 推量の could と might

37. ①，②：推量の might と could「(ひょっとしたら)…かもしれない」

▶ might と could はそれぞれ，may と can の過去形だが，**現在(〜未来)の推量で「(ひょっとしたら)…かもしれない」**という意味を持つ。

▶ 特に会話文では，**弱い推量**の意味で **could が最もよく用いられる。**

誤答 ③ shall は本来 should(➡ 43, 45)の現在形だが，現代英語では**相手の意志**を聞く Shall I ...?「(私が)…しましょうか」，Shall we ...?「(いっしょに)…しましょう(か)」以外で使われることは少ない。

例 *Shall I* call you a cab?「タクシーをお呼びしましょうか」
Shall we have some coffee?「コーヒーでも飲みましょうか」

+α これは仮定法過去(➡ UPGRADE 33)から派生した用法で，may「…かもしれない」，can「…ことがある」とほぼ同意だが，さらに確信度が低くなる(➡ Check 6)。過去の意味を持たないことに注意。

Check 6 話し手の確信度

おおよその目安として，「推量」の助動詞に対する話し手の確信度は，
could < might < may < can < should < would < must の順に強くなる。

UPGRADE 16

☑ 38.　(　　) you live long and die happy!
① Should　② Would　③ Can　④ May （芝浦工業大）

Check 7 mayの主な意味・用法

① 許可　**May** I smoke?　「タバコを吸ってもいいですか？」
＊否定文で　You **may** not smoke.　「タバコを吸ってはいけない」
② 推量≒ **might**　★ might のほうが確信度が低い印象になる。
It **may** be true.　「それは本当かもしれない」（≒ It might be true.）
③ 祈願文で　**May** you succeed!　「あなたが成功しますように」

UPGRADE 17

☑ 39.　The car broke down, and we (　　) a taxi. （慶應大）
① must have gotten　② have to get　③ had to get　④ must get

UPGRADE 18

☑ 40.　The opera starts at seven. We (　　) be late.
① needn't　② mustn't　③ don't have to　④ haven't to
（専修大）

☑ 41.　We (　　) hurry. There are still thirty minutes before the train leaves.
① must not　② may not　③ don't have to　④ have not to
（札幌大）

UPGRADE 19

☑ 42.　We don't have to move this bookshelf.
= We (　　) not move this bookshelf. （日本工業大）

---

38. あなたが長生きして，最期は幸せでありますように。
39. 車が故障したので，私たちはタクシーに乗らなければならなかった。
40. オペラは７時に開演する。私たちは遅れてはいけない。
41. 私たちは急がなくてもよい。列車が出るまでにまだ30分ある。
42. 私たちはこの本棚を移動させる必要はない。

UPGRADE 16 祈願文の may

38. ④：May S V(原形)!「SがVしますように」(文語的)
▶ 選択肢の中で，文末に“!(感嘆符)”を置くことができるのは，祈願文の④May のみ。

UPGRADE 17 義務・必要の must と have to の用法

現在－ **have [has] to ≒ must**「…しなければならない；…する必要がある」
過去－ **had to**「…しなければならなかった」
未来－ **will have to**「…しなければならない(ことになる)」
★口語では have [has] to V の代わりに，**have [has] got to V** も用いられる。

39. ③：had to V「Vしなければならなかった」― 過去の義務・必要
誤答 ①は「(タクシー)に乗ったにちがいない」の意(➡ 58)で文意に合わない。

UPGRADE 18 禁止の must not ⇄ don't have to

40. ②：must not [mustn't]「…してはいけない」― 強い禁止

41. ③：don't [doesn't] have to V「Vしなくてもよい」
▶ have to V「Vしなければならない」の否定形。
誤答 ② may not は「…してはいけない」の意(➡ Check 7)。許可の may の否定形なので「…することは許可されない」というニュアンスで，must not よりは弱い。

UPGRADE 19 助動詞の need

助動詞の need は**否定文**と**疑問文**で用いるが，入試に出るのはほとんど**否定文**だ。
need not [needn't] V(原形)「Vする必要がない，Vしなくてもよい」
Need S V(原形) …?「SはVする必要があるのか」
★助動詞の need は**肯定文では用いることができない**ため，「～する必要がある」は，本動詞の need を使って need to V で表す。
例 He × *need* go there. ⇒ He ○ *needs to* go there.「彼はそこに行く必要がある」

42. need：need not [needn't] V「Vする必要がない，Vしなくてもよい」
= don't [doesn't] have to V

+α なお，本動詞の need を使って以下のような言い換えもできる。
例 You *need not* worry.「心配**しなくてもいい**よ」= You *don't need to* worry.
Need she come?「彼女は来る**必要があるの？**」= *Does* she *need to* come?

UPGRADE 20

☑43. (　　)に入れるのに不適切なものを選びなさい。 (上智大)
頻出 If you want to be on time, you (　　) be there by 11 o'clock.
① should　② have to　③ might　④ ought to

☑44. This is a very important meeting. You ought (　　) (　　) miss it.
(慶應大)

☑45. Since it has been snowing for a week, skiing conditions (　　) ideal tomorrow.
① have been　② are　③ should be　④ were (亜細亜大)

UPGRADE 21

☑46. You've done nothing wrong. Why (　　) you worry about it?
① may　② ought to　③ shall　④ should (國學院大)

UPGRADE 22

☑47. この戸はどうしても開かない。 (朝日大)
This door (　　) not open.

☑48. 彼女はいくら痛くても歯医者に行こうとしなかった。 (学習院大)
She (　　) not go to the dentist, even though she felt a sharp pain.

UPGRADE 23

☑49. 雨が降っているが行くつもりだ，と彼は言った。
頻出 He said that he (　　) go though it was raining. (駒澤大)

---

43. ①④ 時間を守りたいなら，11 時までにそこに到着するべきだ。
② 時間を守りたいなら，11 時までにそこに到着しなければならない。
44. これはとても重要な会議です。あなたは欠席すべきではありません。
45. 1 週間雪が降り続いているのだから，明日はスキーをするためのコンディションが理想的なものになるはずだ。
46. あなたは何も悪いことはしていない。いったいなぜそんなことを心配するのか。

UPGRADE 20 should と ought to ― 義務と当然・推量

43. ③：should「…するべきだ」(義務) = ought to V
▶「時間を守りたいなら，11 時までにそこに着く(　　)」の空所補充と考える。**should**，**ought to**「…するべきだ」，**have to**「…しなければならない」は義務の意味で，文意に合う。③ might に義務の意味はない。

44. not to：ought not to V「V するべきではない」(義務)
= should not [shouldn't]
▶ ought to V の否定形が ought *not* to V となることに注意。頻出ポイントだ。

45. ③：should「…するはずだ」(当然・推量) = ought to V
▶「1 週間雪が降り続いている」のだから，「明日はスキーをするコンディションが理想的なものになる**はずだ**」と考える。

UPGRADE 21 疑問詞+should S+V?「いったい全体〜か」

46. ④：Why should S+V ?「いったいなぜ〜か」― 強い疑問・反語
誤答 ② ought to にこの用法はない。

UPGRADE 22 強い意志(拒否)の will (not) と would (not)

47. will：will not [won't]「…しようとしない」― 現在の強い意志(拒否)
▶ この用法は主に否定文で用いる。本問のように無生物を主語にすることも多い。

48. would：would not [wouldn't]「…しようとしなかった」
― 過去の強い意志(拒否)

Check 8 will の主な意味・用法

① 単純未来	**I'll** be eighteen next year.	「私は来年 18 歳になります」
② 意志未来	**I'll** call you later.	「あとで電話するよ」
③ 現在の強い意志(拒否)	The key **won't** turn.	「カギがどうしても回らない」
④ 習性・傾向	Accidents **will** happen.	「事故は起こるものである」
⑤ (疑問文で)依頼・勧誘	**Will** you pass me the salt?	「塩を回してくれませんか」

★ will =「…だろう，…でしょう」と短絡的に置き換えてはダメ！

UPGRADE 23 時制の一致で用いる助動詞の過去形 ➡ UPGRADE 11

49. would：過去における未来の would
▶「(彼は)行くつもりだ」は意志未来の will を用いて(he) will go ... であるが，主節の動詞が過去形(said)なので**「時制の一致」**で **will ⇒ would** となる。

+α **will ⇒ would** 以外にも，**can ⇒ could**，**may ⇒ might** に注意。

UPGRADE 24

☑50. When John lived in Oxford, he (　　) often come to see me.
頻出
① ought to　② would　③ should　④ used to　(桜美林大)

☑51. My father (　　) play golf twice a week, but now seldom plays at all.
発展
① might　② used to　③ was used to　④ would　(近畿大)

UPGRADE 25

☑52. I think (　　) take a rest; you look ill.
頻出
① you would　② you ought
③ you'd better　④ you'd better to　(立教大)

☑53. You (　　) tell him the truth.
頻出
① had better not to　② hadn't better
③ didn't have better to　④ had better not　(関東学院大)

UPGRADE 26

☑54. よくも私にそんなことが言えるね。
How dare (　　) that to me?
① can you say　② do you say
③ will you say　④ you say　(立命館大)

UPGRADE 27

☑55. At first Janet did not like raw fish but now she (　　).
① does　② did　③ is　④ has　(名城大)

---

50. ジョンはオックスフォードに住んでいたころ，よく私に会いに来た。
51. 私の父は以前は１週間に２回ゴルフをしたが，今はめったにしない。
52. あなたは休みを取ったほうがよいと思う。顔色が悪いから。
53. 彼には本当のことを言わないほうがよい。
55. 初めジャネットは刺身が好きではなかったが，今では好きである。

UPGRADE 24 過去の習慣の would と used to 第3位

would「よく…したものだ」(過去の習慣) ★動作動詞のみ。
used to ①「よく…したものだ」(過去の習慣) ②「以前…だった」(過去の状態)

50. ②：**would often V「よくVしたものだ」— 過去の習慣**
▶「過去の習慣」を表す would は **would often** の形でよく使われる。
▶本問では直後に often がなければ ④ used to も可。
+α「以前…だった」という過去の状態には **used to** を用い，**would** は不可。
例 There *used to* [× would] be a castle here.
「以前ここに城があった」(「現在は城がない」ことを含意)

51. ②：**used to V「(以前は)よくVしたものだ」— 現在と対比される過去の習慣**
▶ **現在と対比される過去**には **used to** を用いる。動作であっても **would は使えないので注意。**
誤答 ③ was used to V は「Vするために使われた」の意で文意に合わない。

UPGRADE 25 had better と had better not

52. ③：**had better V(原形)「Vしたほうがよい，Vしたほうが身のためだ」**
+α **You had better [You'd better] ....** は警告や，時には脅し文句になる。

53. ④：**had better not V(原形)「Vしないほうがよい，Vしないほうが身のためだ」**
▶ had better の否定形が had better *not* V(原形)となることに注意。not の位置と後ろにV(原形)が来ることがねらわれる。

UPGRADE 26 助動詞の dare

54. ④：**How dare S+V(原形)?「よくも(図々しくも)SはVできるね」**
▶ Sに対する憤慨を表す。文末は?(疑問符)の代わりに!(感嘆符)も用いられる。
+α 助動詞の dare は現代英語ではこの用法以外ほぼ使われず，まれに dare not V(原形)「Vする勇気がない，あえてVしない」が見受けられるのみ。

UPGRADE 27 代動詞の do [does]，did

同一語句の反復を避けるため，前出の動詞(句)を **do [does]** や **did** で代用したもの。

55. ①：**代動詞の do [does]**
▶ likes raw fish「(今は)刺身が好きだ」を **does で代用**している。

UPGRADE 28

☐ 56. I can't find my glasses. I (　　) them behind in the train.
頻出
① may have left　　② may leave
③ might be leaving　　④ might leave　　（東北学院大）

☐ 57. She looks very happy. Something good (　　) to her yesterday.
頻出
① might have happened　　② might happen
③ happen　　④ may happen　　（関西外語大）

☐ 58. I don't see their car. They (　　) home.
頻出
① should have gone　　② must have gone
③ ought to have gone　　④ might go　　（青山学院大）

☐ 59. You (　　) have seen Tom in Kyoto yesterday. He is still in England.
頻出
① must　② may　③ shouldn't　④ cannot　　（西南学院大）

UPGRADE 29

☐ 60. I couldn't follow the last part of her speech. I (　　) more carefully.
頻出
① would be listened　　② must have listened
③ am to be listened　　④ should have listened　　（青山学院大）

☐ 61. We had a great time at the party last night. You (　　) come.
① had to　　② must have
③ might have　　④ ought to have　　（上智大）

☐ 62. You should (　　) it without my permission.
① be not done　　② have not done
③ not be done　　④ not have done　　（関西学院大）

☐ 63. 君は彼の誤りを笑うべきではなかった。
You [not / to / ought / laughed / have] at his error.　　（愛媛大）

---

56. 眼鏡が見つからない。列車の中に置き忘れたのかもしれない。
57. 彼女はとても幸せそうに見える。昨日彼女に何かいいことがあったのかもしれない。
58. 彼らの車が見当たらない。彼らは家に帰ったにちがいない。
59. 君が昨日京都でトムに会ったはずはない。彼はまだイングランドにいるんだ。
60. 彼女のスピーチの終盤についていけなかった。もっと注意して聴くべきだった。
61. 夕べのパーティはすごく楽しかったです。あなたも来るべきでしたよ。
62. あなたは私の許可なくそれをするべきではなかった。

UPGRADE 28 助動詞＋完了形(1) — 過去の事柄の推量 第1位

56. ①：may have＋V-ed「V したかもしれない」
▶ 文意から**過去の事柄の推量**と考えて，① may have left「(眼鏡を)置き忘れたかもしれない」を選ぶ。

誤答 ④ might leave は現在〜未来の事柄の推量で，② may leave とほぼ同意。(➡ Check 6 p.35)

57. ①：might have＋V-ed「(ひょっとしたら)V したかもしれない」
▶ **〈may have＋V-ed〉**とほぼ同意。

58. ②：must have＋V-ed「V したにちがいない」

誤答 ①，③は共に「家に帰るべきだった(のに帰らなかった)」の意になり，文意に合わない。(➡ UPGRADE 29，Check 10)

59. ④：cannot [can't] have＋V-ed「V したはずはない」
▶ **〈could not [couldn't] have＋V-ed〉**もほぼ同意。

Check 9 助動詞＋完了形(1) — 過去の事柄の推量

☑ may [might]	have＋V-ed	「V したかもしれない」
☑ must		「V したにちがいない」
☑ can't [couldn't]		「V したはずはない」

UPGRADE 29 助動詞＋完了形(2) — 過去の事実の反対(ぼやき表現) 第1位

60. ④：should have [should've] ＋V-ed「V するべきだった(のにしなかった)」
▶「ついていけなかった」に続く内容として「(注意が足りなかった→)もっと注意して聴くべきだった」と考え，**過去の事実の反対**を表す④を選ぶ。

誤答 ② must have listened は「聴いたにちがいない」の意で，「聴かなければならなかった」ではない(➡ 58)。引っかけの選択肢として要注意。

61. ④：ought to have＋V-ed「V するべきだった(のにしなかった)」
▶〈should have＋V-ed〉と同意。

62. ④：should not [shouldn't] have＋V-ed
「V するべきではなかった(のにした)」

63. ought not to have laughed：ought not to have＋V-ed
「V するべきではなかった(のにした)」
▶ ought *not* to have＋V-ed も，ought *not* to V と同様に not の位置に注意。

☐64. Since she was still young, she needn't have died.
① wouldn't have died ② didn't have to die but did
③ cannot have died ④ inevitably died （獨協大）

☐65. "I just called her home. She left over an hour ago."
"Well, she (　　) got here by now, then."
① ought to be ② should have been
③ should have ④ can have （立教大）

UPGRADE 30

☐66. My father insisted I (　　) go to see the place.
頻出
① might ② ought ③ should ④ would （千葉商科大）

☐67. He proposed that another meeting (　　) held next week.
頻出
① was ② be ③ will be ④ would be （慶應大）

UPGRADE 31

☐68. It is necessary that he (　　) it.
① do ② might do
③ must do ④ may do （青山学院大）

---

64. 彼女はまだ若かったのだから，死ぬ必要なんてなかったのに。
65. 「今彼女の家に電話したよ。彼女は１時間以上前に家を出たって」「そうか。じゃあ，もうここに着いているはずだが」
66. 父は私がその場所を見に行くよう主張した。
67. 彼は来週もう一度会議を開くよう提案した。
68. 彼がそれをすることは必要だ。

64. ②：**need not[needn't] have＋V-ed「V する必要はなかった(のにした)」**

▶ needn't have died は「死ぬ必要はなかった(のに死んでしまった)」の意。

65. ③：**should[ought to] have＋V-ed「(もうそろそろ)V しているはずだ」**

▶「彼女は 1 時間以上前に家を出た」のだから，③ should have (got here)「もうそろそろここに到着しているはずだ」と考える。

▶ この用法は **by now「今ごろはもう」**とセットで用いられることが多い。

Check 10 助動詞＋完了形(2) — 過去の事実の反対(ぼやき表現)

☐ **should[ought to]**	**have＋V-ed**	「V するべきだった(のにしなかった)」
☐ **should not[ought not to]**		「V するべきではなかった(のにした)」
☐ **need not[needn't]**		「V する必要はなかった(のにした)」

★**〈should[ought to] have＋V-ed〉**は**「もうそろそろ V して(しまって)いるはずだ」**という**推量**の意味で使われることもある。

第 2 位

UPGRADE 30 that 節中の(should＋)V(原形)(1) — 動詞の後ろ

要求・勧告・提案など**「人に何かをさせたい」**という意味を持つ動詞の後ろの that 節では，**〈should＋V〉**または**原形**を用いる。**原形のほうが圧倒的にねらわれる。**suggest / propose「提案する」，recommend「勧める」，insist「主張する」，demand「要求する」の 5 動詞は必出だ。 ➡ UPGRADE 153 p.211

66. ③：**insist that S (should)＋V(原形)**
「S が V するよう[S が V するべきだと]主張する」

秘伝 これは**「…すべき」の should** と考えると頭に入りやすい。

67. ②：**propose that S (should)＋V(原形)**
「S が V するよう[S が V するべきだと]提案する」

▶ ここでは**原形**の ② be (held)を選ぶ。

▶ 主節が過去形(proposed)でも「時制の一致」を行わず，原形のままで用いる。

第 2 位

UPGRADE 31 that 節中の(should＋)V(原形)(2) — It is 形容詞の後ろ

「要求」や「勧告」の意味を間接的に持つ形式主語構文の場合も，**that** 節中に**〈should＋V〉**，または**原形**を用いる。**necessary「必要な」**と **essential「必要不可欠な」**だけは覚えておこう。**出題されるのは，ほとんどが原形だ。**

68. ①：**It is necessary that S (should)＋V(原形)「S が V するのは必要だ」**

▶ 原形の ① do を選ぶ。

UPGRADE 32

☐69. (　　)に入れるのに不適切なものを選びなさい。
頻出 I couldn't (　　) at him.
① help laughing　② but to laugh　③ but laugh　④ help but laugh
(福岡大)

☐70. You (　　) be too careful when you drive a car.
頻出 ① cannot　② have to　③ may　④ must not　(近畿大)

☐71. (a) He has good reason to get very angry.
頻出 = (b) He (　　) get very angry.
① may as well ② might as well ③ may well ④ may well as　(明治大)

☐72. There's nothing more to do. We might (　　) go home now.
① as well　② as well as　③ so as to　④ so well to　(実践女子大)

☐73. 賭け事に金を使うくらいなら捨ててしまうほうがましだ。
You [① as　② might　③ money　④ well　⑤ your　⑥ throw]
away as spend it on gambling.　(四天王寺大)

☐74. I would rather (　　) here.
① to stay　② than I stay　③ staying　④ stay　(上智大)

☐75. I have a headache; I'd (　　) go to this party.
頻出 ① not rather　② rather not
③ rather not to　④ rather to not　(慶應大)

☐76. I would (　　) shopping than study this afternoon.
頻出 ① like to go　② better go　③ rather go　④ more go　(広島修道大)

☐77. I (　　) to go home right now.
① would want　② would like
③ would rather　④ feel like　(鶴見大)

☐78. 駅まで車に乗せてもらいたいのですが。
I'd [give / to / me / you / like] a ride to the station.　(名城大)

---

69. 彼を見て笑わずにはいられなかった。
70. 車を運転する際には，いくら注意してもしすぎることはない。
71. (a)彼が激怒する十分な理由がある。(b)彼が激怒するのももっともだ。
72. もうこれ以上何もすることがない。私たちは今家に帰ったほうがよい。
74. できれば私はここにいたい。
75. 頭が痛い。できればこのパーティには行きたくない。
76. 今日の午後，勉強するよりは買い物に出かけたい。　77. 今すぐ帰宅したい。

UPGRADE 32 助動詞の慣用表現

69. ②：cannot [can't] help V-ing「V せずにはいられない」
= cannot [can't] but V(原形) — 文語的
= cannot [can't] help but V(原形)

70. ①：cannot [can't] V too ...「いくら V してもしすぎることはない」

71. ③：may [might] well V「V するのももっともだ」= have good reason to V
▶ **may [might] well V** には「① V するのももっともだ ② たぶん V するだろう」の２つの意味がある。文法問題では **①のほうがねらわれる**が，②は長文中で出現することが多い。②の意味は次の文で確認しておこう。
例 The rumor *may well* be true.「そのうわさはたぶん本当だろう」

72. ①：may [might] as well V「(どちらかと言えば)V したほうがよいだろう」
▶ had better V「V したほうがよい」よりも控えめな表現。

73. ②-①-④-⑥-⑤-③：might as well V_1 as V_2
「V_2 するくらいなら V_1 するほうがましだ」
▶ You *might as well throw your money* away as spend it on gambling.
▶ **V_1，V_2 には共に原形**が来る。**現実味の少ない事柄**に用いることが多い。ここでも「金を捨てる」という非現実的な行為が引き合いに出されている。
▶ **may as well V_1 as V_2「V_2 するよりは V_1 するほうがよい」**は，より**現実的な事柄**に用いられる。
例 We *may as well* wait *as* leave now.「今出発するより待つほうがよい」

74. ④：would rather V(原形)「(どちらかと言えば)V したい」

75. ②：would rather not V(原形)「(どちらかと言えば)V したくない」
▶ **not の位置**に注意。had better *not* と同様に，would rather を１つの助動詞と捉えて，**助動詞の後ろに not を置く**と考えるとよい。

76. ③：would rather V_1 than V_2「V_2 するくらいなら V_1 したい」
▶ **V_1，V_2 は共に原形**を用いる。

77. ②：would like to V「V したいと思う」
▶ want to V より柔らかい表現。I want to V より I would like to V [I'd like to V] のほうがよく使われる。

誤答 ③ would rather は後ろが原形の go なら可。(➲ 74) ④は feel like V-ing「V したい気分だ」(➲ 185) の形で用いるので，後ろが going なら可。

78. like you to give me：would like A to V「A に V してもらいたいと思う」
▶ would like A to V は want A to V とほぼ同意の SVOC 文型。

重要表現 give〈人〉a ride「〈人〉を車に乗せ(て送)る」(＝ give〈人〉a lift)

第 3 章 仮定法

▶ Data Research

〈出題数 TOP 7〉

仮定法過去完了の基本形	395 問
A がなければ，A がなかったら	240 問
〈人〉wish ＋ 仮定法	223 問
仮定法過去の基本形	212 問
倒置形による仮定法	168 問
前置詞句に仮定の意	107 問
otherwise に仮定の意	80 問

第 1 位 仮定法過去完了の基本形 → UPGRADE 34 p.49
if 節の動詞の形を問うものと主節の動詞の形を問うものがほぼ同数。主節の動詞の形は〈**would have＋V-ed**〉と〈**could have＋V-ed**〉の２つで出題の９割を占める。

第 2 位 Aがなければ，Aがなかったら → UPGRADE 40 p.55
if it had not been for A，**if it were not for A** とその倒置形で６割を占め，語順がねらわれやすい。

第 3 位 〈人〉wish＋仮定法 → UPGRADE 41 p.57
wish の後ろの動詞の形は，〈**had＋V-ed**〉が最頻出で，続いて could。would も意外に多い。

第 4 位 仮定法過去の基本形 → UPGRADE 33 p.49
if I were ... などの仮定法特有の表現を含め，**if 節の動詞が were** になるものが出題の約半数に上る。

仮定法は全体として，直説法との書き換え問題が多いのも特徴。　(PRODIGY 英語研究所)

UPGRADE 33

☐ **79.** If I (　　) the truth, I would tell you.
頻出
① know　② knew　③ will know　④ have known　(獨協大)

☐ **80.** I (　　) buy that coat if I were you.
頻出
① don't　② didn't　③ hadn't　④ wouldn't　(神奈川大)

UPGRADE 34

☐ **81.** If the police (　　) the girl earlier, they might have saved her life.
頻出
① had found　② has found　③ would find　④ could find
(立命館大)

☐ **82.** その結果を知っていたなら，彼はそんなことはしなかっただろう。
頻出
He [have / it / he / if / known / done / had / wouldn't] the consequences.
(中央大)

---

79. もし私が真実を知っていれば，あなたに話すのだが。
80. 私があなたなら，そのコートは買わないのだが。
81. もし警察がその少女をもっと早く見つけていたら，彼女の命を救えたかもしれない。

KEY POINT 10 仮定法とは？

「事実の反対」や「実現の可能性が低いこと」を想像して述べるときに用いる動詞の形を仮定法という。仮定法の if 節中では，現在のことは過去形，過去のことは過去完了形を用いる。まず，「かたち」をマスターしよう！

UPGRADE 33 仮定法過去 — 現在の事実の反対 第4位

〈If S′ 過去形〉, S | would V. 「もし…するなら，〜するだろう(に)」
could V. 「 〃 できるだろう(に)」
might V. 「 〃 するかもしれない(のに)」

└── if 節 ──┘ └── 主節 ──┘

例 If I had wings, I would fly to you.「翼があれば，君のもとに飛んで行くのに」
(実際には，翼がないので飛んで行かない[行けない]，ことを含意)

★ **S(主語)がI，weの場合のみ，wouldと同意でshouldを用いることができる。**

79. ②：**仮定法過去 — if 節の中は過去形**

▶ 主節の動詞の形が would V なので仮定法過去と考え，過去形の② knew を選ぶ。

80. ④：**仮定法過去 — 主節の中は would V**

▶ 仮定法過去では，原則として **if 節の be 動詞は were になるため，if I [he, she, it] were …** などの特有の形が登場する。ただし口語では **was も可。**

UPGRADE 34 仮定法過去完了 — 過去の事実の反対 第1位

〈If S′ had+V-ed〉, S | would have+V-ed. 「もし…したなら，〜しただろう(に)」
could 〃 「 〃 〜できただろう(に)」
might 〃 「 〃 〜したかもしれない(のに)」

例 If I had studied hard, I could have passed the examination.
「もし一生懸命勉強していれば，試験に受かっていただろうに」
(実際には，一生懸命勉強しなかったので試験に受からなかった，ことを含意)

★ **S(主語)がI，weの場合のみ，wouldと同意でshouldを用いることができる。**

81. ①：**仮定法過去完了 — if 節の中は〈had+V-ed〉**

▶ 主節の動詞の形が might have+V-ed「〜したかもしれない(のに)」なので仮定法過去完了と考える。

82. **wouldn't have done it if he had known：仮定法過去完了 — 主節の中は〈would(n't) have+V-ed〉／ if 節の中は〈had+V-ed〉**

▶ if〈人〉had known …「〈人〉が…を知っていたら」は仮定法過去完了の頻出フレーズだ。

☑83. (a) John failed to catch the train, because the road was crowded.
頻出 =(b) If the road had (　　) (　　) crowded, John could (　　) (　　) the train.
(松蔭女子学院大)

UPGRADE 35

☑84. If he (　　) care of himself in his younger days, he would not be in hospital now.
頻出
① took　② had taken　③ would take　④ has taken
(東京理科大)

UPGRADE 36

☑85. I don't think she will visit me, but if she (　　) while I'm out, tell her more details about our company.
① came　② had come　③ should come　④ will come　(名城大)

UPGRADE 37

☑86. If you were to go down that road, it (　　) impossible to turn back.
① has been　② will be　③ would have been　④ would be
(明治大)

---

83. (a)道路が混雑していたので，ジョンはその列車に乗ることができなかった。
(b)もし道路が混雑していなかったら，ジョンはその列車に乗ることができたのに。
84. もし彼が若いころに身体を大事にしていたら，今ごろ入院していないだろうに。
85. 彼女が私を訪ねて来ることはないと思うが，もし万一私の留守中に彼女が来たら，うちの会社についてもっと詳しく話してやってください。
86. もし仮に君がその道を行くとすれば，引き返すのは不可能だろう。

83. not been, have caught：直説法 ⇄ 仮定法

▶ (a)「道路が混雑していたので，列車に乗ることができなかった」と同意になるのは，(b)「もし道路が混雑していなかったら，列車に乗ることができたのに」と考える。**過去の事実の反対**なので，**仮定法過去完了**を用いる。

▶ (a)のように**事実を述べる「ふつうの文」の動詞の形を直説法**という。**直説法 ⇄ 仮定法の書き換えは頻出**。日本語にはこの区別がないので混同しないよう注意！

UPGRADE 35　混合型 — if 節が仮定法過去完了，主節が仮定法過去

84. ②：**〈If S′ had+V-ed〉, S would V.**
「(過去に)～だったら，(今は)…だろうに」

▶ **主節**の動詞 would (not) be は**仮定法過去**だが，if 節には in his younger days「若いころに」という**過去の時を示す副詞句**があるので，**仮定法過去完了**と考え，② had taken を選ぶ。

+α 混合型に関する文法問題では９割以上で，主節中の **now**「今」，**today**「今日」など現在を表す言葉が目印となる。

UPGRADE 36　未来に関する仮定(1) — should 型

should 型の仮定法「もし万一…したら」
〈If S′ should V′〉, S would [should/could/might] V.
S will [can/may] V. ／ 命令文.

例 If I should fail, I will [would] try again.「万一失敗したらまた試みよう」

★ **should** 型は「話し手の意識の中で実現の可能性が低い未来」を表す。

85. ③：**If S′ should V′, 命令文.「もし万一…したら，～してください」**

▶ **主節に命令文**(tell her ....)**を用いることができる仮定法は should 型のみ。**

▶ 文脈からも「彼女は…来ないと思う」に続く内容なので，**「話し手の意識の中で実現の可能性が低い未来」**を表す ③「もし万一彼女が来たら」が適切。

UPGRADE 37　未来に関する仮定(2) — were to 型

were to 型の仮定法「(実現するかどうか別として)もし仮に…するとすれば」
〈If S′ were to V′〉, S would [should/could/might] V.

例 If the sun were to disappear, what would become of the earth?
「もし仮に太陽が消滅するとすれば，地球はどうなるのだろう」

★ **were to** 型は「**架空の未来**」にも，「**遠回しな提案**」などにも用いられる。

86. ④：**If S′ were to V′, S would V.「仮に…するとすれば，～だろう」**

UPGRADE 38

☑87. 私があなたの立場だったら，辞めるだろうに。
頻出
[position / in / your / I / were] I would quit. (別府大)

☑88. (　　) I known more about his character, I would not have trusted him.
頻出
① If　② Could　③ Had　④ As　⑤ Were (立教大)

☑89. (　　) you need any help, just let me know.
① Could　② Had　③ Should　④ Would (学習院大)

☑90. (　　) she to tell us what really happened, we could do our best to solve her problems.
① Were　② Would　③ If　④ Should (上智大)

UPGRADE 39

☑91. (a) If I had been a little more careful, I could have avoided the accident.
頻出
=(b) (　　) a little more care, I could have avoided the accident. (学習院大)

☑92. I (　　) happy to see him, but I didn't have time.
① will have been　② would be
③ will be　④ would have been (慶應大)

☑93. I had a previous appointment. Otherwise I (　　) the party last night.
頻出
① would join　② could have joined
③ had joined　④ could join (獨協大)

☑94. フランス人ならばその光景を違う観点から説明するだろう。
頻出
[describe / if / would / he / a Frenchman] the scene from a different point of view. (2語不要) (東京理科大)

---

88. もし私が彼の性格についてもっとよく知っていたら，彼を信用しなかったのだが。
89. 万一助けが必要になったら，とにかく私に知らせてください。
90. 仮に彼女が実際に起こったことを私たちに話してくれるとすれば，彼女の問題を解決するために最善を尽くすことができるだろうに。
91. (a)もし私がもう少し慎重だったら，その事故を避けることができていただろうに。
(b)もしもう少し慎重さがあれば，その事故を避けることができていただろうに。
92. 彼に会えていれば楽しかっただろうが，時間がなかった。
93. 私には先約があった。そうでなければ，昨夜パーティに参加できたのだが。

UPGRADE 38 倒置形による仮定法

仮定法の if 節は，**「if を省略して疑問文の語順にした形」**に言い換えができる。倒置して主語の前に出せるのは通例，**were**，**had**，**should** の３つのみ。

87. **Were I in your position**：**仮定法過去 ― were S ← if S were**
▶ *Were I* in your position = *If I were* in your position と考える。

88. **③**：**仮定法過去完了 ― had S V-ed ← if S had+V-ed**
▶ *Had* I *known* ... = *If* I *had known* ... と考える。

89. **③**：**should 型の仮定法 ― should S V ← if S should V**
▶ **85** でも見たように，主節に命令文を用いることができるのは should 型のみ。

90. **①**：**were to 型の仮定法 ― were S to V ← if S were to V**

UPGRADE 39 if 節のない仮定法

if 節の持つ仮定の意を副詞(句)や主語などで表すことができる。この場合，主節の形と文脈から判断して，仮定法だと見極める必要がある。

91. **With**：**前置詞句に仮定の意 ― with A「A があれば，A があったら」**
▶ If I had been a little more careful「もう少し慎重だったら」(仮定法過去完了)を With a little more care「もう少しの慎重さがあれば」に置き換えている。

92. **④**：**不定詞句に仮定の意 ― to V「V したとすれば」**
▶「…だが，時間がなかった」という後続文から，「もし彼に会えたとすれば，楽しかっただろうに」という文意だと推測する。**to see him = if I had seen him** と考え，仮定法過去完了の主節の形である ④ would have been を選ぶ。

93. **②**：**副詞に仮定の意 ― otherwise「さもなければ，そうでなかったら」**
▶ otherwise は，直説法で述べられた前文を「そうでなかったら」と否定して，後ろに仮定法の主節を導くパターンでよく使われる。
本問では **Otherwise = If I *hadn't had* a previous appointment**「もし先約がなかったら」と考え，仮定法過去完了の主節の形である ② could have joined「(パーティ)に参加できたのだが」を選ぶ。

94. **A Frenchman would describe**：**主語に仮定の意**
▶ **主語の A Frenchman に「(もし彼が)フランス人ならば」という仮定の意**を持たせた仮定法過去の文を構成する。*If he were* [*was*] *a Frenchman, he* would describe the scene .... と書き換えることができる。

☑95. Why did you go there by taxi? You (　　) my car.
発展
① could have taken ② couldn't have taken
③ hadn't taken ④ must have taken (法政大)

UPGRADE 40

☑96. もし彼の助力がなければ，私は失敗するかもしれない。
(　　) it (　　) not (　　) his help, I might fail. (九州産業大)

☑97. もしあなたの忠告がなかったならば，彼は研究に失敗していたかもしれ
頻出
ない。
If [for / had / as / been / it / not] your advice, he might have failed in his study. (1語不要) (関西大)

☑98. (　　) for the support of the public, the President could not have survived the revolt.
頻出
① But ② If it were not ③ Regardless
④ Unless ⑤ Without (立教大)

☑99. (　　) the greenhouse effect, the climate on the earth would be much colder.
頻出
① Without ② Against ③ At ④ To (京都学園大)

☑100. この欠点さえなければ，さっそく彼を雇うのだが。
頻出
[for / not / were / it] this defect, I would employ him at once.
(千葉工業大)

☑101. 車の事故がなければ，彼は会議に遅刻しなかっただろう。
頻出
He wouldn't have been late for the meeting [been / for / had / it / not] the car accident. (中央大)

---

95. なぜあなたはタクシーでそこへ行ったの？ (乗ろうと思えば)私の車に乗って行くことだってできたのに。
98. 民衆の支持がなかったならば，大統領はその反乱を切り抜けることができなかっただろう。
99. 温室効果がなかったら，地球の気候は(今より)はるかに寒くなっているだろう。

95. ①：**言外に仮定の意**

▶ 仮定法の中には「ひょっとしたら」や「やろうと思えば」などの**仮定の意を持つ表現が省略**されて，主節だけが残る場合がある。本問では**「やろうと思えば」や「言ってくれれば」などのニュアンスが言外にある**と考え，仮定法過去完了の主節である ① could have taken「(私の車)に乗って行くことができただろうに」を選ぶ。

誤答 ④「乗ったにちがいない」は過去の事柄に対する推量。 ➲ UPGRADE 28 p.43

UPGRADE 40 「A がなければ，A がなかったら」のバリエーション 第2位

96. If, were, for：**if it were not for A「A がなければ」— 仮定法過去**

▶ were の代わりに was が使われることもあるが，入試で登場するのはまれ。

97. it had not been for：**if it had not been for A「A がなかったら」— 仮定法過去完了**

98. ①：**but for A「A がなければ，A がなかったら」**

▶ ここでは but for は仮定法過去完了の if it had not been for で置き換え可。

+α **but for** は文語表現で，長文の中ではほとんど登場しない。

99. ①：**without A「A がなければ，A がなかったら」**

▶ 本問では without は仮定法過去の if it were not for で置き換え可。

100. Were it not for：**were it not for A「A がなければ」**

▶ if it were not for A「A がなければ」の if を省略した倒置形。 ➲ 96

101. had it not been for：**had it not been for A「A がなかったら」**

▶ if it had not been for A「A がなかったら」の if を省略した倒置形。 ➲ 97

Check 11 「A がなければ，A がなかったら」のバリエーション

「水がなければ生きていけない」

☑ If it were not for water, we couldn't live.
☑ Were it not for water, we couldn't live.
☑ But for water, we couldn't live.
☑ Without water, we couldn't live.

「あなたの助けがなかったら，私は失敗していただろう」

☑ If it had not been for your help, I would have failed.
☑ Had it not been for your help, I would have failed.
☑ But for your help, I would have failed.
☑ Without your help, I would have failed.

UPGRADE 41

☑102. (a) I wish I had enough money to buy the house.
頻出 =(b) I'm sorry that I (　　) enough money to buy the house.
① have　② had　③ don't have　④ didn't have　(日本大)

☑103. I wish I (　　) learned another foreign language in my college days.
頻出 ① have　② had　③ will have　④ should have　(関西学院大)

☑104. You speak Spanish very well. I wish I (　　) as well as you.
頻出 ① can speak　② could speak
③ were spoken　④ would have spoken　(工学院大)

☑105. I know they are busy, but I wish they (　　) come to the party tomorrow.
発展 ① will　② would　③ had　④ would have　(青山学院大)

---

102. (a)その家を買えるだけの金があればなあ。(b)その家を買えるだけの金がなくて残念だ。
103. 大学時代にもう1つの外国語を勉強しておけばよかったなあと思う。
104. あなたはスペイン語をとても上手に話しますね。私もあなたと同じくらい上手く話せたらなあ。
105. 彼らが忙しいのはわかっているが，明日パーティに来てくれればいいのになあ。

UPGRADE 41　〈人〉wish＋仮定法　第3位

102. ③：〈人〉wish S′＋過去形.
「～ならばよいのになあ，と〈人〉が思う」

▶ (a)はI wishの後ろが**仮定法過去**で，「…金を持っていればよいのになあ」という**現在の事実と反対の願望**を表す。これを書き換えた(b)のI'm sorry thatの後ろは**直説法**で**現在の事実**となるため，現在形の③「(実際には)…金を持っていない」を選ぶ。

▶ **〈I wish＋仮定法.〉⇄〈I'm sorry [It's a pity/I regret] that＋直説法.〉**の書き換えは頻出。

103. ②：〈人〉wish S′＋had V-ed.
「～ならばよかったのになあ，と〈人〉が思う」

▶ **過去の事実と反対の願望**と考え，I wishの後ろの動詞を**仮定法過去完了**の形〈had＋V-ed〉にする。

104. ②：〈人〉wish S′＋could V′.
「～できればよいのになあ，と〈人〉が思う」

▶ 実際には「あなたほどスペイン語が上手に話せない」(I cannot speak Spanish as well as you.)と考える。**現在の事実と反対の願望**なので，I wishの後ろの動詞は〈can(not)＋V〉を仮定法過去にした**〈could＋V〉**を用いる。

105. ②：〈人〉wish S′＋would V′.
「S′が～してくれればよいのになあ，と〈人〉が思う」

▶ **未来に対する実現の可能性の低い願望**を表す。このwouldは意志(未来)のwillが仮定法過去になったものだ。

Check 12　〈人〉wish＋仮定法　のバリエーション

① 〈人〉wish (that) S′＋had V-ed.「～ならばよかったのになあ，と〈人〉が思う」
［仮定法過去完了］　＊過去の事実の反対

② 〈人〉wish (that) S′＋過去形.「～ならばよいのになあ，と〈人〉が思う」
［仮定法過去］　＊現在の事実の反対

②′〈人〉wish (that) S′＋could V′.「～できればよいのになあ，と〈人〉が思う」
［仮定法過去］　＊現在の事実の反対

③ 〈人〉wish (that) S′＋would V′.「S′が～してくれればよいのになあ，と〈人〉が思う」
＊未来に対する実現性の低い願望

UPGRADE 42

☑ **106.** (a) He treats me (　　) if I were a little boy.
頻出 =(b) He treats me like a little boy. (日本工業大)

UPGRADE 43

☑ **107.** (　　) we had left ten minutes earlier!
① I hope　② It's time　③ If only　④ No wonder (立命館大)

☑ **108.** "May I smoke here?" "I'd rather you (　　)."
① didn't　② won't　③ hadn't　④ shouldn't (慶應大)

☑ **109.** It is about time you (　　) a Shakespearian play.
頻出 ① have seen　② had seen　③ saw　④ will see (津田塾大)

---

106. (a)彼は私をまるで幼い男の子であるかのように扱う。
(b)彼は私を幼い男の子のように扱う。
107. あと10分早く出ていればよかったなあ。
108. 「ここでタバコを吸ってもいいですか」「できれば吸わないでほしいのですが」
109. あなたはもうそろそろシェイクスピアの芝居を見る時期ですよ。

UPGRADE 42　as if [as though] + 仮定法

as if [as though] S′ + 過去形「まるで…するかのように」— 仮定法過去
as if [as though] S′ + had V-ed「まるで…したかのように」
— 仮定法過去完了

106. as：**as if [as though] S′ + 過去形「まるで…するかのように」**
— 仮定法過去

▶ 本問の I were は I was でもよい。また現代英語では as if [as though] の後ろが直説法になることも多い。したがってこの文は，... as if I was a little boy と ... as if I am a little boy のいずれに置き換えても正しい英語となる。

UPGRADE 43　その他の仮定法の慣用表現

107. ③：**If only S′ + had V-ed!「〜ならばよかったのに」— 仮定法過去完了**
▶ If only 〜! は I wish 〜. とほぼ同じ意味になる。

+α **If only S′ + 過去形！は仮定法過去で「〜ならばよいのに」**の意になる。

誤答 ① I hope (that ...) は that 節中に直説法を用いる。
例 I hope that you (*will*) *get* well soon.「早くよくなられますように」
(実現可能なイメージ)

108. ①：**〈人〉would rather S′ + 過去形.「〜ならばよいのに，と〈人〉が思う」**
▶〈I would rather you + 過去形.〉「あなたが(できれば)〜してくれるとよいのに」は，形は仮定法過去だが，**「遠回しな要求」**の意味で用いる。

+α **〈人〉would rather S′ + had V-ed. は仮定法過去完了で「〜ならばよかったのに，と〈人〉が思う」**の意になる。

109. ③：**It is (about) time S′ + 過去形.「もう(そろそろ)〜してもよいころだ」**
▶ これも形は仮定法だが，実質的には**「遠回しな提案・要求」**の意味で用いる。
▶ **It is high time S′ + 過去形.「もうとっくに〜しているころだ」**も同様の意味で用いられる。

第 4 章　態

Data Research

〈出題数 TOP 5〉

by 以外の前置詞と結びつく受動態	427 問
群動詞の受動態	314 問
完了形の受動態	132 問
補語の原形が to V になる受動態	78 問
進行形の受動態	63 問

第 1 位 **by 以外の前置詞と結びつく受動態**
→ UPGRADE 49, Check 16 p.65
be interested in A「A に興味がある」, be known to [for, by] A, be involved in A「A に関わっている」, be caught in A「A にあう」の順にねらわれる。

第 2 位 **群動詞の受動態** → UPGRADE 48 p.63, Check 15 p.64
speak to〈人〉「〈人〉に話しかける」, take care of A「A の世話をする」, laugh at A「A を笑う」などが代表。PART 4 の熟語の章(→ p.286 〜)で増強しておきたい。

第 3 位 **完了形の受動態** → UPGRADE 45 p.61
受動態の〈have [has, had] been + V-ed〉を能動態の〈have [has, had] + V-ed〉と混同しないことが重要。時制も絡めた複合問題になることが多い。

(PRODIGY 英語研究所)

UPGRADE 44

☑ **110.** (a) A firm in Kagoshima developed this new device.
= (b) This new device (　　) (　　) by a firm in Kagoshima.　(成蹊大)

☑ **111.** (a) We must repair the roof before it starts raining.
= (b) The roof (　　) (　　) (　　) before it starts raining.　(自治医科大)

UPGRADE 45

☑ **112.** A railway bridge is (　　) over the river.
① being built　② having built
③ being building　④ building　(慶應大)

☑ **113.** Much has (　　) about American values.
頻出
① written　② been written　③ being written　④ been writing
(明治大)

---

110. (a) ある鹿児島の会社が，この新しい機器を開発した。
(b) この新しい機器は，ある鹿児島の会社によって開発された。
111. (a) 雨が降り出す前に，私たちは屋根を修理しなければならない。
(b) 雨が降り出す前に，屋根は修理されなければならない。
112. 川の上に鉄道橋を架(か)ける工事が行われているところである。
113. アメリカ人の価値観については，今までに多くのことが書かれてきた。

Check 13 受動態の基本

能動態の文の**目的語(O)**を**主語(S)**にして，動詞を**〈be＋V-ed〉**の形にして書き換えたものを**受動態**という。その際，能動態の文の主語は原則として，**by** を付けて後ろに回す。

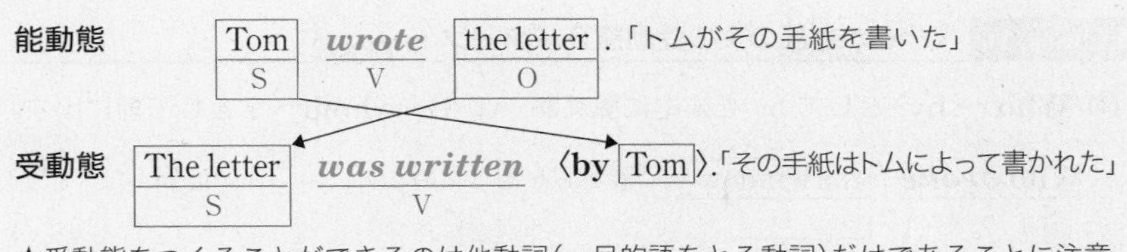

★受動態をつくることができるのは他動詞(＝目的語をとる動詞)だけであることに注意。

UPGRADE 44 受動態の基本 — 能動態 ⇄ 受動態

110. was developed：**受動態の基本形 — be＋V-ed by ...**

▶ developed「～を開発した」の目的語である this new device を主語にして書き換えた受動態の文と考える。

111. must be repaired：**助動詞を含む受動態 — 助動詞＋be＋V-ed**

▶ **助動詞の must はそのままで**，後ろの動詞が**〈原形の be＋V-ed〉**になる。

▶ by ... は行為主が ①**一般の人々・不特定の人々の場合**，②**文脈から明らかで示す必要がない場合**，または，③**不明の場合**には一般に**省略**される。
本問では，行為主を示す by us が省略されている。

UPGRADE 45 進行形の受動態と完了形の受動態

112. ①：**進行形の受動態 — be＋V-ing ⇒ be＋being＋V-ed**

▶ 主語の A railway bridge と build「～を建設する」の間には，「鉄道橋が建設される」という**受身関係**があるので，受動態と考え，**進行形の受動態**の ① ***(is) being built*** を選ぶ。
この文を能動態にすると，They ***are building*** a railway bridge over the river.「(人々は)川の上に鉄道橋を建設中だ」となる。

▶ 本問でも，行為主を示す by them が省略されている。

113. ②：**完了形の受動態 — have＋V-ed ⇒ have＋been＋V-ed** 第3位

▶ 主語の Much「多くのこと」と write「～を書く」の間には**受身関係**があるので，受動態と考え，**完了形の受動態**の ② ***(has) been written*** を選ぶ。

▶ この文を能動態にすると，They ***have written*** much about American values.「(人々は)アメリカ人の価値観について多くのことを書いてきた」となる。

UPGRADE 46

☑ **114.** 誰が窓を割ったのか。
= Who [broken / by / the window / was] ? （桜美林大）

Check 14 Whoが主語の文の受動態２パターン

① **Who ～ by?** としてbyを末尾に置くか，② **By whom** ～？として前に出す。

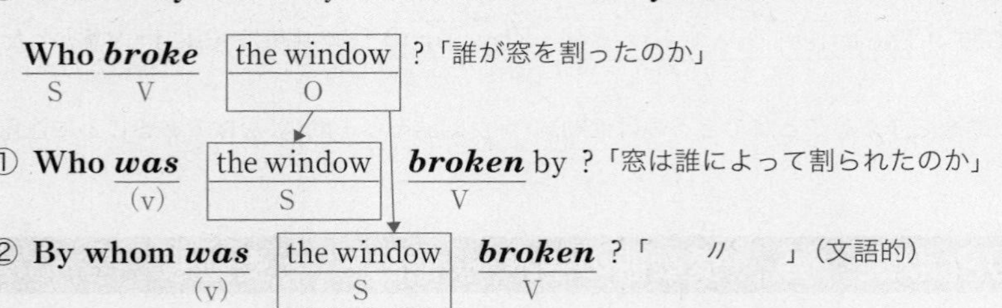

Who broke the window ?「誰が窓を割ったのか」
S V O
① Who was the window broken by ?「窓は誰によって割られたのか」
(v) S V
② By whom was the window broken ?「 〃 」(文語的)
(v) S V

UPGRADE 47

☑ **115.** The girl was heard (　　) by him.
① sang　② sung　③ to be sung　④ to sing （日本大）

☑ **116.** 将来，私たちはコンピュータに働かされることになるかもしれない。
頻出 We may [by / made / computers / be / work] in the future.
(１語不足) （大阪学院大）

UPGRADE 48

☑ **117.** The girl was (　　) John.
頻出 ① looked by　② looked at　③ looked at by　④ looked （獨協大）

☑ **118.** 赤ちゃんの世話は看護師がいたします。
頻出 The baby will [taken / by / care / nurses / of / be]. （東京家政大）

---

115. その少女は歌うのを彼に聞かれた。　**117.** その少女はジョンに見られた。

UPGRADE 46 疑問文の受動態

114. was the window broken by：**Who be＋S＋V-ed by?**
「誰によって～されたのか」

▶「誰によって窓が割られたのか」という受動態の文を構成する。 ➲ Check 14

UPGRADE 47 補語の原形が to V になる受動態

知覚動詞 see，hear などや使役動詞 make の SVOC 文型で C（補語）が原形
の場合，受動態にすると **V（原形）が to V** になる。 ➲ pp.213～215

115. ④：**hear A V（原形）「A が V するのを聞く」**
⇒ A **be heard to** V「**A が V するのが聞かれる**」

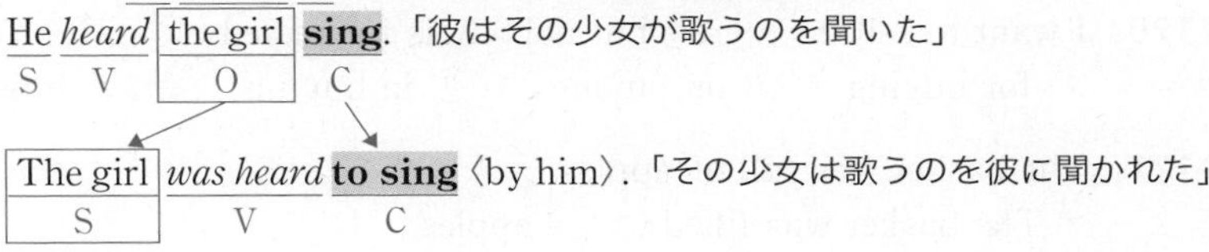

He *heard* the girl **sing**.「彼はその少女が歌うのを聞いた」
S V O C
The girl *was heard* **to sing** 〈by him〉.「その少女は歌うのを彼に聞かれた」
S V C

116. be made to work by computers：
make A V（原形）「A に V させる」⇒ A be made to **V「A が V させられる」**

▶ Computers may ***make*** us **work** ....「…コンピュータが私たちを働かせるかもしれない」の受動態。C（補語）の **work が to work になる。**

UPGRADE 48 群動詞の受動態 第2位

２語以上で１つの動詞の働きをするものを「群動詞」という。群動詞を受動態にするとき，**全体で１つの他動詞として扱う。末尾の前置詞を忘れないこと。**

117. ③：**look at を１つの他動詞として扱う。**

▶ **look at A「A を見る」⇒ A be looked at「A が見られる」**

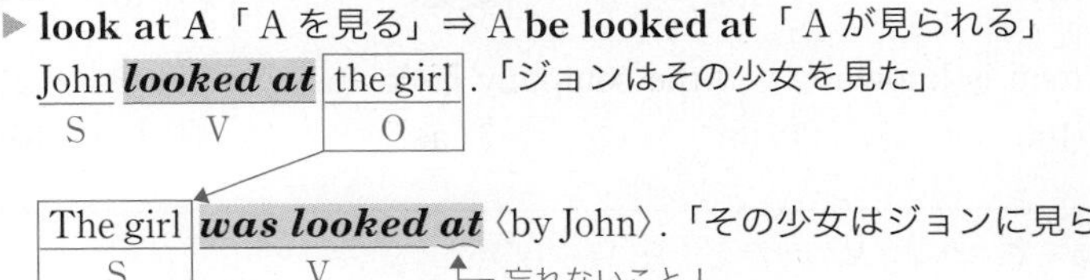

John ***looked at*** the girl.「ジョンはその少女を見た」
S V O
The girl ***was looked at*** 〈by John〉.「その少女はジョンに見られた」
S V
忘れないこと！

118. be taken care of by nurses：**take care of の受動態(1)**

▶ **take care of A「A の世話をする」⇒ A be taken care of「A が世話をされる」**

▶ Nurses will ***take care of*** the baby. の受動態。*take care of* を**１つの他動詞として扱い，**目的語の the baby を主語にして書き換えた形。

☑119. (a) My aunt took good care of me in Hokkaido.
=(b) Good care (　　) (　　) (　　) me by my aunt in Hokkaido.
（城西大）

Check 15　受動態でねらわれる群動詞

☑**speak to**〈人〉	「〈人〉に話しかける」	☑**look at** A	「Aを見る」
☑**laugh at** A	「Aを(あざ)笑う」	☑**run over** A	「Aを轢(ひ)く」
☑**take care of** A	「Aの世話をする」	☑**look up to** A	「Aを尊敬する」

UPGRADE 49

☑120. I want to sell my stereo, but nobody is interested (　　) it.
① for buying　② on buying　③ in buying　④ to buy （慶應大）

☑121. The basket was full of apples.
= The basket was filled (　　) apples.
（立正大）

☑122. We were (　　) a shower on the way.
頻出
① caught　② caught at　③ caught in　④ caught with
（中央大）

☑123. Many students are (　　) in voluntary work in the local community.
頻出
① excluded　② involved　③ joined　④ participated
（学習院大）

☑124. His name is known (　　) everyone in our town.
頻出
① for　② to　③ with　④ in （流通科学大）

☑125. Our city is known (　　) its beauty all over the world.
① by　② for　③ as　④ to （千葉商科大）

☑126. A man is known (　　) the company he keeps.
① to　② for　③ as　④ by （関西学院大）

---

119. (a)北海道で，おばは私の世話を十分にしてくれた。
(b)北海道で十分な世話がおばによって私に施された。
120. ステレオを売りたいのだが，誰も興味を示さない。
121. かごはリンゴでいっぱいだった。
122. 私たちは途中でにわか雨にあった。
123. 多くの学生が，地域社会で奉仕活動に参加している。
124. 彼の名前は私たちの町の皆に知られている。
125. 私たちの市はその美しさで世界中に知られている。
126. 付き合う仲間を見れば，その人の人柄がわかる。(ことわざ)

119. was taken of：**take care of の受動態⑵**

▶ take (good) care of ... は本問のように，**(good) care を主語にした受動態も可。**

My aunt took **good care** of ***me***.「おばは私に十分な世話をしてくれた」

⇒受動態⑴ ***I*** was taken good care of by my aunt.

⇒受動態⑵ **Good care** was taken of me by my aunt.

⑵は care の前に good, much, no などの修飾語が付くことが多い。

+α **pay attention to A**「A に注意を払う」, **take notice of A**「A に注目する」, **take advantage of A**「A を利用する」(➡ 916)も同様に2通りの受動態が可。

UPGRADE 49 by 以外の前置詞と結びつく受動態 第1位

120. ③：**be interested in A [V-ing]「A [V すること] に興味を持っている」**

121. with：**be filled with A「A に満ちている，A でいっぱいだ」**
　　= **be full of A**

122. ③：**be caught in A「A(雨など)にあう」**

123. ②：**be involved in A「A に関わっている，参加している」** ➡ 1111

誤答 ③，④は共に能動態で join in A，participate in A「A に参加する」となる。

124. ②：**be known to〈人〉「〈人〉に知られている」**

125. ②：**be known for A「A のことで知られている」―「有名の理由」の for**

誤答 ③ **be known as A** は「A として知られている」の意味。この形では**主語＝A** となる。

例 ***Our city*** **is known as** ***an ancient capital.***
「私たちの市は古都として知られている」

126. ④：**be known by A「A によって判断される」―「判断の基準」の by**

▶ A man *is known by* the company he keeps.「付き合う仲間を見れば，その人の人柄がわかる」は頻出のことわざで，be known by A の出題はほぼすべてこれだ。

Check 16 by 以外の前置詞と結びつくその他の受動態

- ☐ **be surprised at** A「A に驚く」
- ☐ **be absorbed in** A「A に熱中している」
- ☐ **be pleased with** A「A が気に入る」
- ☐ **be satisfied with** A「A に満足する」
- ☐ **be engaged in** A「A に従事する」
- ☐ **be accustomed to** A「A に慣れている」
- ☐ **be exposed to** A「A にさらされる」
- ☐ **be killed in** A「A〈戦争・事故〉で死ぬ」
- ☐ **be acquainted with** A「A を知っている」

UPGRADE 50

☑127. 彼はサッカーをやっている最中にけがをした。（1語不要）
頻出 He [while / has / soccer / injured / was / playing]. （聖学院大）

☑128. Although the train was supposed to arrive by seven o'clock, it (　　) by more than two hours.
① delayed　② has delayed　③ is delaying　④ was delayed
（杏林大）

128. その列車は7時までに到着する予定だったが，2時間以上遅れた。

UPGRADE 50 能動態と間違えやすい受動態

被害や感情を表す動詞は Check 16に登場したものを含め「日本語で能動⇔英語で受動」になるものが多い。日本語訳に引きずられないことがカギ。
感情を表す動詞については➡ UPGRADE 192 p.265 で学習を深めよう。

127. **was injured while playing soccer**：**〈人〉be injured「人がけがをする」**

▶ injure〈人〉「人を傷つける」の受動態。〈人〉be injured で「人が傷つけられる＝人が傷つく[傷ついている]，けがをする[けがをしている]」の意になる。

▶ while playing は接続詞 while の後に he was が省略された形。 ➡ 305

+α **〈人〉be hurt，〈人〉be wounded** もほぼ同意。いっしょに覚えよう。

128. ④：**A be delayed「Aが遅れる[遅れている]」**

▶ delay A「Aを遅らせる」の受動態。A be delayed で「Aが遅らされる⇒Aが遅れる」の意になる。

重要表現 be supposed to V「① V するものと思われている ② [予定] V することになっている ③ [義務] V しなければならない」

第 5 章 不定詞

Data Research

〈出題数 TOP 7〉

形式主語構文	694 問
意味上の主語 (for / of)	481 問
副詞用法[程度]	376 問
否定形	270 問
形容詞用法	213 問
副詞用法[目的]	202 問
完了形	163 問

第1位 形式主語構文 → UPGRADE 51 p.69

第2位 意味上の主語(for / of) → UPGRADE 53 p.71

第1位と第2位はセットになった出題が多い。特に，**It is 形容詞 ～ の形式主語**で，意味上の主語が〈**for 人**〉(162問)か〈**of 人**〉(182問)かの区別は圧倒的にねらわれる。〈of 人〉になるのは**限られた形容詞**だけで，kind, nice, good「親切な」, careless「不注意な」, foolish, stupid「ばかな」, wise「賢明な」の7つで出題の8割を占める。

第3位 副詞用法[程度] → UPGRADE 60 p.75

too ... to V (196問), ... enough to V(162問)は超頻出フレーズで，so ... that 構文との書き換え問題も重要。

第4位 否定形 → UPGRADE 52 p.69

すべての用法にわたって出題されるが，中でも so as ***not*** to V「Vしないように」, tell〈人〉***not*** to V「〈人〉にVしないよう言う」, ... enough ***not*** to V「Vしないほど…」の3フレーズは頻出。　(PRODIGY 英語研究所)

UPGRADE 51

☐ **129.** His aim is (　　) abroad.
① study　② to study　③ to studying　④ for studying
(九州国際大)

☐ **130.** 頻出 (　　) difficult to determine the causes of the accidents.
① There's　② Here's　③ It's　④ That's　(愛知工業大)

☐ **131.** 頻出 彼らは彼女を理解するのは難しいとわかった。
They [it / to understand / difficult / found / her].　(流通経済大)

UPGRADE 52

☐ **132.** 頻出 Students should try (　　) late.
① not be　② to not be　③ to don't be　④ not to be
(上智大)

---

129. 彼の目標は，留学することだ。
130. それらの事故の原因を判定するのは難しい。
132. 学生は遅刻しないように努めるべきだ。

KEY POINT 11 不定詞の基本形と用法

不定詞の基本形は〈to＋V(原形)〉で，**名詞用法**，**形容詞用法**，**副詞用法**の3用法がある。
★不定詞の to は前置詞の to「…(のほう)へ」を起源とするので，to V(原形)には「**V するほうへ向かう**」という**未来指向性**があり，「**これからすること(まだ行われていないこと)**」を表すことが多い。
不定詞は，構文的な理解を心がけると共に，よく使われる表現からマスターしていこう。

UPGRADE 51 不定詞の名詞用法

名詞用法は「**…すること**」の意味で，**文の主語**，**補語**，**動詞の目的語となる意味のまとまり(名詞句)**を作る。
★不定詞は前置詞の目的語にならない。前置詞の目的語には動名詞を用いる。

129. ②：**補語になる不定詞**
▶ to study abroad「留学すること」が名詞句で，is の補語になる。

130. ③：**形式主語構文** 第1位
▶ 主語になる不定詞が長いとき，頭でっかちになるのを避けるため**後ろに移動**し，**代わりに it を主語の位置に置く**ことが多い。これを**形式主語**という。

It's difficult [**to determine** the causes of the accidents].
（It：形式主語　[to determine the causes of the accidents]：真主語）

131. found it difficult to understand her：**形式目的語構文**
▶ **SVOC で目的語が不定詞の場合**，**必ず形式目的語の it を使い**，不定詞を後ろに置く。

They found **it** difficult [**to understand** her].
（it：形式目的語　[to understand her]：真目的語）

Check 17 形式目的語構文でよく使う動詞

☐ **find it … to V**	「V するのが…だとわかる，思う」
☐ **think [consider] it … to V**	「V するのが…だと思う」
☐ **believe it … to V**	「V するのが…だと信じる」
☐ **make it … to V**	「V することを…にする」

UPGRADE 52 不定詞の否定形 第4位

否定形は〈**not to V**〉〈**never to V**〉で，**否定語を to V の直前に置く**。

132. ④：**否定形〈not to V〉**
▶ try to V「V しようと努める」⇒ try ***not*** to V「V しないように努める」

UPGRADE 53

☑ 133. It is natural (　　) babies to cry when they are hungry.
頻出 ① some　② that　③ for　④ of　(桜美林大)

☑ 134. 彼がその問題を解くのは難しいと思います。
頻出 I think [for / him / difficult / it / solve / the problem / to].　(崇城大)

☑ 135. 大吹雪のために時間通りにそこに着くことができなくなった。
頻出 The heavy snowstorm [us / get / for / impossible / to / it / made] there on time.　(中央大)

☑ 136. My suggestion is for more trees (　　) along the streets.
発展 ① planting　② to be planted　③ to be planting　④ to plant
(京都産業大)

☑ 137. It was careless (　　) you to forget your homework.
頻出 ① for　② of　③ with　④ to　(慶應大)

UPGRADE 54

☑ 138. このパンを切るナイフが欲しいんですが。
I want [cut / bread / with / a knife / to / this].　(拓殖大)

Q&A❷ 入試で問われる形容詞用法はどんなパターン？

形容詞用法でねらわれるのは**前置詞が残るパターン**。
live ***in*** a house「家に住む」⇒ a house (to live ***in***)「住むべき家」
play ***with*** a friend「友達と一緒に遊ぶ」⇒ a friend to play ***with***「遊び友達」
このように，**前置詞の目的語の名詞が前に出た形**で，**語順を戻して考える**のがコツ。
138 もこのパターンだ。

---

133. 赤ん坊がおなかをすかせたとき泣くのは当然だ。
136. 私の提案は通りにもっと木を植えることです。
137. 宿題を忘れるなんて，あなたは不注意だった。

UPGRADE 53 不定詞の意味上の主語 第2位

133. ③：**意味上の主語は for A(一般的)**

▶ 不定詞の意味上の主語を明示したい場合，for A の形で**不定詞の前に置く**。本問は形式主語構文。

It is natural [***for babies*** to cry when they are hungry].
形式主語 (S) (V) 真主語

134. it difficult for him to solve the problem：**形式目的語構文＋意味上の主語**

▶ 形式目的語構文の場合も，意味上の主語は **for A** の形で**不定詞の前に置く**。

I think **it** difficult [***for him*** **to solve** the problem].
形式目的語 (S) (V) 真目的語

135. made it impossible for us to get：**形式目的語構文＋意味上の主語**

▶「大吹雪は私たちが時間通りにそこに着くことを不可能にした」と考える。**無生物主語で make it impossible for A to V**「(…は)A が V することを不可能にする⇒(…のために)A が V できない」の言い回しは頻出。

The heavy snowstorm made **it** impossible [***for us*** **to get** there ...].
形式目的語 (S) (V) 真目的語

136. ②：**意味上の主語 for A＋受身形〈to be＋V-ed〉**

▶ 意味上の主語(for) more trees「より多くの木」に対応する動詞は，④ (to) plant「植えること」ではなく，**受身形**の ② (to) be planted「植えられること」となる。

My suggestion is [***for more trees*** **to be planted** along the streets].
S V C (S) (V)

137. ②：**It is 形容詞 of 〈人〉 to V.「V するとは〈人〉は…だ」の構文**

▶ It is の後ろに **careless**「不注意な」のような**〈人の性質を表す形容詞〉**が来ると，不定詞の意味上の主語は〈for 人〉ではなく**〈of 人〉になる**ので要注意！

▶ この構文の形容詞として **kind**，**nice**，**good**「親切な」，**careless**「不注意な」，**foolish**，**stupid**「ばかな」，**wise**「賢明な」の７つは頻出。

➡ Check **74** p.262，UPGRADE **190** p.263

+α 本問は，**You were careless to forget your homework.** と書き換え可能。

➡ UPGRADE 58

UPGRADE 54 不定詞の形容詞用法

前の名詞を修飾する用法を形容詞用法という。

138. a knife to cut this bread with：**不定詞の形容詞用法**
— **前置詞が残るパターン**

▶ cut this bread ***with*** a knife「ナイフを使ってこのパンを切る」(道具の with「…を使って」)に戻して考える。 (「道具の with」➡ **261**)

UPGRADE 55

☑ **139.** It is said that he was in Paris three years ago.
頻出 = He is said ( ) ( ) ( ) in Paris three years ago. (中央大)

☑ **140.** The rain seemed to have stopped.
= It seemed that the rain ( ) ( ). (大東文化大)

Check 18 S is said to V. ⇄ It is said that S + V. 型の書き換え構文

☑ **S is said to V.** ⇄ **It is said that S+V.** 「SはVすると言われている」
☑ **S is thought to V.** ⇄ **It is thought that S+V.** 「SはVすると考えられている」
☑ **S is believed to V.** ⇄ **It is believed that S+V.** 「SはVすると信じられている」
☑ **S seems[appears] to V.** ⇄ **It seems[appears] that S+V.** 「SはVするようだ」

★完了形では be said to, seem to の2つが頻出。時制と和訳の両方に気をつけよう。

It **is said** that he **is** ill. ⇒ He is said **to be** ill. ー 単純形
現在 ←同時→ 現在 「彼は病気だと言われている」

It **is said** that he **was** ill. ⇒ He is said **to have been** ill. ー 完了形
現在 ←時間のずれ→ 過去 「彼は(以前)病気だったと言われている」

It **is said** that he **has been** ill. ⇒ He is said **to have been** ill. ー 完了形
現在 ←時間のずれ→ 現在完了 「彼は(今まで)病気だったと言われている」

It **was said** that he **was** ill. ⇒ He was said **to be** ill. ー 単純形
過去 ←同時→ 過去 「彼は病気だと言われていた」

It **was said** that he **had been** ill. ⇒ He was said **to have been** ill. ー 完了形
過去 ←時間のずれ→ 過去完了 「彼は病気だったと言われていた」

UPGRADE 56

☑ **141.** 正しいものを選びなさい。(1つとはかぎらない)
The driver slowed down ( ) avoid an accident.
① in order to ② so that ③ to (関西学院大)

☑ **142.** 警官は子供たちが安全に道を横断できるように交通を止めた。
The policeman stopped the traffic [to / go / the children / the road / across / for] safely. (近畿大)

☑ **143.** He turns off the light [electricity / so / to / waste / as / not].
頻出 (中央大)

---

139. 彼は3年前パリにいたと言われている。 **140.** 雨がやんだようだった。
141. その運転者は事故を避けるために，スピードを落とした。
143. 彼は電気を浪費しないように明かりを消す。

UPGRADE 55 不定詞が表す時

不定詞には，**単純形〈to V〉と完了形〈to have+V-ed〉**の２種類があり，**完了形は文の動詞が示す時より前のこと**を表す。完了形は Check **18**の書き換え構文で頻出。

139. to have been：**完了形〈to have+V-ed〉**

▶ **It is said that S+過去形. ⇄ S is said to have+V-ed.** の書き換え。

It is said that he was in Paris *three years ago.*

現在 ←時間のずれ→ 過去　「彼は３年前パリにいたと言われている」

⇄ He is said to have been in Paris *three years ago.*

完了形

参考 It is said that he is in Paris. ⇄ He is said to be in Paris.

現在 ←同時→ 現在　単純形

「彼は現在パリにいると言われている」

140. had stopped：**完了形〈to have+V-ed〉**

▶ **S seemed to have+V-ed. ⇄ It seemed that S+had V-ed.** の書き換え。

The rain seemed to have stopped.「雨がやんだようだった」

完了形

= It **seemed** that the rain **had stopped**.

過去 ←時間のずれ→ 過去完了

UPGRADE 56 不定詞の副詞用法 — 目的

141. ①，③：**「V するために」to V = in order to V，so as to V**

▶ to V には「V するために」の意味で「目的」を表す用法があり，**in order** や **so as** を前に置いて「目的」であることを強調することができる。

誤答 ②は後ろが，(so that) *he* [*she*] *would avoid an accident* であれば同意で用いられる。(➲ 334，335)

142. for the children to go across the road：**for A to V「A が V するために」**

▶ 副詞用法の場合も，意味上の主語は **for A** の形で**不定詞の前に置く**。

143. so as not to waste electricity：**so as *not* to V「V しないように」**

▶ 不定詞の否定形は ***not* to V** なので，**so as *not* to V** や **in order *not* to V** で「V しないように，V しないために」の意味になる。

UPGRADE 57

☑144. ご招待いただいて幸せです。
I [been / happy / have / am / invited / to]. (四天王寺大)

UPGRADE 58

☑145. 電車の中にカメラを忘れて来るなんて君もうかつだったね。
You [careless / in / leave / the train / to / were / your camera]. (中部大)

UPGRADE 59

☑146. The word is difficult (　　) in a dictionary.
頻出
① to find　② being found　③ to be found　④ find it (高千穂大)

☑147. 彼とは仕事ができないよ。
頻出
He is impossible (　　) (　　) (　　). (関西学院大)

UPGRADE 60

☑148. At the age of 75, my grandmother is (　　) to play table-tennis every Saturday.
頻出
① enough active still　② enough still active
③ still active enough　④ still enough active (中央大)

☑149. You were kind enough to take me over the city.
頻出
= You were (　　) (　　) (　　) to take me over the city. (関西大)

☑150. He was (　　) to be involved in such trouble.
頻出
① wise enough not　② enough wise not
③ wise not enough　④ not enough wise (松山大)

☑151. He spoke so fast that I couldn't understand him.
頻出
= He spoke (　　) fast for me (　　) understand. (実践女子大)

---

146. その単語は辞書で見つけるのが難しい。
148. 75歳にして，祖母は今でも毎週土曜日に卓球をするほど活動的です。
149. あなたは親切にも私をその都市のあちこちへと連れて行ってくれた。
150. 彼はそんな問題に巻き込まれないだけの賢明さがあった。
151. 彼は非常に早口だったので，私は彼の言うことが理解できなかった。

UPGRADE 57 不定詞の副詞用法 — 感情の原因

144. am happy to have been invited：感情の原因＋受身完了形
▶「V して（うれしい，悲しい）」などの感情の原因を to V で表すことができる。
▶ to have been invited は不定詞の受身完了形〈**to have been＋V-ed**〉。

UPGRADE 58 不定詞の副詞用法 — 判断の根拠

145. were careless to leave your camera in the train：判断の根拠
▶「V するとは（不注意だった）」のような判断の根拠を to V で表すことができる。

UPGRADE 59 不定詞の副詞用法 — 形容詞の意味を限定する用法

146. ①：**A be difficult to V.「A を V するのが難しい」**
▶ A be difficult to V の場合，**主語の A が to V の意味上の目的語**になる。本問では The word が find の意味上の目的語で，*find the word*「その単語を見つける」に戻して考えるのがポイント。**形式主語構文に書き換え**ができる。
The word (O) is difficult 〈to *find* (V) ...〉. ⇄ It (形式主語) is difficult [to *find* (V′) *the word* (O′) ...].

147. to work with：
A be impossible to V.「A を V するのが不可能だ」— 前置詞が残るパターン
▶ A be impossible to V の場合も，**主語の A が to V の意味上の目的語になる**ので，*work with him*「彼と（共に）働く」に戻して考える。
He is impossible 〈to *work with*〉. ⇄ It is impossible [to *work with him*].
▶ この構文で用いる形容詞は Check **73** p.261 参照。
difficult，**impossible** を含め，**easy**（易しい），**hard**（難しい），**pleasant**（楽しい），**dangerous**（危険な）の６つが頻出だ。

UPGRADE 60 不定詞の副詞用法 — 程度を表す慣用表現 第3位

① **... enough to V，so ... as to V「V するほど…，非常に…なので V する」**
② **too ... to V「V するには…すぎる，非常に…なので V できない」**

148. ③：**active enough to V「V するほど活動的で」**
▶ 〈**形容詞［副詞］＋enough to V**〉の語順に注意！

149. so kind as：**so kind as to V = kind enough to V「親切にも V する」**

150. ①：**wise enough *not* to V「V しないほど賢明で」**
▶ **... enough to V** の否定形は ... **enough *not* to V** となる。

151. too, to：**too ... to V「V するには…すぎる，…すぎて V できない」**
▶ **so ... that A can't V**「非常に…なので A が V することができない」は **too ... for A to V** で書き換えられる。（for）A は to V の意味上の主語。

+α **too ... to V** では，**文の主語＝不定詞の意味上の目的語**の場合，**不定詞の後ろに目的語を置かない**。ここでは文の主語 He が understand の意味上の目的語。

UPGRADE 61

☑ 152. 目を覚ましてみると家が火事になっていた。（1語不要）
頻出 I awoke [find / fire / found / house / on / the / to]. （学習院大）

☑ 153. He worked hard but failed again.
頻出 = He worked hard (　　) (　　) fail again. （立正大）

UPGRADE 62

☑ 154. The Prime Minister (　　) to visit America next month.
① will be　② takes　③ is　④ makes （龍谷大）

☑ 155. We searched everywhere for the dog, but it was (　　).
① not to find　② not to be found
③ to be not found　④ to have not found （京都産業大）

UPGRADE 63

☑ 156. They are discussing what they should do next.
= They are discussing (　　) (　　) do next. （大阪大谷大）

---

153. 彼は一生懸命働いたが，（残念ながら）また失敗した。
154. 首相は来月アメリカを訪問する予定だ。
155. 私たちはその犬を見つけようとあらゆるところを探したが，犬は見つからなかった。
156. 彼らは次に何をすべきかを話し合っている。

UPGRADE 61 不定詞の副詞用法 ― 結果

152. to find the house on fire：**awoke to find ...「目を覚ますと…だと気づいた」**

重要表現 on fire「燃えている」

153. only to：**only to V「…だが(残念ながら)結局 V した」**

▶ **only to V** には，**残念な結果を強める**用法がある。

Check 19 結果用法でよく用いる慣用表現

☐ ～(,) only to V	「～だが(残念ながら)結局 V した」
☐ awoke [woke up] to find ...	「目を覚ますと…だと気づいた」
☐ live to be X years old	「(生きて X 歳になる ⇒)X 歳になるまで生きる」
☐ grow up to be ...	「成長して…になる」
☐ ～(,) never to V	「～したあと，二度と V しなかった」

UPGRADE 62 be to V

154. ③：**be to V（予定）「V する予定だ」（≒ will V）**

155. ②：**be to V（可能）「V することができる」（≒ can V）**

▶ この意味では**否定文**で，**受身形〈be (not) to be+V-ed〉**で用いることが多い。この文の後半は ... it could not be found と書き換えることができる。

Check 20 be to V の 5 用法

☐ ① 予定 The ceremony **is to** be held at seven.
「式は 7 時に開かれる予定だ」

☐ ② 運命 He **was** never **to** return again.
「彼は二度と帰らない運命だった」

☐ ③ 義務 You **are to** pay your debt soon.
「君はすぐに借金を返すべきだ」

☐ ④ 可能 No one **was to** be seen in the town.
「町には誰の姿も見えなかった」

☐ ⑤ 意志 If you **are to** succeed, you have to work hard.
「成功しようと思うなら，一生懸命働きなさい」★ if 節の中でのみ用いる。

UPGRADE 63 疑問詞+to V

156. what to：**疑問詞+to V ― what to do**

▶ **what to do** は**「何をすべきか」**の意味で**名詞句**を作る。

+α **〈疑問詞+to V〉**は to V の前に**〈主語+be 動詞〉**がセットで省略されていると考える。**what to do** は，省略を補うと **what *they are* to do** となるが，この **are to** は**「義務」**の **be to(= should)**なので，**what they should do** に書き換えられる。

UPGRADE 64

☑ 157. She insisted on going abroad, but her father told her (　　).
① not to　② not go　③ not to be　④ not to go to
（中央大）

UPGRADE 65

☑ 158. 実を言うと，タバコを1日に2箱吸っていて体を壊したんだ。
(　　) (　　) the (　　), I used to smoke two packs a day and ruined my health.
（立命館大）

☑ 159. Carl is, (　　), a walking dictionary.
① as well as　② not to say　③ so to speak　④ that means
（近畿大）

☑ 160. 建物の被害は言うまでもなく，人間も被害を受けた。
People were badly hurt, to say (　　) of the damage to the building.
（学習院大）

☑ 161. We ran out of gas, and to (　　) matters worse, it started snowing.
① have　② make　③ get　④ take　（南山大）

UPGRADE 66

☑ 162. You have only to do your best.
頻出　= (　　) you have to do is do your best.
（青山学院大）

---

157. 彼女は外国へ行くと主張したが，父は彼女に行くなと言った。
159. カールは言わば生き字引である。
161. 私たちはガス欠になったが，さらに悪いことには，雪が降り始めた。
162. あなたは最善を尽くしさえすればよい。

UPGRADE 64 代不定詞

同一語句の反復を避けるため，**toだけで〈to＋前出の動詞(句)〉を表す**ことがあり，この**to**を**代不定詞**と言う。

157. ①：**代不定詞 to ＝ to＋前出の動詞(句)**

▶ここでは told her *not* **to** ＝ told her *not* **to** go abroad「彼女に外国へ行かないように言った」と考える。否定形が *not* to V となることにも注意。

UPGRADE 65 独立不定詞

副詞用法の中で完全にイディオム化したもので，文の主語とは無関係に用いる。「言う，話す」の動詞を含むものが多い。動詞の語法も踏まえて覚えよう。

158. To tell, truth：**to tell (you) the truth「実を言えば」**

159. ③：**so to speak「言わば」**

誤答 ②は not to say A(形容詞)で「Aとは言わないまでも」の意味になるが，入試で正解として登場することはほぼない。

160. nothing：**to say nothing of A「Aは言うまでもなく」**

161. ②：**to make matters worse「さらに悪いことには」**

Check 21 主な独立不定詞 ＊最頻出は「Aは言うまでもなく」の3つだ。

☑ not to speak of A	「Aは言うまでもなく」＝ let alone A
☑ to say nothing of A	「　〃　」
☑ not to mention A	「　〃　」
☑ needless to say	「言うまでもなく」(通例，文頭で) ➡ 970
☑ so to speak	「言わば」
☑ to begin with	「まず第一に」
☑ to make matters worse	「さらに悪いことには」
☑ to tell the truth	「実を言えば」
☑ to be frank [honest] with you	「率直に言って」
☑ strange to say	「奇妙なことに」
☑ to say the least (of it)	「控えめに言っても」

UPGRADE 66 不定詞の慣用表現

162. All：**All 〈人〉 have to do is (to) V.「〈人〉はVしさえすればよい」**
＝〈人〉 have only to V.

▶ **All 〈人〉 have to do is (to) V.** は直訳では「〈人〉がしなければならないすべてはVすることだ」の意。All の後ろに関係代名詞の that が省略されている。

▶ この構文では**補語に to V，原形のいずれも用いられる**。本問では原形。

第 6 章 動名詞

▶ Data Research

〈出題数 TOP 5〉

慣用表現	1594 問
意味上の主語	275 問
受身形	151 問
完了形	76 問
否定形	68 問

第 1 位 慣用表現 → UPGRADE 71 ～ 73 p.83, p.85
動名詞は慣用表現を問うものが群を抜いて多いのが特徴。中でも look forward to V-ing(155 問), be[get] used to V-ing(122 問)など「**to の後ろが原形でなく V-ing**」は必出パターンだ。p.85 の ***Data Research*** で詳述する。

第 2 位 意味上の主語 → UPGRADE 68 p.81
文法問題では出題の３分の２が代名詞で，所有格(my, his など)が８割だが，長文中では目的格(me，him など)が主流なので注意。mind A('s) V-ing「A が V するのをいやがる」, insist on A('s) V-ing「A が V するよう主張する」, object to A('s) V-ing「A が V するのに反対する」の順にねらわれる。

動名詞は **第 2 位** ～ **第 5 位** を通して，「**前置詞の目的語になる用法**」→ UPGRADE 71 p.83 が多く出題され，３分の２を占める。
(PRODIGY 英語研究所)

UPGRADE 67

☑ **163.** 友情とはお互いの問題を進んで共有することです。 (四天王寺大)
Friendship [to / share / being / is / willing] each other's troubles.

☑ **164.** The time for (　　) the problem is over; now we must act. (京都学園大)
頻出
① discuss　② discussing　③ to discuss　④ discussion

☑ **165.** 彼は誰にも見られることなく部屋を出た。
頻出
He left the room without (　　) seen by anybody. (学習院大)

UPGRADE 68

☑ **166.** 彼は私がパーティに出席するべきだと言い張る。
頻出
He insists (　　) (　　) attending the party. (鹿児島大)

☑ **167.** He could not bear to think of (　　) to that cruel man.
発展
① his sold dog　② his dog selling
③ his dog being sold　④ to sell his dog (京都産業大)

UPGRADE 69

☑ **168.** (a) I am ashamed that I did such a thing.
頻出
= (b) I am ashamed of (　　) (　　) such a thing. (関西大)

---

164. その問題を議論する時は終わった。今私たちは行動しなければならない。
167. 自分の犬があの残忍な男に売られると思うと，彼には耐えられなかった。
168. 私はそんなことをしたことを恥じている。

UPGRADE 67 動名詞の基本用法

動名詞の基本形は〈**動詞の原形＋ing＝V-ing**〉で,「…すること」の意味の名詞句を作り,**主語,補語,目的語,前置詞の目的語**になる。

163. is being willing to share:**補語になる動名詞**

▶ be willing to V「進んでVする」の be を動名詞にした形。being willing to share ...「…を進んで共有すること」が名詞句で**文の補語**となる。

164. ②:**前置詞の目的語になる動名詞**

▶ **動名詞は前置詞の後ろに置くことができる**。ここでは discussing the problem「その問題を議論すること」が**前置詞 for の目的語**となる。

誤答 不定詞にも名詞用法(➡ UPGRADE 51 p.69)はあるが,**前置詞の後ろに置くことはできない**。したがって ③ to discuss は不可。
④ discussion「討論」は名詞なので,前置詞の後ろに置くことはできるが,動名詞と違って目的語(ここでは the problem)をとることができない。

165. being:**動名詞の受身形 being＋V-ed「…されること」**

▶ being seen ...「…見られること」が,前置詞 without の目的語となる。

UPGRADE 68 動名詞の意味上の主語 第2位

意味上の主語を明示したい場合,**所有格か目的格にして動名詞の前に置く**。

166. on my [me]:**意味上の主語 ― 代名詞の所有格[目的格]＋動名詞**

▶ **insist on ...「…を主張する」**の後ろに「私がパーティに出席すること」の意になる動名詞句を構成させる問題。attending の主語が文の主語(He)と異なるので,attending の前に意味上の主語として **my** あるいは **me** を置く。

参考 He insists on attending the party.
「彼は(自分が)パーティに出席すると主張する」

▶ 本問は,He insists that I (should) attend the party. と書き換え可。 ➡ 549

167. ③:**意味上の主語 ― 名詞＋動名詞の受身形[being V-ed]**

▶ 意味上の主語 his dog に対応する動名詞は ② selling「売ること」ではなく,受身形の ③ being sold「売られること」となる。his dog を所有格 his dog's としてもよいが,**名詞の場合はそのままの形で用いるほうが多い**。

誤答 ④は to sell を selling にすれば「犬を売ること」の意で用いることができる。

UPGRADE 69 動名詞が表す時

動名詞には,不定詞と同様,**単純形〈V-ing〉**と**完了形〈having＋V-ed〉**の2種類があり,完了形は文の動詞が示す時より前のことを表す。

168. having done:**完了形〈having＋V-ed〉**

▶ (a)の文では主文が現在形,that 節が過去形で**時間のずれ**があるため,that 節の動詞 did(⇒ do)を動名詞の完了形 having done にする。

UPGRADE 70

☑169. The parents insisted on their children (　　) in the park after dark.
頻出
① not playing　　② not to play
③ playing not　　④ doing not play　(大阪産業大)

☑170. こんなに長い間手紙を書かなかったことを心からおわびします。
I sincerely apologize for [written / having / you / for / not] such a long time.　(日本大)

UPGRADE 71

☑171. I'm looking forward (　　) you at Christmas.
頻出
① to see　② to seeing　③ to visit　④ for seeing
(青山学院大)

☑172. Most Americans don't object (　　) them by their first name.
頻出
① for me to call　② to my calling　③ I call　④ to be called　(専修大)

☑173. Since Ann started to live alone, she had to get used (　　) by herself.
頻出
① cooking　② to cook　③ to cooking　④ cook　(上智大)

☑174. (　　) some coffee?
① How do you say having　　② How do you say to have
③ What do you say to have　　④ What do you say to having
(立命館大)

☑175. When it comes (　　), everybody becomes very careful.
① with houses bought　　② to buy houses
③ to buying houses　　④ in buying houses　(法政大)

---

169. 両親は，子供たちが日が暮れてから公園で遊ばないよう強く言った。
171. クリスマスにお会いするのを楽しみにしています。
172. たいていのアメリカ人は私がファースト・ネームで呼ぶのをいやがらない。
173. アンは一人暮らしを始めたので，自分で料理をするのに慣れる必要があった。
174. コーヒーでも(いっしょに)どうですか。
175. 家を買うこととなると，誰もがとても慎重になる。

UPGRADE 70 動名詞の否定形

否定形は **not V-ing**, **never V-ing** で，否定語を動名詞の直前に置く。

169. ①：**否定形〈not V-ing〉**
▶ insisted on の後ろに「(子供たちが)…遊ばないこと」の意になる**動名詞の否定形**を構成する。本問のように意味上の主語がある場合，**〈意味上の主語＋*not*＋V-ing〉**の語順になるため ① (their children) *not* playing が正解。

170. not having written you for：**完了形の否定形〈not having＋V-ed〉**
▶「手紙を書かなかった」のは「おわびし(ている)」(現在)よりも前なので，完了形 having written を用いる。これを否定形にすると ***not*** having written となる。×having *not* written としないこと！
▶ write〈人〉には「〈人〉に手紙を書く」(＝write to〈人〉)の意がある。for は期間の for と考え，such a long time の前に置く。

UPGRADE 71 to＋動名詞の慣用表現

to の後ろに原形ではなく V-ing が来る表現に要注意。この to は不定詞ではなく**前置詞**だ。to V か to V-ing かという選択問題や正誤問題でよくねらわれる。

171. ②：**look forward to V-ing「V するのを楽しみに待つ」** 第1位
＋α このtoは前置詞なので，後ろに名詞を置くこともできる。
例 I'*m looking forward to* Christmas.「私はクリスマスを楽しみにしている」

172. ②：**object to V-ing「V するのに反対する」**
▶ 本問は意味上の主語が付いて **object to A('s) V-ing「A が V するのに反対する」**となったもの。my は calling の意味上の主語。 ➡ UPGRADE 68 p.81

173. ③：**get used to V-ing「V するのに慣れる」＝get accustomed to V-ing**
▶ be used[accustomed] to V-ing なら「V するのに慣れている」という状態を表す。
▶ used to V「以前 V していた」，be used to V「V するのに使われる」と区別！

Check 22 まぎらわしい3つの used to ★しっかり区別しよう。

We used to hunt rabbits.（私たちはよくうさぎ狩りを**したものだ**）
We are used to hunt**ing** rabbits.（私たちはうさぎ狩り**に慣れている**）
The dog is used to hunt rabbits.（その犬はうさぎ狩りに**使われる**）

174. ④：**What do you say to V-ing?「V してはどうですか」— 提案・勧誘**
▶ How [What] about V-ing? (➡ 184)も同じ意味。

175. ③：**when it comes to V-ing「V することとなると」** ➡ 858

UPGRADE 72

☑176. You'll have no difficulty (　　) my house.
頻出 ① to find　② for finding　③ to finding　④ finding　(成城大)

☑177. I often spend Sundays (　　) tennis.
頻出 ① for playing　② playing　③ to play　④ to playing　(関西学院大)

☑178. 誤りがある箇所を選びなさい。
Mom was busy ①to cook dinner ②while we were ③all ④watching TV.
(東洋大)

UPGRADE 73

☑179. It is impossible to tell when an earthquake will occur.
頻出 = There is (　　) (　　) when an earthquake will occur.　(大東文化大)

☑180. 覆水盆(ふくすいぼん)に返らず(こぼれた牛乳を悔やんでなげいても仕方がない)。
頻出 [no / spilt / crying over / is / use / it / milk].　(立正大)

☑181. There's no point (　　) a piano if you never play it.
頻出 ① to have　② of having　③ in having　④ for having　(駒澤大)

☑182. As soon as I arrived in the city, I visited him.
頻出 = (　　) arriving in the city, I visited him.　(流通経済大)

☑183. (a) Needless to say, health is above wealth.
= (b) It goes (　　) saying that health is above wealth.　(愛媛大)

☑184. 場所を入れ替わってみたらどうかな。
How (　　) changing places?　(名古屋大)

☑185. 空所に入る適語をそれぞれ1語ずつ選びなさい。
頻出 今は散歩に出たくありません。
I don't (a) (b) taking a walk now.
① feel　② for　③ intend　④ like
⑤ think　⑥ to　⑦ want　(学習院大)

---

176. あなたは難なく私の家を見つけられるよ。
177. 私は日曜日はよくテニスをして過ごす。
178. 私たちが皆テレビを見ている間，母さんは夕食を料理するのに忙しかった。
179. いつ地震が起こるかわからない。
181. 弾かないのならピアノを持っていてもむだだ。
182. その都市に到着するとすぐ，私は彼を訪ねた。
183. (a)言うまでもなく，健康は富に勝る。(b)健康は富に勝ることは言うまでもない。

UPGRADE 72 (in)＋動名詞の慣用表現

in は省略されるのがふつうだが，in の穴埋めも出題されることがある。
〈to V ではなく V-ing〉がポイントになる選択問題，正誤問題でねらわれる。

176. ④：**have difficulty［trouble］(in) V-ing「V するのに苦労する」**
▶ difficulty［trouble］の前に no，some，much などの形容詞が付くことが多い。
have no difficulty［trouble］(in) V-ing で「難なく V する」の意味になる。

177. ②：**spend A (in) V-ing「VしてA〈時間〉を過ごす，VするのにAを費やす」**

178. ① to cook ⇒ (in) cooking：**be busy (in) V-ing「V するのに忙しい」**

UPGRADE 73 その他の動名詞の慣用表現

179. no telling：**There is no V-ing.「V することはできない」**
＝ It is impossible to V. ＝ You［We］cannot V.
▶ We cannot V. との書き換えも出題される。

180. It is no use crying over spilt milk：**It is no use［good］V-ing.**
「V してもむだである」
▶ 真主語が V-ing の形式主語構文。
▶ 本問は「後悔先に立たず」の意味のことわざで，入試では超頻出。

181. ③：**There is no point［use/sense］(in) V-ing.「V してもむだである」**
▶ この in も省略できるが，本問のように in の穴埋めも出題される。

182. On［Upon］：**on［upon］V-ing「V するとすぐ」＝ as soon as S′＋V′**

183. without：**It goes without saying that ～.「～は言うまでもない」** ➡ 970
＝ Needless to say, ～.「言うまでもなく～」 ➡ Check 21 p.79

184. about：**How［What］about V-ing?「V してはどうですか」― 提案・勧誘**
▶ **What do you say to V-ing?** や **Why don't we V?** との書き換えも問われる。

185. (a) ① (b) ④：
feel like V-ing「V したい気分だ」≒ would like to V，want to V

Data Research

〈出題数 TOP 8〉

表現	出題数
look forward to	155 問
be[get] used to	122 問
There is no	118 問
feel like	102 問
have difficulty[trouble]	101 問
spend 時間	90 問
It is no use[good]	78 問
There is no point[use/sense]	41 問

「to の後ろが原形でなく V-ing」は必出パターンだ。

第1位 look forward to の後ろは，seeing，meeting，hearing from の3つで出題の8割近くを占める。

第2位 be［get］used to は助動詞の used to V，受動態の be used to V との区別がカギになる。(➡ Check 22)

第3位 There is no の後ろは telling と knowing の2つで出題の3分の2を超える。

第4位 don't feel like V-ing「V したくない」という否定文の形で頻出。

(PRODIGY 英語研究所)

第 7 章 不定詞 vs. 動名詞

Data Research

〈出題数 TOP 8〉

mind V-ing	188 問
remember V-ing / to V	123 問
stop V-ing / to V	80 問
enjoy V-ing	74 問
finish V-ing	68 問
forget V-ing / to V	56 問
give up V-ing	54 問
avoid V-ing	45 問

全体では「動名詞を目的語にとる動詞」のほうがねらわれるが，remember, stop, forget など「不定詞と動名詞で意味が違う動詞」は文脈をよく見て選ぶ必要があるため要注意。

第 1 位 mind V-ing

出題の 8 割が Would [Do] you mind + V-ing?「V していただけませんか」，Would [Do] you mind my [me] V-ing?「V してもかまいませんか」の形の会話表現だ。

第 2 位 remember, 第 6 位 forget

Remember to V./ Don't forget to V.「忘れずに V せよ」が出題の半数以上を占める。

第 3 位 stop, 第 7 位 give up

後ろに smoking, drinking が来て「禁煙する」「禁酒する」の意味になる出題が多い。

（PRODIGY 英語研究所）

UPGRADE 74

☑ **186.** 誤りがある部分を選びなさい。
頻出
It is time you ①stopped ②to talk. All you ③need to do now is ④put your plan into action. （上智大）

☑ **187.** Would you mind (　　) the window?
頻出
① open　② opening　③ to open　④ you open （青山学院大）

☑ **188.** She tried to avoid (　　) the boss.
頻出
① to meet　② meet　③ met　④ meeting （関西大）

☑ **189.** Have you finished (　　) your essay? （明治大）
頻出
① to write　② writing　③ to have written　④ to be writing

☑ **190.** Don't put off (　　) a letter to Harry.
① to write　② write　③ writing　④ have written （東海大）

☑ **191.** The dealer around the corner gave up (　　) cars last year. It only does repairs now.
頻出
① to sell　② selling　③ sales　④ for selling （上智大）

---

186. もうしゃべるのはやめてもいいころだ。今必要なのは計画を実行することだけだ。
187. 窓を開けてくれませんか。　**188.** 彼女は上司に会うのを避けようとした。
189. 論文は書き終わりましたか。　**190.** ハリーに手紙を書くのを先に延ばしてはいけない。
191. 街角の自動車販売店は去年車を売るのをやめた。今は修理だけしている。

KEY POINT 12 動詞の目的語：不定詞か動名詞かは何で決まる？

★不定詞は「未来指向性」あり

不定詞の to の起源は前置詞の to「…へ向かって」なので，to V にも「**V へ向かう＝これから V しようとする**」という**未来指向**のニュアンスがある。したがって to V をとる動詞には「欲する」「約束する」「決意する」など，「これからある行為をしよう・したい」という「未来的」意味を持つものが多い。(➡ Check **25**, Check **26**)

★動名詞は「未来指向性」なし

これに対し，V-ing をとる動詞には**未来的意味がない**ものが多く，むしろ「やめる」「終える」「避ける」「いやがる」のように，**行為に対して否定的な意味**を持つものが多い。(➡ Check **23**)
また未来ではなく，**その動詞と同時の行為・動詞より過去の行為**は V-ing になることが多い。たとえば「楽しむ」「練習する」「(～したと)認める」などの意味の動詞は V-ing をとる。(➡ Check **24**)つまり「**to V は未来的，V-ing は非・未来的**」が原則と言える。ただし，例外的なものもあるので注意しよう。

UPGRADE 74 動名詞のみを目的語にとる動詞

動名詞(V-ing)は目的語にとるが，to 不定詞はとらない動詞がある。高頻度のものが多い。

186. ②：**stop＋V-ing「V することをやめる，中断する」** 第3位

▶ to talk を talking にする。

重要表現 It is (about) time S′＋過去形.「もう(そろそろ)～してもよいころだ」 ➡ 109

＋α **stop＋to V「V するために立ち止まる」**の形もあるので注意。この **to V** は目的語ではなく，副詞用法だ。また **stop to think** は「じっくり考える」という熟語。

187. ②：**mind＋V-ing「V することをいやがる」** 第1位

重要表現 Would [Do] you mind V-ing?「V していただけませんか」 ➡ 1238

188. ④：**avoid＋V-ing「V することを避ける」**

189. ②：**finish＋V-ing「V し終える」**

190. ③：**put off＋V-ing「V することを延期する」** ➡ 1156

191. ②：**give up＋V-ing「V することをやめる，あきらめる」**

Check 23 動名詞のみを目的語にとる動詞(1)

☐ **stop**「…をやめる」 ☐ **mind**「…をいやがる」 ☐ **avoid**「…を避ける」
☐ **finish**「…を終える」 ☐ **give up**「…をやめる」 ☐ **escape**「…を逃れる」
☐ **miss**「…しそこなう」 ☐ **put off**「…を延期する」 ☐ **postpone**「…を延期する」
☐ **quit**「…をやめる」 ☐ **deny**「…した[している]のを否定する」

秘伝「やめる，避ける，いやがる」など，**否定的意味の動詞**が多いことに注目。

☑192. He especially enjoys (　　) the various college games.
頻出 ① watch　② in watching　③ to watch　④ watching
(南山大)

☑193. He admitted (　　) the money.
発展 ① stealing　② that he had stole
③ to have stolen　④ to steal　(千葉商科大)

UPGRADE 75

☑194. Too many people have refused (　　) with the city government.
頻出 ① for cooperating　② on cooperating
③ to cooperate　④ to cooperating　(南山大)

☑195. Here is the pen I promised (　　).
① lending you　② to you to lend
③ for you to lend　④ to lend you　(関西外語大)

☑196. Takeshi finally decided (　　) the girl he had been dating for three years.
① to marry　② marrying to
③ to marry with　④ to get married　(摂南大)

UPGRADE 76

☑197. I remember (　　) this tourist resort with my parents five years ago.
頻出 ① visited　② visit　③ to visit　④ visiting
(東京理科大)

---

192. 彼はいろいろな大学の試合を見るのがとりわけ好きだ。
193. 彼は金を盗んだことを認めた。
194. あまりにも多くの人が市役所に協力するのを拒んだ。
195. これが君に貸してあげると約束したペンだ。
196. タケシはついに３年間つきあっていた女性と結婚することに決めた。
197. 私は５年前に両親とこの観光地を訪れたことを覚えている。

192. ④：enjoy＋V-ing「Vすることを楽しむ」

193. ①：admit＋V-ing「Vした[している]ことを認める」

誤答 ② that he had stole は stolen なら正しい。

Check 24 動名詞のみを目的語にとる動詞(2)

☑enjoy「…を楽しむ」 ☑practice「…を練習する」
☑admit「…した[している]ことを認める」 ☑appreciate「…を有り難く思う」

秘伝 これらは「**同時，または過去[以前]の行為に関わる動詞**」だ。

〈その他〉 ☑consider「…しようかと考える」＝think of
☑suggest「…しようと提案する」 ☑imagine「…を想像する」

UPGRADE 75 不定詞のみを目的語にとる動詞

to 不定詞は目的語にとるが，動名詞はとらない動詞。全体に出題頻度は低い。

194. ③：refuse＋to V「Vすることを拒む」

195. ④：promise＋to V「Vすることを約束する」

196. ①：decide＋to V「Vすることを決める」

誤答 ③ marry with, ④ get married(➡ 534)

Check 25 不定詞のみを目的語にとる動詞

☑decide「…を決める」 ☑intend「…するつもりだ」 ☑expect「…するつもりだ」
☑hope「…したい」 ☑wish「…したい」 ☑promise「…を約束する」
☑agree「…することに同意する」 ☑offer「…しようと申し出る」

秘伝 願望，約束，決定，同意など，**未来の行為に関わる動詞**が多い。

〈その他〉
☑refuse「…を拒む」 ☑fail「…しない，できない」
★この2つは否定的な意味だがV-ing はとらない。 ➡ Check 23 p.87
☑learn「…できるようになる」 ☑pretend「…するふりをする」
☑can afford「…する余裕がある」 ☑manage「どうにか…する，できる」

UPGRADE 76 不定詞と動名詞で意味が違う動詞

このタイプでは，文脈をよく見てそれに適した形を選ばねばならない。

197. ④：remember＋V-ing「(すでに)Vしたことを覚えている」 第2位

▶ five years ago から過去の話をしていることがわかる。

☑ **198.** Please remember (　　) this letter tomorrow.
頻出 ① mailing　② not forget　③ posting　④ to mail
（中部大）

☑ **199.** Don't forget (　　) an appointment before you go to see the dentist.
頻出 ① making　② to be making
③ to have been making　④ to make
（京都産業大）

☑ **200.** I regret (　　) him my dictionary. I cannot do my work without it.
頻出 ① lent　② to lend　③ lending　④ to have lent
（関西学院大）

☑ **201.** This computer needs (　　) at once.
頻出 ① be fixed　② fixed　③ fixing　④ to fix
（日本大）

---

198. 明日この手紙を忘れずに出してください。
199. 歯医者に行く前に予約をするのを忘れないように。
200. 彼に辞書を貸したことを後悔している。それがないと自分の仕事ができないから。
201. このコンピュータを今すぐ修理する必要がある。

198. **④：remember＋to V「(これから)V すべきことを覚えている，忘れずに V する」**

▶ tomorrow が決め手。Remember to V.「忘れずに V せよ」の形でよく出る。

199. **④：forget＋to V「(これから)V すべきことを忘れる」**

▶ before 以下を見ると過去の話ではないことがわかる。Don't forget to V.「忘れずに V せよ」＝Remember to V. だ。一方，forget＋V-ing は「(すでに) V したのを忘れる」の意味。

200. **③：regret＋V-ing「(すでに)V したことを後悔する」**

▶ 後の文で「自分の仕事ができない」と言っていることから，辞書をすでに貸してしまったと考えられる。したがって V-ing が正解。

誤答 ② **regret to V** は「(これから)V せねばならないのが残念だ」の意味。**I regret to say 〜.**「残念ながら〜だ」の形で使用されることが多い。

201. **③：A need＋V-ing「A を V する必要がある」**

▶ A need＋V-ing では，A は V-ing の**意味上の目的語**になっている。次の書き換えが可能。

This computer needs fixing. = This computer needs **to be** fixed.

一方，〈A need＋to V〉は「A が V する必要がある」で，A は V の意味上の主語になる。

例 I *need to* fix this computer.「このコンピュータを修理する必要がある」

Check 26 不定詞と動名詞で意味が違う動詞

- ☐ **remember＋V-ing**「すでに V したことを覚えている」― 過去的
- ☐ **remember＋to V**「これから V すべきことを覚えている」― 未来的
- ☐ **forget＋V-ing**「すでに V したことを忘れる」― 過去的
- ☐ **forget＋to V**「これから V すべきことを忘れる」― 未来的
- ☐ **regret＋V-ing**「すでに V したことを後悔する」― 過去的(〈having＋V-ed〉でも同意)
- ☐ **regret＋to V**「これから V せねばならないのが残念だ」― 未来的
- ☐ **try＋V-ing**「試しに V してみる」― 現実的(実際に V することを意味する)
- ☐ **try＋to V**「V しようとする」― 未来的(実際に V できるとはかぎらない)
- ☐ **mean＋V-ing**「V することを意味する」
- ☐ **mean＋to V**「V するつもりだ」― 未来的
- ☐ A **need＋V-ing**「A を V する必要がある」＝ A want＋V-ing ★ want はまれ。
- ☐ A **need＋to V**「A が V する必要がある」
- ☐ **help V-ing**「V することを避ける」★ can(not) help で用いる。
- ☐ **help (to) V**「V することを助ける」★原形も可。

例 He helped (to) wash the dishes.「彼は皿洗いを手伝ってくれた」

第 8 章 分詞

Data Research

〈出題数 TOP 5〉

SVOC 文型の C（補語）	877 問
分詞構文	740 問
名詞を後ろから修飾する分詞	278 問
付帯状況の with	225 問
名詞を前から修飾する分詞	56 問

分詞の問題は，名詞との関係が**〈能動関係なら現在分詞(V-ing)，受身関係なら過去分詞(V-ed)〉**の図式で解くものが中心だ。

第 1 位 SVOC 文型の C（補語） → UPGRADE 79 p.95
現在分詞に対して過去分詞の数が圧倒的に多い。ダントツで出題されるのは使役動詞の have A V-ed「A を V される，してもらう」で，知覚動詞の see，hear および keep も頻出だ。

第 2 位 分詞構文 → UPGRADE 80 ～ 86 p.97 ～ 101
compared（×comparing）with A「A と比べると」，seen（×seeing）（from ～）「(～から）見ると」，all things considered（×considering）「すべてのことを考慮に入れると」など過去分詞のほうが頻出で，『日本語に訳すと勘違いしやすいもの』がねらわれる。
「名詞を修飾する」用法 UPGRADE 77（→ p.93）では，**第 3 位 名詞を後ろから修飾する分詞**のほうが，**第 5 位 名詞を前から修飾する分詞**よりもはるかに出題頻度が高い。日本語と語順が逆転するため，特に語句整序形式での出題が多い。

第 4 位 付帯状況の with → UPGRADE 88 p.103
with one's mouth full「口にものを入れたまま」，with one's eyes closed「目を閉じて」，with one's arms folded「腕を組んで」，with one's legs crossed「脚を組んで」など身体に関係するフレーズがよく出る。
（PRODIGY 英語研究所）

UPGRADE 77

☑ **202.** A (　　) stone gathers no moss.　（近畿大）
① rolling　② roll　③ rolled　④ is rolled

☑ **203.** We found a (　　) car on the roadside.　（つくば国際大）
① breaking　② broken　③ broke　④ break

☑ **204.** 頻出 ドアのそばに立っている男の人は有名な歌手です。　（流通経済大）
[the door / by / standing / is / the man] a famous singer.

☑ **205.** 頻出 The (　　) to the students in the course were very difficult and many of them failed.
① given tests　② giving tests　③ tests giving　④ tests given
（金沢工業大）

---

202. 転がる石にはコケが生えない。（ことわざ）
203. 私たちは道ばたに壊れた車を見つけた。
205. その講座で生徒たちに与えられた試験はとても難しかったので，生徒の多くが落第点を取った。

KEY POINT 13 分詞の基本形と形容詞用法

分詞には，**現在分詞(V-ing)**と**過去分詞(V-ed)**の２種類があり，**形容詞用法**には，①**名詞を修飾**する用法と ②**補語になる**用法がある。

UPGRADE 77 分詞の形容詞用法 ― 名詞修飾

名詞と分詞の間には**〈主語と述語の関係〉**が成立し，**能動関係**なら**現在分詞(V-ing)**，**受身関係**なら**過去分詞(V-ed)**を用いる。

★**名詞を修飾する**用法では原則として，**分詞１語なら名詞の前**，**分詞が目的語や修飾語句を伴う場合は名詞の後ろ**に置く。

202. ①：**名詞を前から修飾する現在分詞**

▶ A stone と roll「転がる」の間に「石が転がっている」(⇒ A stone is rolling.) という**能動関係**が成立する。

+α **A rolling stone gathers no moss.**「転がる石にはコケが生えない」は「職を転々と変える人は成功しない」《英》という解釈も，「常に活動的な人はさびつかない」《米》という解釈も持つ両義的なことわざ。

203. ②：**名詞を前から修飾する過去分詞**

▶ a car と break「…を壊す」の間に「車が壊されている(＝壊れている)」(⇒ A car is [was] broken.) という**受身関係**が成立する。

204. **The man standing by the door is**：
名詞を後ろから修飾する現在分詞(後置修飾)

▶ **分詞が修飾語句を伴う場合，〈名詞＋分詞＋修飾語句〉の語順になる。**本問では by the door「ドアのそばに」が standing を修飾しているので，standing by the door を the man の後ろに置く。 第３位

205. ④：**名詞を後ろから修飾する過去分詞(後置修飾)** 第３位

▶ The tests と give の間には「テストが与えられた」(⇒ The tests were given.) という**受身関係**が成立する。

▶ to the students「生徒たちに」と in the course「その講座で」が given を修飾しているので，given を tests の後ろに置く。

UPGRADE 78

☐ **206.** The treasure remains (　　) somewhere in the island.
① buried　　② bury　　③ burying　　④ to bury
（千葉商科大）

UPGRADE 79

☐ **207.** I heard someone (　　) outside.
① singing　　② to sing　　③ sang　　④ sung
（大阪学院大）

☐ **208.** The classroom was so noisy that I didn't hear my name (　　).
頻出
① call　　② calling　　③ called　　④ to call
（同志社大）

☐ **209.** I kept my dog (　　) to a tree in the garden.
① tied　　② tying　　③ tie　　④ to tie　（慶應大）

☐ **210.** I'm sorry to have kept you (　　) so long.
頻出
① waited　　② to wait　　③ waiting　　④ wait　（獨協大）

---

206. 財宝はその島のどこかにまだ埋もれたままである。
207. 誰かが外で歌っているのが聞こえた。
208. 教室は非常に騒がしかったので，私は自分の名前が呼ばれるのが聞こえなかった。
209. 私は自分の犬を庭の木につないでおいた。
210. こんなに長い間お待たせしてすみません。

UPGRADE 78 分詞の形容詞用法 ― SVC 文型の C(補語)

SVC 文型の C(補語)に分詞が来る場合，S(主語)と C(補語)の間が，**能動関係**なら**現在分詞(V-ing)**，**受身関係**なら**過去分詞(V-ed)**を用いる。

206. ①：**remain V-ed「V されたままである」**

▶ The treasure と bury「…を埋める」の間には「財宝が埋められている(＝埋もれている)」(⇒ The treasure is buried.)という**受身関係**が成立する。

+α **remain** は「…のままである」の意で，SVC 文型をとる動詞で，C(補語)には，分詞のほかに，形容詞，名詞，不定詞などがくる。

例 He *remained* silent.「彼は黙ったままだった」

UPGRADE 79 分詞の形容詞用法 ― SVOC 文型の C(補語) 第1位

SVOC 文型の C(補語)に分詞が来る場合，O(目的語)と C(補語)の間が，**能動関係**なら**現在分詞(V-ing)**，**受身関係**なら**過去分詞(V-ed)**を用いる。

207. ①：**hear A V-ing「A が V しているのを聞く」**

▶ someone と sing の間に「誰かが歌っている」(⇒ Someone is [was] singing.)という**能動関係**が成立するので，現在分詞の① singing を選ぶ。

誤答 hear は知覚動詞なので，②が不定詞ではなく，原形の sing であれば，「私は誰かが…歌うのを聞いた」の意で用いることができる。知覚動詞は UPGRADE 155 p.215 参照。

208. ③：**hear A V-ed「A が V されるのを聞く」**

▶ my name と call の間に「私の名前が呼ばれる」(⇒ My name is [was] called.)という**受身関係**が成立する。

209. ①：**keep A V-ed「A が V されたままにしておく」**

▶ my dog と tie「…をつなぐ」の間に「私の犬がつながれる」(⇒ My dog is [was] tied.)という**受身関係**が成立する。

210. ③：**keep A V-ing「A を V させ続ける」**

▶ you と wait の間に「あなたが待っている」(⇒ You are waiting.)という**能動関係**が成立する。keep 〈人〉 waiting「〈人〉を待たせる」は入試超頻出表現だ。(be) waiting を「待っている＝待たされている」と考えるのがコツ。

誤答 **keep は補語に不定詞も原形もとらない**ので，②，④は共に不可。

UPGRADE 80

☑ **211.** (　　) up, I saw a swan flying right over my head.
① Looking　② To look　③ Looked　④ Being looked
（桜美林大）

☑ **212.** (　　) from the plane, the islands were very pretty.
頻出
① Seeing　② Seen　③ To see　④ Having seen
（慶應大）

☑ **213.** (　　) with Simon, Kate is much more reliable.
頻出
① By comparing　② Compared
③ Comparing　④ Having compared
（関西学院大）

UPGRADE 81

☑ **214.** After he had done his work, he took a bath.
頻出
＝(　　) done his work, he took a bath.　（獨協大）

☑ **215.** 彼に以前だまされたので，彼の申し出を断った。
(　　)(　　) cheated by him before, I refused his offer.　（浜松大）

Check 27　副詞節 ⇄ 分詞構文

〈接続詞＋S′＋V′ 〜〉を分詞構文に書き換える手順は，次の通り。
① 接続詞 ⇒ **消去**
② **S′＝文のSなら，S′ ⇒ 消去 ／ S′ ≠文のSなら，S′ ⇒ 残す**
③ **V′と文のVが同時なら，V′ ⇒ 単純形(V-ing)** ★受動態の場合，**V-ed。**
V′が文のVより前なら，V′ ⇒ 完了形(having＋V-ed / having been＋V-ed)
④ **not [never]は分詞の前に置く。**

---

211. 見上げると，白鳥が私の頭の真上を飛んでいくのが見えた。
212. 飛行機から見ると，島々はとても美しかった。
213. サイモンと比べると，ケイトはずっと信頼できる。
214. 仕事を終えたあと，彼は風呂に入った。

UPGRADE 80 分詞構文の基本

分詞が**副詞句**をつくり**〈接続詞＋S′＋V′ …〉と同等の意味を持つ**ものを**分詞構文**という。文の主語と分詞の間が，**能動関係**なら **V-ing**，**受身関係**なら **V-ed** を用いる。

★分詞構文は**文頭・文中・文末のいずれでも用いられる**。文法問題では文頭が多いが，文中(➡ 223)，文末(➡ 219)も登場するので，確認しておこう。

211. ①：**現在分詞の分詞構文**

▶ 文の主語 I と look (up)の間に「私が見上げる」という**能動関係**が成立するので，**現在分詞**の ① Looking を選ぶ。この文は接続詞を使って書き換えると，When I looked up, 〜. となる。

重要表現 本問の right は副詞で「まさに，ちょうど」の意。

212. ②：**過去分詞の分詞構文**

▶ 文の主語 the islands と see の間に「島々が(私たちに)見られる」という**受身関係**が成立するので**過去分詞**の ② Seen を選ぶ。この文は接続詞を使って書き換えると，When they were seen from the plane, 〜. となる。

213. ②：**過去分詞の分詞構文 ― compared with A「A と比べると」**

▶ 文の主語 Kate と compare「…を比べる」の間に，「ケイトが(サイモンと)比べられる」という**受身関係**が成立する。

▶ compared with A「A と比べると」は，長文中も含めると 15 年間で 500 回近く登場している「入試最頻出」分詞構文だ。

UPGRADE 81 分詞構文が表す時

分詞構文には，**単純形(V-ing)**と**完了形(having＋V-ed)**の２種類がある。
完了形は文の時制より**前のこと**を表す。

214. Having：**完了形〈having＋V-ed〉**

▶ After he **had done** his work, he **took** a bath. ⇄ **Having done** his work, 〜.
　過去完了 ←時間のずれ→ 過去 　　完了形

215. Having been：**受身完了形〈having been＋V-ed〉**

▶「だまされた」のは「断った」より**前のこと**であり，また文の主語 I と cheat「…をだます」は**受身関係**なので，**受身完了形**を用いる。この文は接続詞を使って書き換えると，As I had been cheated by him before, 〜. となる。

UPGRADE 82

☑216. (　　) what to say, I remained silent until she finished crying.
頻出
① Known　② Haven't known
③ Knowing not　④ Not knowing　(北里大)

☑217. (　　) read the novel, I cannot tell whether it is worth reading.
① Have not　② Having not　③ Not having　④ Had not been
(東北薬科大)

UPGRADE 83

☑218. (　　) a fine day yesterday, I took my son fishing.
① Being　② Having been　③ It being　④ It was　(中京大)

> **Q&A❸　分詞構文は，いつも接続詞で書き換えられる？**
>
> 分詞構文が持つ接続のニュアンスは文脈次第だが，実際には「時」「(軽い)理由」「付帯状況」のような「軽いつながり」を表すことが多い。慣用表現を除くと，「条件」「譲歩」の意味になることは少ない。入試では **214** のような「書き換え」が出題されるが，本来，V-ing だけでフレーズをつなぐ「あいまい構文」なので，必ずしも接続詞を使った書き換えができるわけではないことは覚えておきたい。
>
> また，分詞構文は，主に書き言葉で用いられるもので，日常会話で使われることは少ない。作文で分詞構文を使うと不自然になりがちなので，なるべく避けるのが賢明だ。

☑219. Mary's birthday party will be held in the garden, weather (　　).
① permits　② permitted
③ permitting　④ being permitted　(南山大)

☑220. All things (　　), she is a fairly good student.
頻出
① considered　② considering
③ being considering　④ having considered　(杏林大)

☑221. (　　) no bus service, I had to walk home.
① It having been　② Being
③ It being　④ There being　(立命館大)

---

216. 何と言ってよいかわからなかったので，私は彼女が泣きやむまでずっと黙っていた。
217. その小説を読んだことがないので，それが読む価値があるかどうか私にはわからない。
218. 昨日は天気がよかったので，私は息子を釣りに連れて行った。
219. 天気がよければ，メアリの誕生日パーティは庭で行われるだろう。
220. すべてのことを考慮に入れると，彼女はかなりよい生徒だ。
221. バスの便がなかったので，私は歩いて家に帰らなければならなかった。

UPGRADE 82 分詞構文の否定形

否定形は **not V-ing**, **never V-ing** で，**否定語を分詞の直前に置く。**

216. ④：**否定形〈*not*＋V-ing〉**

▶ **not は分詞の直前に置く。**

▶ **not knowing** ...「…がわからない[わからなかった]ので」は，否定形の入試問題の半分以上を占める頻出フレーズ。

217. ③：**完了形の否定形〈*not*＋having＋V-ed〉**

▶「その小説を読んだことがないので，それが読む価値があるかどうかわからない」という文意だと考える。「読んだことがない」のは「わからない」より以前のことなので，**完了形 having (read)** を用いる。これを**否定形**にすると ③ ***Not*** having (read) となる。

誤答 ② Having ×*not* (read) の語順はダメ。

+α never と完了形の場合は，〈never＋having＋V-ed〉と〈having＋never＋V-ed〉のどちらの語順も用いられるが，入試では原則「否定語が先」と覚えておくとよい。

UPGRADE 83 独立分詞構文

分詞構文の意味上の主語≠文の主語の場合，**意味上の主語を分詞の前に置く。**
この形を**独立分詞構文**という。

218. ③：**独立分詞構文**

▶ As it was a fine day「天気のよい日だったので」が分詞構文に変形したものと考える。分詞構文の意味上の主語 it ≠文の主語 I なので，独立分詞構文と考え，it を分詞の前に置く。

219. ③：**weather permitting「天候が許せば，天気がよければ」**

▶ if weather permits が独立分詞構文に変形したもの。慣用的によく使われる。

220. ①：**all things considered「すべてのことを考慮に入れると」**

▶ 過去分詞の独立分詞構文。意味上の主語 all things と consider「…を考慮する」の間に「すべてのことが考慮される」という**受身関係**が成立する。慣用的によく使われ，入試でも超頻出。

221. ④：**there being ... の独立分詞構文**

▶ As there was no bus service「バスの便がなかったので」の変形と考える。**there is [was] ...** を含む節を分詞構文にすると，**there being ...** となる。

UPGRADE 84

☑222. (　　) control herself, she burst into tears at the news.
発展
① Being unable　② In unabling
③ Unabling to　④ Unable to　(青山学院大)

☑223. This monument, (　　) in the 1500s, is the oldest in this area.
① being made　② having made
③ been made　④ made　(高崎経済大)

UPGRADE 85

☑224. Though (　　) no Spanish, she was able to communicate with the other students.
発展
① understand　② understanding
③ understood　④ being understood　(日本大)

UPGRADE 86

☑225. そのボートは大波を受けて転覆し，2人が死亡した。
発展
The boat was overturned by a great wave, (　　) the loss of two lives.
① following　② resulted in
③ following by　④ resulting in　(関西学院大)

Q&A❹ while driving「運転中に」は分詞構文？

次のような文は，**接続詞の付いた分詞構文**とも，**副詞節中の〈主語＋be 動詞〉セット省略**(driving の前に you are が省略)とも考えることができる。 ➡ **509**

例 *While driving*, you mustn't use a cellphone.
「運転中に携帯電話を使ってはいけない」

ただし，**224** の understand のように進行形にできない動詞(➡ Check **2** p.20)の場合，**接続詞の付いた分詞構文**と考えたほうがよい。

---

222. 自分を抑えることができずに，彼女はその知らせを聞いてわっと泣き出した。
223. この記念碑は1500年代に建てられたのだが，この近辺でいちばん古い。
224. スペイン語はわからなかったが，彼女はほかの学生たちと意思を通わせることができた。

UPGRADE 84 分詞構文の being と having been の省略

分詞構文では **being / having been** が省略されることがある。

222. ④：**being の省略 — 形容詞で始まる分詞構文**

▶ Being unable to control herself「(彼女は)自分を抑えることができずに」の **being が省略された分詞構文**と考え，④を選ぶ。

誤答 ①は後ろに to が必要。また，unable は形容詞なので V-ing の形が存在しないため，②，③は不可。

重要表現 burst into tears「突然泣き出す」 ➡ 1067

223. ④：**having been の省略**

▶ 文中の分詞構文を構成する。文の主語 This monument と make の間に受身関係があり，また「作られた」のは以前(1500 年代)のことなので，**受身完了形** having been made となる。**having been は省略できる**ので，④ made を選ぶ。② having made は受身ではないので混同しないよう注意。

誤答 **having のみの省略はできない**ので，③ been made の形は存在しない。

UPGRADE 85 接続詞の付いた分詞構文

分詞構文が表す意味を明確にするために，分詞の前に接続詞を置くことがある。

224. ②：**接続詞の付いた分詞構文 — though＋V-ing**

▶ Though she understood no Spanish を分詞構文に変形したものと考える。譲歩の分詞構文では通例，分詞の前に though や while を置く。

UPGRADE 86 主節が意味上の主語となる分詞構文

文末の分詞構文では，主節全体が分詞構文の意味上の主語になる場合がある。

例 Our Internet service stopped, *causing* serious confusion.

「インターネットサービスが停止してしまい，深刻な混乱をきたした」

causing ...「…を引き起こす」の**意味上の主語**は，「インターネットサービスが停止した(こと)」という**主節全体**だ。このパターンは特に **causing**，**resulting in**，**leading to** など**因果関係を導く語句**を用いる文末の分詞構文に多い。

225. ④：**主節が意味上の主語となる分詞構文**

▶ 文末の分詞構文。和文から，**意味上の主語**は The boat ではなく**主節全体**と考える。主節の内容「そのボートは…転覆し(た)」と，空所の後ろの the loss of two lives「2人が死亡した(こと)」との間に**因果関係**があるので，result in「…という結果になる」を分詞構文にした ④ resulting in が正解。なお，本問は非制限用法の関係代名詞 which を使って書き換えができる。

= The boat was overturned by a great wave, *which resulted in* the loss ... .
（The boat was overturned by a great wave ＝ 先行詞）

誤答 ①，③は **followed by** であれば「…転覆し，**その後に**2人が死亡した」となり文意が通る。**followed by ...「その後に…が続く」**は長文中では頻出表現だ。

UPGRADE 87

☐226. (　　) his age, the President looks pretty young.
① Consider　② Considered
③ Having considered　④ Considering　(東京電機大)

☐227. (　　) the look of the sky, it's likely to rain.
① Judged from　② Seen from
③ Judging from　④ Thinking of　(愛知学院大)

☐228. (　　) his lack of experience, his performance last night was simply amazing.
① Taken　② Given　③ Considered　④ Regarded
(関西学院大)

Check 28 主な分詞構文イディオム(文の主語と無関係に用いられるもの)

☐generally speaking「一般的に言って」 ☐frankly speaking「率直に言って」
☐broadly speaking「大ざっぱに言って」 ☐strictly speaking「厳密に言って」
☐talking [speaking] of A　「A と言えば」
☐judging from A　「A から判断すると」
☐considering A　「A を考慮に入れると，A のわりには」
☐given A　「① A を考慮に入れると　② A があれば」

UPGRADE 88

☐229. 君に見ていられたら読書に集中できないよ。　(早稲田大)
I can't concentrate on [me / my reading / watching / with / you].

☐230. He listened to the music with (　　).
頻出
① closing his eyes　② his eyes closed
③ his eyes closing　④ his close eye　(関西学院大)

☐231. 口にものを入れたまましゃべるなと母はしばしば私に言った。
頻出
Mother often told me not to [full / mouth / my / talk / with].　(中央大)

☐232. 彼女は片手で口を覆いながら話をしていた。
頻出
She was talking [over / a hand / mouth / with / her].　(東邦大)

---

226. 年齢を考慮に入れると[年齢のわりには]，大統領はかなり若く見える。
227. 空模様からすると，雨が降りそうだ。
228. 経験不足を考慮に入れると，彼の昨夜の演奏[演技]は実に見事だった。
230. 彼は目を閉じて音楽を聞いた。

UPGRADE 87 分詞構文イディオム

独立分詞構文の中には，意味上の主語 We[I]が省略され，**慣用表現化**したものがある。**文の主語とは無関係に用いられる**ので，しっかり暗記する必要がある。

226. ④：**considering A「A を考慮に入れると，A のわりには」** ➲ Check 28

227. ③：**judging from A「A から判断すると」** ➲ Check 28

228. ②：**given A「A を考慮に入れると」** ➲ Check 28

誤答 ③は Considering であれば同意で用いられる。(➲ 226)

+α **given that ～**「① ～であることを考慮に入れると　② ～だとすれば」も長文中では頻出表現だ。

UPGRADE 88 付帯状況の with

〈with＋A(名詞)＋分詞〉の形で，「**A が…した状態で，A が…しながら**」の意味を表す。A と分詞の間が，**能動関係**なら **V-ing**，**受身関係**なら **V-ed** を用いる。

229. my reading with you watching me：**with＋A＋V-ing「A が V している状態で」**

▶ you と watch me の間に「君が私を見ている」という**能動関係**が成立する。

230. ②：**with＋A＋V-ed「A が V された状態で」**

▶ his eyes と close「…を閉じる」の間に，「目が閉じられる」という**受身関係**が成立する。**with one's eyes closed** は一般に「**目を閉じて**」と訳す。

+α 類例表現に，**with one's arms folded「腕を組んで」**，**with one's legs crossed「脚を組んで」**がある。

231. talk with my mouth full：**with＋A＋形容詞**

▶ A の後ろに**形容詞**を置くことができる。ここでは my mouth と full の間に「口がいっぱいである」(⇒ My mouth is [was] full.)という**〈主語と述語の関係〉**が成立する。

232. with a hand over her mouth：**with＋A＋前置詞句**

▶ A の後ろに**前置詞句**を置くこともできる。ここでは a hand と over her mouth の間に「片手が口を覆っている」(⇒ A hand is [was] over her mouth.)という**〈主語と述語の関係〉**が成立する。

第 9 章 前置詞

Data Research

〈区別がねらわれる TOP 4〉

despite[in spite of] ⇔ (al)though	109 問
until[till] ⇔ by	104 問
during ⇔ while	75 問
since ⇔ for	63 問

意味の似た前置詞・接続詞の使い分けは頻出ポイント。特に最近，長文中の空所補充問題が増加中で，意味と用法の両方の正確な理解が求められる。

第 1 位 前置詞の despite [in spite of] ⇔ 接続詞の although [though] → 275

第 2 位 until [till]「…までずっと」⇔ by「…までに」 → 247, 248

第 3 位 前置詞の during ⇔ 接続詞の while → 251

(PRODIGY 英語研究所)

UPGRADE 89

☑ **233.** I parked my car (　　) the corner where the bank is.
① upon　② into　③ at　④ for　(駒澤大)

☑ **234.** There is a fly (　　) the ceiling, so she is trying to hit it.
① over　② at　③ under　④ on　(日本大)

☑ **235.** His uncle lives (　　) Goya Street in Okinawa City.
① along　② at　③ to　④ on　(沖縄国際大)

☑ **236.** I am going to leave Tokyo (　　) Osaka.
① on　② to　③ for　④ near　(駒澤大)

☑ **237.** Let's go swimming (　　).
頻出
① in Lake Biwa　② to Lake Biwa
③ for Lake Biwa　④ on Lake Biwa　(同志社大)

☑ **238.** Our town is about two hundred meters (　　) sea level.
① above　② beyond　③ on　④ up　(湘南工科大)

---

233. 私は銀行がある街角に車をとめた。
234. ハエが天井にいるので彼女はそれをたたこうとしている。
235. 彼のおじは沖縄市のゴーヤ通りに面した家に住んでいる。
236. 私は東京から大阪に向かうつもりだ。
237. 琵琶湖へ泳ぎに行こう。
238. 私たちの町は海抜およそ 200 メートルだ。

UPGRADE 89 場所・方向の前置詞

in は広さのある空間を，**at** は地点を，**on** は接した状態を表す。このような基本的意味をつかめば，時間的・抽象的意味を理解するのにも役立つ。

233. ③：**点的な場所に用いる at**

▶ **corner**「街角」，**end**「端，終わり」，**top**「頂上」，**station**「駅」など点的な場所には at を使う。(corner には on も可能)

234. ④：**接触を表す on**

▶ on は「表面への接触」，つまり，ぴったりと接していることを表す。上面への接触とは限らない。本問のように下面(天井の表面にハエが接している)や，on the wall「壁に」のように側面の接触の場合もある。

235. ④：**「…に面して」を表す on**

▶ on は「…に接して」から発展し，「(道など)に面して」，「(川・湖など)の岸辺に」という意味を表すことがある。以下の例も「…に接して」の発展だ。

例 a city *on* the Thames「テムズ川のほとりの都市」

236. ③：**方向を表す for**

▶ for は「…に向かって」の意味を表す。leave (A) for B で「(A から)B に向かって出発する」の意味。go to A とは違って到達するという意味は含まない。

237. ①：**go V-ing in A「A に V しに行く」は重要構文！**

▶ このタイプの問題では選択肢に必ず **to** や **for** があるが，ワナなので注意。in A は go ではなく V-ing にかかることに注意。V-ing に用いる動詞は頻度順に **shop**，**fish**，**swim**，**ski**，**camp**，**hike**，**jog**，**hunt** など，**移動をともない，娯楽の要素を含む動詞**に限られるので覚えておこう。なお，〈in＋場所〉が 80%近いが，時には in でなく at や on が来ることもある。

例 go shopping *at* a department store「デパートに買い物しに行く」(➲ 884)

> **秘伝** go V-ing のあとはふつう in が来る(to，for はワナ！)

238. ①：**ある基準より上を表す above**

▶ above sea level は「海水面より上」すなわち「海抜」の意味。**above はある高さ・水準より「上」**を表す。反対語は below「…より下に」。一方 over は「…の真上に」，under は「…の真下に」を意味する。

☑ 239. Mary's aunt got married (　　) the age of 35.
① on　② in　③ at　④ for　(東海大)

☑ 240. Her son was born (　　) January first ten years ago.
① at　② in　③ on　④ during　(神奈川工科大)

☑ 241. I left Tokyo for New York (　　) the morning of September 10.
頻出
① by　② for　③ in　④ on　(帝京大)

☑ 242. I came back to Japan for the first time (　　) five years.
① before　② during　③ in　④ of　(東海大)

☑ 243. This is the coldest winter (　　) four years.
① during　② in　③ of　④ since　(東北工業大)

☑ 244. Our school begins (　　) nine.
頻出
① from　② at　③ in　④ on　(松本歯科大)

☑ 245. I will be back (　　) five minutes.
① on　② from　③ in　④ at　(福岡大)

---

239. メアリのおばは 35 歳で結婚した。
240. 彼女の息子は 10 年前の 1 月 1 日に生まれた。
241. 私は 9 月 10 日の朝，東京からニューヨークへ出発した。
242. 私は 5 年ぶりに日本に帰った。
243. 今年の冬はこの 4 年でいちばん寒い。
244. 私たちの学校は 9 時に始まる。
245. 5 分で戻ります。

UPGRADE 90 時間の前置詞

場所を表す用法より出題率が高い。まぎらわしいものも多いからしっかり区別しよう。

239. ③：時点を表す at

▶ at the age of A で「A 歳で」の意味。時間を表すときも at は年齢，時刻など**点のイメージ**を持つ語と結びつく。

例 *at* noon「正午に」，*at* midnight「夜の 12 時に」，*at* present「今は」

240. ③：日に付く on ―「月＋日」に注意！

▶ 年，月には in，日には on が付くのは知っていても，この問いの January first のように「何月＋何日」の形で問われると，「月」に惑わされて in を選びやすいから要注意！

241. ④：特定の日の朝［午後／夜］を表す on

▶ the morning，the evening，the night などにはふつう in が付くが，これらも**特定の日を指す語句で限定されると on を用いる**から要注意。本問では the morning が of September 10 で限定されている。

242. ③：for the first time in A「A ぶりに」

▶「A の期間の中で初めて」だから「A ぶりに」と訳すことが多い。

+α「久しぶり」は **for the first time in a long time** と表せる。作文のとき役立つから覚えておこう。

243. ②：最上級＋in A（期間）

▶ これも **242** に似た表現。〈最上級＋in A〉で「A の期間で最も…」という意味を表す。

244. ②：begin の後ろに来る前置詞は？

▶ begin（　　）A では **A に合わせて前置詞を決める**。本問では nine は時刻なので at が正解。例 begin *in* April，begin *on* Monday

+α **begin with A**「A と共に始まる」，**begin by V-ing**「V することから始める」も覚えよう。なお **start** も「始まる」の意味では **begin** と同じだが，「**A** から出発する」は **start from A**。

誤答 ① from は必ず出るワナ。日本語では「…から始まる」と言うが，**begin** に **from** は用いない。

245. ③：「あと…たてば」― 経過・所要時間の in

▶ 未来のことを述べる文で「あと…たてば，あと…で」という意味を表すには，ふつう in を使う。

+α **in a minute**「すぐに」，**in no time**「すぐに」はこの **in** を使った熟語。

+α「…以内に」はふつう **within** で表す。

☑246. The tram arrived (　　) time.
① at　② until　③ on　④ by　(神戸学院大)

☑247. Please complete the assignment (　　) next Monday.
頻出　① until　② by　③ since　④ to　(南山大)

☑248. "How long are you going to stay in Tokyo?"　"(　　) March."
① Until　② By　③ In　④ For　(東京工科大)

☑249. It was not (　　) yesterday that I noticed the accident.
頻出　① at　② by　③ until　④ for　(横浜市立大)

☑250. My father will stay there (　　) two months.
頻出　① for　② during　③ by　④ until　⑤ in
(関東学院大)

☑251. I was ill for a week and (　　) that week I ate nothing.
頻出　① during　② while　③ in　④ from　(奥羽大)

☑252. Mr. Roberts has lived here (　　) five years.
頻出　① since　② during　③ in　④ for　(神奈川大)

☑253. Shogi has been played (　　) ancient times.
頻出　① for　② to　③ since　④ until　(南山大)

☑254. (　　) his return from the US, he started his own business.
頻出　① On　② As　③ With　④ By　(上智大)

---

246. 路面電車は時刻ぴったりに来た。
247. 次の月曜までにその仕事を完成させてください。
248. 「東京にはどれくらい滞在しますか」「３月までです」
249. 昨日初めて事故を知った。
250. 父はそこに２か月間滞在するつもりだ。
251. 私は１週間具合が悪くて，その１週間何も食べなかった。
252. ロバーツ氏はここに５年住んでいる。
253. 将棋は古代から行われてきた。
254. アメリカから戻ると同時に彼は自分の事業を始めた。

246. ③：**on time「時間通りに」**

▶「予定時刻ぴったりに」は **on time** で表す。
[参考] **in time** (for A)「(A に)間に合って」

247. ②：**区別しよう！ by vs. until [till]** 第2位

▶ by は「…までに」で，**期限**を表す。一方，until [till] は「…まで**ずっと**」で，**継続期間**を表す。これは日本語に訳して考えてよい。(ちなみにこのタイプでは，by が正解の問題がなぜか圧倒的に多い)

248. ① 第2位

▶ これも by vs. until タイプ。How long「どれくらい」がヒント。期間の長さを聞いているのだから「3月まで」という意味になる① Until が正解。

249. ③：**重要構文 it is not until A that ～「A になってやっと～する」**

▶ 直訳すれば「A までは～しない」となる。たとえば He didn't come home until yesterday. は It was not until yesterday that he came home. と書き換えできる。 ➡ 303, 519

250. ①：**区別しよう！ for vs. during**

▶ for は期間の「長さ」を表す。後ろには不特定の期間，つまり **the などの限定が付かない**〈数＋名詞〉や〈many [a few]＋名詞〉が来る。一方 during は特定の期間を指し，後ろにはふつう **the**，**this**，**that**，**my** などが付いた名詞が来る。

251. ①：**区別しよう！ during vs. while** 第3位

▶ during と while の区別を問う問題。(　　)のすぐ後ろに S+V がないので接続詞 while は使えない。したがって前置詞 during が正解。③ in では「その週の間(ずっと)」の意味が表せない。

252. ④：**区別しよう！ for vs. since**

▶「継続」を表す現在完了の文で for と since の区別を問うパターン。**250** で述べたように，for のあとには**期間**が来るのに対し，since「…以来ずっと」のあとには特定の**時点**が来る。

253. ③：**since「…以来」**

▶〈現在完了＋since ...〉で「…以来ずっと～だった」。本問では ancient times という特定の時点があとに来ている。

254. ①：**「…すると同時に」を表す on**

▶〈**on＋V-ing**〉(➡ **182**) または〈**on＋動詞の名詞形**〉で「**…すると同時に**」を表す。これは on の基本的意味である「…に接触して」の発展で，「2つの出来事が接する」＝「同時に起こる」ということ。

+α〈**in＋V-ing**〉は「**V しているとき**」を表すことがある。

☑255. 誤りがある部分を選びなさい。

A new library ①will be built near our office ②in next year. We will ③be looking forward to ④seeing it. (高崎経済大)

UPGRADE 91

☑256. Liz is talking with Albert ( ) the phone.

頻出 ① at ② for ③ in ④ on (東京理科大)

☑257. We can contact each other ( ) phone.

発展 ① by ② to ③ in ④ on (朝日大)

☑258. People usually go shopping ( ) car to a supermarket.

① by ② with ③ in ④ on (大分大)

☑259. We can travel ( ) my car.

発展 ① by ② in ③ on ④ with (國學院大)

☑260. I was asked to write my name ( ) ink.

発展 ① by ② in ③ on ④ with (中部大)

☑261. The letter was written ( ) a pencil.

① at ② in ③ to ④ with (中京大)

---

255. 新しい図書館が来年うちの会社の近くに建てられる。私たちはそれを見ることを楽しみにしている。
256. リズはアルバートと電話で話している。
257. 私たちは電話で連絡し合える。
258. 人々はスーパーにはふつう，車で買い物に行く。
259. 私たちは私の車で旅行できる。
260. インクで自分の名前を書くように言われた。
261. その手紙は鉛筆で書かれていた。

255. ②：**時の前置詞が不要な場合**

▶ 時間を表す名詞に**無冠詞の next, last が付くときは「…に」にあたる前置詞を用いない。** 例 I'm going to see him *next Monday*.「次の月曜日に彼に会う予定だ」(on 不要), last night「昨夜」(at 不要)

+α **in the next year** は可だが,「その次の年に」の意味になる。

重要表現 ③ look forward to V-ing「V するのを楽しみに待つ」 ➔ 171

UPGRADE 91 道具や手段を表す前置詞

256. ④：**情報機器・メディアに付く on**

▶ talk **on the phone [telephone]** で**「電話で**話す」の意味になる。「(情報機器)を使って」という意味は on で表す。

例 *on* (the) television, *on* the radio, *on* the Internet

+α 電話の場合は **over the phone [telephone]** も可能。

257. ①：**通信・交通手段の by**

▶ **by phone [telephone]** で「電話を使って」の意味。通信(＝情報を運ぶ)手段, 交通・輸送(＝人や物を運ぶ)手段は by で表すが, この **by の後ろの名詞は無冠詞・単数形**であることに注意。

誤答 ④はワナ。on を用いるときは the phone と定冠詞が必要。 ➔ 256

258. ①：**通信・交通手段の by**

▶ by mail「郵便で」, by air mail「航空便で」, by bus「バスで」(参考 on the bus), by car「車で」(参考 in the car), by air「飛行機で」(＝ by plane)

259. ②：**車に付く in**

▶ **car, taxi** には **on は用いない。**(bus, train などの公共輸送機関なら on が使える)

誤答 ①の by はワナ。**手段の by の後ろの名詞には冠詞や所有格を付けない**(➔ 258)。

260. ②：**in ink「インクで」**

▶ 文字や絵をかくのに用いる物質は in で表す。

例 *in* pencil「(物質としての)鉛筆で」

261. ④：**道具の with**

▶ 作業の道具はふつう with で表す。例 *with* a knife, *with* a spoon, *with* a pen

誤答 ②は 260 との混同をねらったワナ。with a pencil ＝ in pencil。

UPGRADE 92

☑ **262.** We rented the car by (　　).
① hour　② hours　③ an hour　④ the hour
(南山大)

☑ **263.** We missed the train (　　) two minutes and were late for the concert.
頻出
① with　② before　③ under　④ by　(神戸学院大)

☑ **264.** Wine is made (　　) grapes.
① of　② from　③ by　④ to
(国際医療福祉大)

☑ **265.** Arthur died (　　) a brain tumor in 1972.
頻出
① with　② by　③ of　④ for　(早稲田大)

☑ **266.** I'm angry (　　) you for coming late for class again.
① with　② to　③ for　④ about　(帝京大)

☑ **267.** We are (　　) the plan and we intend to fight it.
頻出
① by　② but　③ for　④ against
(関東学院大)

☑ **268.** There is something wrong (　　) this computer.
① with　② for　③ of　④ on　⑤ about
(亜細亜大)

☑ **269.** Could you help me (　　) my homework?
① with　② about　③ to　④ in　(東京国際大)

---

262. 私たちは時間決めで車を借りた。
263. 私たちは２分差で列車に乗り遅れ，コンサートに遅れた。
264. ワインはブドウから作られる。
265. アーサーは1972年に脳腫瘍で死んだ。
266. 君がまた授業に遅れたので私は怒っている。
267. 私たちはその計画に反対なのでそれと戦うつもりだ。
268. このコンピュータはどこかおかしい。
269. 私の宿題を手伝ってくれませんか。

UPGRADE 92 その他の重要な前置詞の用法

262. ④：単位を表す by

▶ 〈**by+the+A**〉で「**A単位で**」という意味を表す。例 be sold *by* the pound「ポンド単位で売られる」, sell *by* the dozen「ダース(12個)単位で売る」

263. ④：差を表す by

▶ **miss A by B**「**AをBの差で逃す**」と覚えよう。ほかに He is older than you *by* two years.「彼は君より2歳上だ」のように比較級と共に差を表す用法にも注意。(ただし He is two years older than you. のほうがずっとふつう)

264. ②：原料・材料を表す前置詞

▶ **A be made from B**「AはBから作られる」はA(製品)の形や状態が**B(原料)**と変わってしまう場合に使う。一方 **A be made of B**「AはBで作られる」はAが**B(材料)**の形状を残している場合に使うのが原則。ワインはブドウとまったく違う形状なのでfromが適する。参考 This box is made **of** wood.「この箱は木でできている」(ただし実際には native speaker でも原則に従わないこともある)

➡ UPGRADE 246 p.357

265. ③：原因を表す of

▶ **die of A「A(病気・飢えなど)で死ぬ」をまず覚えよう。**「けがなど間接的原因で死ぬ場合は die from A」という説もあるが，実際はあまり区別されない。of と from の区別を問う問題は(良識のある大学では)まず出ない。(of の頻度は from の約1.5倍。ただし smoking, drinking などが原因となる場合は from のほうがはるかに多い)

266. ①：angry に付く前置詞

▶ **be angry with A**「A(人)に対して腹を立てている」をまず覚えよう。怒りの原因(対象)が物事のときは be angry about A がふつう。(be angry at は人・物の両方に使われる)

267. ④：賛成の for・反対の against

▶ **be for A**「Aに賛成だ」⇔ **be against A**「Aに反対だ」

(➡ **638** の問題英文中の vote for/against ～も参照)

268. ①：「…に関して」の with

▶ **there is something wrong with A**「Aに関して何かおかしいところがある」

+α **What's wrong [the matter] with A?**「**A**はどうかしたのか」の **with** も同じ用法。

269. ①：help A with B

▶ **help A with B**「A(人)をBのことで助ける」。このwithも**268**と同じ意味。入試問題ではB = homeworkがほとんどを占める。なお，helpは人しか目的語にできないので，×**help my homework とは言えない。**

☑270. She answered the questions (　　) ease.
① at　② for　③ of　④ with　(日本大)

☑271. The doctor advised me to sleep (　　) the window open.
頻出
① for　② in　③ with　④ at　(福岡工業大)

☑272. We talked about the matter (　　) a cup of coffee.
頻出
① with　② in　③ over　④ according to
(東海大)

☑273. It is (　　) great importance that you respect other cultures.
頻出
① to　② of　③ by　④ with
(県立広島大)

☑274. He's in his early sixties, but he looks quite young (　　) his age.
頻出
① at　② by　③ for　④ on　(成城大)

☑275. (　　) "No Smoking" signs, many people smoke in elevators.
頻出
① Although　② Despite　③ However　④ Instead of
(北里大)

☑276. Your composition is good (　　) the spelling.
発展
① but　② except for　③ unless　④ except　(東海大)

☑277. There was a beautiful white lily (　　) the many flowers.
頻出
① among　② about　③ between　④ through
(摂南大)

---

270. 彼女は簡単にそれらの質問に答えた。
271. 医者は私に窓を開けて眠るように助言した。
272. 私たちはコーヒーを飲みながらそのことを話した。
273. 異文化を尊重することは非常に重要である。
274. 彼は 60 代前半だが，年のわりにはかなり若く見える。
275.「禁煙」の掲示にもかかわらず，エレベータでタバコを吸う人が多い。
276. あなたの作文はつづりを除けばよくできている。
277. たくさんの花の中にきれいな白ユリが 1 本あった。

270. ④：with＋名詞 ＝ 副詞

▶ **with ease**「簡単に」＝ **easily**, **with care**「注意して」＝ **carefully**, **with pleasure**「喜んで」(➡ 1244)の3つを覚えよう。

271. ③：付帯状況の with

▶ **〈with＋A＋B〉**で「AをBの状態にして」の意味を表す。Aは名詞，Bには現在分詞・過去分詞・形容詞・前置詞句・副詞(on, off, out, etc.)などが来る。

➡ UPGRADE 88 p.103

272. ③：「ながら」の over

▶ **over A** で「Aを飲みながら・食べながら・しながら」の意味を表すことがある。

例 *over* (a cup of) tea「お茶を飲みながら」, *over* lunch「昼食を食べながら」

273. ②：of＋名詞 ＝ 形容詞

▶ **〈(be) of＋名詞〉**で〈(be)＋形容詞〉と同じような意味を表すことがある。なお〈of＋名詞〉は他の名詞を修飾することもある。

例 a matter *of no importance*「重要でないこと」

☐ (be) of importance ＝(be) important

☐ (be) of use ＝(be) useful

☐ (be) of help ＝(be) helpful

274. ③：「…のわりに」— 判断の基準を表す for

▶ **for A** で「Aのわりに」という意味を表す。本問のように **for A's age**「Aの年のわりに」がよく出る。

275. ②：「〜にもかかわらず」— 前置詞と接続詞の区別 第1位

▶ **despite A**(＝ **in spite of A**)「A(がある)にもかかわらず」は前置詞で，後ろには**名詞だけ**が来る。一方 though, although は**接続詞**で，後ろには**〈主語＋動詞〉**(節)が来る。本問では(　　)のあとが "No Smoking" signs という名詞だけなので despite が正解。

誤答 ① Although(＝ Though)がワナ。

276. ②：except for と except, but の区別

▶ **except for A**「ただしAは別だが」は文中にAと同類の名詞がなくても使える。

一方 **except A**「A以外(の)」, **but A**「A以外(の)」はAと**同類の名詞が文中にないと使えない**。(例 He is a vegetarian *except for* **chicken**.「彼はベジタリアンだ。ただしトリ肉は食べるが」He eats **no meat** *except* **chicken**.「彼はトリ肉以外の肉は食べない」) 本問では spelling と同類の名詞がないので，① but, ④ except は不可。

277. ①：between と among の区別

▶ **「2つのものの間に」は between**, **「3つ以上のものの間に」は among** を用いる。本問では(　　)のあとが **many** flowers だから among。

☑278. (　　) my surprise, he failed in the enterprise.
① To　② For　③ At　④ In　(國學院大)

UPGRADE 93

☑279. (　　)に入れるのに<u>不適切なもの</u>を選びなさい。
頻出 I couldn't attend the party (　　) a bad cold.
① because　② due to
③ on account of　④ owing to　(東北学院大)

☑280. (　　) her help, he was able to be a successful actor.
① For all　② With respect to
③ Thanks to　④ Regardless of　(日本工業大)

☑281. I am (　　) the plan you proposed at the meeting.
① opposed　② in favor of
③ different from　④ likely to　(流通科学大)

☑282. When he retires, he's going to live in the country (　　) his health.
① instead of　② for the sake of
③ by way of　④ in order to　(福井工業大)

☑283. The boys went to Mt. Akagi in search (　　) the hidden treasures.
① around　② for　③ of　④ to　(南山大)

☑284. I was walking (　　) the direction of the station.
頻出 ① in　② for　③ on　④ to　(杏林大)

☑285. I am planning to go to England (　　) Singapore.
発展 ① on way of　② by way of
③ in the way of　④ in way to　(九州共立大)

---

278. 驚いたことに，彼はその事業に失敗した。
279. ひどい風邪のせいでパーティに行けなかった。
280. 彼女の援助のおかげで，彼は成功した俳優になれた。
281. 私はあなたが会議で出した案に賛成だ。
282. 彼は引退したら，健康のことを考えて，いなかに住むつもりだ。
283. 少年たちは秘宝を求めて赤城山に行った。
284. 私は駅のほうへ歩いていた。
285. 私はシンガポール経由でイングランドに行くつもりだ。

278. ①：「…したことには」結果の to

▶〈to＋A's＋感情を表す名詞〉で「A が…したことには」という意味を表す。文頭に置かれることが多い。

UPGRADE 93 句前置詞

いくつかの語が組み合わされて全体で１つの前置詞のように使われるものがある。それらを**句前置詞**と呼ぶ。

279. ①：原因・理由を表す句前置詞

▶ **because は副詞節をまとめる接続詞**だから後ろには**〈主語＋動詞〉**が必要。(　　)のあとに名詞 a bad cold しかないので because は使えない。

「A が原因で」の意味の句前置詞４つをまとめよう。

☑ on account of A (➡ 764)　　☑ because of A

☑ due to A (➡ 824)　　☑ owing to A

280. ③：thanks to A「A のおかげで」

誤答 ① for all A「A にもかかわらず」, ② with respect to A「A に関しては」。

281. ②：in favor of A「A に賛成で，A に有利に」

▶「A に賛成で」の意味では **(be) for A で言い換え可能**。　➡ 267

282. ②：for the sake of A「A(の利益)のために」

▶「利益・目的」を表す。for A's sake の形になることもある。

283. ③：in search of A「A を探して」

▶ search **for** A「A を探し求める」と異なり，**of を使う**ことに注意！

284. ①：in the direction of A「A の方向へ」＝ toward A

▶ この句前置詞の問題では**必ず to か for がお決まりのワナ**として出る。「～のほうへ」という「方向」を表す訳に惑わされて選んではいけない。

▶「方向」に in を用いる場合として，次の例もいっしょに覚えよう。

例 The sun rises *in* the east and sets *in* the west.
「太陽は東から昇り，西に沈む」

285. ②：by way of A「A を経由して」＝ via A

☑286. I am going to study French (　　) my parents' advice.
頻出
① in spite of　② instead of　③ though　④ in contrast to
(流通科学大)

☑287. Anyone has the right to an education (　　) race or nationality.
頻出
① owing to　② regardless of
③ as a result of　④ in spite of　(東海大)

☑288. (　　) great hardship, she managed to keep her sense of humor.
① In the face of　② In charge of
③ At the mercy of　④ On behalf of　(中央大)

☑289. (　　) the morning TV news, many farms were damaged by the rain.
頻出
① In addition to　② In contrast to
③ According to　④ Owing to　(名古屋女子大)

☑290. (　　) his wealth he has a great deal of intelligence.
頻出
① All but　② For all
③ In addition to　④ As much as　(国士舘大)

☑291. I stayed home (　　) going to see a movie.
頻出
① in place of　② except　③ without　④ instead of
(関東学院大)

☑292. These libraries have similarities (　　) computer facilities.
頻出
① by way of　② instead of　③ in terms of　④ on behalf of
(東北学院大)

☑293. The beauty of the scene cannot be expressed (　　) words.
① because of　② according to　③ instead of　④ by means of
(東京造形大)

---

286. 私は両親の忠告にもかかわらず，フランス語を勉強するつもりだ。
287. 民族や国籍とは関係なく，誰でも教育を受ける権利がある。
288. ひどい苦難に直面しても，彼女は何とかユーモアのセンスを持ち続けた。
289. 朝のテレビニュースによると，その雨で多くの農場が被害を受けた。
290. 財産に加えて彼には豊かな知性がある。
291. 私は映画を見に行かずに家にいた。
292. これらの図書館はコンピュータ設備の点では共通点がある。
293. その眺めの美しさは言葉では表せない。

286. ①：**in spite of A「A(がある)にもかかわらず」＝ despite A**
▶ **though** は接続詞なので後ろに〈主語＋動詞〉がなければ使えない。

287. ②：**regardless of A「A とは関係なく，A がどうであれ」**
▶ **in spite of A**「A(がある)にもかかわらず」と区別すること。

288. ①：**in the face of A「A に直面して，A をものともせず」**

重要表現 manage to V「何とか V することができる」 ➡ 601

289. ③：**according to A「A(情報源)によると，A にしたがって」**

290. ③：**in addition to A「A に加えて，A の上に」— 追加を表す**
▶ **in addition**「さらに」。(➡ 837)の形でも使う。
例 He lost his job, and *in addition*, his wife left him.
「彼は失業し，おまけに奥さんに捨てられた」

重要表現 a great [good] deal of＋不可算名詞 ＝ much＋不可算名詞 ➡ 688

291. ④：**instead of A「A の代わりに，A ではなく」**
▶ without と区別しよう。この問いの stay home と go to see a movie のように，**どちらか 1 つしか選べない場合には instead of** を用い，次のように**両方同時にすることが可能な場合は without** を用いる。
例 **I stayed home** *without* **watching TV**.「テレビを見ないで家にいた」
誤答 ① in place of A は「A の代理で」の意味。

292. ③：**in terms of A「A の視点から，A の(観)点では」** ➡ 795

293. ④：**by means of A「A を用いて」**
▶ means は「方法，手段」という意味。 ➡ 812

Check 29 その他の句前置詞

☑ in relation to A「A に関係して」	☑ as for A「A については」
☑ in the course of A「A の間に」	☑ as to A「A については」
☑ in response to A「A に答えて」	☑ apart from A「① A を除き ② A 以外に」
☑ for the purpose of A「A の目的で」	☑ other than A「A 以外に」
☑ with a view to V-ing「V するために」	☑ in honor of A「A に敬意を表して」
☑ on behalf of A「A を代表して」	☑ in comparison with A「A と比べ」
☑ with [in] regard to A「A に関して」	☑ at the expense [cost] of A「A を犠牲にして」
☑ with respect to A「A に関して」	

第10章 接続詞

Data Research

〈出題数 TOP 5〉

that	404問
so [such] ... that ～	318問
「…するとすぐに～」の表現	177問
as far as / as long as の区別	151問
譲歩の as	85問

接続詞は関係代名詞や前置詞との区別のような文法的理解と共に，つなぎの語句(Discourse Maker［ディスコースマーカー］)としての役割を問う読解レベルの出題も多い。

第1位 **that** → *UPGRADE 94* p.121～123
that は品詞・用法が群を抜いて多い。最頻出は「同格」用法で，関係代名詞の that との区別が必要。接続詞の後ろには**完全な文**がくるという構文的理解を心がけよう。

第2位 **so [such] ... that** → 338, 339
so と such の使い分け(68問)に注意しよう。too ... to V や enough to V との区別や書き換え(49問)もねらわれる。
→ 151

第3位 **「…するとすぐに～」の表現** → *UPGRADE 96* p.127
no sooner ～ than ... が最頻出(69問)で，その約90%は**倒置形**だ。

第4位 **as far as / as long as の区別**
as far as と as long as の区別(127問)は必出。Check **33** で覚えよう。

(PRODIGY 英語研究所)

UPGRADE 94

☑ **294.** (　　) she believes you is hard to believe.
頻出
① What　② That　③ Whatever　④ Whenever　(立命館大)

☑ **295.** His health requires (　　) he go to bed early.
頻出
① that　② what　③ which　④ as　(桜美林大)

☑ **296.** We thought it odd (　　) Don should be chosen the new manager.
頻出
① than　② that　③ what　④ whether　(南山大)

☑ **297.** I wondered (　　) I'd ever heal from that loss.
① about why　② if　③ that　④ what　(関西大)

---

294. 彼女が君を信じているというのは信じがたい。
295. 健康のために彼は早寝しなければならない。
296. ドンが新しい経営者に選ばれるなんて変だと私たちは思った。
297. 私は自分がその喪失感から回復できるのだろうかと思った。

KEY POINT 14 等位接続詞 vs. 従属接続詞

接続詞は２種類に分類される。
★**等位接続詞**(and / or / but など)は文法的に同じ種類の語・句・節を対等の関係でつなぐ。
例 His car is red, *and* mine is yellow.「彼の車は赤色で，私のは黄色だ」
⇒ and は節(His car is ...)と節(mine is ...)をつないでいる。
A as well as B，not only A but (also) B なども A と B に同種類のものが来るので等位接続詞とみなせる。
★**従属接続詞**(that / if / whether / when / because など)は**名詞節・副詞節**を作り，主節とつなぐ。
例 *If* you hurry, you'll catch the train.「急げば電車に間に合う」
⇒ 副詞節(if you hurry)は，主節(you'll ...)につながる。

UPGRADE 94 名詞節を導く接続詞 ― that と whether と if 第1位

294. ②：主語となる名詞節を導く that「～ということ」
▶ 接続詞の that の後ろには**完全な文**(文の要素 S，O，C が欠けていない文)が続くことに注意。本問では she believes you がそれ。
▶ 本問は**形式主語の it** を用いて It is hard to believe *that she believes you.* とも書ける。

誤答 ① What，③ Whatever は完全な文の前には置けない(必ず S，O，C のどれかが欠けていなければならない)。

295. ①：目的語となる名詞節を導く that「～ということ」
▶ この that 節は requires の目的語。**294** と同じく(　　)の後ろの he go to bed early は完全な文になっている。「要求」の意味を表す動詞 require の後ろの that 節内なので go は「原形」となる。原形となる理由 ➡ UPGRADE 153 p.211

296. ②：目的語となる名詞節を導く that「～ということ」
▶ 本問では形式目的語 it に対し，that 節は真の目的語となっている。

297. ②：目的語となる名詞節を導く if「～かどうか」
▶ 〈if＋完全な文〉で「～かどうか」を表す。**wonder**，**ask**，**doubt** など「疑問」の意味を含む動詞の目的語になることが多い。if の代わりに whether でも可。

☑ **298.** I don't know (　　) or not he is at home.
① if　② whether　③ that　④ whichever　（東京家政大）

☑ Check 30 名詞節を導く whether と if の違い

	動詞の目的語	形式主語 it の文の真主語	前置詞の目的語①	文頭の主語②	補語③	名詞の同格節④
if 節	○	○	×	×	×	×
whether 節	○	○	○	○	○	○

① think about **whether** [×**if**] he is happy or not
「彼が幸せかどうかについて考える」
② **Whether** [×**If**] it is true is not clear.「それが本当かどうかははっきりしない」
③ The question is **whether** [×**if**] you can believe it.
「問題は君がそれを信じられるかどうかだ」
④ the question **whether** [×**if**] he is guilty「彼が有罪かどうかという問題」
上記以外にも if には制限がある。whether は whether **or not** S+V ... の語順が可能だが if は if **or not** S+V ... とはできない。また whether+to V「V すべきかどうか」は OK だが if+to V という形はない。
★このように if には制限が多い。作文などでは whether を使うほうが安全だ。

☑ **299.** His assertion (　　) the molecule divides into two parts in water is accepted by most scientists.
頻出
① how　② what　③ that　④ which　（慶應大）

☑ **300.** The fact is (　　) she has lost her watch.
頻出
① that　② which　③ what　④ why　（九州共立大）

---

298. 彼が家にいるのかどうかわからない。
299. 分子が水中で２つに分かれるという彼の主張は，ほとんどの科学者に受け入れられている。
300. 実は彼女が時計をなくしたのだ。

298. ②：名詞節を導く whether「～かどうか」

▶ ① if は **if or not S+V という語順をとれない。**○〈if S+V or not〉なら可。○〈whether or not S+V〉, ○〈whether S+V or not〉は両方可。

299. ③：同格の名詞節を導く that「～という」

▶〈名詞+that 節〉で「～という名詞」の意味を表す。that の後ろにはやはり完全な文が来る。

300. ①：補語となる名詞節を導く that「～ということ」

▶ **the fact is that ～**は「**実は～だ**」と覚えておくとよい。(直訳すると「事実は～ということだ」) ほかに **the trouble is that ～「困ったことに～だ」**も覚えておこう。

Check 31 同格 that 節を使える主な名詞

同格 that 節をとれる名詞は限られている。(that 節をとる動詞の名詞形が多いことに注目)。

☐ idea「考え」	☐ thought「考え」	☐ belief「信念」	☐ opinion「意見」
☐ impression「印象」	☐ fear「不安」	☐ doubt「疑い」	☐ dream「夢」
☐ desire「望み」	☐ hope「望み」	☐ chance「可能性」	☐ possibility「可能性」
☐ fact「事実」	☐ news「知らせ」	☐ rumor「うわさ」	☐ knowledge「知識」
☐ demand「要求」	☐ proposal「提案」	☐ suggestion「提案」	☐ plan「計画」
☐ condition「条件」	☐ ground(s)「理由」	☐ proof「証明」	☐ evidence「証拠」

UPGRADE 95

☑ 301. I haven't seen him (　　) he came to dinner with us last night.
① for　② because　③ as　④ since　(城西大)

☑ 302. I'll have finished the work (　　).
① by the time you come　② till you come
③ when you are coming　④ before you came　(流通科学大)

☑ 303. It wasn't (　　) I left college that I realized how much I had enjoyed my time there.
頻出
① why　② until　③ when　④ by the time　(明星大)

☑ 304. Why do you keep talking to me (　　) I am trying to do my homework?
① as soon　② because　③ during　④ while　(京都女子大)

☑ 305. I fell asleep (　　) reading.
① as　② for　③ during　④ while　(龍谷大)

☑ 306. It will not be (　　) your dream comes true.
① as long as　② by the time　③ from　④ long before　(京都産業大)

☑ 307. We do not necessarily grow wiser (　　) we grow older.
① as　② when　③ that　④ which　(鹿児島純心女子大)

---

301. 昨夜うちに夕食を食べに来てから，彼を見ていない。
302. あなたが来るまでに仕事を仕上げておきます。
303. 大学を出て初めて，どれほど楽しい時間をそこで過ごしていたかわかった。
304. 私が宿題をしようとしている間，どうしてずっと話しかけるの？
305. 本を読んでいる間に眠ってしまった。
306. あなたの夢がかなうのもそんなに先のことじゃないでしょう。
307. 年を取るにつれて賢くなるとはかぎらない。

UPGRADE 95 副詞節を導く接続詞(1) — 時間

301. ④：継続期間を表す since「～以来ずっと」

▶ 現在完了形 haven't seen に注意。この意味の since は原則として**完了形と共に使う**。

302. ①：期限を表す by the time「～までに」

▶〈by the time S+V〉で「S が V するまでに」の意味になる。

誤答 ② till がワナ。until [till] は「～まで**ずっと**」，つまり状態・動作の継続期間を表す。

+α **その他の time を含む接続詞的表現**

☐ **next time** SV「次にSがVするとき」☐ **(the) last time** SV「この前SがVしたとき」

☐ **the first time** SV「初めてSがVするとき」☐ **every [each] time** SV「SがVするたび」

303. ②：慣用表現 it is not until ～ that ...「～して初めて…する」 ➡ 249, 519

▶ 直訳すると「～までは…しない」。

304. ④：期間を表す while「～の間」

誤答 ③ during がワナ。**during は前置詞**なので I am trying のような**節(S+V)**の前には使えない。 ➡ 251

305. ④：期間を表す while「～の間」

▶ この while の後ろには I was が省略されていると考える。

誤答 ③がワナ。**during の後ろに V-ing を置くことはできない。**

重要表現 fall asleep「寝入る」 ➡ 980

306. ④：it will not be long before S+V(現在形)
「SがVするまで長くはかからないだろう，まもなくSがVするだろう」

▶ S will V soon. に近い意味の構文。before 節は「時の副詞節」なので，動詞が現在形であることに注意。 ➡ UPGRADE 12 p.31

重要表現 come true「実現する」 ➡ 870

307. ①：比例の as「～につれて」

▶ この as には比較級や変化を表す動詞(**become**，**grow**，**get** など)が伴う。本問では wiser，older と grow が決め手。as には「比較」(～のように)，「時」(～するとき，しながら)，「理由」(～なので)など多くの意味があるが，「比例」の用法は出題が多い。(「理由」の用法は《米》では少なく，めったに出題されない)

UPGRADE 96

☐ **308.** (　　) they stepped into the backyard, they were terrorized by the neighbor's dogs.
① The instance　② The moment　③ The sooner　④ The earlier
（成城大）

☐ **309.** We had scarcely arrived at the station (　　) the train started.
頻出
① because　② after　③ when　④ providing　（青山学院大）

☐ **310.** その課題をやり終えるとすぐに，ブライアンは別の課題を与えられた。
頻出
Hardly [when / Brian / had / the / finished / he / assignment] was given another.
（杏林大）

☐ **311.** 私を見るやいなや，彼は逃げ去った。
頻出
No [than / had / he / sooner / me / seen] he ran away.　（獨協大）

Check 32　「彼は私を見るとすぐに逃げた」のバリエーション（書き換え問題頻出）

① **as soon as, the moment, the instant** など
As soon as he *saw* me, he *ran* away.

② **scarcely [hardly] ... before [when]～**　★ scarcely [hardly]が前に出ると倒置。
He *had* **scarcely [hardly]** *seen* me **before [when]** he *ran* away.
= **Hardly [Scarcely]** *had* he *seen* me **when [before]** he *ran* away.

③ **no sooner ... than ～**　★ no sooner が前に出ると倒置。　➲ 311
He *had* **no sooner** *seen* me **than** he *ran* away.
= **No sooner** *had* he *seen* me **than** he *ran* away.

④ **on V-ing**　➲ 182, 254
On *see***ing** me he *ran* away.

---

308. 裏庭に出た瞬間，彼らは隣の家の犬たちに威嚇された。
309. 私たちが駅に到着するとすぐに列車が出発した。

UPGRADE 96 「…するとすぐに〜」の表現のまとめ 第3位

「…するとすぐに〜」の表現は接続詞の中でもねらわれやすいので，まとめて覚えよう。特に倒置を含む構文に注意。

308. ②：**the moment S+V「SがVしたとたん」**

▶ **the moment = as soon as** と考えればよい。（なお〈the instant S+V〉も同じ意味だが，出題はまれ。その他，the minute，directly，immediately などにも接続詞用法があるが，同様に出題は非常にまれ）

309. ③：**scarcely ... when [before] 〜「…するとすぐに〜」**

▶ scarcely [hardly] ... when [before] 〜 は相関構文で，scarcely [hardly]をはさんで〈**had+V-ed**〉，when [before]の後ろに**過去形**を用いることが多い。

▶ **no sooner ... than 〜**も同じ意味を表すので，この文は，We *had* **no sooner** *arrived* at the station **than** the train *started.* と書き換えることができる。

誤答 ④ providing (that)「もし〜ならば，〜という条件で」 ➲ 330

310. **had Brian finished the assignment when he**：**Hardly ... when 〜.**
「…するとすぐに〜」― 倒置

▶ hardly [scarcely]は否定の副詞なので，文頭に来ると倒置が起こり，〈**Hardly [Scarcely]+had+S+V-ed.**〉の**語順**になる。入試では倒置した形のほうがねらわれる。 ➲ UPGRADE 140 p.193

311. **sooner had he seen me than**：**No sooner ... than 〜.**
「…するとすぐに〜」― 倒置

▶ no sooner は文否定の副詞句なので，文頭に来ると倒置が起こり，〈**No sooner +had+S+V-ed.**〉の**語順**になる。出題は倒置した形が圧倒的に多い。

UPGRADE 97

☑ 312. It is (　　) Mary is rich that John married her.
① since　② as　③ for　④ because
（立命館大）

☑ 313. It's not right for you to do something rude (　　) someone else has done something rude.
① not since　② just because　③ that　④ what
（西南学院大）

☑ 314. (　　) the river is so high, it must have rained a lot in the mountains.
① When　② Though　③ For　④ Since　（東海大）

☑ 315. (　　) you are well again, you can enjoy traveling.
① Now that　② Whether　③ As regards　④ So that
（福岡経済大）

☑ 316. This college is unique (　　) it has a huge farm for research.
① with which　② to what　③ in that　④ rather than
（日本大）

UPGRADE 98

☑ 317. I did not recognize him (　　) he said we had met before.
① despite　② however　③ although　④ provided
（昭和大）

☑ 318. (　　) the weather turns bad, we have no option but to continue up the mountain.
① Because　② Even if　③ However　④ No matter
（名古屋市立大）

---

312. ジョンがメアリと結婚したのは，彼女が金持ちだからだ。
313. だれかが無礼なことをしたからというだけで，無礼なことをするのは正しくない。
314. 川の水かさが増しているから，山でたくさん雨が降ったにちがいない。
315. もう回復したから旅行を楽しんでいいですよ。
316. この大学は広大な研究用の農場があるという点でほかに類がない。
317. 彼は前に会ったと言うけれど，私は彼が誰かわからなかった。
318. たとえ天気が悪くなっても，私たちは山を登り続けるしか選択肢がない。

UPGRADE 97 副詞節を導く接続詞(2) — 原因・理由

312. ④：it is because S+V that ～「～なのはSがVだからだ」— 強調構文

▶ 選択肢はすべて「原因・理由」を表すことができるものばかりだが，強調構文で強めることができるのはふつう because 節。

313. ②：not ～ just because S+V「SがVだからといって～ではない」

▶ この構文でも because 以外の理由の接続詞を使うことはあまりない。just の代わりに simply や only も使える。

314. ④：理由を表す since「～なので」

▶ since は聞き手にもすでに知られていることを理由として述べる場合に用いるのがふつう。

誤答 ③ for は前の文に対する理由しか述べられないので不可。

例 It must have rained a lot in the mountains, *for* the river is so high.
「山でたくさんの雨が降ったにちがいない。なぜなら川の水かさが増しているから」

重要表現 must have+V-ed「Vしたにちがいない」 ➡ 58

315. ①：now (that) S+V「今やSはVなのだから」

▶ now that ～ は，because に「今は」の意味が加わったような意味を表す。that は省略できる。

316. ③：in that S+V「SがVという点で，SがVなので」

▶ that 節の前には前置詞はふつう置けないが，これは例外的な表現だ。

UPGRADE 98 副詞節を導く接続詞(3) — 譲歩

「譲歩」の副詞節を導く接続詞は，基本的には「～だけれども」という意味を持つ。

317. ③：although「～なのに，～にもかかわらず」

▶ although, though の後ろにはふつう事実が来ることに注意。

誤答 ① despite は前置詞なので〈S+V〉(= he said)の前には置けない。② however「しかし」の用法については，Q&A⑪ p.299 を参照。④ provided (that)「もし～ならば」(➡ 329)

318. ②：even if「たとえ～であるにしても」

▶ **even if は「仮定+譲歩」を表す。**この文全体の意味が最も自然になるのは even if。even if の後ろには，未来を表す現在時制や仮定法が来る。

+α **even though は後ろに事実が来る。**

例 I couldn't eat it *even though* I was starving.
「おなかがペコペコだったが，それを食べられなかった」

☑319. (　　) it is fine or not, we will give a garden party.
① Either　② Neither　③ Though　④ Whether
(神戸松蔭女子学院大)

☑320. (　　) people in Japan take their shoes off indoors, people in China don't.
① Because of　② However　③ Despite　④ While　(南山大)

☑321. My old computer was quite complicated, (　　) my new one is quite simple.
① despite　② unlike　③ wherever　④ whereas
(東京理科大)

☑322. It was cold last night, (　　) he didn't wear a coat.
発展
① therefore　② yet　③ and then　④ and so　(拓殖大)

☑323. Dark (　　) it was, the group managed to find its way to the hut.
頻出
① after　② as　③ so　④ when
(京都産業大)

UPGRADE 99

☑324. The festival will be held in the garden (　　) it rains.
頻出
① if　② unless　③ since　④ lest　(東京電機大)

☑325. I'll be quite glad (　　) this evening.
発展
① if she does not come　② unless she comes
③ if she had not come　④ unless she came　(広島修道大)

☑326. He doesn't care how he dresses (　　) his clothes are clean.
頻出
① as if　② as well as　③ as long as　④ as far as
(法政大)

---

319. 天気がよくても悪くても園遊会をやるつもりだ。
320. 日本人は家の中で靴を脱ぐが，中国人は脱がない。
321. 私の古いコンピュータはかなり複雑だ，一方新しいのはかなり簡単だ。
322. 昨夜は寒かった。でも彼はコートを着ていなかった。
323. 暗かったが，そのグループは小屋への道をなんとか見つけた。
324. 雨が降らないかぎり，その公園でフェスティバルが行われる。
325. 今晩彼女が来なければとてもうれしい。
326. 彼は服が清潔でさえあれば，どんなかっこうでも気にしない。

319. ④：**whether ～ or not「～であってもなくても」**

▶ whether 節は**名詞節**にもなる(➡ 298)が，副詞節の場合は必ず or not など，or ～が付くことにも注意しよう。なお，副詞節では未来のことでも現在形を使う。

320. ④：**対比の while「～である一方」**

▶ 対照的な内容を並べる場合に用いる。though「～であるが」とほとんど同じ意味のこともある。

誤答 ② however「しかし」の用法については，Q&A⑪ p.299 を参照。

321. ④：**対比を表す whereas「…である一方」**

▶ 対照的な内容を並べる場合に用いる。**while** より堅い語。

322. ②：**逆接の yet「しかし」**

▶ but に近い意味。and yet としても同じ意味。

323. ②：**C+as+S+be「S は C であるけれども」= though S+be+C**

▶ 〈S+be+C〉の文の補語 C を文頭に出し，その後ろに〈as+S+be〉と並べると，「S は C であるけれども」の意味になる。

+α **C** が名詞の場合は，次のように冠詞が消去される。古い表現。

例 he is a child → child as he is

なお，〈C+though+S be〉も同じ意味。

UPGRADE 99 副詞節を導く接続詞(4) — 条件

324. ②：**unless「～の場合を除き，～でないかぎりは」**

▶ unless は**特定の場合を除外**する働きを持つ。〈unless+肯定文〉は〈if+否定文〉と置き換え可能なことが多い。本問では if it doesn't rain としても可。

+α 〈**unless+肯定文**〉で「～でなければ」と否定的な訳になるので注意。(　　)の後ろの肯定・否定に注意しよう。

325. ①：**unless が使えず，if … not を使うべき場合**

▶ ②がワナ。本問で unless を使うと「私はとてもうれしいが，彼女が来る**場合をのぞく**」となり，「私がとてもうれしい」の理由が不明で意味をなさない。①なら「彼女が来**なければ**私はとてもうれしい」という自然な意味になる。このように〈if+否定文〉は使えても unless を使えない場合がある(出題は少ない)。

326. ③：**条件を表す as long as「～でさえあれば」≒ if** 第4位

▶ as long as と as far as は並んで出題されやすい。両方とも「～であるかぎり」と訳せるが，それでは区別できなくなる。as long as ≒ if と覚えておけば間違えない。

☑ **327.** I will keep on loving you as (　　) as I live.
頻出 ① soon　② long　③ far　④ much　(鹿児島大)

☑ **328.** (　　) I know, she still lives with her parents.
頻出 ① For　② Since　③ As far as　④ As long as
(名桜大)

☑ **329.** I will agree to go (　　) my expenses are paid.
頻出 ① than　② provided　③ which　④ what　(東海大)

☑ **330.** I don't mind having you in my apartment (　　) you share the rent with me.
① providing　② unless　③ as far as　④ even if　(上智大)

☑ **331.** (　　) we change the subject.
発展 ① Call　② Let　③ Provide　④ Suppose
(日本大)

☑ **332.** (　　) you have made a promise, you should keep it.
① Before　② Though　③ Once　④ Unless
(福岡経済大)

☑ **333.** I know nothing about the old woman (　　) that she used to be an actress.
① except　② now　③ so　④ without　(東京理科大)

---

327. 生きている間はずっとあなたを愛し続ける。
328. 私の知る範囲では，彼女はまだ両親と暮らしている。
329. 私の費用を払ってもらえるなら，行ってもいいですよ。
330. 家賃をいっしょに払ってくれるなら僕のアパートに住んでもいいよ。
331. 話題を変えてみたらどうでしょう。
332. いったん約束したら，それを守るべきです。
333. かつて女優だったことを除いて私はそのおばあさんのことを何も知らない。

327. ②：**while の意味を表す as long as「〜の間は(ずっと)」** 第4位

▶ これは条件というより時間的意味。326 の意味に比べると出題数は少ない。

328. ③：**範囲を限定する as far as「〜の範囲では」** 第4位

▶ as far as I know「私の知る範囲では」は慣用句と考えていい。

Check 33 as long as と as far as の区別

☑ **as long as**「〜でさえあれば」(条件)≒ **if**
☑ **as far as** 「〜の範囲では」(限定)

秘伝 (　　)に if を入れてみよう。意味が通れば as long as のほうが正解。

★ **as far as** はほとんど次の形でしか出ない。(　　)内は長文・文法問題中の出現回数

☑ 1位 (187回) **as far as A be concerned** 「A に関する範囲では」
☑ 2位 (124回) **as far as I [we] know** 「私(たち)が知る範囲では」
☑ 3位 (48回) **as far as A go** 「A に関する範囲では」
☑ 4位 (33回) **as far as I [we] can tell** 「私(たち)に言える範囲では」
☑ 5位 (17回) **as far as the eye can see** 「目の届く範囲は(見わたすかぎり)」
☑ 6位 (7回) **as far as I (can) remember** 「A が覚えている範囲では」

★ **so long as**(＝as long as), **so far as**(＝as far as)という形もある。

329. ②：**if の代用表現 provided (that)「もし〜ならば」**

▶ if より形式ばった表現。過去分詞の分詞構文が条件の意味を表すようになったもの。

330. ①：**if の代用表現 providing (that)「もし〜ならば，〜という条件で」**

▶ 条件を表す表現。これも分詞構文である。provided より口語的で入試では頻度がより少ない。that がつく形はまれ。

誤答 ③は as long as なら正解。 ➡ 326

331. ④：**if の代用表現 suppose (that)「もし〜ならば(どうだろう)」**

▶ 本問のように「〜したらどうでしょうか」という提案の表現として，suppose 〜を単独で使うことが多い。

Check 34 if の代用の接続詞として使われる表現

☑ **provided** (that) S+V
☑ **providing** (that) S+V
☑ **suppose** (that) S+V
☑ **supposing** (that) S+V

332. ③：**once「いったん〜すると」**

333. ①：**except that S+V「S が V であること以外」**

▶ except も that 節の前に置くことができる。no, nothing, none や all などと共に使われることが多い。

UPGRADE 100

☐ 334. The staff member wrote down the name of the hotel (　　) I wouldn't forget it.
頻出
① in case　② now that　③ so that　④ unless
(立命館大)

☐ 335. I have drawn a picture (　　) my explanation will be clearer.
① for　② so that　③ in order　④ although
(駒澤大)

☐ 336. I had to grab the iron rail (　　) I should slip off and fall.
頻出
① in fear　② so that　③ just in case　④ lest　(上智大)

☐ 337. Some students may be reluctant to share lecture notes with others (　　) that their own grades might suffer.
① for fear　② in the hope　③ provided　④ so　(明治大)

UPGRADE 101

☐ 338. The rooms are so small (　　) it is impossible to wave one's arm without breaking something.
頻出
① that　② as　③ but　④ though　(上智大)

☐ 339. It was (　　) a hard test that we did not have time to finish.
頻出
① so　② great　③ such　④ much　(関西外語大)

☐ 340. Why didn't you catch the last bus (　　) I told you to?
① as　② for　③ so　④ that　(上智大)

☐ 341. Please leave your chair (　　) it is.
① as　② on　③ so　④ like　(拓殖大)

---

334. 私がホテルの名前を忘れないようにスタッフが書き留めてくれた。
335. 私の説明がもっとわかりやすくなるように絵を描きました。
336. すべって転ばないように，鉄製の手すりをつかまねばならなかった。
337. 自分の成績が悪くなるのを恐れて，講義ノートをほかの人と共有するのを嫌がる学生がいるかもしれない。
338. それらの部屋はあまりにも狭くて，物を壊さずに手を振ることができない。
339. とても難しい試験だったので，やり終える時間がなかった。
340. なぜ私が言ったように最終バスに乗らなかったんだ？
341. いすをそのままにしておいてください。

UPGRADE 100 副詞節を導く接続詞(5) — 目的

334. ③：**目的を表す so that S can [will / may] V「S が V できるように」**

▶ **can** の代わりに **will** や **may** を用いることもある。本問のように**主節の動詞が過去形なら so that 節の助動詞も過去形になる**ことに注意しよう。なお，口語では that が省かれることがある。

335. ②：**so that S will V「S が V するように」**

336. ④：**lest S (should) + V(原形)「S が V しないように，V するのに備えて」**

▶ 文語的表現だがかなり出る。(　　)の後ろの should がヒント。(米語では V は原形を使うのがふつう) ③ (just) in case S+V は**「S が V した場合に備えて」**の意味はあるが，「S が V しないように」という意味はない。すでに転んだ場合に手すりをつかんでも手遅れなので，③は不自然。 ➡ 772

337. ①：**for fear (that) S+V「S が V しないように，S が V するのを恐れて」**

▶ V は might や should を伴うことが多い。for fear of V-ing という形も多い。

誤答 ③ provided (that)「もし〜ならば」 ➡ 329

UPGRADE 101 副詞節を導く接続詞(6) — 結果・程度・様態など

338. ①：**結果・程度を表す so A that S+V** 第2位

「非常に A なので S は V である，S が V するほど A である」

▶ A は形容詞あるいは副詞。

339. ③：**結果・程度を表す such (a [an]) A(形容詞)+B(名詞) that S+V** 第2位

「非常に A な B なので S は V である」

▶ such の後ろには〈**形容詞＋名詞**〉が来ることに注意。

340. ①：**as S+V「S が V するように，S が V するとおりに」**

▶ as の「様態」を表す用法。口語では like S+V を同じ意味で使うことがある。

341. ①：**as it is「それが今あるように，そのままに」**

▶ leave A as it is [as they are] で「A をそのままにしておく」の意味になる。

☑ **342.** You should do it just (　　) I told you.
① as the way　② in the way　③ on the way　④ the way
(東京薬科大)

UPGRADE 102

☑ **343.** Hurry up, (　　) you'll be able to catch up with him.
① otherwise　② but　③ and　④ or　(中京大)

☑ **344.** You had better hurry up, (　　) you will not be there in time.
頻出 ① and　② or　③ till　④ when
(立命館大)

☑ **345.** There are only two people in this house. (　　) you or I have to do the work.
① Either　② Neither　③ Not　④ Both　(拓殖大)

☑ **346.** Citrus fruits grow best in rather warm climates where there is almost (　　) frost or wind.
① either　② neither　③ none　④ no　(国士舘大)

☑ **347.** The horseman took the old man not only across the river, (　　) to his destination.
① also　② but　③ nor　④ only　(東北学院大)

---

342. 君は私の言ったとおりにするべきです。
343. 急ぎなさい，そうすれば彼に追いつける。
344. 急いだほうがいい。でないと時間までにそこに行けないよ。
345. この家には２人しかいない。君か私がその仕事をやらねばならないのだ。
346. かんきつ類は霜も風もほとんどない，かなり温暖な気候の地域でいちばんよく育つ。
347. その騎手はその老人を連れて川を越えただけでなく，目的地まで送った。

342. ④：**the way S+V「S が V するように，S が V するとおりに」**
▶ the way S+V で as S+V と同じような意味を表せる。

UPGRADE 102 等位接続詞 and, or, but

節と節，名詞と名詞のように，文法的に同じ種類の語句をつなぐ。

343. ③：**命令文, and …「～しなさい，そうすれば…」**
▶「命令文の内容を実行**すれば**(　　)の後ろの結果になる」というときは and が正解。
▶ 命令文の代わりに You should [have to] hurry up. のような文や，名詞が使われることもある。

重要表現 catch up with A「A に追いつく」 ➲ 1165

344. ②：**命令文, or …「～しなさい，さもないと…」**
▶「命令文の内容を実行**しないと**(　　)の後ろの結果になる」というときは or が正解。

重要表現
had better V(原形)「V したほうがよい，V したほうが身のためだ」 ➲ 52
in time「間に合って」 ➲ 246

345. ①：**either A or B「A と B のどちらか」**
▶ 動詞は B に合わせる。

誤答 ② Neither の後ろは A **nor** B の形になる。④ Both なら後ろは A and B のはず。
➲ 523

346. ④：**否定語+A or B「A も B も…ない」**
▶ 本問では no A or B の形になる。

誤答 ①②は almost「ほとんど」と意味的に合わない。③ none は形容詞ではないので名詞 frost の前には置けない。

347. ②：**not only A but (also) B「A だけではなく B も」**
▶ A と B には**文法的に同じ種類**の語句が来る。本問では A = across the river, B = to his destination で，どちらも副詞句になっている。

第11章 関係詞

Data Research

〈出題数 TOP 6〉

関係代名詞の what	493問
前置詞＋関係代名詞	369問
関係代名詞目的格の省略	251問
関係副詞 where	190問
which の非制限用法（先行詞が前文）	102問
関係代名詞の whose	88問

関係詞は英文法最重要項目の１つ。ほかの単元よりも語句整序問題での出題率が高く，構文的な理解が必須だ。

第1位 **関係代名詞の what** → p.150 で詳述。

第2位 **〈前置詞＋関係代名詞〉** → p.142 で詳述。

第3位 **関係代名詞目的格の省略** → 354 p.141
語句整序問題が半数以上を占める。和文のない問題では，日本語にも選択肢にも存在しない関係代名詞を頭の中で補って考える必要があるため，難問になる可能性がある。

第4位 **関係副詞 where** → UPGRADE 106 p.147
先行詞が the place，the city のような「場所」の場合に関係代名詞 which との区別を問う問題は必出。ここでも構文的な理解がカギになる。

（PRODIGY 英語研究所）

UPGRADE 103

☑ **348.** 頻出 The class is for students (　　) wish to apply for the student exchange program.
① whomever　② whoever　③ whom　④ who　（青山学院大）

☑ **349.** ジェーンは，私たちがメアリの彼氏だと思っていた男と結婚した。
Jane married the man [thought / Mary's boyfriend / we / whom / to be].　（愛知工業大）

☑ **350.** 頻出 Language is a tool (　　) can open or close the doors of communication.
① in which　② by which
③ with which　④ which　（名古屋学芸大）

☑ **351.** Did you see the insect (　　) our teacher brought into class this morning?
① what　② when　③ which　④ whom　（神戸学院大）

---

348. そのクラスは，交換留学プログラムへの申請を希望する学生のためのものです。
350. 言語はコミュニケーションの扉を開いたり閉じたりすることができる道具だ。
351. 君は先生が今朝，教室に持ってきた昆虫を見たの？

UPGRADE 103 関係代名詞の基本

関係代名詞は，節中で**先行詞を受ける代名詞**の働きをするので，**代名詞を用いた文に戻して考えるのがコツ**。代名詞が関係代名詞になると，**節の先頭に移動**する点に注意。

348. ④：主格の who [that] ―「人」が先行詞

▶ The class is for students (*who* wish to apply for the ... program).
先行詞

< *They* wish to apply for the ... program.

重要表現 apply for ...「…に申し込む，志願する」

349. whom we thought to be Mary's boyfriend：目的格の who(m) [that] ―「人」が先行詞

▶ Jane married the man (*whom* we thought to be Mary's boyfriend).
先行詞 O′ S′ V′ C′

< We thought *him* to be Mary's boyfriend.
S′ V′ O′ C′

▶ think A to be B「A が B だと思う」の A が関係代名詞になって前に出た形。

▶ 現代英語では，一般に whom より who，that のほうがよく用いられる。

350. ④：主格の which [that] ―「人以外」が先行詞

▶ Language is a tool (*which* can open or close the doors of communication).
先行詞

< *It* can open or close the doors of communication.

351. ③：目的格の which [that] ―「人以外」が先行詞

▶ Did you see the insect (*which* our teacher brought into class ...)?
先行詞

< Our teacher brought *it* into class ... .

▶ bring A into B「A を B に持ち込む」の A が関係代名詞になって前に出た形。

Check 35 関係代名詞の形

先行詞	主 格	目 的 格	所 有 格
人	who [that]	whom [who，that]	whose
人以外	which [that]	which [that]	whose

★目的格の関係代名詞（青字）は省略可能で，実際に省略されることが多い。

☑ **352.** The boy (　　) bicycle was stolen reported its loss to the police.
頻出 ① who　② that　③ from which　④ whose
（関西学院大）

☑ **353.** 向こうに屋根が見える家が私の家です。
The house [over there / roof / we / see / whose] is mine.　（朝日大）

☑ **354.** The plan (　　) was so perfect that no one objected to it.
頻出 ① by which Lucy made　② Lucy made
③ made Lucy　④ Lucy made it　（青山学院大）

☑ **355.** 常識のある者なら，誰がそんなことを信じられようか。
Who (　　) has common sense can believe such a thing?　（福島大）

☑ Check 36 関係代名詞に that を使う必要がある場合

★文法問題で出題されるのは次の２つだ。

① who，which などの疑問詞が先行詞の場合 ➔ 355

② 関係代名詞が節中で補語になる場合　★この場合は省略も可。

例 He is not the man (*that* he was three years ago).「彼は３年前の彼ではない」
（the man＝先行詞，that＝C′，he＝S′，was＝V′）

＊上記以外に，③ 先行詞が『人＋人以外』の場合や，④ 先行詞が，最上級の形容詞，first, only, very, および, all, every, any, no などに修飾されている場合も that のほうが望ましい。厳密なものではないが，英作文の際には留意したい。

---

352. 自転車を盗まれた少年は，その紛失を警察に届け出た。
354. ルーシーが立てた計画は完璧だったので，だれもそれに反対しなかった。

352. ④：**所有格の whose ―「人」が先行詞**

▶ 所有格の代名詞 his が関係代名詞 whose になったものと考える。whose はつねに**〈whose＋名詞〉の形で用い，直後に名詞が来る。**

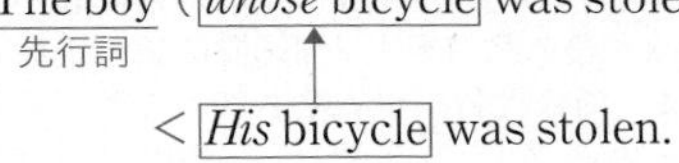

The boy（*whose* bicycle was stolen）reported its loss to the police.
先行詞

< *His* bicycle was stolen.

353. whose roof we see over there：**所有格の whose ―「人以外」が先行詞**

▶「人以外」が先行詞でも所有格には whose を用いる。whose と共に roof も節の先頭に来る。**〈whose＋名詞〉はセットで前に出る**，と覚えておこう。

The house（*whose* roof we see over there）is mine.
先行詞　O′ S′ V′　セットで移動

< We see *its*（= *the house's*）roof over there.
S′ V′ O′

354. ②：**関係代名詞の省略 ― 目的格［which，who(m)，that］は省略可** 第3位

▶ The plan（*which* → 省略 Lucy made）was so perfect that ....
先行詞　O′ S′ V′

< Lucy made *it*.
S′ V′ O′

▶ 関係代名詞は節中で主語や目的語になるため，**その後ろには，主語や目的語が欠落した「不完全な文」が来る。**

誤答 ④は目的語が欠落していないので不可。

重要表現 object to A「A に反対する」

355. that：**関係代名詞に that を用いなければならない場合 ― 先行詞が疑問詞**

▶ 先行詞が疑問詞の場合，Who who ...? Which which ...? のように同一語が反復するのを嫌って，関係代名詞には that を用いる。 ➲ Check 36

Data Research

前置詞＋関係代名詞 369問

第2位〈前置詞＋関係代名詞〉→ UPGRADE 104
前置詞の知識が熟語も含めて問われると共に，文法事項としては**〈前置詞＋that〉は使えないので，正解は〈前置詞＋which [whom]〉**がポイントになる問題が頻出。また，前置詞が後ろに移動した形[前置詞の後置(➡ 358, 359)]では，関係代名詞が省略されることが多く，出題の8割を占める。
(PRODIGY 英語研究所)

UPGRADE 104

☐ **356.** 頻出 Christopher sent information about himself to the companies (　　) he was interested.
① which　② in which　③ in that　④ that (桃山学院大)

☐ **357.** 頻出 This file contains very important information (　　) you cannot solve our problem.
① except such　② except which
③ without that　④ without which (明治大)

☐ **358.** 彼女を診察した医者は，彼女がマラリアにかかっていると言った。
The doctor [she / to / went / that] said she had malaria. (摂南大)

☐ **359.** 頻出 The bed (　　) last night wasn't very comfortable.
① I slept　② in that I slept　③ I slept in　④ in I slept
(慶應大)

Check 37 〈前置詞＋関係代名詞〉の書き換えバリエーション

① 彼がテニスをしている女の子は僕の妹だ。

The girl | with *whom* he is playing tennis | is my sister.
　| *whom* he is playing tennis with |
　| *who* he is playing tennis with |
　| *that* he is playing tennis with |
　| he is playing tennis with (関係代名詞の省略)

② 地球は私たちが暮らす惑星だ。

The earth is the planet | on *which* we live.
　| *which* we live on.
　| *that* we live on.
　| we live on. (関係代名詞の省略)

★①，②共に，前置詞が先頭にある with whom ..., on which ... は文語的な表現。

---

356. クリストファーは興味のある会社に自分に関する情報を送った。
357. このファイルには，我々の問題を解決するのに欠くことができない非常に重要な情報が含まれている。
359. 昨夜私が眠ったベッドはあまり快適ではなかった。

UPGRADE 104 前置詞＋関係代名詞 第2位

関係代名詞が前置詞の目的語の場合，〈前置詞＋関係代名詞〉をセットで節の先頭に置くことができる。

356. ②：**前置詞＋関係代名詞① — in which**

▶ Christopher sent ... to the companies（in *which* he was interested）.
先行詞　セットで移動
＜ He was interested in *them*（= *the companies*）.

誤答 〈前置詞＋that〉は用いることができないので，③は不可。頻出ポイントだ。

357. ④：**前置詞＋関係代名詞② — without which**

▶ This file contains very important information（without *which* you cannot solve our problem）.
先行詞　セットで移動
＜ You cannot solve our problem without *it*.

▶ without it（＝ the information）「その情報がなければ」が without which になって前に出た形。without which は頻出だ。

358. that she went to：**前置詞の後置 — 関係代名詞の that**

▶ The doctor（*that* she went to）said she had malaria.
先行詞
＜ She went to *him/her*（= *the doctor*）.

▶ go to the doctor「医者に診てもらう」の the doctor が関係代名詞 that（whom の代用）になって前に出た形。**〈前置詞＋that〉は使えないので**，to that she went としてはダメ。

▶ この文は The doctor to *whom* she went said ...., または The doctor（*whom* [*who*]）she went to said ...., に書き換え可能。 ➲ Check 37 p.142

359. ③：**前置詞の後置 — 関係代名詞の省略**

▶ The bed（*which* → 省略 I slept in last night）wasn't very comfortable.
先行詞
＜ I slept in *it* last night.

▶ 前置詞 in の目的語である which が省略された形。

▶ 選択肢にはないが，in which I slept，which [that] I slept in も正しい形だ。

誤答 〈前置詞＋that〉は使えないので，②は不可。また**前置詞の後ろの関係代名詞は省略できないので**，④も不可。 ➲ Check 37 p.142

UPGRADE 105

☐ **360.** I got two writing assignments last week, (　　) I have started yet.
頻出
① neither of which　② both of which
③ either of which　④ neither one of them　(法政大)

☐ **361.** 私は大勢の観光客に会ったが，そのうちの１人はイタリア人だった。
頻出
I met many tourists, [one / was / were / of / who / whom / an Italian]. （２語不要）　(東京理科大)

☐ **362.** He mentioned a book (　　) I can't remember now.
① which title　② the whose title
③ in which the title　④ the title of which　(慶應大)

☐ **363.** I see a house whose roof is red.
= I see a house the roof (　　) (　　) is red.　(関西学院大)

---

360. 先週，作文の課題を２つ出されたが，そのどちらも私はまだ始めていない。
362. 彼は，今私が題名を思い出せない本のことを言った。[彼はある本のことを言ったが，私は今その題名が思い出せない]
363. 屋根が赤い家が見える。

UPGRADE 105 名詞＋前置詞＋関係代名詞

〈名詞＋前置詞＋関係代名詞〉がワンセットで節の先頭に出ることがある。

360. ①：**不定代名詞＋of＋関係代名詞① ― neither of which**

▶ **one, some, all, both, neither** などの不定代名詞の後ろに **of which** または **of whom** を付けたものを，**ワンセットで節の先頭に置いて，「…の1つ[1人]」，「…のいくつか[何人か]」**などの意味を表す。この形は常に関係詞節の前にコンマを置く「非制限用法」で用いる。➲ UPGRADE 108 p.149

▶ 特に **neither of which [whom]「…のどちらも〜ない」**は頻出だ。

▶ I got two writing assignments ..., [neither of *which*] I have started yet.
（two writing assignments：先行詞／neither of which：セットで移動）

< I have started [neither of *them*] yet.

▶ 文末に yet があることから，〈否定語＋yet〉「まだ〜ない」の形と考え，否定語である neither を含む①を選ぶ。

誤答 ④は but 等の文と文をつなぐ接続詞を前に置く必要がある。

＋α 〈**the 最上級＋of which [whom]**〉でワンセットとなる形もある。

例 There are many children, *the tallest of whom* is my son.
「たくさんの子供がいるが，いちばん背が高いのがうちの息子だ」

361. one of whom was an Italian：**不定代名詞＋of＋関係代名詞②
― one of whom**

▶ I met many tourists, ([one of *whom*] was an Italian).
（many tourists：先行詞）

< [One of *them*] was an Italian.

▶ 節中の動詞は，主語の one に呼応して単数形の was になることにも注意。

362. ④：**名詞＋前置詞＋関係代名詞**

▶ He mentioned a book ([the title of *which*] I can't remember now).
（a book：先行詞／the title of which：セットで移動）

< I can't remember [the title of *it*] now.

誤答 ②は whose title であれば同じ意味で用いられる。 ➲ 363

363. of which：〈**whose＋名詞**〉⇄〈**the 名詞＋of which**〉**の書き換え**

▶ 〈**whose＋名詞**〉は先行詞が「人以外」なら〈**the 名詞＋of which**〉に書き換えられる。

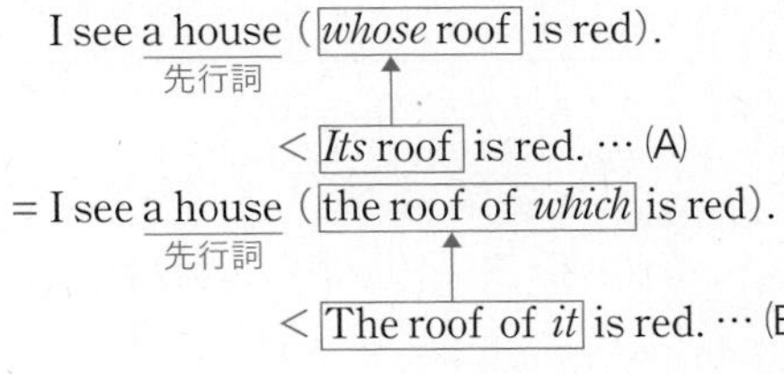

I see a house ([*whose* roof] is red).
先行詞
< [*Its* roof] is red. … (A)
= I see a house ([the roof of *which*] is red).
先行詞
< [The roof of *it*] is red. … (B)

★(A)と(B)は同じ意味だ。

UPGRADE 106

☑364. I am looking for a house (　　) I can live with my family and two dogs.
頻出
① which　② for which　③ where　④ for where
(青山学院大)

☑365. China is a country (　　) I've wanted to visit for a long time.
頻出
① which　② where　③ in which　④ to which
(東京電機大)

☑366. There are numerous cases (　　) Japanese modesty causes misunderstanding.
① which　② that　③ where　④ how　(城西大)

☑367. I can remember a time (　　) there were very few computers, and nobody knew the word "Internet"!
① as　② when　③ which　④ while　(立教大)

☑368. The day will come (　　) you will realize it.
① how　② which　③ what　④ when
(千葉商科大)

☑369. I know the reason why Tom was angry with them.
= I know the reason (　　) which Tom was angry with them.
(中京大)

Check 38 関係副詞の種類

when = **at which, on which, in which** など。先行詞は原則として「時」。
where = **at which, on which, in which** など。先行詞は原則として「場所」。
why = **for which** 先行詞は原則として **the reason**。
how = **in which** 先行詞は原則として **the way**。
★ただし，how と the way は併用できない。

➡ Check 39 p.148

364. 私は家族と２匹の犬と共に暮らすことができる家を探している。
365. 中国は私が長い間訪れたいと思っている国だ。
366. 日本人の慎み深さが誤解を招く場合が多々ある。
367. コンピュータがごく少数しかなく，「インターネット」という言葉を誰も知らなかったころを，私は思い出すことができる。
368. あなたにそのことがわかる日がいずれやって来るだろう。
369. 私はトムが彼らに腹を立てていた理由を知っている。

UPGRADE 106 関係副詞

関係副詞は **when**, **where**, **why**, **how** の４種類で，〈前置詞＋**which**〉に置き換えることができる。
関係副詞の場合，関係代名詞と違って，後ろに「完全な文」が来る。

364. ③：**関係副詞 where＝〈前置詞＋which〉― 先行詞が場所**

▶ 先行詞が「場所」の場合，**at which**，**on which**，**in which** などは関係副詞 **where** に置き換えることができる。ここでは **where = in which**。

▶ I am looking for a house,（*where* [*in which*] I can live with my family and two dogs）.
（a house：先行詞）

＜ I can live with my family and two dogs *in the house*.

365. ①：**関係副詞 where と関係代名詞 which の使い分け**

▶ 先行詞が country のような「場所」であっても，**後ろに「不完全な文」が来る場合，関係代名詞を用いる。**ここでは visit「…を訪れる」の後ろに目的語となる名詞が欠落していることから，関係代名詞の ① which を選ぶ。

China is a country（*which* I've wanted to visit for a long time）.
（a country：先行詞；which (O)，I S′，'ve wanted to visit (V)）

＜ I've wanted to visit *it* (*= the country*) for a long time.
（I S′，wanted to visit (V)，it (O)）

366. ③：**関係副詞 where ― 先行詞が場所以外の場合**

▶ **where の先行詞には，case「場合」，point「点」，situation「状況」のように，広い意味で「場」を表す語が来ることもある。**

▶ cases where ...「…する場合」は cases in which ... に置き換えることができる。

367. ②：**関係副詞 when＝〈前置詞＋which〉― 先行詞が時**

▶ **先行詞が時の場合，at which，on which，in which などは関係副詞 when に置き換えることができる。ここでは when = at which。**

I can remember a time（*when* [*at which*] there were ... and nobody knew ...）.
（a time：先行詞）

＜ There were ... and nobody knew ... *at the time*.

368. ④：**関係副詞 when ― The day [time] will come when ....**

▶ **The day [time] will come when ....「…する日[時]がいずれやって来る」**は慣用表現。先行詞 The day と関係副詞節 when ... とが離れている点に注意。

369. for：**関係副詞 why = for which ― 先行詞は the [a] reason**

▶ for the reason「その理由のために」が for which になって前に出た形。先行詞が the [a] reason の場合，for which は関係副詞 why に置き換えることができる。

UPGRADE 107

☑ **370.** The Mid-western part of the United States is (　　) the cornfields are found.
① where　　② that　　③ what　　④ which　（獨協大）

☑ **371.** I caught a cold. That's (　　) I could not attend the meeting yesterday.
頻出
① because　　② when　　③ the reason which　　④ why
（城西大）

☑ **372.** このようにして事故は起こったのだ。
This is (　　) the accident happened.　（立命館大）

☑ **373.** 最近彼が昇進したことで，私たちの彼に対する見方が変わるだろう。
頻出
His recent promotion will [the / change / at / look / way / we] him.
（立教大）

Check 39　the way how ... はダメ！

関係副詞 **how** と先行詞の **the way** は現代英語では併用できないので，代わりに次のように表現する。

例 私は彼に，それを学ぶ方法[どうやってそれを学ぶべきか]を教えた。

I told him	**the way in which**	we should learn it.
	the way that	
	the way	
	how	

UPGRADE 108

☑ **374.** Many tourists visit (　　) is an ancient capital of Japan.
頻出
① Kyoto which　② Kyoto, that　③ Kyoto, which　④ Kyoto where
（龍谷大）

☑ **375.** After his sudden disappearance two years before, our dog Einstein returned home, (　　) was a great joy for us.
頻出
① what　　② where　　③ that　　④ which　（青山学院大）

---

370. 合衆国の中西部はトウモロコシ畑が見られる場所だ。
371. 私は風邪を引いた。だから昨日会議に出席できなかったのだ。
374. 多くの観光客が日本の古都である京都を訪れる[多くの観光客が京都を訪れるが，そこは日本の古都である]。
375. ２年前に突然姿を消したあと，うちの飼い犬のアインシュタインは家に戻って来たが，このことは私たちにとって大きな喜びだった。

UPGRADE 107 関係副詞の先行詞の省略と関係副詞の省略

the time, the place, the reason などの先行詞は，省略されることが多い。
先行詞が省略されると，関係副詞は名詞節を導くことになる。また**関係副詞は先行詞の直後であれば省略できる。**（how については Check **39** 参照）

370. ①：**関係副詞 where の先行詞省略**

▶ 先行詞 the place が省略された形で，関係副詞 where ～ が「～する場所」の意味の名詞節を導く。後ろに「完全な文」が来ることから，文法的には名詞節を導く接続詞の ② that「～こと」も用いることができるが，文意に適さない。

371. ④：**関係副詞 why の先行詞省略**
— That's why ～.「そういうわけで～，だから～」

▶ **That's why ～.** は先行詞 the reason を省略した慣用表現。「風邪を引いたから，会議に出席できなかった」となり文意が通る。

▶ why を省略した **That's the reason ～.** も That's why ～. と同じ意味。

誤答 ① That's because ～.「それは～だから」だと因果関係が逆になるので不可。

372. how：**関係副詞 how の先行詞消去 — This is how ～.「このようにして～」**

▶ **This is how ～.** は先行詞 the way を消去した慣用表現。 ➡ Check **39**

373. change the way we look at：**関係副詞 how の消去**

▶ 先行詞 the way の後ろに関係副詞 how が消去されている。 ➡ Check **39**

UPGRADE 108 非制限用法

関係詞の前にコンマを置いて，先行詞に補足的な説明を加える用法。
非制限用法では関係詞に that を使うことはできない。また**目的格の関係代名詞であっても省略できない。**

374. ③：**非制限用法 — 先行詞が固有名詞**

▶ 先行詞が Kyoto のような**固有名詞**や，**世界に 1 つしかないもの**(the earth など)の場合，原則として非制限用法を用いる。

▶ ここでは後ろに主語が欠落した**「不完全な文」**が来ることから，関係代名詞の ③ which を選ぶ。

誤答 **非制限用法では that を使うことはできない**ので，②は不可。

375. ④：**非制限用法の関係代名詞 which — 先行詞が前文(またはその一部)**

▶ which は非制限用法で，前文(またはその一部)を先行詞とすることができる。ここでは was a great joy ...「…大きな喜びだった」のは，前文の「…飼い犬のアインシュタインが家に戻って来た」ことなので，④ which が正解。

... our dog Einstein returned home,（*which* was a great joy for us).
先行詞

＜ and *that*（＝前文の内容) was a great joy ...

Data Research

関係代名詞の what 493問

第1位 関係代名詞の what → UPGRADE 109
what S said「Sが言ったこと」のように節中で目的格になるものが最頻出。「〜こと」と訳す接続詞の that との区別がポイントとなる。また，節中で補語になるものもねらわれるが，what A is「現在の A」，what A used to be「以前の A, 昔の A」，what A was ... years ago「…年前の A」の３つで出題の９割を占める。
（PRODIGY 英語研究所）

UPGRADE 109

☑ **376.** (　　) seems easy at first sometimes proves to be difficult.
頻出
① That　② It　③ What　④ Which　（法政大）

☑ **377.** The evidence given in court was inconsistent with (　　) he previously told them.
頻出
① what　② where　③ which　④ whom　（中央大）

☑ **378.** 僕にわからないのは，彼が僕の申し出を断ったことだ。
頻出
(　a　) I don't understand is (　b　) he refused my offer.　（流通経済大）

☑ **379.** 彼のおかげで今日の私があるのです。
He [am / me / has / what / made / I] today.　（金沢星稜大）

☑ **380.** ハリウッドには昔日（せきじつ）の面影はない。
頻出
Hollywood isn't (　　) it used to be.　（岐阜大）

☑ **381.** 人間の価値は財産よりむしろ人柄にある。
A man's worth lies not so much in what he [as / has / he / in / that / what / is].（1語不要）　（立教大）

---

376. 初めは易しく見えることが，難しいとわかることが時々ある。
377. 法廷で出された証拠は，彼が以前彼らに言ったことと矛盾していた。

UPGRADE 109 関係代名詞の what　第1位

what は先行詞を含む関係代名詞(≒ the thing(s) which)で「〜こと, 〜もの」の意味の名詞節を導く。
「〜こと」の意味では, 後ろに「完全な文」が来る場合⇒接続詞の that, 後ろに「不完全な文」が来る場合 ⇒ 関係代名詞の what と考える。

376. ③：主語となる名詞節を導く what「〜こと」— 節中でも主語

▶ (　　) seems easy at first は「初めは易しく見えること」の意味の名詞節と考える。(　　)の後ろに seems の主語が欠落した**「不完全な文」**が来ていることから, 関係代名詞の ③ What を選ぶ。

[*What* seems easy at first] sometimes proves to be difficult.
S S′ V′ C′ V C

▶ 本問は過去 20 回以上出題された「頻出英文」だ。

377. ①：前置詞の目的語となる名詞節を導く what「〜こと」

▶ この what 節は前置詞 with の目的語。what の後ろは tell〈人〉A「〈人〉に A を言う」の直接目的語である A が欠落した**「不完全な文」**になっている。

The evidence ... was inconsistent 〈with [*what* he previously told them]〉.
S V C O′ S′ V′ O′

378. (a) What, (b) that：「〜こと」と訳す関係代名詞 what と接続詞 that

▶ (　a　) I don't understand「僕にわからない[こと]」の(　a　)は, 後ろに understand の目的語の欠落した**「不完全な文」**が来ていることから, **関係代名詞の What** を入れる。

(　b　) he refused my offer「彼が僕の申し出を断ったこと」の(　b　)は, 後ろに**「完全な文」**が来ていることから, **接続詞の that** を入れる。

➡ UPGRADE 94 p.121

379. has made me what I am：節中で補語になる what — what A is「今の A」

▶ **what I am (today)** は「今の私, 今日の私」の意味の名詞節を作る。
この文は直訳すると「彼は私を今日の私にした」となる。

He has made me [*what* I am today].
S V O C C′ S′ V′

380. what：節中で補語になる what — what A used to be「昔の A, 以前の A」

▶ **what it used to be** は「昔のそれ(＝ハリウッド)」の意味の名詞節を作る。

381. has as in what he is：what A has「A の財産」, what A is「A の人柄」

▶ what he is が「今の彼」以外の意味になることもある。ここでは what he has「彼が持っている物 → 彼の財産」との対比で「彼の人柄」と考える。

重要表現 not so much A as B「A よりむしろ B」。lies not so much in A as in B で「A よりむしろ B にある」の意味になる。 ➡ 460

UPGRADE 110

☑382. 運動の身体に対する関係は，思考の脳に対する関係に等しい。
Exercise is [the body / is / thinking / to / what] to the brain.
（昭和大）

☑383. Robert is a good scholar, and, (　　), a good teacher.
① what not　② still less　③ what is more　④ that is
（同志社大）

☑384. It was cold, and (　　) was worse, it began to rain.
① but　② that　③ what　④ whatever
（北海学園大）

☑385. 彼女はいわゆるおしゃべりです。
She [a / we / chatter-box / is / call / what].　（日本大）

☑386. What with the smoke and the noise, the party made me feel quite ill.
① By means of　② In spite of　③ Instead of　④ Because of
（立命館大）

UPGRADE 111

☑387. 頻出 The tennis player (　　) I thought would win the championship has lost in the second round.
① as　② of whom　③ who　④ whom　⑤ over whom
（東京理科大）

☑388. 自分が正しいと信じることをするのに恥ずかしがることはない。
You ought not to be ashamed of doing [right / what / believe / you / is].　（九州産業大）

---

383. ロバートは優秀な学者であり，そのうえ，優秀な教師でもある。
384. 寒かった。そしてさらに悪いことに，雨が降り出した。
386. 煙やら騒音やらで，そのパーティで私はかなり気分が悪くなった。
387. 選手権で優勝するだろうと私が思ったテニス選手は２回戦で負けた。

UPGRADE 110 関係代名詞の what の慣用表現

382. to the body what thinking is：
　A is to B what C is to D「A と B の関係は，C と D の関係と同じだ」
▶ この what が導く節は，A is の補語となっている。
▶ A is to B as C is to D も同じ意味で用いられる。

383. ③：**what is more「さらに」**
誤答 ② still less「ましてや…ない」，④ that is「すなわち」では文意が通じない。

384. ③：**what is 比較級「さらに…なことに」**
▶ what is [was] worse は「さらに悪いことには」の意味になる。

385. is what we call a chatter-box：
　what we call A，what is called A「いわゆる A」
▶ what we call A，what is called A はそれぞれ，本来「私たちが A と呼ぶもの」，「A と呼ばれるもの」の意味。

386. ④：**what with A and (what with) B「A やら B やらで」**
▶ 好ましくない理由を並列する表現。原因・理由を導く ④ Because of を選ぶ。

UPGRADE 111 連鎖関係詞節

that 節中の要素が関係詞になって前に出た形。関係詞の直後に I think，I believe などの *SV* が割り込んで，〈関係詞＋*SV*＋(S＋)V〉でひとかたまりの節を作る。

例 He is a boy (who *I think* is a genius).「彼は私が天才だと思う少年だ」
　　　　先行詞　S′　　　V′　C′

387. ③：**連鎖関係詞節① ― who＋*SV*＋V**
▶ 空所に入るのは，I thought を挟んで would win の主語となる関係代名詞だと考え，The tennis player を先行詞とする主格の ③ who を選ぶ。

The tennis player (*who* I thought would win the championship) has lost ....
　先行詞　S′　V′　O′
＊接続詞の that は必ず消去
＜ I thought that *he* [she] (= *the tennis player*) would win the championship.
　S′　V′　O′

388. what you believe is right：**連鎖関係詞節② ― what＋*SV*＋V**
▶ what is right「正しいこと」の what の後ろに *you believe* が割り込んだ形。what *you believe* is right で「正しいとあなたが信じること」の意味になる。

... doing [*what* you believe is right].
　S′　V′　C′
＊ what ＝ the thing which と考える。
＊接続詞の that は必ず消去。
＜ You believe that *it* is right.
　S′ V′ C′

秘伝 〈関係詞＋〈人〉think [believe / know など]＋(S) V〉でワンセットに見えるときは連鎖関係詞節を疑ってみよう。

UPGRADE 112

☑ **389.** 自分のためになるような友人を選ぶべきです。
You should [friends / as / benefit you / choose such / can].
（関西学院大）

☑ **390.** Grandpa, (　　) was usual with him, took the dog out for a walk.
頻出　① it　② as　③ what　④ who　⑤ which
（早稲田大）

Check 40　文（の一部）を先行詞にする関係代名詞の as 節の位置

① 先行詞の後　Edison was regarded as a dull boy, 〈*as* is well known〉.
（先行詞：Edison was regarded as a dull boy）

② 先行詞の前　〈*As* is well known〉, Edison was regarded as a dull boy.
（先行詞：Edison was regarded as a dull boy）

③ 先行詞の中　Edison was, 〈*as* is well known〉, regarded as a dull boy.
（先行詞：Edison was ／ 先行詞′：regarded as a dull boy）

「よく知られていることだが，エジソンは頭の悪い少年だと思われていた」

+α このasは「様態」の接続詞のasが変形したもので，as節中のどこかに主節を指すitを補えば，接続詞のasに戻る。上の文では **as it is well known, ...** で，接続詞のasに早変わり。

UPGRADE 113

☑ **391.** There is no rule (　　) has some exceptions.
① as　② but　③ that　④ what　（日本大）

UPGRADE 114

☑ **392.** わずかだが今持っているお金をすべて君にあげよう。
I'll give [I / little / have / money / what / you] now.　（東海大）

---

390. 祖父は，いつものように，犬を散歩に連れて行った。
391. 例外のない規則はない。（ことわざ）

UPGRADE 112 関係代名詞の as

関係代名詞の **as** には次の２用法がある。
① **such, the same と相関的に用いるもの**
② **非制限用法で用いるもの（先行詞は文または文の一部）**

389. choose such friends as can benefit you：
such A as ～「～するような A」

▶ 先行詞が〈**such＋名詞**〉の場合，関係代名詞には **as** を用いる。

+α 先行詞が〈**the same＋名詞**〉の場合は，〈**the same A as ～**〉「～するのと同じような[同種の] **A**」と〈**the same A that ～**〉「～するのと同じ **A**」がある。

390. ②：**関係代名詞の as ― 文（の一部）が先行詞**

▶ as は非制限用法で用いた場合，文（の一部）を先行詞にする。同じく文を先行詞にする which（➔ 375）との違いは，① **as 節は文の前や文中にも置くことができる**（➔ Check 40），② **原則として「～なのだが，～ように」と訳す**，の２つだ。

▶ **as is usual (with A), as is often the case (with A)「(A には)よくあることだが」**は頻出表現。本問の as の先行詞は主節の Grandpa took the dog out for a walk で，as 節は主節中に割り込んだ形になっている。

UPGRADE 113 関係代名詞の but

関係代名詞の but は否定文中の語を先行詞にして，**that … not の働き**をするため，文全体としては必ず**二重否定**になる。現代英語では使われないが，入試ではことわざなどの固定表現が今でも問われる。

391. ②：**関係代名詞の but ＝ that … not**

▶ There is no rule (*but* has some exceptions).「例外のない規則はない」
先行詞（rule）　S′（*but*）　V′（has）　O′（some exceptions）

＝ There is no rule *that* doesn*'t* have some exceptions.
≒ Every rule has some exceptions.「すべての規則には例外がある」

UPGRADE 114 関係形容詞の what

what には〈**what＋名詞＋(S＋)V**〉の形で「**(S が)V するすべての…**」の意味の名詞節を導く用法があり，〈**all the 先行詞 that (S)＋V**〉に置き換えられる。

392. you what little money I have：
関係形容詞の what ―〈what＋名詞＋S＋V〉「S が V するすべての～」

▶ what (little) money〈人〉have「〈人〉が持っている（少ないながらも）すべてのお金」は頻出表現。all the (little) money that〈人〉have に置き換えられる。

UPGRADE 115

☑ **393.** 彼は口論の相手となる隣人がいなければおもしろくなかった。
He was miserable unless he had neighbors [to / whom / with / quarrel]. (甲南大)

UPGRADE 116

☑ **394.** (　　) is worth doing at all is worth doing well.
① Whichever　② Whatever　③ Whoever　④ Whomever (青山学院大)

☑ **395.** 頻出 Whatever happens, remember that your parents love you.
= No (　　) (　　) happens, remember that your parents love you. (徳島文理大)

☑ **396.** 頻出 Give this book to (　　) wants it.
① whom　② anyone　③ whomever　④ whoever (同志社大)

☑ **397.** (　　) she talks to, Ms. Anderson never fails to make eye contact.
① Whatever　② Whoever　③ Whenever　④ Wherever (清泉女子大)

Check 41 whateverの用法

(1) 関係代名詞

① 名詞節を導く＝anything (that) ～「～する何でも」
I'll believe [*whatever* he will say].「彼の言うことなら何でも私は信じよう」

② 副詞節を導く＝no matter what ～「何が[を]～しようとも」
I'll believe him ⟨*whatever* he says⟩.「彼が何を言おうとも，私は彼を信じよう」

(2) 関係形容詞

① 名詞節を導く＝any ... (that) ～「～するどんな…でも」
I'll follow [*whatever* advice he will give me].
「彼が与えてくれるどんな助言にも，私は従おう」

② 副詞節を導く＝no matter what A ...「どんなAが[を]…しようとも」
I'll follow him ⟨*whatever* advice he gives me⟩.
「彼がどんな助言をしようとも，私は彼についていこう」

---

394. 少しでも行う価値のあることは，ちゃんと行う価値がある。
395. 何が起ころうとも，ご両親があなたを愛していることは覚えていてください。
396. この本を欲しい人になら，誰にでもあげなさい。
397. 誰と話をしようとも，アンダーソンさんは必ず相手の目を見る。

UPGRADE 115 前置詞＋関係代名詞＋to V

〈**前置詞＋関係代名詞＋to V**〉が名詞を修飾する用法がある。これは不定詞の形容詞用法に置き換えることができる。

例 He needs a house (in which to live).「彼は住むべき家を必要としている」
= He needs a house (to live in).

➡ UPGRADE 54 p.71

393. with whom to quarrel：**前置詞＋関係代名詞＋to V**
- ▶ neighbors with whom *to* quarrel「(彼が)口論の相手とするべき隣人」は，neighbors to quarrel with に置き換えることができる。
- ▶ この用法では〈**前置詞＋関係代名詞**〉**が必ず to V の前に来る**。

UPGRADE 116 複合関係代名詞

関係代名詞に-ever の付いた形を**複合関係代名詞**という。
主なものは **whatever**，**whichever**，**whoever**，**whomever** で，それぞれ① **名詞節を導く用法**と ② **譲歩の副詞節を導く用法**があり，②は〈**no matter ＋疑問詞**〉に置き換えることができる。

394. ②：**名詞節を導く** whatever「**～するもの[こと]は何でも**」**= anything that**
- ▶ この Whatever は節中では is の主語。Whatever is worth doing at all は「少しでも行う価値のあることは何でも」の意味で，文の主語になっている。

395. matter what：**副詞節を導く** whatever「**何が[を]～しようとも**」
= no matter what
- ▶ Whatever happens「何が起ころうとも」は譲歩の副詞節で，No matter what happens に置き換えることができる。

396. ④：**名詞節を導く whoever と whomever の区別**
- ▶ 名詞節を導く whoever，whomever は共に「**～する人は誰でも**」の意味だが，それぞれ，**whoever = anyone who**，**whomever = anyone whom** に置き換えることができる。
- ▶ ここでは，後ろに続く wants it に主語が欠落していることから，**主格の whoever** を選ぶ。whoever wants it は「それが欲しいと思う人は誰でも」の意味の名詞節で，前置詞 to の目的語になる。to につられて whomever を選ばないこと。

397. ②：**副詞節を導く** whoever「**誰が[を / と]～しようとも**」**=** no matter who
- ▶ この Whoever は節中では talks to「〈人〉と話をする」の目的語で，この意味・用法では Whomever に置き換え可。Whoever [Whomever] she talks to は譲歩の副詞節で「彼女が誰と話をしようとも」の意味になる。

UPGRADE 117

☐ **398.** You may borrow (　　) books you need for your research.
① whichever　② whenever　③ whoever　④ however
(沖縄国際大)

☐ **399.** 彼がどんな言い訳をしようと，私たちは彼を信じない。
[he / excuses / makes / however / whatever], we do not believe him.
(1語不要)　(広島修道大)

UPGRADE 118

☐ **400.** 行きたいときにいつでも行っていいですよ。
You may go (　　) you like.　(愛媛大)

☐ **401.** 彼はどこへ行っても成功する。
[he / no / wherever / go / matter / may], he will be successful.
(2語不要)　(近畿大)

☐ **402.** I want to have a room of my own, (　　) small it may be.
頻出 ① however　② whatever　③ whenever　④ wherever
(自治医科大)

☐ **403.** (　　) busy I am in the morning, I make a point of glancing at the newspaper.
① Although　② Even if　③ No matter how　④ Whatever
(南山大)

---

398. あなたは自分の研究に必要などの本を借りてもよい。
402. どんなに狭くても，私は自分自身の部屋を持ちたい。
403. 私は朝どんなに忙しくても，新聞に目をやることにしている。

UPGRADE 117 複合関係形容詞

whatever と **whichever** には名詞を修飾する用法があり，それぞれ ① **名詞節を導く用法**と ② 譲歩の**副詞節を導く用法**がある。**共に直後に名詞が来る。**

398. ①：**名詞節を導く whichever「～するどの[どちらの]…でも」**

▶ 直後に books という名詞があるので関係形容詞と考え，① whichever を選ぶ。whichever books you need for your research は「あなたが自分の研究に必要などの本でも」の意味で，borrow「…を借りる」の目的語になる。関係形容詞の場合，**〈whichever＋名詞〉はセットで前に出る**と覚えておこう。

誤答 ④ however には名詞を修飾する用法はない。

399. **Whatever excuses he makes**：
副詞節を導く whatever「どんな…が[を]～しようとも」

▶ He makes excuses.「彼が言い訳をする」の excuses が，whatever excuses になって前に出た形と考える。*whatever* excuses he makes は譲歩の副詞節で，*no matter what* excuses he makes に置き換えることができる。関係形容詞の場合，**〈whatever＋名詞〉はセットで前に出る**と覚えておこう。

➲ Check **41** p.156

UPGRADE 118 whenever と wherever と however

400. **whenever：whenever「～するときはいつでも」**

▶ whenever には ①「～するときはいつでも」②「いつ～しようとも」(＝no matter when)の２用法があり，共に副詞節を導く。

401. **Wherever he may go：wherever「どこへ[で]～しようとも」**
＝no matter where

▶ wherever には ①「～するところはどこでも」②「どこへ[で]～しようとも」(＝no matter where)の２用法があり，共に副詞節を導く。

402. ①：**however＋形容詞[副詞]「どんなに～しようとも」**

▶ however には，直後に形容詞・副詞を置いて「どんなに～しようとも」の意味で譲歩の副詞節を導く用法があり，**no matter how** に置き換えることができる。

▶ 本問は It may be small.「それは小さい(かもしれない)」の small が however small になって前に出た形と考える。

> **秘伝** 〈however＋形容詞[副詞]〉はセットで前へ出る
> 〈関係形容詞 whatever＋名詞〉はセットで前へ出る
> と覚えよう。 ➲ **399**

403. ③：**no matter how「どんなに～しようとも，どのように～しようとも」**

▶ I am busy. の busy が no matter how busy になって前に出た形。**402** と同様，**〈no matter how＋形容詞[副詞]〉もセットで前に出る**と覚えよう。

第12章 疑問文

Data Research

〈出題数 TOP 5〉

How / What	572 問
疑問詞+do you think+(S) V?	140 問
What is A like?	105 問
How[What] about A[V-ing]?	59 問
What has[will] become of A?	54 問

第1位 How か What を選ばせる問題 572 問！
→UPGRADE 122 p.163
この項目は，直近の３年間だけでも 130 題以上出題されており，以前にも増して出題が多い。（長文の空所補充問題を含む。）日本語の「何」が what，「どう，どれほど」が how と覚えていると解けない問題が頻出する。（㊙ how か what の２択なら what が正解になるほうが多い。）特に what がらみの連語関係や熟語が多く出題されているので，試験の直前には必ず確認しよう！

第2位 疑問詞＋do you think＋(S) V? → 411 p.163
空所補充と語句整序での出題が増えているから要注意だ。
（PRODIGY 英語研究所）

UPGRADE 119

☑404. "(　　) were you in Japan?" "Ten days." （関西大）
① When　② How long　③ How much　④ What time

☑405. "How (　　) do you come here?" "I come here every three days."
① long　② many　③ much　④ often （京都学園大）

☑406. How (　　) does the show begin?
① soon　② quick　③ fast　④ long （同志社大）

☑407. [① how ② is ③ it ④ many ⑤ miles ⑥ to] Boston? （帝京大）

☑408. <u>How come you are back</u> from holiday a week early? （青山学院大）
発展
① Why are you back　② Can you come back
③ How do you come back　④ Are you happy to be back

404.「日本にはどれくらいの期間いましたか」「10日です」
405.「ここにはどれくらいよく来ますか」「3日に1回ここに来ます」
406. ショーはあとどれくらいすれば始まりますか。
407. ボストンまで何マイルですか。
408. なぜ一週間早く休暇から帰ってきたのですか。

KEY POINT 15 間接疑問文の what と how

〈what の 1 語左の単語〉

@know	1641 回
about	1053 回
@understand	479 回
@see	474 回
@decide	265 回
@have no idea	188 回

〈how の 1 語左の単語〉

@know	1330 回
about	1268 回
@learn	837 回
@understand	525 回
@see	491 回
@explain	347 回

上のデータは最近 10 年間の大学入試問題(約 5,000 回)で，what と how の左に出現する回数が多い語句である。(@が付いた動詞は活用形を含む。)know what ～，know how ～，understand what ～のように間接疑問文(*UPGRADE* 120)として what[how]節がよく用いられる。(about は think about what[how] ～，worry about what[how] ～などの句動詞。)

UPGRADE 119 〈how＋副詞〉の疑問文など

Check 42 how＋形容詞[副詞]

☑ **how far** [距離]
☑ **how much** [量・金額]
☑ **how old** [年齢]
☑ **how large** [大きさ・広さ・面積]
☑ **how fast** [速さ]
☑ **how tall** [高さ・身長]

404. ②：**how long「どれくらいの間」― 期間**

▶ how long は「期間」を尋ねるときに使う。when や what time では，「10 日間」という答えにつながらない。

405. ④：**how often「どれくらい頻繁に」― 頻度・回数**

406. ①：**how soon「どれくらいたつと」― 時**

▶ how soon の疑問文で表されている内容は「間もなく起こる」ことである。

407. ①-④-⑤-②-③-⑥：**how many＋名詞「いくつの[名詞]」**

▶ How *many miles is it to* Boston?

+α **What** is the population of the city?「その都市の人口は何人ですか」のように数字を疑問詞にする場合は what を用いる。
○**What** is the number?「その数字はいくつですか」
×**How many** is the number?

408. ①：**how come「なぜ」― 理由**

▶ how come は why と同様に理由を聞く表現。元々 How did it come about that ...? の省略形で，How come S+V ...? の語順になる点が Why 疑問文と異なる。
例 Why did he cry? = *How come* he cried?「なぜ彼は泣いたのですか」

UPGRADE 120

☐409. (　　) a beautiful flower this is!
① Why　② What　③ How　④ That　(日本大)

☐410. It is impossible to know how (　　) (　　) (　　) (　　).
① that　② out　③ turn　④ will　(駒澤大)

☐411. (　　) is to blame for the accident?
頻出
① Do you think who　② Who do you think
③ Whom do you think　④ Who do you know　(立命館大)

UPGRADE 121

☐412. (　　) are people standing in line for?
① What　② How　③ Why　④ Where　(福岡経済大)

☐413. I can remember (　　) it was like here before the company built that factory down by the river.
頻出
① which　② what　③ that　④ as　(北里大)

☐414. 有名になるってどんな気持ちでしょうか。
I wonder [① be　② become　③ it　④ like　⑤ to　⑥ what　⑦ would] famous.　(立命館大)

☐415. We are often aware in the morning of having had a dream, but cannot remember what it was (　　).
① to　② with　③ for　④ about　⑤ in　(大阪大)

UPGRADE 122

☐416. "(　　) do you like Japanese food?" "I love it."
① How　② What　③ Whether　④ Which
(金沢学院大)

---

409. これはなんときれいな花だろうか！
410. それがどのような結果になるのか知るのは不可能だ。
411. 誰にその事故の責任があると思いますか。
412. 人々は何のために列を作って並んでいるんですか。
413. 会社が川の近くにあの工場を建てる前，このあたりがどんな様子だったか思い出せます。
415. 朝，夢を見ていたという意識はあるのだが，その夢がどんなものだったか思い出せないということがしばしばある。
416. 「日本食はどうですか」「大好きです」

UPGRADE 120 感嘆文と間接疑問文など

409. ②：**感嘆文 What＋a [an]＋(形容詞)＋名詞＋S＋V ...!**

▶ 名詞が不可算名詞や複数形のときは a [an] は不要。

▶ 〈How＋形容詞[副詞]＋S＋V ...!〉の感嘆文と区別しよう。
(What で始まる感嘆文では，What のあとに名詞が必要だ)

410. ①-④-③-②：**間接疑問文の語順**

▶ It is impossible to know how *that will turn out*. (turn out ➡ 1172)

▶ 疑問詞節内の語順は，疑問文のように〈助動詞＋S＋V〉としない。
How will that turn out? → I don't know how that will turn out.

411. ②：**Who *do you think* ＋V ...? − 疑問詞＋do you think ...?** 第2位

▶ 疑問詞のあとに do you think [believe/suppose など] を挿入し「誰[何／なぜ, など]が…すると思いますか」という意味を表す。本問では is の主語となる疑問詞だから③ Whom ... は不可。

例 What does she like? → What *do you think* she likes?
「彼女は何が好きだと思いますか」

この場合，相手に yes/no での答えを要求しているわけではないので，×Do you think what she likes? などとはしない。ただし，think ではなく know ならば次の文のようにできる。(以下の質問には Yes/No で答えられる。)

例 Do you *know* who is to blame?「誰が悪いか知っているか」

UPGRADE 121 what ～ ＋前置詞

412. ①：**What ～ *for*?「なぜ～か，何のために～か」**

▶ What ～ for? は理由や目的を尋ねるときに使う。×For what～？とは言わない。

413. ②：**What is A *like*?「A はどのようなものか」** 第3位

▶ 人や物の外見・性質などを尋ねる表現だ。語順は 410 を参照。

414. ⑥-③-⑦-①-④-⑤-②：**what it would be like to become**

What is it like to V?「V するのはどんなことか」

▶ 上の What is A like?「A はどのようなものか」の主語の位置に形式主語の it を置き，真主語の to V を後に置いた形が，What is it like to V?「V するのはどんなことか」である。

▶ 本文では I wonder の後に続けるから，what it would be like to V の語順になっている。もちろん，I wonder がなくて，ただの疑問文なら，What would it be like to become famous? となる。

415. ④：**What is A *about*?「A は何についてか，どのようなものか」**

▶ 物語，記事，作品，話などの内容を尋ねる表現だ。

UPGRADE 122 How か What か − 日本語で考えてはダメ！ 第1位

416. ①：**How do you like A?「A はどうですか」**

▶ 好き嫌い・感想を尋ねるときに使う。

☑417. "How would you like your eggs?" "(　　)"
① Well, please.　② Very much.
③ Medium, please.　④ Scrambled, please.　(駒澤大)

☑418. (　　) do you think of our government's attitude toward environmental problems?
① Why　② What if　③ What　④ How　(同志社大)

☑419. 古着をどう活用されていますか。
[① use　② of　③ your　④ you　⑤ make　⑥ do　⑦ what] old clothing?　(立命館大)

Check 43 その他の what か how かを問う問題

① What is the population of China?　「中国の人口は**どのくらい**か」
② What is the difference?　「**どう**違うか」
③ What do you call it in English?　「それを英語で**どう**言うか」
★上例の What はどれも How にしてはいけない。日本語の「どう」につられないように。

UPGRADE 123

☑420. What has (　　) of Mary since she went to New York?
頻出
① happened　② occurred　③ come　④ become　(愛知学院大)

☑421. (a) Let's have lunch here.
頻出
= (b) (　　) having lunch here?
① Shall we　② What　③ How about　④ Why not　(亜細亜大)

☑422. "What do you (　　)?" "I am a college student."
① work　② study　③ do　④ become　(札幌学院大)

☑423. "He should go to see you." "(　　) he does not come?"
発展
① What if　② How if　③ What come　④ Why　(成蹊大)

☑424. (　　) made you leave the company so suddenly?
① How　② What　③ Why　④ When　(摂南大)

417.「卵をどう調理しましょうか」「スクランブル・エッグにしてください」
418. 環境問題に対する我が国の政府の態度について，どう思いますか。
420. ニューヨークへ行ってからメアリはどうなっただろうか。
421. (a) ここで昼食を食べよう。(b) ここで昼食を食べないかい？
422.「あなたの仕事は何ですか」「私は大学生です」
423.「彼はあなたに会いに来るはずだ」「もし来なかったらどうなるだろうか」
424. なぜあなたはそんなに突然に会社を去ったのか。

417. ④：**How would [do] you like A?「A はどうしましょうか」**

▶ 料理について好みの調理法を尋ねるときなどに用いる。 ➡ 1277

418. ③：**What do you think of A?「A についてどう思うか」**

▶ ×How do you think of A? としては不可。feel ならば how と共に使って，How do you feel about A?「A についてどう思うか」となる。動詞と疑問詞の相性を覚えよう。

419. ⑦-①-⑥-④-⑤-②-③：**what A「どんな A」疑問形容詞の what**

▶ この what は後ろの名詞を修飾する。正解の英文は *What use do you make of your* old clothing? で，make use of「～を利用する」(➡ 889) の use という名詞に what が付き文頭に移動した。

UPGRADE 123 要注意の疑問文

420. ④：**What has become of A?「A はどうなっただろうか」** 第5位

　　= **What has happened to A?**

▶「心配・困惑」を表し，未来時制・現在完了形・過去時制などで使う。

誤答 ② occur to〈人〉「〈考えが〉〈人〉に思い浮かぶ」と混乱しないように。

421. ③：**How [What] about A [V-ing]?「V しませんか」** 第4位

▶ How [What] about A [V-ing]? は提案を示して「A [V するの] はどうですか，A [V して] はどうですか」という意味で使える。 ➡ 184

誤答 ④は Why not V ...? で「V してはどうか(←なぜ V しないのか)」。

例 *Why not* download it and try?
「それをダウンロードして試してみたらどうか」

422. ③：**What do you do?「お仕事は何をされていますか」**

▶ 現在時制に注意。相手の仕事や身分を尋ねる表現だ。

▶「今ここで何をしているのか」と聞くなら What are you doing here? だ。

+α **Who do you work for?**「どちらにお勤めですか」も勤め先を尋ねる表現だ。

423. ①：**What if S+V?「S が V したらどうなるだろうか」**

▶「好ましくないことが起きたらどうしよう」という場合に使うことが多い。

424. ②：**What makes O C?「なぜ～か」**

▶ What makes O C?「何が O に C させるか」は，Why 疑問文と同じ意味になる。

Q&A⑤ What are you? と Who are you? はどう違う？

● What are you? は，職業，身分などを尋ねる表現だが，ややぶしつけなので職業を聞くなら What do you do? (➡ 422) のほうがふつうだ。

● Who are you? は名前，素性などを尋ねることになり，不審に思う初対面の人に対して使うことが多い。単に名前を尋ねるときには May I have your name? と言う。

UPGRADE 124

☐425. You're thinking of the examination or something, (   )?
① don't you ② shall we ③ won't you ④ aren't you
(大同大)

☐426. Let's read the next paragraph, (   )?
① do we ② will you ③ don't you ④ shall we
(千葉工業大)

☐427. "Have a cup of tea, (   )?" "Yes, please."
発展
① do you ② don't you ③ won't you ④ wouldn't you
(成蹊大)

☐428. You didn't forget your key, (   )?
① do you ② don't you
③ did you ④ didn't you
(拓殖大)

☐429. There is a big dog in your garden, (   )?
① aren't they ② isn't it
③ don't you ④ isn't there
(神戸山手大)

UPGRADE 125

☐430. A : Didn't you go there to see her yesterday?
B : (   ) I met her there and we went to the party together.
① No, I didn't. ② No, I did. ③ Yes, I didn't. ④ Yes, I did.
(名古屋工大)

☐431. A : You like her, don't you?
B : (   )
① Only once or twice. ② So do I.
③ It is unknown. ④ I guess so.
(椙山女学園大)

---

425. 君は試験か何かについて考えているね。
426. 次の段落を読みましょうか。
427. 「お茶を飲まれませんか」「はい，お願いします」
428. 君は鍵を忘れなかったよね？
429. 君の庭には大きな犬がいるよね？
430. A：昨日彼女に会いにそこに行かなかったの？
B：行ったよ。彼女にそこで会っていっしょにパーティに行ったんだ。
431. A：君は彼女を好きなんだろ？
B：そうだと思う。

UPGRADE 124 付加疑問

425. ④：肯定文の後ろの付加疑問

▶ 肯定文には否定の付加疑問を付ける。否定文には肯定の付加疑問を付ける。
例 She is not wrong, is she?「彼女は間違っていないよね」

426. ④：Let's V ..., shall we?「…しましょうか」

▶ Let's V ＝ Let us V「(わたしたちが)V しましょう」なので，付加疑問は shall we? となる。

▶ Let's V ..., shall we? とすると相手の意思を尊重している印象になる。

▶〈米〉では，shall we? は堅苦しい感じがするので，Let's V ..., okay?「…しようよ」とするほうが多い。しかし，大学入試では shall we? も出題されるので覚えておこう。

427. ③：命令文，will［won't］you? − 命令文の付加疑問

▶ 命令文の後ろに付加疑問を付け，上昇調で言うとやや丁寧な響きがある。命令文の後ろには will you? 以外に won't you? / would you? / can you? / can't you? / could you? などが使われるが，④ wouldn't you? は不可。

428. ③：否定文の後ろの付加疑問

▶ 否定文の後ろには肯定の付加疑問を付ける。

429. ④：there 構文，isn't there?

▶ there 構文の there は主語の位置に現れるので，付加疑問は isn't there? となる。

UPGRADE 125 否定疑問文とその答え方

430. ④：否定疑問文の答え

▶ ② No, I did. や③ Yes, I didn't. は，どのような聞き方をされても英語としてあり得ない表現。Didn't you go ...? と尋ねられても，Did you go ...? と尋ねられても，Yes と答えれば「行った」ことになるし，No と答えれば「行かなかった」ことになる。

431. ④：付加疑問に対する答え

▶ 文末の ..., don't you? は Don't you like her? のことで，Yes と答えたら，Yes, I do. I like her. の意味になり，No と答えたら，No, I don't. I don't like her. の意味になる。ここでは Yes の代わりに④ I guess so.「そうだと思う」が適切な表現。No の代わりに I guess not. と言うこともある。

▶ guess は「(根拠なくなんとなく)〜と思う」という意味。

誤答 ① Only once or twice.「ほんの1，2回」，② So do I.「私もだ」(➡ 504)，③ It is unknown.「それは知られていない」

第13章 比較

Data Research

〈出題数 TOP 3〉

The+比較級 ..., the+比較級〜.	272問
最上級の言い換え	231問
no＋比較級	183問

第1位 〈The＋比較級..., the＋比較級〜.〉 → 466〜468 p.179〜181
空所補充問題だけでなく，語句整序問題，英作文の問題でも頻出。be の省略や倒置と絡めた問題もある。また，長文問題の選択肢でもよく使われる。

第2位 最上級の言い換え→ UPGRADE 128 p.173
原級や比較級と否定を組み合わせて最上級の意味を表すパターンは多い。(→ Check 44 p.175) これも長文問題の選択肢でよく出現するし，会話表現などでも注意が必要だ。

第3位 〈no＋比較級〉→ p.179
no を比較級の前に置くと，「差がない」という意味になり，as ... as 〜 と同じような意味になる。no more ... than 〜 や no less ... than 〜 のような熟語的な表現が多く，要注意だ。また第23章『数量表現』(→ p.248) とも関係が深い。 (PRODIGY 英語研究所)

UPGRADE 126

☐ **432.** In writing songs I've learned as much from Cezanne (　　) I have from Mozart. (同志社大)
① so　② than　③ as　④ rather than

☐ **433.** Playing the guitar is as exciting to Harry (　　) Leonard.
① as singing is to　② for singing is as
③ for what singing　④ to singing as (立命館大)

☐ **434.** Reading is a kind of education. You have been influenced by books (　　) by your parents and teachers. (神戸国際大)
① best of all　② not more　③ more often　④ as much as

☐ **435.** I haven't got (　　) I need to help you.
① as much as money　② as much money as
③ much as money as　④ money as much as (拓殖大)

---

432. 歌を書くことにおいては，モーツァルトと同じくらい，セザンヌからも学んだ。
433. レナードにとって歌うことがわくわくすることであるのと同じように，ハリーにとってギターを奏でることはわくわくすることである。
434. 読書は一種の教育である。あなたは両親や教師と同様に本からも影響を受けてきたのである。
435. あなたを助けるのに必要なお金を私は持っていない。

KEY POINT 16 比較の対象

比較は２つ以上のものごと（比較の対象）の間で，それらに共通する特性（尺度）について行われる。比較の対象を表す語句は，文法上同じ資格を持っているのが基本である。

I spend as much time **in my classroom** as (I do) **at home**.
（私は家と同じくらい多くの時間を教室で過ごす）

この例では in my classroom と at home という前置詞句が比較の対象になっている。at home の at を省略してはならない。また，次の例は典型的な誤文である。

The climate of England is milder than ×**India**.

「イングランドの気候」と比べるのは「インド」ではなく「インドの気候」であるので次の英文が正しい。

The climate of England is milder than **that of India**.
（イングランドの気候はインドの気候よりおだやかだ）

that of India は **the climate of India** のことで，この **that** については，**653.**〈**the**＋名詞の代用となる **that**〉を参照。

UPGRADE 126 比較の基本―原級

as ... as の間に入れる形容詞や副詞に注意。

432. ③：**as much as** ～ ― **as 節中の省略**

▶ as 節中で主節と同じ語句はしばしば省略される。問題文の省略を補うと，
... I've learned as much from Cezanne as I have *learned* from Mozart. となる。
... I've learned as much from Cezanne as from Mozart. も可。

誤答 ④ rather than ～「～よりむしろ」 ➡ **460, 472**

433. ①：**as A ... as** ～ ― **as＋〈比較の尺度〉＋〈前置詞句〉＋as ～**

▶ 問題文では「ハリーにとってギターを弾くこと」と「レナードにとって歌うこと」が同じくらい exciting だと言っている。as exciting の直後に to Harry とあるのがややこしく感じられるかもしれないが，この文はもともと次の２つの文から成り立っていると考えるとわかりやすい。

1) Playing the guitar is **exciting** to Harry.
2) Singing is **exciting** to Leonard.

比較の対象
→ Playing the guitar is **as exciting** to Harry **as** singing is ~~exciting~~ to Leonard.
比較の尺度　　比較の対象　　消去

▶ exciting は as 節中で繰り返すことはできない。

434. ④：**as 節中の〈S+V〉の省略**

▶ 問題文の省略を補うと，You have been influenced by books as much as *you have been influenced* by your parents and teachers. となる。

435. ②：**as much 名詞 as** ～「**～と同じ量の名詞**」

▶ much, many, few, little などの数量詞は，後ろから名詞を修飾できない。

秘伝 名詞＋~~much~~ はダメ！

☑ **436.** (　　) cars will be exported this year as last year.
① As many　② More and more
③ Much more　④ So many　（立命館大）

☑ **437.** In Japan, a beautiful city was built as (　　) as the eighth century.
① early　② old　③ soon　④ long　⑤ short　⑥ much
（立命館大）

☑ **438.** It isn't (　　) as it was last week.
① so cold　② so as cold　③ colder than　④ such cold
（関西外語大）

Data Research

than の後にはどんな言葉が続くのか？

than の前でよく見かける単語は何かと尋ねられたら，more，less，better のような比較級，rather，other などがすぐに思い浮かぶだろう。では than の後ろにはどんな言葉が続くのだろうか？左のグラフは最近 10 年間の大学入試問題（約 1,600 万語）のデータで，than の後に出現した単語の回数である。（冠詞，代名詞などを除く）more[less] than half のような数量表現，than ever「これまでよりも」，than before「以前よりも」，than usual「いつもよりも」のような定型表現以外に，than (S´V´) when 節，than (S´V´) if 節もかなり多い。そのおよそ半分は than they did[were] when ～のような形だが，半分は (S´V´) が省略され，than の直後に when/if 節が続いている。また，〈than any other＋名詞の単数形〉，〈than other＋名詞の複数形〉も多い。

UPGRADE 127

☑ **439.** Chris is not so handsome as Bob. ＝ Chris is (　　) than Bob.
① not handsomer　② none the less handsome
③ no less handsome　④ less handsome　（日本工業大）

☑ **440.** My grandfather is (　　) than kind.
① gentler　② much gentle　③ more gentler　④ more gentle
（東京工芸大）

---

436. 去年と同じ台数の車が今年も輸出されるだろう。
437. 日本では８世紀にはすでに立派な都市が造られていた。
438. 先週ほどには寒くない。
439. クリスはボブほどハンサムではない。
440. 私の祖父は親切というよりも優しい。

436. ①：as ... as ～ ― 離れた as と as

▶ As many cars will be exported this year as last year.
（this year ↔ last year：比較の対象）

As many cars as last year will be exported this year. とすることもありえるが，元の文のように this year の近くに last year があるほうが自然。

誤答 ③ 可算名詞の複数形(本問では cars)の前には much を使わない。

437. ①：as early as ～「早くも～に」

▶ これは歴史上「早い」時期であることを強調する表現で，ほかの何かと比較しているわけではない。〈as many as＋数詞〉と同様。 ➲ UPGRADE 183 p.255

▶ ～ as early as *in* the eighth century. とすることもまれにある。

誤答 ③ as soon as ～「～するとすぐ」(➲ 29)，④ as long as ～「～でさえあれば」(➲ 326)

438. ①：not so [as] 形容詞[副詞] as ～「～ほど…ではない」

誤答 空所の後に as があるので③ colder than は不可。④ such cold は〈such＋形容詞〉となっているので不可。

Q&A⑥ He is as tall as his brother is tall. は誤りなの？

①× He is **as tall as** his brother is ~~tall~~.

②× It is **warmer** than it was ~~warm~~ yesterday.

上例の tall や warm のような，as ... as の間や比較級の部分を**比較の尺度**と言う。**比較の尺度は as 節，than 節中で繰り返せない**。また下の例のように名詞の量を比べるとき，その名詞を as [than] 節中で繰り返せない。

③× She has **as many books as** he has ~~books~~.

④× Children should not have **more money** than ~~money~~ is needed.
(子供は必要以上のお金を持つべきではない)

③は，「本」の数を尺度に比べているから，as 節中で books を削除する必要がある。④も「お金」が尺度だから than 節中では money を削除し，... than is needed としなければならない。(この than を疑似関係詞と呼ぶ)

UPGRADE 127 比較級と最上級

439. ④：less ... than A「A ほど…ではない」＝ not so [as] ... as A

▶ not so [as] ... as A は文字通り言えば「A と同じくらい…ではない」だから，A より上でも下でも，同じでなければいいことになるが，実際には A より劣っているということを表す。

440. ④：more＋原級＋than＋原級

▶ 1つの性質の程度を比較するのではなく，異なる性質を比較する構文。rather than (➲ 460)を用いるほうが自然な英語。

例 She is *more clever than lucky*. = She is rather clever than lucky.
「彼女は幸運というよりも賢いのだ」

☑441. Even if you are ill, don't take more medicine (　　).
① than is necessary　② than necessary is
③ than necessary it is　④ than is it necessary　(青山学院大)

☑442. One of (　　) in Florida is Orlando.
① most interesting place　② most interesting places
③ the most interesting places　④ the most interesting place
(甲南大)

☑443. Meg is (　　) of the two girls.
① more brighter　② brighter　③ the brighter　④ most bright
(同志社大)

UPGRADE 128

☑444. No other sport in Brazil is (　　) as soccer.
① so popular　② more popular
③ most popular　④ the most popular　(京都学園大)

☑445. (a) John runs fastest in his class.
=(b) (　　) student can run faster than John.
① Some other　② Any other　③ No other
④ Another　⑤ Many other　(帝京大)

☑446. London beats all other British cities in size.
= London is larger than (　　) other city in Britain.
① any　② some　③ no　④ a　(駒澤大)

☑447. (a) Health is more important than any other thing.
頻出
=(b) (　　) is more important than health.　(日本文化大)

---

441. あなたが病気であっても，必要以上に薬を飲んではいけない。
442. フロリダで最も興味深い場所の１つはオーランドである。
443. その２人の女の子の中で，メグは賢いほうである。
444. ブラジルのスポーツで，サッカーほど人気が高いものはほかにない。
445. (a)ジョンはクラスで走るのがいちばん速い。(b)ジョンほど速く走れる学生はほかにいない。
446. ロンドンは大きさの点でほかのイギリスのどの都市をもしのぐ。
447. (a)健康はほかの何よりも貴重である。(b)健康ほど貴重なものはない。

441. ①：more＋名詞＋than ～「～より多くの名詞」(名詞の量を比較)

▶〈more＋名詞＋than～〉で，名詞の量を比較しているとき，その尺度となる名詞を than 節の中に書いてはならない。 ➲Q&A❻ p.171

例 ... don't take more medicine than ~~medicine~~ is necessary.

442. ③：one of the＋最上級(＋名詞)「最も…なものの1つ」

▶〈one of the＋最上級〉の後ろに続く名詞は**複数形**になる。

▶〈one of the＋最上級〉＝〈among the＋最上級〉

443. ③：the＋比較級＋of the two「2つの中でより…」

▶ 2つのものを比べるとき，〈the＋比較級＋of the two〉の形になる。これは2つの中でより「賢い」，より「大きい」と言えば，1つに決まってしまうからだ。

Q&A❼ 〈the＋最上級＋of the two〉は誤りなの？

入試では「2つの中で1番」という意味を表すために，〈the＋比較級＋of the two〉を選ばせ，〈the＋最上級＋of the two〉を誤りとする問題が多い。しかし実際には〈the＋最上級＋of the two〉という形も使われる(頻度は比較級の10分の1弱)。ひとまず「入試では〈the＋比較級＋of the two〉」と覚えておこう。

UPGRADE 128 原級・比較級で最上級の意味になる構文 第2位

言い換え問題で頻出。Check 44 p.175 をマスターしよう！

444. ①：No other A ～ so [as] ... as B.「B ほど…な A はほかにない」

▶ 原級を使って最上級と同じ意味を表す表現。

No other sport in Brazil is so [as] popular as soccer.

＝ Soccer is **the most** popular sport in Brazil.

445. ③：No other A ～ 比較級＋than B.「B ほど…な A はほかにない」

446. ①：比較級＋than any other A「ほかのどんな A よりも…」

▶ 最上級の言い換えでよく出る表現だ。本問の London もイギリスの都市の1つだから other「ほかの」が必要とされるが，実際には other がない用例も少なからずある。ただし入試では other が必要と考えよう。

▶ any other の後ろの名詞は単数形が正しいとされるが，実際にはまれに複数形もある。「空所補充問題では any other の後ろは単数形」と覚えておけばよい。

447. Nothing：Nothing ～ more ... than A.「A よりも…なものはない」

▶ nothing，no を付けた名詞を主語に置いて，原級や比較級で最上級の意味を表すことができる。

UPGRADE 129

☑448. It is (　　) harder for adults to learn a new language than for children.
① most　② many　③ very　④ much　(桜美林大)

☑449. I would like to live in (　　) quieter neighborhood.
① a much　② so　③ very　④ a more　(青山学院大)

☑450. 誤りがある部分を選びなさい。
There are ①much more wild animals ②living on this small island ③than in our ④entire city.　(静岡大)

☑451. Babe Ruth was (　　) the most talented baseball player in those days.
① very　② very much　③ by far　④ as far as　(同志社大)

Q&A[8] 比較の差を表したい場合，どう書くの？

比較級の前に数量を表す語句を置くと，それが比較の差を表す。

例 He is { 差 *three inches* / *much* / *a little* } taller than she is.

上例ではイタリックの部分が２人の身長差を表している。〈much＋比較級〉の形も，much は差が大きいことを表すので，比較級を強調することになる。

また**比較級の前に no が置かれると，「差がない」**ということになる。

例 He is no taller than she is. = He is as tall as she is.

☑452. This is the (　　) science fiction story I've ever read.
発展
① better　② much best　③ very best　④ very much
(畿央大)

---

448. 大人が新しい言語を習得するのは，子供よりもはるかに難しい。
449. 私はもっとはるかに静かな地域に住みたいと思う。
450. 私たちの市全体よりも，この小さな島に住んでいる野生動物のほうがはるかに多い。
451. ベーブ・ルースは当時，飛び抜けて才能のある野球選手だった。
452. これは私がこれまで読んだ中で飛び抜けてすばらしいサイエンス・フィクションである。

UPGRADE 129 比較級と最上級の強調

448. ④：much＋比較級「はるかにより…」

▶ 比較級の前に much を置いて「はるかに」と強調することができる。

誤答 ③ very は比較級を修飾しない。

449. ①：much＋比較級「はるかにより…」

▶ a much quieter neighborhood の a は neighborhood に付いている。

+α even，still，(by) far なども比較級を強調することができる。

450. ① much → many：many more＋可算名詞「はるかに多くの…」

▶ many more＋可算名詞，much more＋不可算名詞とする。

例 *many more* books「はるかに多くの本」，
much more water「はるかに多くの水」

451. ③：by far the＋最上級「飛び抜けて…」

▶ much the best のように much も最上級を修飾できるが，by far に比べると頻度は 10 分の 1 以下しかない。自分で話したり書いたりするときには〈by far the＋最上級〉を使おう。

重要表現 talented 形 才能のある

Check 44 最上級の意味を表す表現

① Health is the most important thing.「健康は最も重要なものである」
＝ Health is more important than anything else.（比較級で表す）
＝ Nothing is more important than health.（否定語を使って比較級で表す）
＝ Nothing is so [as] important as health.（否定語を使って原級で表す）
＝ There is nothing more important than health.（There is と比較級で表す）
＝ There is nothing so [as] important as health.（There is と原級で表す）

★最後の２つの文ではそれぞれ more，so [as] 以下が，前の nothing を修飾している。

② Tom is the tallest boy in his class.「トムはクラスでいちばん背が高い少年だ」
＝ Tom is taller than any other boy in his class.（比較級で表す）
＝ No other boy in his class is taller than Tom.（否定語を使って比較級で表す）
＝ No other boy in his class is so [as] tall as Tom.（否定語を使って原級で表す）

452. ③：the very＋最上級「飛び抜けて…，まさしく…」

▶ very は比較級を修飾することはできないが，最上級は修飾できる。

例 the *very* best ＝ much [by far] the best

誤答 ②のように much を使うなら，This is much the best science fiction ... とする。
④ very much は名詞を修飾しない。

UPGRADE 130

☑453. Our company's goal is not only to sell (　) (　) (　) (　) (　) to support doctors.
① as possible　② medical products　③ many　④ but　⑤ as
（北海道薬科大）

☑454. I'm sorry I don't have time to repair it now, but I'll do it (　).
① as possible as can　② as quickly as can
③ as soon as I am possible　④ as soon as I can　（京都産業大）

☑455. My sister is good at singing. She can sing (　) other boy or girl.
① as good as　② as well as any
③ better than all the　④ the best of all the　（女子栄養大）

☑456. It is said that he was (　) great a scientist as ever lived.
① as　② far　③ same　④ such
（東京理科大）

UPGRADE 131

☑457. We had a long talk and came to (　) the same conclusion.
① more and more　② less and less　③ more or less
④ no more than　⑤ no less than　（関東学院大）

☑458. 地球の将来を心配する人がますます増えるだろう。
[① people　② concerned　③ more and more　④ will be] about the future of the earth.　（佛教大）

☑459. 頻出 Such a poor country cannot provide good medical services, much (　) a good education.
① few　② more　③ less　④ little　（南山大）

---

453. 我が社の目標は，単にできるだけ多くの医療製品を販売することだけではなく，医師たちを援助することでもある。
454. 申し訳ありませんが，今それを修理する時間がありません。でも，できるだけ早くやります。
455. 姉は歌うのが上手だ。彼女はどの男の子や女の子にも劣らないほど，上手に歌を歌える。
456. 彼は古来まれに見る偉大な科学者だったと言われている。
457. 我々は長い話し合いをし，おおよそ同じような結論に達した。
459. そんなに貧しい国はよい医療を提供することはできないし，ましてやよい教育など提供できない。

UPGRADE 130 as ... as ～ の慣用表現

453. ⑤-③-②-①-④：**as ... as possible**「できるだけ…」

▶ ... not only to sell *as many medical products as possible but* to support doctors.

▶ medical products は可算名詞の複数形なので，much ではなく many を使う。

重要表現 not only A[to V] but (also) B[to V]「単にA[to V]だけでなくB[to V]」

454. ④：**as ... as S can**「できるだけ…」＝ **as ... as possible**

例 I'd like to make my decision *as soon as I can.*
＝ I'd like to make my decision *as soon as possible.*
「できるだけ早く決心したい」

455. ②：**as ... as any A**「どのAにも劣らないほど…」

▶「どれと比べても匹敵するほど…」というのが原義だが，そこから「どれと比べても負けないほど…」という意味になった。

誤答 ①，③，④とも空所の後ろが other boy or girl と単数形なので，うまくつながらない。③は better than all the **other boys and girls** となっていれば正しい。

重要表現 be good at A[V-ing]「A[V-ing]が上手だ」

456. ①：**as ... as ever lived**「古来まれに見る…，並はずれた…」

▶ 口語ではあまり使わない表現だが入試には出題されている。lived 以外の動詞が使われることもある。

▶〈as＋形容詞＋a＋名詞＋as〉の語順に注意。×as a great scientist as としてはいけない。 ➡ 759

UPGRADE 131 比較の熟語的表現

457. ③：**more or less**「多かれ少なかれ」

▶ more or less は「程度の差こそあれ，およそ」の意味で使う。

重要表現 come to a conclusion「結論に達する，結論を出す」

458. ③-①-④-②：**比較級＋and＋比較級**「ますます…」

▶ *More and more people will be concerned* about the future of the earth.

▶「心配する人」の数が「ますます増える」のだから，ここでは more and more は people に付ける。

例 The database is getting **larger and larger**.
「データベースがますます大きくなっている」

重要表現 be concerned about A「Aのことを心配する」 ➡ 1106

459. ③：**much [still] less A**「ましてやAも(…ない)」

▶ 否定語句の後ろで用いる。比較の中で最頻出表現の1つだ。

☑ **460.** A man's worth lies (　　) in what he has as in what he is.
頻出
① not only　② not just　③ not merely
④ not simply　⑤ not so much　(防衛大)

Q&A⑨　not so much A as B の much は何の量？

He is **not so much** a teacher **as** a scholar.「彼は教師というよりむしろ学者だ」
この much は後ろの名詞の量を表すためではなく，**文の内容の正しさを比べるために使われている。**上の文では，① He is a teacher. ② He is a scholar. という２つの文のどちらがより正しいかを比べており，①より②のほうが正しいと言っているのだ。**461** の no more ... than A も，２文の内容の正しさを比べていると考えられる。

☑ **461.** (a) Neither Mary nor Tom can swim.
頻出
＝(b) Tom can (　　) swim than Mary can.
① no more　② not more　③ no less
④ not less　⑤ more or less　(中央大)

☑ **462.** You're not an expert at skiing (　　) than I am.
① any more　② much more　③ no more
④ so much　⑤ too much　(北里大)

☑ **463.** He left the house (　　) so much as saying good-bye.
① without　② unless　③ despite　④ nevertheless
(専修大)

☑ **464.** He cannot (　　) write his own name.
① more than　② any less than
③ so much as　④ any more than　(獨協大)

☑ **465.** It is (　　) longer a dream to fly to Mars.
① any　② far　③ no　④ not　(京都産業大)

☑ **466.** The more I think about it, [① more ② feel ③ the ④ uneasy ⑤ I].
頻出
(大阪医科大)

---

460. 人の価値は人が何を持っているかということよりも，その人がどんな人なのかということにあるのです。
461. (a)メアリもトムも泳げない。(b)メアリ同様トムも泳げない。
462. あなたは私同様，スキーの専門家ではない。
463. 彼はさよならを言うこともなく家を出た。
464. 彼は自分の名前さえ書くことができない。
465. 火星まで飛んでいくことはもはや夢ではない。
466. 私はそれについて考えれば考えるほど，よりいっそう不安に感じる。

460. ⑤：**not so much A as B「A というよりむしろ B」＝ B rather than A**

▶ A，B には名詞・形容詞・前置詞句などを置く。 ➲ 472

▶ rather than で言い換えると，A，B の位置が逆になることに注意。

▶ She is not so much lucky as clever. ＝ She is more clever than lucky. ＝ She is rather clever than lucky.「彼女は幸運であるというよりむしろ利口なのである」

461. ①：**no more ... than ～「～同様…でない」** ➲ Q&A⑨ 第3位

▶ Tom can no more swim than Mary (can).「メアリ同様トムも泳げない」上の文は，① Tom can swim. ② Mary can swim. の２つの文が比べられている。no があるから，２つの文は「内容の正しさ」という尺度で差がなく，どちらの文も正しくないということになる。than の後ろには否定語がないが，これでメアリも泳げないという意味になることに注意。

462. ①：**not ... any more than ～「～同様…でない」＝ no more ... than ～**

▶ not ... any ＝ no の関係に注意。

▶ **no less ... than ～ は「～同様に…」という意味だ。**

例 My work is *no less* important *than* yours.
「私の仕事はあなたの仕事同様に重要です」
この例では，「あなたの仕事は重要だ」という前提がある。

463. ①：**without so much as V-ing「V さえもしないで」**

464. ③：**cannot so much as V「V さえできない」**

465. ③：**no longer ...「もはや…ない」**

▶ 昔とは違うという含みがある。not ... any longer としても同じ意味だ。

466. ③-①-④-⑤-②：**The＋比較級 S′＋V′..., the＋比較級 S＋V ～.**
「…するほどよりいっそう～」

▶ The more I think about it, *the more uneasy I feel.*
×the more I feel uneasy, とするのがよくある間違い。more uneasy は uneasy の比較級で，more と uneasy は離さない。

▶ この構文では前の the が従属節をまとめ，２つ目の the 以下が主節と考えられる。

例 The higher you go up, the more you can see. 第1位
「高く上がれば上がるほど，より多くのものが見える」

+α 次のように従属節の〈the＋比較級...〉を後ろに置くこともある。この場合，主節の the は省略してよい。
You can see more, the higher you go up.

☑467. The more ( ), the more you'll know.
① books you read ② book you'll read
③ you read book ④ you'll read books (中部大)

☑468. The more precise ( ), the more effective the communication.
発展
① there are a writer's words ② a writer's words
③ that a writer's words ④ they are a writer's words (会津大)

☑469. I like Mike ( ). (関西外語大)
① all better because he is shy ② none better for his shyness
③ all better for his shyness ④ all the better because he is shy

☑470. Bill said that he loved her ( ) her faults.
① all the more because ② no more with all
③ none the less for ④ no less than (同志社大)

☑471. A : I hear Danny was in an accident.
頻出
B : He should ( ) than to talk on the phone while cycling.
① be more ② have more
③ have known better ④ have had been better (玉川大)

☑472. Happiness consists in contentment rather (1) in wealth.
頻出
= Happiness consists not (2) much in wealth as in contentment.
(静岡県立大)

☑473. It was a lovely, fine day. The weather couldn't have been ( ) for our school trip.
① best ② better ③ worse ④ worst (関西学院大)

---

467. たくさんの本を読めば読むほど，より多くのことを知ることになるだろう。
468. 書き手の言葉が正確であればあるほど，伝達はより効果的になる。
469. マイクは内気だから，よりいっそう彼のことが好きだ。
470. 彼女の欠点にもかかわらず彼女を愛しているとビルは言った。
471. A：ダニーが事故に遭ったそうだ。B：自転車に乗りながら電話で話をするなんて彼はもっと分別を持つべきだったのに。
472. 幸福は富よりもむしろ満足にある。
473. すばらしく天気のよい日であった。私たちの修学旅行には最高の天気だった。

467. ①：**The more＋名詞 ..., the＋比較級〜.**
「〈名詞〉の数[量]が多ければ多いほど，ますます〜」

▶「読む本の数が多ければ多いほど」という意味なので，The more books you read, 〜. とする。「A(名詞)の数が多ければ多いほど」という意味なら，more の直後にその名詞を置く。

468. ②：**〈The＋比較級〉の V 省略**

▶ The more precise *a writer's words* (*are*), the more effective the communication (is).

▶ このように，述語動詞の be が省略されることがある。

469. ④：**all the＋比較級＋理由「〜だから，よりいっそう…」**

▶ この the は「その分だけ」という意味の指示副詞で，後ろにある理由(because 〜, for 〜 など)を指している。したがって本問は「マイクが内気であるから，その分だけよけいに彼が好きだ」と言っているのであって，「内気であるにもかかわらず」という譲歩とは異なる。次の例では for で理由を示している。

例 I like her *all the better for* her faults.
「彼女には欠点があるので，より彼女のことが好きである」

▶ all は強調。all がないこともある。

470. ③：**none the＋比較級＋for A**
「A でもやはり，A でもなお」

▶ for A の代わりに because 節を使うこともある。

471. ③：**know better than to V**
「V するほどばかじゃない，V しないだけの分別を持っている」 ➲ 491

▶ know better「分別がある」だけで，than 以下を省略する場合も多い。

重要表現 should have V-ed「V するべきだった(のにしなかった)」 ➲ 60

472. (1) than (2) so：**A rather than B**
＝ not so much B as A「B というよりむしろ A」

▶ この言い換えが頻出！　not so much A as B は **460** 参照。

473. ②：**couldn't be better「最高である」**

▶「それ以上よいことはありえない」から，「最高だ」という意味になる。本問では過去のことなので couldn't have been better となっている。会話では主語を省略して次のように使うこともある。
"How are you?" "Couldn't be better."「元気？」「最高だよ」 ➲ 1222

第14章 否定

Data Research

〈出題数 TOP 5〉

否定語を用いない否定表現	562問
二重否定	312問
弱い否定語	254問
「…以外の」の but	202問
強い否定表現	138問

第1位 否定語を用いない否定表現 →UPGRADE 137 p.187
too ... to V「…すぎてVできない」, the last A to V［関係詞節］「最もVし(そうに)ないA」, know better than to V「Vするほどばかではない」, far from ...「決して…ではない」の順に出題され, 否定語句を使った書き換えがねらわれる。長文中で内容一致問題に化けることもあるため要注意。

第2位 二重否定 →UPGRADE 139 p.191
never［cannot］ V_1 without V_2-ing「V_1すれば必ずV_2する」が最頻出で, 肯定文との書き換えがねらわれる。

第3位 弱い否定語 →UPGRADE 136 p.187
hardly, few, little の順に出題され, hardly any ...(= few, little)「ほとんど…がない」の形での出題が多い。

第4位 「…以外の」の but →p.188で詳述。

(PRODIGY 英語研究所)

UPGRADE 132

☑ **474.** 家にはまったく食べ物がない。
There isn't (　　) food in the house. (大阪経済大)

☑ **475.** この2つのケーキを食べてはいけない。これもあれも, どちらもだめだ。
You can't eat (　　) of these two cakes — not this, nor that one.
① both　② all　③ either　④ any (上智大)

UPGRADE 133

☑ **476.** "Did Noriko and Ichiro both go to the party last Friday?"
"(　　) Ichiro did but Noriko stayed home watching TV."
① No, not both.　② Yes, they both did.　③ No, neither did.
④ Yes, Yasuko did.　⑤ No, either of them didn't. (関東学院大)

☑ **477.** 頻出 (a) Some of us do; some of us don't.
=(b) Not (　　) of us do. (明治大)

476.「ノリコとイチローは2人とも先週の金曜日のパーティに行ったの？」「いいや。2人ともではないよ。イチローは行ったけど, ノリコは家にいてテレビを見ていたんだ」
477. (a)私たちの中にはする者もいれば, しない者もいる。
(b)私たちの全員がするわけではない。

UPGRADE 132 全体否定

474. any : not any ... **「まったく…がない」**

▶「まったく…がない」の意味の全体否定には not any ... を用いる。

▶ not any ... = no ... なので，この文は There is *no* food in the house. と書き換えることができる。

475. ③ : not ... either **「(二者のうち)どちらも…ない」**

▶「(二者のうち)どちらも…ない」の意味の全体否定には not ... either を用いる。

誤答 ①(not) ... both「両方とも…というわけではない」は部分否定。 ➲ 476

UPGRADE 133 部分否定

否定語と共に **all**, **every**「すべて」や **always**「つねに」など **100%の意味を持つ語**を用いると**「すべてが[つねに]…というわけではない」**のように**一部分を否定**する意味になる。

476. ① : not both **「(二者のうち)両方とも…というわけではない」**

▶「２人ともパーティに行ったの？」に対する返答として，後続の内容から，部分否定の① No, not both.「いいえ。２人とも行ったわけではない」が適切。not both の後に代動詞の did [= went to the party] が省略されている。

477. all : not all ... **「すべてが…というわけではない」**

▶ (a)の文意「私たちの中にはする者もいれば，しない者もいる」から，「私たちの全員がするわけではない」という意味の部分否定と考える。

Check 45 部分否定の頻出表現〈not＋100 パーセントの意味を持つ語〉

☑ not all [every] ...	「すべてが…というわけではない」
☑ not always [necessarily] ...	「いつも[必ずしも]…というわけではない」
☑ not both (...)	「両方とも…というわけではない」
☑ not very ...	「あまり…ない」
☑ not exactly ...	「厳密に[必ずしも]…というわけではない」
☑ not quite ...	「完全に[まったく]…というわけではない」

★部分否定は長文の内容一致問題で，最もねらわれるポイントの１つだ。全体否定との違いを明確に意識しよう。

☑ **478.** We cannot (　　) see the star with the naked eye.
① help　② necessarily　③ hardly　④ scarcely　(中央大)

UPGRADE 134

☑ **479.** It is obvious that (　　) fly.
① any dog can't　② no dog can't
③ any of the dogs can't　④ no dog can　(関西外語大)

UPGRADE 135

☑ **480.** Last night my Wi-Fi didn't work (　　) for hours.
頻出
① no way　② even　③ at all　④ never　(南山大)

☑ **481.** 少しも構いません。
I don't mind (　　) the least.　(駒澤大)

☑ **482.** Jane is by no (　　) stupid. She's just lazy.
頻出
① course　② degrees　③ manner　④ means　(東京医科大)

☑ **483.** 彼女はモダンジャズがまったくわからない。
She [ear / no / whatever / for / has] modern Jazz.　(札幌大)

---

478. その星は必ずしも肉眼で見えるわけではない。
479. 空を飛ぶことができる犬がいないのは明らかだ。
480. 昨夜私の Wi-Fi は何時間もまったくつながらなかった。
482. ジェーンは決してばかではない。単に怠け者なのだ。

478. ②：**not necessarily**「必ずしも…というわけではない」

誤答 ③ hardly, ④ scarcely は「ほとんど…ない」の意味の否定語なので not と併用できない。 ➡ 484

Check 46 二者・三者以上の部分否定と全体否定

	部分否定	全体否定
二者	**not both** (...) 「両方とも…というわけではない」	**not either** (...)/ **neither** (...) 「どちらも…ない」
三者以上	**not all** (...)/ **not every** ... 「すべてが…というわけではない」	**not any** (...)/ **no** ... / **none** 「どれも…ない，まったく…ない」

UPGRADE 134 注意すべき否定の語順

479. ④：**any ... not の語順はダメ ⇒ no ...**

▶ ×any ... not の語順は通例許されないので，「どの[どんな]…もない」の意味では no ... を用いる(not any ... の語順は可)。

▶ 同様に×either ... not, ×ever ... not の語順も許されないので，それぞれ neither ...「どちらの…もない」, never ...「決して…ない」を用いる(not either ..., not ever ... の語順は可)。

UPGRADE 135 強い否定表現

480. ③：**not ... at all**「少しも…ない」

誤答 ② even (for hours)「(何時間もの間)でさえも」は文意が通らないので不可。

481. in：**not ... in the least**「少しも…ない」

482. ④：**by no means**「決して…ない」

▶ not ... by any means の形もある。

Check 47 強い否定の頻出表現　＊前置詞に注意！

☐**not ... at all** ☐**not ... in the least**　「少しも[まったく]…ない」

☐**by no means** ☐**in no way** ☐**on no account** ☐**under no circumstances**
「決して…ない」

★この４つは否定の副詞句なので，文頭に来ると，主節が疑問文の語順に倒置する。➡ 310, 311

☐**no A whatever**　「まったく A がない」

☐**not possibly ...**　「とうてい…ない」

483. **has no ear whatever for**：**no＋名詞＋whatever**「まったく…がない」

▶〈no＋名詞〉の直後に whatever を置いて，強い否定を表すことができる。

重要表現 have no ear for A「A を聞き分ける耳がない，A がわからない」

UPGRADE 136

☑484. She notices hardly (　　) difference in their pronunciation.
頻出 ① any　② no　③ few　④ 何も入れない　(立命館大)

☑485. We (　　) go to the movies, only once or twice a year.
① always　② never　③ often　④ seldom　(城西大)

☑486. There were few, if (　　), people who actually saw what happened.
① any　② ever　③ many　④ not　(慶應大)

UPGRADE 137

☑487. The result was (　　) from satisfactory.
頻出 ① far　② long　③ away　④ off　(亜細亜大)

☑488. (a) I never expected to see my old girlfriend in London.
頻出 =(b) My old girlfriend was the (　　) person I expected to see in London.　(津田塾大)

☑489. The true history of art in post-war America is (　　) written.
① yet　② not yet to be　③ not yet be　④ yet to be　(関西外語大)

☑490. What the new Prime Minister will do <u>remains to be seen</u>.
① has become clear　② might be clear
③ has not yet become clear　④ cannot be clear　(獨協大)

☑491. (a) He is wise enough not to quarrel with his manager.
頻出 =(b) He (　　) better than to quarrel with his manager.　(中央大)

☑492. それを開けようとしてみたがだめでした。
I tried in (　　) to open it.　(学習院大)

---

484. 彼女は彼らの発音の違いにほとんど気づかない。
485. 私たちはめったに映画を見に行かない。1年にたった1回か2回だ。
486. 何が起こったかを実際に見た人は，たとえいるにしてもほとんどいなかった。
487. 結果は決して満足のいくものではなかった。
488. (a)ロンドンで昔の彼女に会うとは思ってもみなかった。
(b)昔の彼女は私がロンドンで会うとは思ってもみなかった人だった。
489. 戦後のアメリカの本当の美術史はまだ書かれていない。
490. 新しい首相がこれから何をするかは，まだわからない。
491. (a)彼は賢明なので経営者と口論しない。
(b)彼は経営者と口論するほどばかではない。

UPGRADE 136 弱い否定語 第3位

484. ①：hardly [scarcely]「ほとんど…ない」― 程度

▶ hardly [scarcely] は副詞なので，直接名詞を修飾することはできない。〈hardly [scarcely]＋any＋名詞〉「ほとんど…がない」の形で，〈few＋名詞〉，〈little＋名詞〉とほぼ同意になる。

485. ④：seldom [rarely]「めったに…ない」― 頻度

▶ only once or twice a year「年に１，２回しか…ない」とあるので，頻度を表す弱い否定の副詞④ seldom「めったに…ない」を選ぶ。

486. ①：few [little], if any, 名詞「たとえあるにしても，ほとんど…がない」

▶ 弱い否定の形容詞 few，little を強調するため，if any「たとえあるにしても」を共に用いることがある。few，little の用法 ➡ UPGRADE 179

+α **seldom [rarely], if ever, ...**「たとえあるにしても，めったに…ない」という表現もある。

UPGRADE 137 否定語を用いない否定表現 第1位

487. ①：far from A「A からほど遠い，まったく A ではない」 ➡ 1020

▶ far from の後ろには名詞，動名詞のほか，本問のように形容詞も置くことができる。

488. last：the last A＋関係詞節
「最も…し(そうに)ない A，決して…し(そうに)ない A」

▶ 〈the last A＋to V〉も同様の意味を表す。

例 He is *the last person to* betray you.
「彼は決してあなたを裏切るような人ではない」

489. ④：be yet to V, have yet to V「まだ V していない」

▶ be yet to V, have yet to V は「まだ V していない」という否定の意味を表す。to 不定詞の「未完了」のニュアンスが強く出た慣用表現だ。

490. ③：remain to be ＋V-ed「まだ V されていない」

▶ これも to 不定詞の「未完了」のニュアンスが強い慣用表現。

491. knows：know better than to V「V するほどばかではない」 ➡ 471

▶ be wise enough not to V「V しないほど賢明だ，賢明なので V しない」(➡ 150) の書き換えは頻出。

492. vain：in vain「…だがむだだった，…だができなかった」

▶ S tried in vain to V.「S が V しようとしたができなかった」の形でねらわれやすい。

☑ **493.** 彼が自分の才能をむだにしていることを考えると，どうも我慢できない。
It's [can / think / more / bear / than / to / I / not] of his wasting his talents.（1語不要） （立命館大）

☑ **494.** The book was (　　) from any misprints.
頻出
① away　② far　③ without　④ free （関西学院大）

UPGRADE 138

☑ **495.** 彼女の英語は正しいどころか間違いだらけだ。
頻出
Her English is (　　) but correct.
① all　② anything　③ nothing　④ everything （中央大）

☑ **496.** He was wearing only his shorts.
頻出
= He was wearing (　　) but his shorts. （専修大）

☑ **497.** 語頭の文字で始まる1語を補いなさい。
多数決に従うしかないね。
We had no (c　　) but to accept the majority decision. （立命館大）

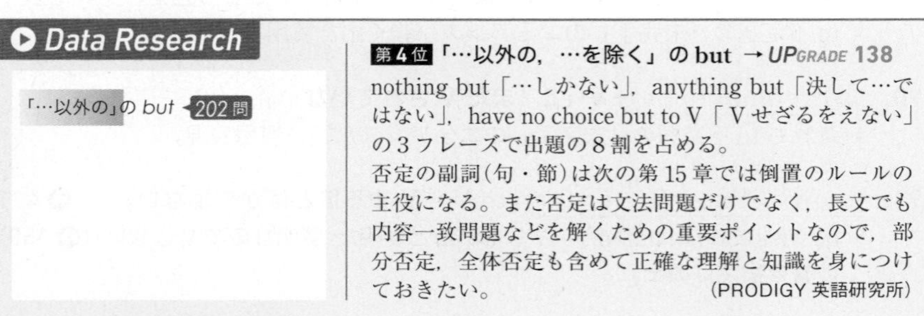

第4位「…以外の，…を除く」の but → UPGRADE 138
nothing but「…しかない」，anything but「決して…ではない」，have no choice but to V「Vせざるをえない」の3フレーズで出題の8割を占める。
否定の副詞（句・節）は次の第15章では倒置のルールの主役になる。また否定は文法問題だけでなく，長文でも内容一致問題などを解くための重要ポイントなので，部分否定，全体否定も含めて正確な理解と知識を身につけておきたい。
（PRODIGY 英語研究所）

---

494. その本は誤植がまったくなかった。
496. 彼は半ズボンしか身につけていなかった。

493. more than I can bear to think：
more than S can V「SがVできないほど(の)」

▶ more than I can bear は「(私が我慢できる程度を超えて→)私が我慢できないほど」の意味になる。

▶ 本問は to think of ... を真主語とする形式主語構文となっている。

494. ④：**be free from[of] A「Aがない」** ➡ 789，1019

▶ be free from[of] A は「(A を免れている→)A がない」の意味。A には「欠点，病気，悩み」など〈よくないもの〉が来る。

誤答 ② far from「決して…ではない」(➡ 487)と混同しないよう注意。

+α **be free from A** と **be free of A** はほぼ同意だが，「料金[税金]を免除されている」の意味では **be free *of* charge[duty]** を用いる。

UPGRADE 138 「…を除く，…以外の」の but の慣用表現 第4位

495. ②：**anything but ...「決して…ではない」**

▶ 〈anything but＋名詞[形容詞]〉で「(…以外なら何でも→)決して…ではない」の意味になる。

+α **all but** 形容詞 は「ほとんど…」(＝ **almost ...**)の意味を表す。

496. nothing：**nothing but ...「…だけ，…しかない」**

▶ nothing but ... は「(…以外の何も～ない→)…だけ，…しかない」(≒ only)の意味を表す。

+α **nothing but** の後ろに動詞の原形が来ることもある。
例 She did nothing but *cry*.「彼女はただ泣くばかりだった」

497. choice：**have no choice but to V「Vするしかない，Vせざるをえない」**

▶ have no choice but to V は「(V する以外に選択の余地がない→)V するしかない，V せざるをえない」の意味を表す。

重要表現 majority decision「多数決(による決定)」

UPGRADE 139

☑ **498.** Every time they saw the boy, they made fun of him.
頻出 = They never saw the boy (　　) making fun of him. (日本大)

☑ **499.** うちの娘は少なくとも週に1回は必ず手紙を書く。
My daughter never (　　) to write at least once a week. (南山大)

Check 48 否定語を含む慣用表現

☑ Hiroko is **second to none** in mathematics.
「数学ではヒロコは誰にも負けない」

☑ **There is nothing like** home.
「我が家ほどよいものはない」

☑ (**It's**) **No wonder** truth is stranger than fiction. ➡ 1289
「事実は小説より奇なりというのは何の不思議もない」

---

498. 彼らはその少年を見るといつも[必ず]からかった。

UPGRADE 139 二重否定 第2位

否定の意味を持つ語句を２つ重ねて，肯定の意味を表すものを「二重否定」という。肯定文との書き換えパターンが頻出。

498. without：never[cannot] **V_1 without V_2-ing「V_1 すれば必ず V_2 する」**

▶ never[cannot] V_1 without V_2-ing は「(V_2 せずに V_1 することは決してない→) V_1 すれば必ず V_2 する」の意味の二重否定。

重要表現 make fun of A「A をからかう，ばかにする」 ➡ 1028

499. fails：never fail to **V「必ず[いつも]V する」**

▶ never fail to V は「(V しないことは決してない→)必ず[いつも]V する」の意味の二重否定。

+α **never fail to V** は反復する動作に用い，**don't fail to V** は１回限りの動作に用いる。

例 *Don't fail to* call me tomorrow.「明日必ず私に電話してください」
（≒ Be sure to call me tomorrow.）

Check 49 二重否定の主な慣用表現

- **never[cannot]** V_1 **without** V_2-ing「V_1 すれば必ず V_2 する」
- **never fail to** V「必ず[いつも]V する」
- **without fail**「必ず」
- **no doubt**「おそらく，確かに」

第15章 倒置・省略・代用・強調

Data Research

〈出題数 TOP 5〉

強調構文	307問
〈否定語句・*only* ～〉が前に出る倒置	292問
neither[*nor*]＋助動詞[*be* 動詞]＋*S* 倒置	183問
so＋助動詞[*be* 動詞]＋*S* 倒置	121問
副詞節中の〈*S*＋*be* 動詞〉セット省略	84問

第1位 強調構文 → UPGRADE 145 p.199
It is not until ～ that ....「～して初めて…する」が断トツの出題数で，その約半数は until の空所補充問題だ。

第2位 否定語句・only ～が前に出る倒置 → UPGRADE 140 p.193
no sooner, never, little, hardly, only ～の5つで出題の8割近くになる。このうち no sooner と hardly は「…するとすぐに」の相関構文としても重要。（10章『接続詞』で詳述。→ UPGRADE 96 p.127）

第3位 **neither [nor]＋助動詞[be 動詞]＋S 倒置** → p.194 で詳述。

（PRODIGY 英語研究所）

UPGRADE 140

500. 誤りがある部分を選びなさい。
頻出
Never ①I dreamed that I ②would ③become a starting player ④in my first year. （早稲田大）

501. Under no circumstances ( ) be left unlocked.
頻出
① must the door ② the door must
③ must the door not ④ the door must not （上智大）

502. Only when it started to rain ( ) that he had left his raincoat somewhere.
頻出
① did Max notice ② noticed Max
③ did not notice Max ④ Max did not notice （京都外語大）

503. Not only ( ) a lot about paintings, but also he paints in oils himself.
① he knows ② he does know
③ knows he ④ does he know （川崎医療福祉大）

---

500. 私は自分が1年目で先発選手になるとは夢にも思わなかった。
501. 決してそのドアをカギをかけないままにしてはならない。
502. 雨が降り出して初めて，マックスはレインコートをどこかに置き忘れたことに気づいた。
503. 彼は絵画に造詣が深いだけでなく，自分自身も油絵を描く。

UPGRADE 140 〈否定語句・Only ～〉＋助動詞[be 動詞]＋S＋V 倒置 第2位

否定の副詞(句・節)や〈Only＋副詞(句・節)〉が文頭に来ると，主文は**“必ず”**倒置を起こし，疑問文の語順となる。倒置の問題では最頻出だ。

500. ① : **否定の副詞＋助動詞[be 動詞]＋S＋V 倒置 ― Never が文頭**

▶ (Never) did I dream が正しい語順。

▶ Never「決して…ない」のような否定の副詞が文頭に来ると，主文は**“必ず”疑問文の語順で倒置**を起こす。

▶ 倒置をしない形は *I* **never** *dreamed* that ～. となる。

Check 50 文頭に来ると主文が“必ず”倒置を起こす主な否定の副詞

☑ never	「決して…ない，一度も…ない」
☑ seldom [rarely]	「めったに…ない」
☑ little	「決して…ない，まったく…ない」

+α この場合の little は，never や not ... at all とほぼ同意で，強い否定語になる。弱い否定語の意味「ほとんど…ない」ではないので注意。
例 *Little* did she know that.「彼女はそのことをまったく知らなかった」

501. ① : **否定の副詞句＋助動詞[be 動詞]＋S＋V 倒置**
― Under no circumstances が文頭

▶ Under no circumstances「決して～ない」という否定の副詞句が文頭にあることから，主文が**疑問文の語順で倒置**している① must the door が正解。

誤答「決して…してはいけない」という文意につられて，うっかり③を選ばないように。Under no circumstances は否定語句なので，not は不要！

+α under no circumstances を含め，文頭にくると主文が倒置を起こす頻出表現はCheck 47 p.185 を参照。

502. ① : **〈Only＋副詞(句・節)〉＋助動詞[be 動詞]＋S＋V 倒置**
― Only when ～が文頭

▶ Only when ～「～して初めて」が文頭にあることから，主文が**疑問文の語順で倒置**していると考え，①を選ぶ。

重要表現 ②，③は「疑問文の語順」で倒置していないので不可。

▶ 倒置をしない形は *Max noticed* that he had left his raincoat somewhere **only when it started to rain**. となる。

503. ④ : **Not only ～ but (also) .... の倒置**

▶ not only ～ but (also)...「～だけでなく…も」が文と文をつなぐ場合，Not only が文頭に来ると，Not only の直後の文が**疑問文の語順で倒置**を起こす。but (also)の後ろの文は倒置しないことにも注意。

UPGRADE 141

☑ **504.** I enjoyed the book and (　　).
頻出
① my wife so did　② did so my wife
③ so did my wife　④ did my wife so　(慶應大)

☑ **505.** "Will you go skating this afternoon?"
頻出
"No, and (　　)."
① so will Judy　② so won't Judy
③ neither will Judy　④ neither Judy will　(広島修道大)

☑ **506.** For short stays, Canada does not require that we obtain a visa to enter the country, and (　　).
① neither the U.S. does　② the U.S. does neither
③ the U.S. doesn't either　④ so does the U.S.　(慶應大)

☑ **507.** The poor girl couldn't move, (　　) speak.
頻出
① nor couldn't she　② nor could she
③ nor she could　④ or she could　(昭和女子大)

Data Research

neither[nor]＋助動詞[be 動詞]＋S 倒置	183 問
so＋助動詞[be 動詞]＋S 倒置	121 問

第3位 **〈neither [nor]＋助動詞[be 動詞]＋S 倒置〉**
「Sもまたそうでない」→UPGRADE 141
neither [nor] の後ろの語形と語順を問う出題が最も多い。また，**第4位** の**〈so＋助動詞[be 動詞]＋S 倒置〉**「Sもまたそうだ」との区別も頻出で，「否定文の後ろでは so ～ではなく neither [nor] ～を用いる」が出題のポイントになることが多い。　(PRODIGY 英語研究所)

UPGRADE 142

☑ **508.** (　　) was Linda's disappointment that she burst into tears.
① This　② That　③ It　④ So　⑤ Such　(中央大)

---

504. 私はその本を楽しく読んだし，私の妻もまたそうだった。
505. 「今日の午後スケートに行きますか」「いいえ，それにジュディも行きません」
506. 短期滞在に関しては，カナダは入国にビザを取得することを必要としないし，アメリカもまた必要としない。
507. その哀(あわ)れな少女は動くこともできなかったし，話すこともできなかった。
508. リンダは失望のあまり，わっと泣き出した。

PART 1 文法

UPGRADE 141 so+助動詞+S 倒置と neither [nor]+助動詞+S 倒置

前文の内容を受ける副詞の **so** や **neither**，接続詞の **nor** でも倒置が起こる。

504. ③：so＋助動詞［be 動詞］＋S「S もまたそうだ」

▶ 肯定の内容を受けて「S もまたそうだ」という場合，**〈so＋助動詞(do や have も含む)または be 動詞＋S〉の倒置**を用いる。
ここでは enjoyed the book を受けて③ so did my wife「私の妻もその本を楽しんだ」となる。

+α **〈so＋S＋助動詞［be 動詞］〉の語順もあり，前文を受けて「その通りだ」の意味で用いる。**
例 "They work hard." "*So they do.*"「彼らはよく働く」「まったくだ」

505. ③：neither＋助動詞［be 動詞］＋S「S もまたそうでない」 第3位

▶ 否定の内容を受けて「S もまたそうでない」という場合，**〈neither＋助動詞［be 動詞］＋S〉の倒置**を用いる。
ここでは否定語の No に続く文なので「…ジュディも行かないだろう」という文意になる③を選ぶ。

506. ③：S+助動詞 not(,) either「S もまたそうでない」＝ neither+助動詞+S

▶ **〈neither＋助動詞＋S〉**と同じ意味で**〈S+助動詞 not(,) either〉**を用いることができる。
ここでは前の文の does not require ... を受けて「アメリカもまた…を必要としない」の意になる③を選ぶ。

誤答 ①は neither *does the U.S.* とすれば可。

507. ②：nor＋助動詞［be 動詞］＋S(＋V)「S もまた…ない」

▶ neither と同様 nor も否定の内容を受けて**〈nor＋助動詞［be 動詞］＋S(＋V)〉の語順**で「S もまたそうでない」の意味を表す。

▶ nor は接続詞なので，本問のように節と節をつなぐことができる。これに対して，neither は副詞なので，２つの節をつなぐ際には and などの接続詞が必要になる。
本問は，neither を使って，次のように書き換えることができる。
The poor girl couldn't move, ***and neither*** could she speak.
(= nor)

UPGRADE 142 such that ... 構文の CVS 倒置

508. ⑤：Such is A that ....「A は相当なものなので…」

▶ **A is such that ....**「A は相当なものなので…」の構文は，such が文頭に出て倒置を起こすことが多い。倒置をしない形は，*Linda's disappointment was such* that she burst into tears. となる。

UPGRADE 143

☑509. If ( ) in the refrigerator, this piece of fish will last for two days.
頻出 ① keeping ② kept ③ to keep ④ you keep （立教大）

☑510. 兄は青いフリスビーを選び，私は赤いフリスビーを選んだ。
My brother chose a blue Frisbee, [a / and / I / one / red]. （日本大）

☑511. His condition is, ( ), better than in the morning.
① if any ② if only ③ if not ④ if anything （同志社大）

☑512. I should really reduce the hours I spend online, ( ) quit the internet entirely.
① even I ② ever to ③ if not ④ not I （青山学院大）

UPGRADE 144

☑513. "Do you know if Bill will give you a birthday present?"
"I don't know, but I hope ( )."
① that ② to ③ it ④ so （成蹊大）

☑514. "Do you think the rain will stop by tomorrow?"
頻出 "No, I'm afraid ( )." （名古屋学院大）

☑515. "Is it going to rain?"
頻出 "( ) If it rains, the sports festival will be cancelled and we'll have to take a math exam instead."
① Yes, I'm going to. ② I hope not.
③ I don't hope so. ④ I'm afraid not. （獨協医科大）

---

509. 冷蔵庫で保存すれば，この魚の切り身は２日間もつだろう。
511. 彼の容態は，どちらかと言えば午前中よりよくなっている。
512. 私はインターネットを完全にやめないまでも，オンラインに費やす時間を本当に減らすべきだ。
513.「あなたはビルから誕生日プレゼントをもらえるかどうかわかる？」
「わからないけど，もらえるといいな」
514.「明日までに雨がやむと思いますか」
「いいえ，(残念ながら)やまないと思います」
515.「雨が降るかな？」「降らないといいな。もし雨が降ったら，体育祭が中止になって，代わりに数学のテストを受けないといけなくなる(から)」

UPGRADE 143 省略

PART 1 文法

509. ②：**副詞節中の〈主語＋be 動詞〉セット省略**

▶ if, when, while, though などの接続詞が導く副詞節中で，**副詞節の主語＝文の主語の場合，〈主語＋be 動詞〉がセットで省略**されることがある。ここでは it(＝this piece of fish) is を補って考えると，If *it is* kept (in the refrigerator)「それが冷蔵庫で保存されれば→それを冷蔵庫で保存すれば」となる。

誤答 ④は keep「…を保存する」が他動詞なので，you keep *it* とすれば可。

+α この文は「接続詞の付いた分詞構文」とも考えられる。 ➲ UPGRADE 85 p.101

510. and I a red one：**共通要素の省略**

▶ 同一文型が続く場合，共通の動詞(句)が後ろの文から省略されることがある。本問では，I *chose* a red one. から，前文と共通の動詞 chose が省略されている。

511. ④：if anything「**どちらかと言えば**」

▶ if anything はこの文のように，比較級と併用されることが多い。

512. ③：if not **A「A ではないにしても，A とは言わないまでも」**

▶ **B, if not A「A ではないにしても B」**の形でねらわれる。A, B には本問のように動詞(句) (A が quit ..., B が reduce ...)が来ることもある。

UPGRADE 144 節代用の so と not

think, suppose, hope, be afraid などでは，**肯定の that 節の代わりに so** を，**否定の that 節の代わりに not** を目的語として用いることがある。

513. ④：I hope so.「**そう願う，そうなるといいな」— 肯定の that 節代用の so**

▶ ここでは so は hope の目的語の that 節の代用で，so ＝ that Bill will give me a birthday present となる。

514. not：I'm afraid not.「**(残念ながら)そうでないと思う」**
— 否定の that 節代用の not

▶ 否定の No に続く内容なので，否定の that 節の代用の not を用いる。not ＝ that the rain will *not* stop by tomorrow となる。

515. ②：I hope not.「**そうでないことを願う」— 否定の that 節代用の not**

▶「雨が降るかな？」に対する応答として，後続の内容から「雨が降らないことを願う」の意になる②を選ぶ。not＝that it is *not* going to rain となる。

誤答 ④は文法的には成立するが，I'm afraid の後ろには「望ましくないこと」が来るので，「残念ながら…雨が降らないと思う」の意味になり，文意に合わない。③は +α 参照。

+α **think, suppose** などは **I think not. ＝ I don't think so.**「そうでないと思う」の２種類の形が使える。これに対し，**hope, be afraid** は **I hope not.** や **I'm afraid not.** の形は使えるが，×**I don't hope so.** や×**I'm not afraid so.** の形は存在しない。

UPGRADE 145

☑516. 状況をさらに悪くしたのは彼の言い訳であった。
[that / the situation / his excuse / it was / made] even worse.
(流通経済大)

☑517. It is the psychologist ( ) studies the human mind.
① which ② when ③ who ④ what (近畿大)

☑518. 彼女を好きなのは優しいからだ。
頻出 It is [because / her / I / is / kind / like / she / that / why].(1語不要)
(東京理科大)

☑519. It was ( ) I visited her that I realized how ill she was.
頻出 ① until ② before long ③ not until ④ so long as (立命館大)

☑520. You're not making any sense — [is / it / that / what / you] want?
(東京大)

☑521. It is not what you read but how you read it ( ) counts.
① that ② what ③ where ④ how (立教大)

Check 51 not ... until ～「～して初めて[やっと]…する」の変形パターン

I did not miss my wallet until I got home.
「家に着いて初めて財布がないのに気づいた」
⇒ 強調構文 **It was not until** I got home **that** I missed my wallet.
⇒ 倒置構文 **Not until I got home** did I miss my wallet.

---

517. 人間の精神を研究するのは心理学者だ。
519. 彼女のもとを訪れて初めて，私は彼女がどれほど具合が悪いかを知った。
520. あなたの言っていることは意味がわからない。あなたの望みはいったい何ですか。
521. 重要なのは何を読むか[読む素材]ではなく，どのようにそれを読むか[読み方]だ。

UPGRADE 145 強調構文 It is ... that ～. 第1位

強調したい文の要素を It is と that の間に置いて前に出した形。強調できる要素は(代)名詞(句・節)と副詞(句・節)で，形容詞と動詞は強調できない。文が過去形なら It is は It was になる。
原則として It is と that を消して，語順を戻せば元の文になる。

516. **It was his excuse that made the situation**：
名詞(主語)を強調する強調構文
▶ 元の文は *His excuse* made the situation even worse. で，主語の His excuse を強調するため，It was と that の間に置いて前に出した形だ。

517. **③：It is ... who ～. の強調構文**
▶ 強調構文では，「人」を強調する場合 **It is ... who [whom] ～.**，「物」を強調する場合 **It is ... which ～.** の形を用いることがある。ここでは主語の the psychologist「心理学者」を強調しているので，that の代わりとして ③ who が可。

518. **because she is kind that I like her**：**副詞(句・節)を強調する強調構文**
▶ 副詞節の because she is kind を強調するため，It is と that の間に置いて前に出した形。元の文は I like her *because she is kind.* となる。

519. **③：It is not until ～ that ....「～して初めて…する」**
▶ not ... until ～「～するまで…ない ⇒ ～して初めて…する」の構文から，**〈not＋until ～〉**を取り出して強調した形。強調構文の出題の３分の１以上を占める超頻出表現。元の文は I did*n't* realize how ill she was *until I visited her.* となる。 ➡ 303

520. **what is it that you**：**疑問詞を強調する強調構文**
▶「あなたの言っていることは意味がわからない」に続く内容なので，「あなたが望むのは何なのか」の意味で what を強調する強調構文と考える。疑問詞を強調する場合，疑問詞が文頭に出て**〈疑問詞＋is it that＋(S＋)V...?〉**の語順になる。

重要表現 make sense「意味がわかる，理解できる」 ➡ 814

521. **①：not A but B の相関構文を強調する強調構文**
▶ *Not what you read but how you read it* counts.「何を読むかではなく，どのようにそれを読むかが重要だ」という文の主語を構成する Not ～ but ... が強調された形。not A but B「A でなく B」，not only A but (also) B「A だけでなく B も」など，not を含む相関構文は強調されやすい。

重要表現 count「重要だ」

第16章 主語と動詞の呼応

Data Research

〈出題数 TOP 4〉

- a number of A/the number of A 56問
- neither A nor B/either A or B 45問
- one[either/neither/each] of A 33問
- 関係代名詞(主格)の直後の動詞 31問

「呼応」の問題は正誤形式が全出題の半数近くを占める。一見難しそうに見えるが，意味的に主語の中心となる語に呼応する問題が大半だ。特に，
The number of ～ ×are [have] → ○is [has],
one [either / neither / each] of the ～ ×are [have] → ○is [has]
など，「主語の中心が単数」であることがわかれば解ける問題が多い。

(PRODIGY 英語研究所)

UPGRADE 146

☑ **522.** 頻出 Neither Jack nor his brothers (　　) enough money to pay for the rent.
① has　② have　③ are having　④ doesn't have　(同志社大)

☑ **523.** [am / either / I / or / you] to go.　(国士舘大)

☑ **524.** Not words but action (　　) now.
① are needed　② is needed　③ need　④ needs　(慶應大)

☑ **525.** Not only I, but also he (　　).
① be to blame　② is to blame
③ being to blame　④ am to blame　(金沢経済大)

☑ **526.** He as well as I (　　) fond of playing outdoor sports.
① is　② am　③ has　④ have　(拓殖大)

UPGRADE 147

☑ **527.** 頻出 The number of students who came up with some answer or other (　　) small.
① was　② were　③ have been　④ being　⑤ be　(上智大)

---

522. ジャックも彼の兄弟たちもその家賃を払うだけのお金を持っていない。
523. あなたか私のどちらかが行くべきだ。
524. 今は言葉ではなく行動が必要だ。
525. 私だけでなく，彼にも責任がある。
526. 私だけでなく彼も屋外のスポーツをするのが好きだ。
527. 何らかの答えを思いついた生徒の数は少なかった。

UPGRADE 146 主語が相関表現

主語の数や人称に応じて，動詞の形が決まることを「**呼応[一致]**」と言う。neither A nor B, not only A but (also) B などの相関表現は，A，B どちらに呼応するかがカギになる。

522. ②：**neither A nor B「A も B もどちらも〜ない」…B に呼応** 第2位

▶ 本問では，B は複数形の his brothers なので，② have が正解。

誤答 have「…を持っている」は状態動詞であるため，進行形の③は不可。

523. **Either you or I am**：**either A or B「A か B かどちらか」…B に呼応** 第2位

▶ 本問では，動詞が am であることから，B はそれに呼応する I と考える。

▶ am to は「義務」の be to(➲ Check 20 p.77)で，「〜すべきだ」という意味。

▶ (either) A or B, neither A nor B が主語の場合，動詞に近いほうの B に呼応する。

524. ②：**not A but B「A ではなく B」…B に呼応**

525. ②：**not only A but (also) B「A だけでなく B も」…B に呼応**

重要表現 be to blame「責任がある」

526. ①：**A as well as B「B だけでなく A も」…A に呼応**

Check 52 相関表現の呼応のまとめ

☑ Either he or I am to blame.	「彼か私のどちらかに責任がある」
☑ Neither he nor I am to blame.	「彼も私も責任がない」
☑ Not only he but also I am to blame.	「彼だけでなく私にも責任がある」
☑ Both he and I are to blame.	「彼も私も共に責任がある」
☑ He as well as I is to blame.	「私だけでなく彼も責任がある」

★ either A or B, neither A nor B などは，口語では複数扱いすることもあるが，大学入試では，「B に呼応が正解」とする形で出題されている。

UPGRADE 147 単数か複数か(1) — the number of A と a number of A

527. ①：**the number of A [複数名詞]「A の数」⇒ 単数扱い** 第1位

▶ the number「数」に合わせて単数と考える。 ➲ 685

重要表現
come up with A「A を思いつく」 ➲ 862, 1162
some 〜 or other「何か〜，何らかの〜」(or other は強調のために付ける)

☑528. 誤りがある部分を選びなさい。
頻出
①A number of people ②is now ③moving away from the center of the city, because ④the rent is getting higher every year.
(同志社大)

UPGRADE 148

☑529. 誤りがある部分を選びなさい。ない場合は④と書きなさい。
①One of those patients ②now live ③near my house. (明治大)

☑530. 誤りがある部分を選びなさい。ない場合は⑤と書きなさい。
Most of the ①furniture ②were ③already in the moving van, and the only thing ④left was a chandelier. (早稲田大)

UPGRADE 149

☑531. 誤りがある部分を選びなさい。
Due to ①global changes in weather patterns, there ②has been record-breaking heat waves ③all over the world, ④including Paris and Tokyo. (名古屋外国語大)

UPGRADE 150

☑532. Twenty years ago, there were ( ) houses in this town.
① a good deal of ② a good many
③ many a ④ so much a (杏林大)

UPGRADE 151

☑533. 誤りがある部分を選びなさい。
頻出
The number ①of people who ②was injured ③was greater than they ④had expected. (立命館大)

---

528. 多くの人々が，現在その都市の中心部から転出しつつある。その理由は家賃が年々高騰しているからだ。
529. それらの患者のうちの1人は，今私の家の近くに住んでいる。
530. それらの家具の大半は，すでに引っ越しトラックに積み込まれていて，残っているのはシャンデリアだけだった。
531. 気象パターンの地球規模での変動のために，パリと東京を含めて，世界中で記録的な熱波が生じている。
532. 20年前，この町にはかなり多くの家があった。
533. けがをした人の数は，彼らが予想していたより多かった。

528. ②：a number of A［複数名詞］「多数の A」⇒ 複数扱い　第1位

▶ is → are とする。a number of people は many people と同意で，people に合わせて複数と考える。 ➡ 684

UPGRADE 148 単数か複数か⑵ — 部分を示す語句

529. ②：one of the［those］複数名詞 ⇒ 単数扱い

▶ live → lives とする。主語の中心は one「(〜の) 1人」なので単数と考える。

530. ②：most of A … A に呼応　★ most of the 単数名詞 ⇒ 単数扱い

▶ were → was とする。furniture は不可算名詞なので常に単数扱いであるため，**その部分である most も単数扱いだ。** ➡ 678

Check 53 「〜 of A」の呼応

☑ one［either / neither / each］of A ⇒ 常に単数扱い

☑ most［some / any / all / half］of A ⇒ A に呼応

（A が複数名詞 ⇒ 複数扱い，A が単数名詞 ⇒ 単数扱い）

例 Most of the apples ***are*** rotten.「それらのリンゴの大半は腐っている」

Most of the apple ***is*** rotten.「その（1個の）リンゴの大部分は腐っている」

UPGRADE 149 There+V+S. 構文

There is A.「A がある［いる］」のような〈There+V+A.〉の文では，**A = S(主語)であるため，動詞は A に呼応する。V には be 動詞が来ることが多い。**

531. ②：There+be 動詞+A.　—動詞の形は A = S(主語)に呼応

▶ has → have とする。文中の there 以下は〈There+V+S.〉構文。S(主語)は複数形の record-breaking **heat waves**「記録的な熱波」なので，呼応する be 動詞は **have** been(×has been)［現在完了形］となる。

UPGRADE 150 a good many 〜 と many a 〜

532. ②：a good many+複数名詞「かなり多くの〜」⇒ 複数扱い

many a+単数名詞「多くの〜」⇒ 単数扱い

▶ 文中の there 以下は 531 と同様，〈There+V+S.〉構文。本問では動詞が were なので，呼応する主語は複数名詞と考え，② a good many (houses)を選ぶ。 ➡ 683

UPGRADE 151 主格の関係代名詞節の動詞

533. ②：関係代名詞(主格)の直後の動詞…先行詞に呼応

▶ was (injured) → were (injured)とする。「けがをした人々〜」という文意から，who の先行詞は people と考え，呼応する動詞は were injured となる。

▶ 文の主語 The number of people 〜「〜人々の数」は単数扱い(➡ UPGRADE 147 p.201)なので，それに呼応する動詞 ③ was は正しい。

話法ってなに？

発言を**そのままの形**で引用するのが**直接話法**，発言の**内容**を**伝達者（筆者）の視点**からとらえなおすのが**間接話法**である。たとえば発言が平叙文のときは次のようになる。

ⓐ Anne said to me, "I want to see you again."　— 直接話法
ⓑ Anne told me that she wanted to see me again.　— 間接話法

ⓑでは，ⓐのせりふ "I want to see you again." の中の**時制**や**代名詞**が伝達者の視点によって変えられている。ⓐの "I" は Anne のことだから，伝達者から見ると she となる。同じく Anne が言う "you" は伝達者自身を指すからⓑでは me となる。さらに，伝達者の時間（今）から見ればⓐの want が表す願望は Anne がⓐの**せりふを言った過去の時点**のものなので，ⓑでは told に合わせ過去形 wanted となる（→ p.31 UPGRADE 11）。このような変更の原則を表にまとめておく。

伝達動詞（say, tell, ask, *etc.*）が過去形のときの時制変更の原則

直接話法の"せりふ"中の動詞	will＋V ⓒ	現在 ⓐ	過去ⓔ・過去完了・現在完了
間接話法の従属節の動詞	would ＋V ⓓ	過去 ⓑ	過去完了 ⓕ

（例 1）ⓒ Bob said, "I'll be back."
ⓓ Bob said that he would be back.

（例 2）ⓔ She said to me, "I was worried about you."
ⓕ She told me that she had been worried about me.

せりふの意味により，間接話法で使われる**伝達動詞**や**従属節の種類**なども変わる。

文の種類による話法の書き換えの原則

直接話法の"せりふ"の文の種類 ➡	間接話法
平叙文	**told**＋人＋that 節，said＋that 節
疑問文：Yes/No で答えられるもの（Do you＋V? など）ⓖ／疑問詞があるもの	**asked**＋人＋if 節 /whether 節 ⓗ **asked**＋人＋疑問詞の名詞節
命令文／否定の命令文（Don't V）	**told**＋人＋to V／**told**＋人＋not to V
依頼の文（Please＋V など）	**asked**＋人＋to V（否定は**asked**＋人＋not to V）
提案の文（Let's＋V, Shall we＋V? など）	**proposed**［**suggested**］＋that S＋V（原形）

（例 3）　ⓖ Meg said to me, "Are you tired? " ➡ ⓗ Meg asked me if［whether］I was tired.

また，時や場所を指す「**指示語**」も間接話法では**伝達者の視点から変更される**ことがある。

ⓘ He said, "I'll meet these people here tomorrow."
ⓙ He said that he would meet those people there the next day.

Heから見た「**これらの, ここで, 明日**」は，伝達者からは「**それらの, そこで, その次の日に**」となる。

指示語の書き換えの原則

直接話法 ➡	間接話法	直接話法 ➡	間接話法
now	then	yesterday	the day before / the previous day
today	that day	... ago	... before
tonight	that night	last week	the previous week
here	there	next week	the next［following］week
this (these)	that (those)	tomorrow	the next［following］day

注意！　ただし状況によっては変更されないこともある。たとえば「今日した発言を今日のうちに伝える」ときは David said, "I'm busy today." → David said that he was busy today. となる。

PART

2

語法

第17章 動詞の語法(1)

Data Research

〈出題数 TOP 4〉

lie / lay	137問
discuss	124問
rise / raise	123問
marry	103問

第1位 lie と lay → 543, 544
自動詞 lie「ある，横たわる」と他動詞 lay「～を置く」はネイティブでも言い間違えたりするぐらいややこしい。

第2位 discuss → 535
×discuss about the problem という問題が慶應大学でも早稲田大学でも出題されている。

第3位 rise / raise → 541, 542
最近 10 年に限ると，出題数最多は rise / raise の問題で，60 問を超える。
自動詞・他動詞の問題以外にも give rise to A (989) などの熟語にも要注意だ。

第4位 marry → 534
marry A = get married to A の言い換え，×marry with 〈人〉，(be) married「結婚している(状態)」のほかにも，時制や態とからめた文法問題での出題も目立つ。(PRODIGY 英語研究所)

UPGRADE 152

534. 頻出 In the spring of 1985, Frank (   ) Jennifer in a large church ceremony. (南山大)
① married ② married to ③ got married ④ married with

535. 頻出 The professor discussed (   ) with some senior students.
① on the economic problems ② in the economic problems
③ for the economic problems ④ the economic problems (高知大)

536. 頻出 Do you think he (   ) his father?
① resembles ② is resembling
③ resembles to ④ resembles with (同志社大)

537. The plane was (   ) Los Angeles in the dense fog.
① approaching at ② approaching to
③ approaching toward ④ approaching (国士舘大)

538. She (   ) school regularly. (東北福祉大)
① attends ② attends to ③ attends on ④ attends in

---

534. 1985 年の春にフランクはジェニファーと大きな教会で式を挙げて結婚した。
535. 教授は何人かの 4 年生と経済問題について議論した。
536. 彼は父親に似ていると思いますか。
537. その飛行機は濃い霧の中，ロサンゼルスに接近していた。
538. 彼女はきちんと学校に通っている。

KEY POINT 17 自動詞 vs. 他動詞は前置詞に注目

● **他動詞** ⇒ 後ろに名詞[目的語]を置くとき，**前置詞がいらない動詞**
例 ×**marry with** the man ⇒ ○**marry** the man「その男性と結婚する」
● **自動詞** ⇒ 後ろに名詞[目的語]を置くとき，**前置詞が必要な動詞**
例 ×**apologize** the teacher ⇒ ○**apologize to** the teacher「先生に謝る」
日本語に訳して考えるのは，かえって間違いの原因になる。「〜について」「〜と」「〜に」などの和訳に惑わされて，他動詞にうっかり前置詞を付けないようにしよう。
動詞の中には rise(自動詞)，raise(他動詞)のように自動詞か他動詞か決まっているものもあるが，実は自動詞でも他動詞でも使われる動詞が多い。
例 *reach* the top「頂上に達する」(他動詞)
reach for the door「ドアに手を伸ばす」(自動詞)
keep the house clean「家をきれいに保つ」(他動詞)
keep quiet「沈黙を保つ」(自動詞)

UPGRADE 152 自動詞と他動詞 − 前置詞の有無

534. ①：**marry A「A と結婚する」= get married to A** 第4位
▶ marry は他動詞。to や with などの前置詞は不要。
誤答 ③は got married **to** なら正解。

535. ④：**discuss A「A について話す[議論する]」= talk about A** 第2位
▶ discuss は他動詞だから about などの前置詞は不要。

536. ①：**resemble A「A に似ている」= take after A(➲ 925)，look like A**
▶ resemble に to は不要。take after，look like との言い換え問題も頻出。
+α **resemble** は進行形にならないことにも注意。 ➲ Check 2 p.20
+α **resemble**，**take after** は外見にも性質にも使える。**take after** は肉親に似ているときだけに使う。**(be) similar to A「A に似ている」**(➲ 1044)も覚えよう。

537. ④：**approach A「A に接近する」= come near A**
▶ approach は他動詞だから to などの前置詞は不要。

538. ①：**attend A「A に出席する，行く」= go to A**
▶ 上の意味では attend は他動詞で前置詞不要。
誤答 ② attend to A「A に注意する，専念する」の意味では自動詞。

☑ **539.** When did you (　　) that university?
① graduate　② graduate at
③ graduate from　④ graduate of　(神奈川大)

☑ **540.** He apologized (　　) losing his temper.
頻出
① about　② for　③ of　④ on
(名古屋市立大)

☑ **541.** My teacher says that unless I (　　) the standard of my work, I am likely to fail my examination.
頻出
① rise　② arise　③ arouse　④ raise
(武蔵野美術大)

☑ **542.** Did you see smoke (　　)?
頻出
① rising　② arising　③ arousing　④ raising
(大阪産業大)

☑ **543.** I (　　) the paper on the table before the conference yesterday.
頻出
① lay　② laid　③ layed　④ lied
(大正大)

☑ **544.** The man (　　) asleep all day long.
頻出
① laid　② lying　③ lain　④ lay
(青山学院大)

☑ **545.** Please remain (　　) for a few minutes till he comes back.
① seated　② to seat　③ seat yourself　④ seating
(日本大)

☑ Check 54　うっかり前置詞を忘れやすい動詞

☑ **graduate** from A「A を卒業する」
☑ **succeed** in V-ing「V に成功する」
☑ **complain** to A about [of] B「A に B のことで文句を言う」

---

539. 君はいつその大学を卒業したのですか。
540. 彼はかっとなったことを謝った。
541. 作品の水準を上げないかぎり，私は試験に落ちるだろうと先生が言う。
542. 煙が上がっているのが見えましたか。
543. 昨日の会議の前に，私はその書類をテーブルの上に置いた。
544. その男は一日中横になって眠っていた。
545. 彼が帰るまでしばらく座っていてください。

☑ Check 55 うっかり前置詞を付けたくなる他動詞

最頻出 ☑ marry A「A と結婚する」 ☑ discuss A「A について話す」
☑ resemble A「A に似ている」 ☑ approach A「A に接近する」
☑ attend A「A に出席する，行く」

発　展 ☑ reach A「A に着く」＝ get to A，arrive at A
☑ consider A「A を考える」＝ think about A
☑ enter A「A に入る」＝ go into A
☑ oppose A「A に反対する」＝ object to A
☑ mention A「A に言及する」＝ refer to A
☑ answer A「A に答える」＝ reply to A ☑ obey A「A に従う」

539. ③：graduate from **A「A を卒業する」**

▶ graduate は自動詞。graduate from A ＝ finish A だ。

540. ②：apologize to **A** for **B「A(人)に B のことで謝る」** ➡ 1031

▶ 謝る相手には to，理由には for が付く。本問では losing ... が理由。

541. ④：raise **A「A を上げる」(他動詞)** 第3位

▶ 自動詞 rise「上がる」と区別しよう。後ろに the standard という目的語があるから（　）には他動詞 raise が入る。なお，② arise「生じる」，③ arouse「〈感情・人〉を刺激する」もまぎらわしいので注意。

! 注意 変化も確認しよう！ **rise-rose-risen，raise-raised-raised**

秘伝「**rise** [raiz] は **agaru**，**raise** [reiz] は **ageru**」と覚えよう。

542. ①：rise **「上がる」(自動詞)** 第3位

▶（　）の後ろに目的語となる名詞がないから，自動詞 rise が正解。〈see＋A＋V-ing〉は「A が V しているのを見る」という意味の構文。 ➡ 560

543. ②：lay **A「A を横たえる，置く」(他動詞)** 第1位

▶ 自動詞 lie「横たわる，ある」と区別しよう。後ろに the paper という目的語があるので他動詞が必要。yesterday があるので過去形 laid が正解。

! 注意 変化も確認しよう！ **lie-lay-lain；lying，lay-laid-laid；laying**

544. ④：**lie の過去形** lay **(自動詞)** 第1位

▶（　）の後ろに目的語がないから自動詞の lie「横たわる」の過去形 lay が正解。

誤答 ① laid は lay「…を横たえる」の過去形だから，引っかからないように。

545. ①：remain seated **「座ったままでいる」**

▶ seat 自体は「〈人〉を座らせる」の意味の他動詞。これで「座っている」という意味を表すには **be seated** と受身形にする必要がある。本問は be の代わりに remain を使った形。Be seated, please.「座ってください」も覚えよう。

第18章 動詞の語法(2)

Data Research

〈設問に見る suggest の用例 TOP 2〉

設問のリード文	761問
suggest that S+V(原形) / should V(原形)の選択・整序問題	207問

過去28年間大学入試に suggest は1万回以上登場しているが，次の2つの用法が重要だ。

① ～を示唆[暗示]する，意味する = indicate, imply
★ that 節中はふつうの時制。

② ～を提案する = propose
★ that 節中の動詞は原形または should V(原形)

①は60%以上を占め，**This passage suggests that ～**「この文章は～と示唆している」のように，設問のリード文で761問に登場した。②は207問出題されている。

(PRODIGY 英語研究所)

UPGRADE 153

☑ **546.** The doctor suggested that her patient (　　) so much.
頻出
① stops to drink　② had to stop to drink
③ stop drinking　④ must stop drinking　(東洋大)

☑ **547.** 誤りがある部分を選びなさい。
頻出
Tom ①demanded that his sister ②returns the key ③to his car ④by tonight.　(慶應大)

☑ **548.** I proposed that we (　　) go back home immediately.
頻出
① might　② would　③ could　④ should　(大正大)

☑ **549.** We insist that this project (　　) immediately.
① carries out　② be carried out
③ to be carried out　④ will carry out　(福島大)

☑ **550.** She recommended that I (　　) jogging a few times a week.
① am going　② go　③ had gone　④ have gone　(学習院大)

☑ **551.** Bob spends too much time playing video games, so his parents suggested that he (　　) time playing them.
① not waste　② not to waste
③ did not waste　④ was wasted　(南山大)

---

546. 医師は患者にそんなに酒を飲むのはやめたらどうかと言った。
547. トムは姉に今夜までに車のキーを返すよう求めた。
548. 私はすぐに家に帰ろうと提案した。
549. 私たちはこの計画がすぐに実行されるように要求している。
550. 彼女は私が週に数回ジョギングをすることを勧めた。
551. ボブはテレビゲームをするのに時間を使いすぎるので，彼の親はゲームをして時間を浪費しないようにと言い出した。

UPGRADE 153 that 節に原形を使う動詞

提案・要求・依頼など，「**人に何かをさせたい**」という意味を持つ動詞の後ろの that 節では，**動詞の原形**を用いる。(should＋V(原形)を使うこともある)

546. ③：**suggest that S＋V(原形)「S が V することを提案する」** 第1位

▶ that 節中は，動詞の原形以外に should＋V(原形)とすることもある。

➡ UPGRADE 30 p.45

▶ suggest が過去形でも that 節の動詞は原形になる。

重要表現 stop V-ing「V するのをやめる」 ➡ 186

547. ②：**demand that S＋V(原形)「S が V することを要求する」**

▶ returns → return とする。

▶ key は前置詞に to をとる。

548. ④：**propose that S＋V(原形)「S が V することを提案する」**

▶ **546** と同様に原形の代わりに〈should＋V(原形)〉を用いることもある。

549. ②：**insist that S＋V(原形)「S が V することを要求する」**

▶ 本問は受身形。原形の be が来る。

重要表現 carry A out「A を果たす，実行する」 ➡ 1134

550. ②：**recommend that S＋V(原形)「S が V することを勧める」**

▶ recommend が過去形でも that 節には原形を使う。

551. ①：**suggest that S＋not＋V(原形)「S が V しないよう提案[提言]する」**

▶ that 節中が否定文になるときは，動詞の原形の直前に not を付ける。

重要表現
spend time V-ing「V するのに時間を費やす」
waste time V-ing「V するのに時間を浪費する」

Check 56 that 節に原形を使う「提案・要求・依頼」の動詞

☑ **suggest**「提案する」	☑ **demand**「要求する」	☑ **propose**「提案する」
☑ **insist**「要求する」	☑ **recommend**「勧める」	☑ **require**「要求する」
☑ **request**「頼む」	☑ **decide**「決定する」	☑ **order**「命じる」

★これらの動詞の時制が何であっても，that 節の動詞は原形(または should＋V(原形))とする。

★「人に何かをさせる」の意味がないときは，原形を用いない。

例 I suggested that he *was* wrong.「私は彼が間違っていると遠回しに言った」

秘伝 頻度トップの 7 動詞 **d**emand，**r**ecommend(**r**equire，**r**equest)，**i**nsist，**p**ropose，**s**uggest の頭文字を続けて "**DRIPS**" と覚えておけば 90%以上をカバーできる。「**DRIPS** は that 節に原形」と覚えよう。

第19章 動詞の語法(3)

Data Research

〈make の出題数 TOP 5〉

make O C[V(原形)]	83 問
make oneself understood [heard]	81 問
make it C to V	56 問
be made to V	39 問
What makes O C?	36 問

第1位 make O C[V(原形)] /
第2位 make oneself understood [heard]

直近10年間の大学入試問題のデータで make は5万回以上出現している。空所補充・語句整序問題で最頻出は make O C の C に V(原形)が来る形で，83問出題された(**553, 555**)。

また，make oneself understood [heard] (**565, 566**)は81問出題された。実は，make O C[V-ed(過去分詞)]の形で出題されているのは，この make oneself understood [heard]だけだから要注意だ。これ以外の make O C [V-ed(過去分詞)]が登場するとすれば，それは誤りの選択肢で，たとえば，×make the car repaired が10年間で15回も誤りの選択肢として登場している。(正しくは○have the car repaired)

第3位 make it C to V (135) / 第4位 be made to V (116) / 第5位 What makes O C? (424)

第3～5位の3つは，上記のとおり，ほかのセクションで取り上げているので，確認しよう。なお，上記の出題数に make it a rule [habit, point] to V (**893**)の25問，make (both) ends meet (**896**)の18問のような熟語は含めていない。 (PRODIGY 英語研究所)

UPGRADE 154

☑ **552.** 頻出 Her recovery from her long illness (　　) her to resume her official duties.
① made　② let　③ prohibited　④ enabled　(中京大)

☑ **553.** 頻出 His parents should (　　) because his grades are poor.
① force him study　② let him to study
③ make him study　④ have him to study　(立命館大)

☑ **554.** The conductor (　　) the musicians to take a break only once.
① allowed　② let　③ made　④ had　(北里大)

☑ **555.** 頻出 The trainer (　　) the bear sit on the stool by beating it with a whip.
① let　② got　③ forced　④ made　(駒澤大)

☑ **556.** 頻出 We like to have our friends (　　) and stay with us.
① to come　② come　③ came　④ had come　(東海大)

---

552. 彼女は長い病気から回復したので，公務に復帰することができた。
553. 彼の成績が悪いから，両親は彼に勉強させるべきだ。
554. 指揮者は演奏者たちに一度しか休憩をとらせなかった。
555. 調教師はむちでたたいてクマをいすに座らせた。
556. 私たちは友達に家に来て泊まってもらうのが好きだ。

KEY POINT 18 使役動詞・知覚動詞とは？

使役動詞とは，**「…させる(使役・許可)」の意味を持ち，かつ〈＋A＋V(原形)〉というパターンを持つ動詞**のことだ。**make / let / have / help** の４つしかない(➲ Check **57**)。
一方，「…させる」の意味を持ってはいるが，目的語の後ろに**原形でなく to V** をとる動詞があるから要注意。この２つの区別を問う問題が定番だからだ。意味だけを考えて答えを選ぶと間違う。**make / let / have** の意味・用法の違いにも注意しよう(➲ Check **57**)。
また知覚動詞とは **see** や **hear** などのように**知覚の意味を持ち，かつ〈＋A＋V(原形)〉というパターンを持つ動詞**を指す。

UPGRADE 154 使役動詞 vs. 使役動詞とまぎらわしい動詞

552. ④：enable＋A＋to V「A が V するのを可能にする」
▶ ① made がワナ。made でも意味は通じるが，後ろが原形の resume「～を再開する」ではなく to resume なので不可。このように **make と enable を組み合わせた問題がよく出る。**意味だけで選ばないように。

553. ③：make＋A＋V(原形)「A に V させる」 第1位
▶ force は to V をとるので①は×。

誤答 ② let と④ have は使役動詞で，目的語 A の後ろは to V でなく V(原形)をとる。

554. ①：allow＋A＋to V「A に V することを許可する」
▶ 後ろの to take に注意。let，make，have は V(原形)をとるから不可。

重要表現 take a break「休憩を取る」 ➲ Check **88** p.295

555. ④：make＋A＋V(原形)「A に V させる」 第1位
▶〈make＋A＋V(原形)〉は「A に力を加えて(強制的に)V させる」，〈let＋A＋V(原形)〉は「A に V させてやる，V するのを許す」という意味。「むちでたたいて(＝力を加えて)座らせた」のだから make がふさわしい。

誤答 ② get や③ force は to V をとるので不可。

556. ②：have＋A＋V(原形)「A に(説得・依頼して)V してもらう，V させる」
▶ have は使役動詞なので〈have＋A＋V(原形)〉が正しい形。

☑557. There are several problems we have to ( ) the prime minister to consider.
① cause ② let ③ have ④ get (南山大)

☑558. A sudden sense of hunger ( ) her aware that she had eaten nothing since morning.
① let ② led ③ made ④ caused (桜美林大)

☑ Check 57 使役動詞

☑**make** 「(強制的に，働きかけて)…させる」
☑**let** 「(したいように)…させる，…するのを放置する」
☑**have** 「(説得して，依頼して)…してもらう，させる」
☑**help** 「…を手伝ってさせる」(help は〈+A+to V〉も可)
★すべて〈+A+V(原形)〉というパターンを持つ。
☆熟語 ☑**let** A **go**「A を放す」 ☑**let** A **know**「A に知らせる」

UPGRADE 155

☑559. This is the first time I've heard him ( ), and I hope it is the last.
① sing ② to sing ③ sang ④ sung (広島修道大)

☑560. I saw him ( ) with his suitcase under his arm.
頻出
① comes ② to come ③ came ④ coming (宮城大)

☑561. Have you seen such a thing ( ) before?
① do ② doing ③ done ④ to do (阪南大)

☑562. I ( ) in the waiting room.
① heard my name called ② called my heard name
③ called my name heard ④ my heard called name (桜美林大)

---

557. 首相に考えてもらわねばならない問題がいくつかある。
558. 突然の空腹感が彼女に朝から何も食べていなかったことを気づかせた。
559. 彼が歌うのを聞いたのはこれが初めてだが，それが最後であってほしい。
560. 彼がスーツケースをわきに抱えてやって来るのを見た。
561. そんなことが行われるのを以前に見たことがありますか。
562. 待合室で自分の名前が呼ばれるのを聞いた。

557. ④：**get＋A＋to V**「**Aに(説得・依頼して)Vしてもらう，Vさせる**」

▶ 後ろのto considerに注意。letとhaveはV(原形)をとるので不可。〈cause A＋to V〉という形はあるが，「AがVするという(悪い)結果を引き起こす」の意味なので不適。

558. ③：**make＋A＋B(形容詞[名詞])**「**AをBにする**」

▶ makeは本問のように**無生物主語構文**で使われることが多い。

誤答 ① **letには〈let＋A＋B(形容詞[名詞])〉という形がない**ことに注意。(ただし，let A alone「Aを1人にする」，let A free「Aを自由にする」などの熟語は例外)

Check 58 使役動詞とまぎらわしい動詞

① **makeと区別** ☑**enable**「…を可能にする」 ☑**force**「…を強制する」
☑**cause**「…を引き起こす」 ☑**get**「…してもらう，させる」
☑**lead**「…させる」

② **letと区別** ☑**allow**「…を許可する」 ☑**permit**「…を許可する」

★これらはすべて〈＋A＋to V〉というパターンを持つ。

UPGRADE 155 知覚動詞

see，hearなどの**知覚動詞は〈＋A＋原形[V-ing]〉の形を持つ**。また「**AがVされる**」の意味のとき，〈**＋A＋V-ed(過去分詞)**〉の形になることにも注意しよう。

559. ①：**hear＋A＋V(原形)**「**AがVするのを聞く**」

560. ④：**see＋A＋V-ing**「**AがVしているのを見る**」

▶ seeはV(原形)もとるが選択肢にないので，ここではV-ingを選ぶ。

561. ③：**see＋A＋V-ed**「**AがVされるのを見る**」

▶ seeだけ見て①や②を選んではダメ。A(＝such a thing)とVの間に「**AがVされる**」という**受身関係**があるので，過去分詞doneが正解。

562. ①：**hear＋A＋V-ed**「**AがVされるのを聞く**」

▶ A(＝my name)とVの間に「自分の名前が呼ばれる」という**受身関係**があるので，過去分詞が正解。

☑ Check 59 知覚動詞の構文

see [hear, feel, watch] ＋A＋ { V(原形)「AがVするのを」 / V-ing「AがVしているのを」 / V-ed「AがVされるのを」 } 見る[聞く，感じる，見る]

秘伝 V(原形)とV-edの区別，V-ingとV-edの区別が問われる。V(原形)とV-ingの区別はめったに出ない。

UPGRADE 156

☑ **563.** She had her bag (　　).
頻出
① steal　② stole　③ stolen　④ stealing　(東海大)

☑ **564.** I must get this refrigerator (　　) immediately.
頻出
① repair　② repaired　③ repairing　④ to repair　(東京理科大)

☑ **565.** My English is not very good, but I was able to (　　) when I was in America.
頻出
① make it understand　② make me understand
③ make me understood　④ make myself understood
(早稲田大)

☑ **566.** The noise in the street was such that I couldn't make myself (　　).
① having heard　② to hear
③ heard　④ hearing　(中央大)

UPGRADE 157

☑ **567.** We (　　) her to go on a picnic with us.
頻出
① made　② persuaded　③ suggested　④ prevented　(福島大)

☑ **568.** I (　　) John to be honest.
① have　② believe　③ hope　④ regard　(武蔵大)

☑ **569.** My English teacher (　　) me to study at university.
① encouraged　② insisted　③ persisted　④ proposed　(東洋大)

---

563. 彼女はカバンを盗まれた。
564. すぐにこの冷蔵庫を修理してもらわないといけない。
565. 私の英語はそれほどうまくないが，アメリカにいたときは意思を通じさせることができた。
566. 街の騒音があまりにひどいので私の声は聞こえなかった。
567. 私たちはいっしょにピクニックに行くよう彼女を説得した。
568. 私はジョンが正直だと信じている。
569. 英語の先生が私に大学で勉強するよう勧めた。

UPGRADE 156 have / get / make+A+V-ed(過去分詞)

この構文でもAとVの間に「**AがVされる**」という関係が成り立つ。

563. ③：**have+A+V-ed「AをVされる，Vしてもらう」**
▶ AとVの間に「カバンが盗まれる」という受身関係があることに注目しよう。

564. ②：**get+A+V-ed「AをVされる，Vしてもらう」**
▶〈have+A+V-ed〉とほぼ同じ意味。ただし〈get+A+V-ed〉には「AをVし終える」の意味もある。
例 *Get* your homework *done*.「宿題を仕上げなさい」

565. ④：**make oneself understood「意思を通じさせる」** 第2位
▶ こちらの言葉を知らない相手に，考えを伝えることを意味する熟語。oneself「自分自身(＝自分の考え)」がunderstood「理解される」という受身関係に注目。

566. ③：**make oneself heard「自分の声を聞き取ってもらう」** 第2位
▶ うるさい場所などで，人に声を届かせるという意味の熟語表現。

Check 60 haveとget ― 過去分詞か否か

★AとVが「**AがVする**」の関係(能動関係)→ have+A+V(原形)，get+A+to V
★AとVが「**AがVされる**」の関係(受身関係)→ have+A+V-ed，get+A+V-ed

秘伝 和訳して考えるとかえってややこしい。AとVの関係のみに注目しよう。

UPGRADE 157 〈+A+to V〉の形をとる動詞・とらない動詞

〈+A+to V〉の形を持つ動詞は無数にあるが，むしろこの形が使えそうで使えない動詞がねらわれる。最も出題頻度が高いのは**suggest**である。

567. ②：**×suggest+A+to Vは誤りの選択肢！**
▶ 正解の〈persuade+A+to V〉「Aを説得してVさせる」を選ぶことより，「suggestを選ばない」ことがこの問題のポイントだ。**suggestには〈+A+to V〉の形はない。**(〈suggest to A+that ～〉が正しい)

568. ②：**×hope+A+to Vは誤りの選択肢！**
▶ believe A to be B(形容詞[名詞])「AがB(形容詞[名詞])だと信じる」が正解だが，hopeがワナであり，ポイントだ。**hopeには〈+A+to V〉の形はない。**(〈hope+that ～〉が正しい)

誤答 ① haveは使役動詞なのでto Vは不可。
④ regardは〈regard+A+as B〉「AをBとみなす」が正しい。

569. ①：**×propose+A+to Vは誤りの選択肢！**
▶ 後ろにto studyがあるので〈encourage+A+to V〉「AにVするよう勧める」が正解。**proposeには〈+A+to V〉の形はない。**(〈propose to A+that ～〉が正しい)

➡ 582

☑ Check 61 〈＋A＋to V〉の形をとる代表的な動詞（Check 58も参照）

- ☐**tell**「…するように言う」
- ☐**ask**「…してと頼む」
- ☐**want**「…してほしい」
- ☐**expect**「…するのを予期する，期待する」
- ☐**persuade**「…するよう説得する」
- ☐**encourage**「…するよう勧める」
- ☐**advise**「…するよう忠告する」
- ☐**remind**「…するのを思い出させる」
- ☐**require**「…することを要求する」
- ☐**order**「…せよと命じる」

UPGRADE 158

☐**570.** When I went to Texas last year, this hat (　　) me $ 10.
頻出
① paid　② cost　③ took　④ spent
（秋田県立大）

☐**571.** It's going to (　　) me over $ 100,000 to buy new trucks.
頻出
① need　② take　③ cost　④ pay
（日本大）

☐**572.** It will (　　) me half an hour to wash my car.
頻出
① continue　② take　③ last　④ make
（東京工科大）

☐**573.** This plan will (　　) you over 10,000 yen per year.
① earn　② spend　③ purchase　④ save
（中央大）

☐**574.** Could you (　　) me a moment? I have something to talk to you about.
① spare　② take　③ save　④ wait　（名古屋大）

---

570. 去年テキサスに行ったとき，この帽子を買うのに10ドルかかった。
571. 新しいトラックを何台か買うのに10万ドル以上かかるだろう。
572. 私が車を洗うのに半時間かかるだろう。
573. このプランにすると年に1万円以上節約できる。
574. 少しお時間を頂けますか。あなたにお話ししたいことがあるのです。

Check 62 〈+A+to V〉の形をとらない動詞

☐ **suggest to** A+that ～「Aに～を提案する」☐ **hope**+that ～「～を希望する」
☐ **propose to** A+that ～「Aに～を提案する」☐ **demand**+that ～「～を要求する」

秘伝 〈+A+to V〉の形を持つ動詞よりも，まず〈+A+to V〉の形がありそうでない動詞を覚えてしまおう。

UPGRADE 158 重要なSVOO型の動詞

570. **②：A cost B C「AはB(人)にC(お金)を要する，AのためにBがCを支払う」**
▶ B(人)は省略されることがある。Cにはお金以外に，次のような「犠牲・損失となるもの」が来ることもある。
例 The mistake *cost* him his life.「その誤りで彼は命を失った」

注意 変化も確認しよう！ **cost-cost-cost**

571. **③：it costs A B to V「A(人)がVするのにB(お金)がかかる」**
▶ Aがto Vの意味上の主語になっていることに注意しよう。A(人)は省略されることがある。

572. **②：it takes A B to V「A(人)がVするのにB(時間)がかかる」**
▶ A(人)は省略されることがある。
▶ 上の形がよく出題されるが，次のようにit以外の主語も可。
例 The work *took* me about an hour.「その作業に約1時間かかった」

573. **④：save A B「A(人)のB(時間・手間・お金)を省く」**
▶〈spare A B〉にも同じ用法がある。Aは省略されることが多い。

574. **①：spare A B「AにB(時間など)をさく・分け与える」**
▶〈give A B〉に近い意味。Aは省略されることがある。

Check 63 重要なSVOO型の動詞

☐A **cost** B C	「AはB(人)にC(お金)を要する，AのためにBがCを支払う」
☐it **costs** A B **to** V	「A(人)がVするのにB(お金)がかかる」
☐it **takes** A B **to** V	「A(人)がVするのにB(時間)がかかる」
☐**save** A B	「A(人)のB(時間・手間・お金)を省く」
☐**spare** A B	①「AにB(時間など)をさく・分け与える」 ②「AのB(面倒など)を省く」
☐**owe** A B	「A(人)にB(お金)を借りている，BはAのおかげだ(＝**owe** B **to** A)」

第20章 動詞の語法(4)

Data Research

〈出題数 TOP 3〉

「言う」	351問
「許す」	201問
「貸す・借りる」	106問

say, speak, talk, tell など,「言う」関係の動詞の語法を問う問題は頻出(左の数値に熟語は含まない)。それぞれの熟語(→UPGRADE 235 p.341)と合わせてしっかりマスターしよう。訳語だけでなく,動詞がとる文型を意識してほしい。
また,admit, allow, forgive, permit など,「許す」と訳せる動詞や,rent, borrow, lend など「借りる,貸す」と訳せる動詞も語法がねらわれるので,要注意だ。

(PRODIGY 英語研究所)

UPGRADE 159

☑ **575.** 頻出 The newspaper ( ) it was going to rain.
① said ② spoke ③ talked ④ told
(関西学院大)

☑ **576.** 頻出 We couldn't understand what the teacher was ( ).
① speaking ② speaking to ③ talking ④ talking about
(中京大)

☑ **577.** 頻出 The teacher was ( ) her students what to write in their notebooks.
① saying ② talking ③ telling ④ speaking
(東洋大)

☑ **578.** 頻出 The nurse ( ) enter the room because the patient was in a critical condition.
① said us not to ② talked us not to
③ spoke us not to ④ told us not to
(鹿児島大)

☑ **579.** その男の子は,話しかけられない限り,滅多に話さなかった。
Seldom did [① speak / ② spoken / ③ unless / ④ the boy / ⑤ to].
(桃山学院大)

---

575. 新聞によると,雨が降るということだった。
576. 先生が何について話しているのか私たちは理解できなかった。
577. 先生はノートに何を書くべきか,生徒たちに話していた。
578. その患者が重体であったので,看護師は私たちに部屋に入らないように言った。

UPGRADE 159 「言う」の動詞 ～say, speak, talk, tellなど 第1位

「言う」グループは頻出。特にCheck 64 (p.223)はすぐに覚えておこう。まずはここで語法を確認の上，熟語(➡UPGRADE 235 p.341)も覚える必要がある。

575. ①：say that ～「～と言う」

誤答 〈×speak that ～〉，〈×talk that ～〉，〈×tell that ～〉はどれも誤り。speak, talkは自動詞だから，目的語をとれない。tellは〈人〉を目的語にして，〈tell 人 that ～〉とすれば正しい。

576. ④：talk about A「Aについて話す」

▶ talkもspeakもふつうは自動詞。本問ではtalk about AのAがwhatになって前に出て，what the teacher was talking aboutとなっている。

誤答 ①と②は，speakが自動詞だから，speaking aboutとすれば正しい英文になる。speak to〈人〉は「〈人〉に話す」。

577. ③：tell〈人〉「〈人〉に伝える」

▶ tellは後ろに〈人〉を目的語にとれる。

誤答 ① say，② talk，④ speakは〈人〉を目的語にできない。
×say [speak, talk]〈人〉→○say [speak, talk] to〈人〉(例外は583)

578. ④：tell〈人〉to V「〈人〉にVせよと言う」

▶ tellは「人に伝える」という意味の動詞で，後ろに不定詞やthat節を置くとき，〈人〉を目的語にとる。say，speak，talkはこの文型(動詞〈人〉to V)をとれない。

KEY POINT 19 tellのあとには〈人〉が必要

tellは「人に伝える」という意味の動詞。ただし例外の熟語は➡975。

579. ④-①-③-②-⑤：unless spoken to「話しかけられない限り」

▶ Seldom did *the boy speak unless spoken to*.

▶ 上の文は〈否定の副詞＋助動詞＋S＋V(疑問文の語順)〉の倒置。
(⇐ The boy seldom spoke unless spoken to.) (➡UPGRADE 140 p.193)

▶ unless (he was) spoken toのhe wasが省略されている。
(➡UPGRADE 143 p.197 509)

▶ speak to〈人〉の受動態である〈人〉be spoken toはよく出題される。
(➡UPGRADE 48 p.63)

例 He was spoken *to by* a stranger.「彼は見知らぬ人に話しかけられた」

☑ **580.** Asked about the new car's outstanding features, the car dealer first mentioned (　　) of fuel.

① about its economic use　　② about its economical use
③ its economic use　　④ its economical use　　(慶應大)

☑ **581.** The pilot (　　) the landing was delayed.
頻出
① explained to us what　　② explained us why
③ explained to us why　　④ explained us of why　　(同志社大)

☑ **582.** He said to me, "Let's go for a walk."
= He (　　) to me that we should go for a walk.

① talked　② told　③ asked　④ proposed
(愛知工業大)

☑ **583.** My friend tried to (　　) me into joining his expensive country club.

① advise　② control　③ talk　④ turn
(南山大)

Q&A⑩ 「意見を言う」は×say an opinion じゃないの？

動詞と目的語となる名詞には相性があって,「意見を言う」は express an opinion, give an opinion, state an opinion などと言う。「理由を言う」は, give a reason, mention a reason と言い,「考えを言う」は suggest an idea, express an idea と言う。それぞれフレーズで覚えておこう。

UPGRADE 160

☑ **584.** Smoking is not (　　) inside the school building.

① acknowledged　② admitted　③ allowed　④ forgiven
(慶應大)

---

580. その新しい車の目立った特徴について聞かれて, ディーラーは最初に燃費がいいことをあげた。
581. なぜ着陸が遅れたかをパイロットは我々に説明した。
582.「散歩に行こう」と彼は私に言った。
583. 私の友人はぜいたくなカントリー・クラブに加入するよう私を説得しようとした。
584. この学校の校舎内では喫煙は許されていない。

580. ④：**mention A (to 人)「(人に)A について話す，A に言及する」**

▶ mention は他動詞なので about は不要。

▶ economical は「節約できる」，economic は「経済の」。 ➡ Check 78 p.273

581. ③：**explain A to〈人〉「〈人〉に A を説明する」**

▶ 本問では explain の目的語(A)の why 節が後ろに置かれている。

582. ④：**propose to〈人〉that ～「〈人〉に～と提案する」**

▶ ④ propose，suggest は「〈人〉に」を表すとき to が必要だ。

▶〈say to 人〉は正しいが，〈×say to 人 that ～〉としてはいけない。誰に対して言うか明示したいときには〈tell 人 that ～〉とする。

誤答 ① talk は that 節を目的語にできない。② tell は×tell to〈人〉としない。
③ ask は×ask to〈人〉としない。

583. ③：**talk〈人〉into A [V-ing]「〈人〉に A [V] するよう説得する」**

▶ talk はふつう〈×talk 人〉としないが，「…を説得する」の意味のときだけ例外的に〈人〉を目的語にとれる。

☑ **talk〈人〉out of** A [V-ing]「〈人〉に A [V すること] をやめるよう説得する」

☑ Check 64 「言う」の意味の動詞の語法

① 「〈人〉に言う」のとき **to** が必要な動詞

☑ **say** A **to** him 「彼に A を言う」 ☑ **talk to** him「彼に話す」

☑ **speak to** him 「彼に話す」 ☑ **mention** A **to** him「彼に A について言う」

☑ **explain** A **to** him「彼に A を説明する」

☑ **suggest** A **to** him「彼に A を提案する」

☑ **propose** A **to** him「彼に A を提案する」

② 〈人〉を目的語にとる動詞

☑ **tell** him 「彼に伝える」 ☑ **persuade** him「彼を説得する」

☑ **inform** him 「彼に知らせる」

UPGRADE 160 「許す・認める・同意する」の意味の動詞 第2位

日本語の「許す」という言葉には「許可を与える」という意味もあれば，「罪を許す」という意味もあるが，英語ではそれぞれ別の単語が使われる。日本語の単語と英単語は，1対1で対応するとはかぎらないので注意が必要だ。

584. ③：**allow，permit は「許可」**

▶ allow，permit は「許可」を表す。

▶ 現代英語では allow の 20%以上が be allowed to V (＝ may V) の形で使われている。〈allow A＋to V〉については **554** 参照。

誤答 ② admit は「(事実であると) 認める」や「入学 [入場] を認める」という意味で使う。

☑ 585. Teachers cannot (　　) students who cheat on examinations.
① allow　② forgive　③ let　④ permit （南山大）

☑ 586. His voice hesitated as he (　　) what he had done to his colleague three months before. He was ashamed of himself.
① challenged　② argued　③ admitted　④ doubted
（京都外語大）

☑ 587. Jack admitted that he had broken the window.
① stated　② assumed　③ acknowledged　④ denied
（関西外語大）

☑ 588. It's a great pleasure to (　　) the invitation to your wedding.
① attend　② accept　③ admit　④ agree （南山大）

☑ 589. You are not (　　) to use your cell phone during the examinations.
① excused　② forgiven　③ permitted　④ tolerated
（中京大）

UPGRADE 161

☑ 590. The patient (　　) to listen to his doctor's advice.
頻出 ① refused　② prevented　③ rejected　④ denied （南山大）

☑ 591. She flatly (　　) that she was in any way involved in the case.
① rejected　② declined　③ refused　④ denied （札幌大）

☑ 592. I immediately turned down his proposal.
頻出 ① rejected　② ignored　③ liked　④ hated （専修大）

---

585. 教師は試験でカンニングをする学生を許せない。
586. ３か月前に仲間に対して行ったことを白状するとき，彼の声はためらいがちだった。彼は自分を恥じた。
587. ジャックは自分が窓を割ったことを認めた。
588. あなたの結婚式のご招待を喜んでお受けいたします。
589. 試験中に携帯電話を使うことは許されていません。
590. 患者は医者の忠告を聞くことを拒否した。
591. 彼女は自分がその事件に何らかの関わりがあることをきっぱりと否定した。
592. 私は彼の提案をすぐに拒否した。

585. ②：forgive〈人〉for A「A(罪など)のことで〈人〉を許す」

▶ forgive は「人の罪を許す」という意味で使う。

▶ pardon, excuse (➡ Check 125 p.359) も同じ文型をとり，「許す」という意味で使う。forgive は「重大な過失」に用い，excuse は「小さな失敗や無礼」などに用いる。pardon はやや古く，堅く響く。ただし，Excuse [Forgive / Pardon] me. はどれも「ささいな失礼」などに用いる。これらの違いが入試で問われることはない。

PART 2 語法

586. ③：admit「〜を(事実だと)認める，自白する」

▶ admit は過失や不快なことを事実だと認める場合に使う。本問では〈admit what 〜〉となっているが，admit that 〜も多い。〈admit＋V-ing〉は 193 参照。

+α admit は「入学[入場]を認める」という意味もある。

587. ③：admit ＝ acknowledge

▶ acknowledge は「〈自分の過失・敗北など〉を認める」という意味。

▶ admit は前に否定したことなどを外からの圧力によって「認める」ときに，acknowledge は秘密にしておきたいことをいやいや「認める」ときに使うことが多い。

588. ②：accept an invitation「招待を受諾する」

▶ accept は「招待・申し出などを受諾する」という意味で使う。receive an invitation なら単に招待されたということで，それに応じるかどうかはわからない。

589. ③：be permitted [allowed] to V「V することが許される」
＝ may V(原形)

▶ permit [allow] A to V の受動態で「許可」を表す。

Check 65 agree と consent

☑ agree to A　「A(提案・計画)に同意する」＝ consent to A
☑ agree with A　「A(人・意見など)と同じ意見である」
☑ agree to V　「V することに同意する」＝ consent to V
☑ approve (of) A　「A を承認する，A に賛成する」＝ agree to A

UPGRADE 161 「断る」の意味の動詞

590. ①：refuse to V「V することを拒否する，どうしても V しない」

▶ refuse は目的語に to V をよく使う。

誤答 ② prevent，③ reject，④ deny は to V を目的語にできない。

591. ④：deny that 〜「〜を事実ではないと言う，否定する」

誤答 ① reject，② decline，③ refuse は that 節を目的語にできない。

592. ①：turn A down「A(提案・申し出など)を断る」＝ reject A ➡ 1149

▶ 言い換え問題が多い。refuse A ＝ turn A down も出題される。

UPGRADE 162

☑593. I (　　) I can buy a car next year.
① hope　② wish　③ want　④ need
(流通経済大)

☑594. (　　)に入れるのに<u>不適切な</u>ものを選びなさい。
I (　　) Sandy and her family to come.
① wanted　② hoped　③ expected　④ asked
(関西学院大)

☑595. 発展 The guests (　　) the couple a long and happy life.
① hoped　② wanted　③ wished　④ toasted
(立命館大)

UPGRADE 163

☑596. 頻出 The ship (　　) at the port in a storm.
① arrived　② got　③ reached　④ sailed (神奈川大)

☑597. We left Narita at six in the afternoon and (　　) to Seattle at ten in the morning.
① got　② arrived　③ reached　④ landed
(東京家政大)

☑598. The two parties might (　　) an agreement by tomorrow.
① arrive　② reach　③ come　④ end (桜美林大)

UPGRADE 164

☑599. I want to buy a new tie to <u>go with</u> this jacket.
① make　② pack　③ match　④ arrange
(拓殖大)

☑600. This blue dress will (　　) your sister, I'm sure.
① show　② match　③ grow　④ suit (足利工業大)

---

593. 来年車を買えることを願う。
594. 私はサンディと彼女の家族(①に来てほしかった / ③が来ると思った / ④に来るよう頼んだ)。
595. 招待客たちはその夫婦のために長く幸福な人生を願った。
596. 嵐の中，船は港に着いた。
597. 私たちは午後6時に成田を発ち，午前10時にシアトルに着いた。
598. 明日までに両党は合意に達するかもしれない。
599. 私はこの上着に合う新しいネクタイを買いたい。
600. きっとこの青い服は君のお姉さんに似合うだろう。

UPGRADE 162 「望む」の意味の動詞

593. ①：**hope (that) ～「～を希望する」**
▶〈×want (that) ～〉としてはいけない。

誤答 ②〈wish (that) ～〉は実現されない願望を表し，that 節中では仮定法を使う。that は省略されることが多い。 ➡ UPGRADE 41 p.57

594. ②：**〈× hope A to V〉は誤り**
▶〈want A to V〉＝〈hope (that) ～〉と考えよう。 ➡ 568

595. ③：**wish 〈人〉 A「〈人〉に A(幸運・成功など)を願う」**
▶ I **wish** you a Merry Christmas. のようにあいさつとしてよく使う。

誤答 hope, want はふつう V+O+O の構文をとらないので①，②は不可。

UPGRADE 163 「着く」の意味の動詞

596. ①：**arrive at A「A に着く」**
▶ arrive は自動詞なので at，in などの前置詞がないと名詞を置けない。

誤答 ③ reach は他動詞なので ×reach at A としてはいけない。

597. ①：**get to A「A に着く」＝ reach A**

誤答 ②は arrived at Seattle なら正しい。

598. ②：**reach A「A に着く，達する」**
▶ reach an agreement「合意に達する」，reach a conclusion「結論に達する」のような移動以外の用法も要注意。arrive at，get to も reach と同様に使える。

誤答 ①は arrive at an agreement なら正しい。③は come to an agreement なら正しい。

UPGRADE 164 「似合う」の意味の動詞

599. ③：**go with A「A(色・ものなど)に合う」＝ match A**
▶ この言い換えで覚えよう。

600. ④：**suit 〈人〉「〈人〉に似合う」**
▶ suit は，「服装・色などが〈人〉に似合う」。ほかに「〈人〉にとって好都合だ」という意味もある。

例 What time *suits* you best?
「何時が一番ご都合がよろしいでしょうか」

▶ **fit 〈人〉「〈人〉に(サイズ・型などが)合う」**には，「似合う」という意味はない。

誤答 ② ×match 〈人〉としてはいけない。

UPGRADE 165

☑601. I (　　) the train, so I arrived in Kyoto before five.
① succeeded to catch　② could catch
③ managed to catch　④ hardly caught　(京都教育大)

UPGRADE 166

☑602. You cannot (　　) books from the library without a card.
頻出
① lend　② borrow　③ return　④ withdraw
(摂南大)

☑603. Could you (　　) me your bicycle for a couple of days?
① lend　② borrow　③ provide　④ own　(北里大)

☑604. I didn't want to spend too much time commuting, so I (　　) an apartment near my office.
① rented　② loaned　③ lent　④ borrowed
(獨協医科大)

UPGRADE 167

☑605. According to a newspaper which I read, the police arrested the man who had (　　) the convenience store at gunpoint.
① feared　② robbed　③ stolen into　④ violated
(東京理科大)

☑606. His house was (　　) into last night.
① entered　② gone　③ robbed　④ stolen　⑤ broken
(神奈川大)

UPGRADE 168

☑607. Is the purpose of a human being's life to be happy? I believe not.
① I don't know it.　② I don't deny it.
③ I suspect it.　④ I doubt it.　(法政大)

---

601. 私は何とかその列車に乗ることができたので，５時前に京都に着いた。
602. カードがないとその図書館から本を借りることはできない。
603. ２，３日の間 君の自転車を私に貸してくれませんか。
604. 私は通勤にあまりにも多くの時間を費やしたくなかったので，オフィスの近くのアパートを賃借した。
605. 私が読んだ新聞によると，警察は銃を突きつけてコンビニ強盗をした男を逮捕した。
606. 昨晩，彼の家は泥棒に侵入された。
607. 人間が生きる目的は幸せになることだろうか。そうではないと思う。

UPGRADE 165 「できた」の表現

601. ③：**manage to V「何とかVすることができる」**

▶ 一度だけ「Vできた」というときに，could V を使ってはならない。could は繰り返しできる能力について用いるのであって，過去に一度あった出来事を述べるときは，単なる過去時制で表すのがふつうだ。

▶ manage to V は「苦労したあとに何とかやり遂げた」という意味だ。

誤答 ① ×succeed to V は不可。succeed in V-ing なら正しい。

UPGRADE 166 「借りる」「貸す」の意味の動詞 第3位

602. ②：**borrow A from B「BからAを借りる」**

▶ borrow は，ふつう，持ち運びできる物を無料で「借りる」ときに使う。

▶ 持ち運びできない物をその場で使わせてもらうときには use を使う。

例 May I *use* the restroom?「トイレを借りてもよろしいですか」

誤答 ④ withdraw「～を引き出す，回収する」

603. ①：**lend〈人〉A = lend A to〈人〉「〈人〉にAを貸す」**
⇔ borrow A from〈人〉

▶ lend は「(物やお金)を貸す」，「(銀行などがお金)を貸す」の意味。

604. ①：**rent A (from B)「(Bから)Aを賃借する」**

▶ borrow と違って，rent は「お金を払って借りる」ことを言う。

▶ rent A (to B)「(Bに)A(土地や建物)を賃貸しする」もある。また，名詞の rent「賃貸料」も大事。

UPGRADE 167 「奪う，盗む，侵入する」の意味の動詞

605. ②：**rob A (of B)「Aから(Bを)奪う」= steal (B) from A**

▶ rob は目的語(A)に人・店・銀行などが来る。

606. ⑤：**break into A「A(家・店など)に侵入する」**

▶ 本問のように，受動態でもよく使われる。

UPGRADE 168 「疑う」の意味の動詞

607. ④：**doubt (= don't believe) vs. suspect (= suppose)**

▶ ③ suspect は「～だと思う，だと疑う」で suppose に近い意味で，believe「～と信じる」よりも少し弱い響きを持つ。一方の doubt は don't believe に近く，〈I doubt that ～.〉は「(多分)～ではないと思う」という意味になる。

例 I *suspect* that he did it.「彼がそうしたのではないかと思う[疑う]」
I *doubt* that he did it.「彼はそうしなかったと思う」

+α「Aではないかと疑われる」という場合，**be suspected of A** とする。

例 He *is suspected of* theft.「彼は盗みを疑われている」

第21章 名詞・冠詞の語法

Data Research

〈不可算名詞 最近10年間の出題数 TOP 3〉

information	134問
advice	106問
furniture	91問

〈ライティングで間違いが多い文法項目〉

第1位 冠詞	∞

第1位 information, **第2位** advice, **第3位** furniture の3単語は不可算名詞の問題として年に平均10問程度出題されている。これらの単語はライティングでも×a good information などとする間違いが非常に多いから要注意だ。ほかにも，特に難関大学で evidence と weather が不可算名詞の問題として急増している。
また，名詞と切り離せないのが冠詞の語法で，ライティングでは最も間違いが多いポイントだ。coffee のような物質名詞に a を付けたり（UPGRADE 170），形容詞に the を付けたり（UPGRADE 172）することがある。まずは様々な語法を知ることが大切だ。　（PRODIGY 英語研究所）

UPGRADE 169

☑**608.** We don't have (　　) furniture.
頻出
① a single　② many　③ many a　④ much　（専修大）

☑**609.** Do you have (　　) about this city?
頻出
① any information　② some informations
③ many informations　④ any informations　（熊本県立大）

☑**610.** The teacher gave each child (　　) advice.
頻出
① an　② many　③ one　④ some　（千葉商科大）

☑**611.** The students liked that teacher because he gave (　　).
頻出
① few homeworks　② many homeworks
③ a lot of homeworks　④ little homework　（拓殖大）

☑**612.** I'm not in the habit of carrying (　　) in my wallet.
頻出
① much money　② a big money
③ many moneys　④ big moneys　（南山大）

---

608. 私たちはあまり家具を持っていない。
609. この都市に関して何らかの情報をお持ちでしょうか。
610. その教師はそれぞれの子供に助言を与えた。
611. その教師はあまり宿題を出さないので生徒に好かれていた。
612. 私は財布の中に多くのお金を入れて持ち歩く習慣はありません。

UPGRADE 169 不可算名詞

furniture や information など，ここで扱う単語は常に不可算名詞として使う。ふつうは抽象名詞(beauty など)や物質名詞(coffee など)でも，時に可算名詞として，不定冠詞 a [an] を付けたり，複数形になったりすることがあるが，下に挙げる名詞は常に不可算名詞で，不定冠詞 a [an] を付けることも複数形になることもない。

608. ④：furniture「家具」は不可算名詞 第3位

▶ furniture は不可算名詞なので a や many を付けることはできない。不可算名詞には much，(a) little などを付けることはできる。

609. ①：information「情報」は不可算名詞 第1位

▶ 不可算名詞にも some や any は付けられる。 例 *some* information

610. ④：advice「助言」は不可算名詞 第2位

▶ one，two，three などの数詞も不可算名詞には付けられない。some は不可算名詞にも使える。

611. ④：homework「宿題」は不可算名詞

▶ homework は work「仕事」と同様に不可算名詞だから，many，few は付けられない。ただし work は「作品」という意味では可算名詞になるので注意。

例 Picasso's *works*「ピカソの作品」

612. ①：money「お金」は不可算名詞

▶ money はふつう不可算名詞なので big money ならよいが，a big money は不可。

Check 66 不可算名詞はこれが出る！

最頻出 ☐**information**「情報」 ☐**furniture**「家具」 ☐**money**「お金」
☐**advice**「助言」 ☐**news**「ニュース」 ☐**knowledge**「知識」
☐**homework**「宿題」 ☐**luggage**「手荷物」(英) ☐**baggage**「手荷物」(米)

発　展 ☐**traffic**「交通」 ☐**work**「仕事」 ☐**damage**「損害」
☐**evidence**「証拠」 ☐**weather**「天気」

★他にも **progress**「進歩」，**fun**「楽しみ」，**time**「時間」などが出題されている。

★ work は「仕事」の意味なら不可算名詞，「作品」の意味なら可算名詞だ。

★ knowledge は a＋形容詞＋knowledge of A の形なら，a が付く。

例 have *a* good knowledge of English「英語をよく知っている」

☑613. We hear (　　) news about that school.
頻出
① a　② several
③ quite a few　④ a lot of　(広島経済大)

☑614. There is (　　) that recovery from this disease can occur partially or completely through natural healing.
発展
① a large amount of evidences　② growing evidence
③ grown evidence　④ plenty of evidences　(早稲田大)

☑615. One day it snows, then it's clear but cold, and then it's cloudy and warm; (　　) hard to predict.
発展
① a weather is　② the weather is
③ the weathers are　④ weathers are　(慶應義塾大)

UPGRADE 170

☑616. You've got (　　) on your tie again. You really should eat more carefully.
① an egg　② some egg
③ a few eggs　④ eggs　(岩手医科大)

☑617. A : Good morning. How can I help you?
B : Hi. Can I get (　　) and a bagel to go?
① two coffees　② two coffee
③ coffee two　④ coffees two　(北海学園大)

UPGRADE 171

☑618. Takeshi has a lot of (　　) to turn in tomorrow morning.
① assignments　② duties　③ homeworks　④ works　(南山大)

---

613. 私たちはその学校について多くの知らせを聞いている。
614. 自然治癒によって，部分的に，あるいは完全にこの病気から回復することがありうるという証拠が増えてきている。
615. ある日には雪が降り，次の日には晴れるが寒い。また次の日には曇って暖かい。天気は予測するのがむずかしい。
616. 君のネクタイにまた卵が付いている。本当にもっと注意して食べたほうが良いよ。
617. A：おはようございます。何にしましょうか。
B：どうも。持ち帰りでコーヒーを２つとベーグルを１つください。
618. タケシは明日の朝提出する宿題がたくさんある。

613. ④：news「知らせ」は不可算名詞

▶ a lot of は可算名詞にも不可算名詞にも付く。 ➡ Check 67 p.249

+α 不可算名詞 information / furniture / advice / news / baggage / luggage などを数えるときには a piece of A / two pieces of A という。例 *a piece of* advice

614. ②：evidence「証拠」は不可算名詞

▶ evidence は入試でも資格試験でも不可算名詞と覚えよう。可算名詞の evidence も掲載している英和辞典が多いが，可算名詞として使う例は 0.1% 程度しかない。

▶ evidence はしばしば後ろに同格の that 節を伴う。 ➡ Check 31 p.123

▶ growing「増加する」は形容詞として名詞(number「数」，population「人口」，demand「需要」など)に付くことが多い。

615. ②：weather「天気」は不可算名詞

▶ weather は特に難関大学で最近多く出題されている。形容詞を付けても a は付けない。例 ×*a* good weather

UPGRADE 170 名詞の種類の転用

616. ②：不可算名詞として使う egg

▶ egg はふつう可算名詞だが，この英文でネクタイに卵が何個か付いていると考える人はいないだろう。ここでは「卵の汁やシミ」という物質名詞として egg を使っているから不可算名詞扱いになる。同様に chicken も「鶏肉」なら不可算名詞，「(1羽の)ニワトリ」なら可算名詞となる。

▶ some は可算名詞にも不可算名詞にも付けられる。 ➡ Check 67 p.249

617. ①：可算名詞で使う coffee

▶ drink too much coffee「コーヒーを飲み過ぎる」のように，ふつう coffee は物質名詞で不可算名詞だ。しかし，店で注文するときなどには，a coffee「1杯のコーヒー」のように可算名詞として使う。

重要表現 to go は「持ち帰りで」という意味。
例 Three burgers *to go*, please.「持ち帰りでバーガー３つください」

UPGRADE 171 意味のまぎらわしい名詞

618. ①：work や homework は不可算名詞

▶ assignment「宿題，割り当て」は可算名詞なので複数形になる。

誤答 ③ homework や④ work は不可算名詞なので誤り。②の duty「義務」は可算名詞も不可算名詞もあるが，ここでは後ろの turn in「～を提出する」と合わない。

☐619. John's Cafe is usually empty. He doesn't have many (　　).
頻出
① customers　② buyers　③ guests　④ passengers　(城西大)

☐620. That lawyer has not had a lot of (　　).
① clients　② customers　③ consumers　④ guests　(獨協大)

☐621. He parked in a no-parking zone, so the police made him pay a (　　) of ¥10,000.
① fee　② fine　③ cost　④ charge　(南山大)

☐622. What is the train (　　) from Hiroshima to Osaka?
① fare　② fee　③ charge　④ price　(広島修道大)

☐623. I'd like to make (　　) for the express train that leaves at 6:00.
① a reservation　② a promise
③ an appointment　④ a subscription　(東海大)

☐624. If your tooth hurts, you should see a dentist. Try to make (　　) as soon as possible.
頻出
① a date　② a promise
③ a booking　④ an appointment　(北九州市立大)

UPGRADE 172

☐625. Could you pass me (　　), please?
① the salt　② salts　③ a salt　④ salt　(神奈川工科大)

☐626. Three days ago Ayumi told me that she would leave for Paris (　　), but I saw her in Shinjuku yesterday.
① next day　② the following day
③ the previous day　④ the day before　(創価大)

---

619. ジョンのカフェはいつもすいている。客があまりいないのだ。
620. その弁護士には依頼人があまりいなかった。
621. 彼は駐車禁止区域に駐車したので，警察は彼に10,000円の罰金を支払わせた。
622. 広島から大阪までの鉄道運賃はいくらですか。
623. 6時に出発する急行列車の予約をしたい。
624. もし歯が痛むのであれば，歯医者に診てもらうべきだ。できるだけすぐに予約するようにしなさい。
625. 私にその塩を取ってくれますか。
626. 3日前にアユミは翌日パリに向けて出発すると私に言ったが，私は昨日新宿で彼女を見た。

619. ①：**「客」を表す名詞⑴**

▶ **customer** 「商店やレストランの客，顧客」
☐ **buyer** 「ものを買う人」（レストランなどの客には使わない）
☐ **guest** 「招待客，ホテルの宿泊客」
☐ **passenger** 「（列車，バス，飛行機などの）乗客」

620. ①：**「客」を表す名詞⑵**

▶ **client** 「（弁護士，税理士などの）依頼人」
☐ **consumer** 「消費者」 ☐ **spectator** 「（スポーツ，ショーの）観客」
☐ **caller**，**visitor** 「訪問者」 ☐ **audience** 「（演劇，映画などの）観客」

621. ②：**「お金」を表す名詞⑴**

▶ **fine** 「罰金」（「〈人〉に罰金を科する」という意味の動詞もある）
☐ **fare** 「（バス，電車，タクシーなどの）運賃」
☐ **fee** 「（弁護士など専門職への）報酬，入場料」 例 school *fees*「授業料」
☐ the **cost** of living「生活費」（**cost**「（かかる）費用」）

622. ①：**「お金」を表す名詞⑵**

▶ **fare** 「運賃」
☐ **charge** 「サービス代，使用料」
electricity charge「電気代」，gas charge「ガス代」など。
Cash or charge?「（支払いは）現金かクレジットカードか？」

623. ①：**「予約，約束」を表す名詞⑴**

▶ **reservation** 「（列車，飛行機，ホテル，劇場，レストランなどの）予約」
☐ **booking** 「予約」＝reservation　booking は主に〈英〉。
☐ **promise** 「（何かをするという）約束」（動詞は➡ **195**）
☐ **subscription** 「（雑誌などの）予約購読（料）」

624. ④：**「予約，約束」を表す名詞⑵**

▶ **appointment** 「（人と会う）約束」。「医者の予約」の意味が頻出。

UPGRADE 172 冠詞の語法

625. ①：**周囲の状況や文脈で1つに特定される名詞に付ける the**

▶ 食卓などでテーブルに載っている塩を取ってもらうときなど，どの塩のことを言っているのか特定できる場合には the salt とする。

626. ②：**the following [next] A「その次の A」**

▶「3日前のその次の日」とは「2日前」のことで，どの日のことか特定できる。よって，the が付く。

誤答 ① next day は **the** next day なら正解になる。next は following と同意だが，following は書き言葉で好まれる。③ the previous day「その前の日」は文脈に合わない。

☐627. Their basic ① message was ② a same — limit a ③ potential flu outbreak as ④ quickly as possible before it spreads ⑤ around the country. (誤りがある部分を選びなさい。) (東京薬科大)

☐628. They admire the President for (　　) he displayed.
① honesty　② the honesty
③ being honest　④ honest (青山学院大)

☐629. It's easy enough to get along if you have a job and enough money, but life is really difficult for (　　).
① a poor　② poors　③ the poor　④ the poors
(慶應義塾大)

☐630. Next month I will visit (　　).
① a my American friend　② an American friend of me
③ an American friend of mine　④ an American my friend
(金城学院大)

☐631. I usually read a couple of books per week.
① next week　② this week　③ at week　④ a week (帝塚山大)

☐632. I have no brothers or sisters. I am (　　) child.
① one　② an only　③ a single　④ an original (神戸学院大)

☐633. 下線部の単語とほぼ同じ意味と用法をもつ英文を，①～④から１つ選べ。
These desks are all of a size.
① Birds of a feather flock together.
② The distance is only a mile or so.
③ An apple a day drives away the doctor.
④ There is a Mr. Jones on the phone for you. (青山学院大)

---

627. 基本的なメッセージは同じであった。インフルエンザが国中に広まる前に，できるだけすばやく大流行の恐れを限定することである。
628. 大統領が示した正直さゆえに，彼らは彼に感心する。
629. もし仕事と十分なお金があれば，生きてゆくのはとても簡単だが，貧しい人たちにとって生きることは本当に難しい。
630. 来月私は友人の１人であるアメリカ人を訪問するだろう。
631. 私はふつう週に２，３冊の本を読む。
632. 私には兄弟姉妹がいない。私はひとりっ子だ。
633. この新しい机は全部同じ大きさである。
① 同類の鳥は群れる。([ことわざ]類は友を呼ぶ。)
② その距離はほんの１マイルほどである。
③ [ことわざ] １日に１個のリンゴを食べると医者はいらない。
④ あなたにジョーンズ氏とかいう人から電話です。

PART 2 語法

627. ②：the same

▶ same にはふつう the が付く。なぜなら the same は何かと同一のものに用いるから，どれのことか特定できるからだ。正誤問題でもライティングでも the same としよう。

628. ②：後方照応の the － the＋名詞＋修飾語句(前置詞句・関係詞節など)

▶ 名詞の後ろに前置詞句や関係詞節などの修飾語句が付いてその名詞が特定されると，the が付く。本問では，空所の直後に関係詞が省略されており，「彼が示した正直さ」という，特定の「正直さ」を述べているので，the が付く。ほかにも〈the＋A＋of＋B〉のように，名詞の後ろに〈of＋名詞〉などの修飾語句が付く場合は the が付くことが多い。

629. ③：the＋形容詞「～な人々」

▶〈the＋形容詞[分詞]〉は次の２つの用法がある。

①「～な人々」普通名詞で複数扱い 例 *the* rich「お金持ちたち」，*the* young「若者たち」ただし，*the* accused「被告人」は単数のこともある。

②「～なもの[こと]」抽象的なこと 例 *the* beautiful「美」(＝ beauty)，*the* good「善」

630. ③：a friend of mine 型

▶ １つの名詞には，冠詞(a [an] / the)，所有格(my / your / his / her / their / our / Greg's など)，指示形容詞(this / that / these / those)のどれか１つしか付けられない。

×**a my** [×**my a**] friend →○a friend of mine「私の友だちの１人」
×**that your** friend → ○that friend of yours「あなたのあの友だち」

631. ④：a ＝ per「…につき，ごとに」

▶ 数量表現の後に〈a [an]＋期間〉をおき，「…につき」の意味を表す。

例 three times *a* week「週に３回」，pay $10 *a* month「月に 10 ドルを払う」

632. ②：an only child「ひとりっ子」

▶ an only child は〈an only＋名詞〉となるほぼ唯一の例。only は「唯一の」という意味だから，ふつうは特定のものを表すので〈the [one's] only＋名詞〉となる。

例 He is *the only* person I know who can speak Arabic.
「彼は私が知っている人でアラビア語を話せる唯一の人物だ」

633. ①：a「同じ，同一の」＝ the same

▶ ことわざ・成句以外では the same がふつう。

We are (of) the same age. = We are of an age.

誤答 ②は a ＝ one，③は **631** の a ＝ per「…につき」の意味。④は，話し手の知らない人の名前に a を付ける用法。例 *a* Ms. Norman「ノーマンさんとかいう人」

第22章 代名詞の語法

Data Research

〈出題数 TOP 3〉

other / the other / another / others	364問
one / it / that	158問
either / neither / both	122問

第1位 other / the other / another / others
→ UPGRADE 173 p.239
the other と another の使い分けや others と the others の使い分けなどは，日本語訳だけで考えると難しい。冠詞と絡めて覚えておこう。

第2位 one / it / that → UPGRADE 175 p.243
it は前に出た名詞を指す。one は前に出た可算名詞の反復の代わり。that は the population (of ～)を代用する形が多い。

第3位 either / neither / both → UPGRADE 176 p.245
どれも「ものが2つ」のときに使用する語。肯定・否定での使い分けに注意。 (PRODIGY 英語研究所)

UPGRADE 173

☑ **634.** He closed one of his eyes but not (　　).
頻出
① another　② one another　③ other　④ the other
(立命館大)

☑ **635.** The school is on this side of the river and the church is on (　　) side.
① other　② the other　③ another　④ the another
(九州共立大)

☑ **636.** Jim has three brothers. One is a doctor, and (　　) are computer scientists.
頻出
① another　② others　③ the other　④ the others　(松山大)

☑ **637.** Since she didn't like the first kind of perfume, she asked the salesperson to show her (　　).
① another kind　② other kind
③ the another kind　④ the other's kind　(京都産業大)

---

634. 彼は一方の目をつぶったが，もう一方はつぶらなかった。
635. 学校は川のこちら側にあり，教会は向こう側にある。
636. ジムには３人の兄弟がいる。１人は医師で，もう２人はコンピュータ科学者だ。
637. 最初の種類の香水が気に入らなかったので，彼女は店員にもう１つの種類を見せてくれと頼んだ。

UPGRADE 173 other, the other, another などの区別 第1位

これらの区別は**単数**か**複数**か，**残り全部**か否かを考えれば意外と簡単。

○ ● one the other「残りの１つ」	○ ●● one the others「残り全部」
○ ● ○ one another「どれかもう１つ」	○ ●● ○ one others「ほかのいくつか」

秘伝 **the** は「**残りの**」という意味だと考えよう。(the はものが「それだけ」に限定されている「しるし」だ) また **another** が **an＋other** であることも意識しよう。

634. ④：「残りの１つ」は the other で表す

▶ ものが２つあるとき，一方を one で表すと，残りの１つは the other となる。本問では his eyes が２個あるというのがポイント。２つから１つをとると，**残りは１つだけに限定される**から the が付くわけだ。なお，ものが３つ以上あるときも，**最後の１つは the other** だ。

635. ②：文脈から the other を選択する問題

▶ **634** の発展問題。川の this side「こちら側」を one と考えると，「向こう側」は１つしかないので **the other** side となる。このように two という語がなくても，文脈から判断して the other を選ぶべき問題がある。

636. ④：「残りの全部」は the others で表す

▶ **３つ以上**のものから，いくつかとった**残りをまとめていう**ときは **the others** を使う。いわば **the other の複数形**。本問では３人のうち１人をとった残りの２人を表す。

誤答 (　) の後ろの動詞 are と scientists が複数なので，単数の① another は不可。

637. ①：多数の中の「どれかもう１つ」は another で表す

▶ another はいくつか残っているものから１つをとるときに使う。香水の１つが気に入らないので，いくつかある香水の中から別の１つを求めたわけだ。another の意味は**不定冠詞 an＋other** であることに注意。

誤答 ②のように**〈other＋単数名詞〉という形はない**。また③のように **the が another に付くことは絶対ない**。

☑ **638.** Some voted for it ; (　　) voted against it ; the rest didn't vote.
① other　② others　③ the other　④ the others
(四天王寺大)

☑ **639.** Children should be taught how to get along with (　　).
① another　② other　③ others　④ the others　(法政大)

UPGRADE 174

☑ **640.** あいさつの仕方は国によって異なる。
The way people greet differs [① country to　② another　③ from　④ one　⑤ other].（1語不要）　(神戸学院大)

☑ **641.** 頻出 Some people are rich, while (　　) are not.
① others　② the other　③ another　④ their others
(流通科学大)

☑ **642.** To know is one thing, to teach is quite (　　).
① other　② another
③ anything　④ something else　(九州共立大)

☑ **643.** In (　　) six months you will be able to speak fluent French.
① other　② another　③ more　④ the other　(同志社大)

☑ **644.** 発展 You can see this TV program every (　　) day.
① other　② each　③ another　④ any　(桜美林大)

☑ **645.** The members arrived there <u>in succession</u>.
① in turns　② one another
③ each other　④ one after another　(流通経済大)

☑ **646.** 頻出 The program allows representatives from many countries to communicate (　　).
① each other　② one another
③ themselves　④ with each other　(東京理科大)

---

638. それに何人かは賛成し，何人かは反対し，残りは棄権した。
639. 子供は他の人とのつきあい方を教わるべきだ。
641. 金持ちの人もいれば，そうでない人もいる。
642. 知っていることと教えることはまったく違う。(ことわざ)
643. あともう６か月でフランス語を流ちょうに話せるようになるでしょう。
644. このテレビ番組は１日おきに見られる。
645. メンバーは次々そこにやって来た。
646. そのプログラムによって多くの国の代表者が互いに交流することができる。

638. ②：**多数の中の「ほかのいくつか」は others で表す**

▶ 何人かが賛成投票し，残り全部が反対したのなら the others が正解だが，本問の場合，ほかに投票しなかった者もいたのだから，「残り全部の」の意味の the は付かない。**others は another の複数形**と考えればよい。

639. ③：**「ほかの人々」を表す others**

▶ others は漠然と**「ほかの人々・他人」**の意味で使われることがある。なお other people なら others とほぼ同じ意味だが，**other 単独では「他人」の意味にはならない。**

重要表現 get along with A「A と仲よくする」 ➡ 876

UPGRADE 174 other と the other と another を含む慣用表現

640. ③-④-①-②：**one とペアで使われた another**

▶ The way people greet differs *from one country to another*.

▶ この another は another country の意味。**differ from one A to another** で「A によって違う」の意味になる。

641. ①：**some 〜，others ...「〜のものもあれば，…のものもある」**

▶ others の代わりに some を使い，**some 〜，some ...** としても同じ意味。

642. ②：**A is one thing，B is (quite) another「A と B は(まったく)別物だ」**

643. ②：**another＋X(数)＋A(複数名詞)「あともう XA」**

▶ another six months で「あともう６か月」の意味。another の後ろは原則として単数名詞が来るが，この用法は例外で，**A は複数名詞。**

644. ①：**every other day「１日おきに，２日に一度」＝ every second day**

▶ 日を２日ずつに区切り，それを one day, the other day ... としていけば，every other day の意味が理解できるだろう。

○ ● | ○ ● | ○ ●

one the other | one the other | one the other

645. ④：**one after another「次々に」**

▶ 副詞句として使う。**one A after another**「A が[を]次々に」と名詞 A が入った形もあるが，これは主語や目的語として用いる。

例 read *one book after another*「次々に本を読む」

646. ④：**each other「お互い」(「お互いに」と覚えてはダメ！)**

▶ each other は him や me などと同じ**代名詞**だ。communicate him が誤りなのと同じく，communicate each other も誤り。「お互いに」と覚えていると**必要な前置詞**(本問では with)**を忘れやすい**ので注意しよう。

☑647. She gave me a lovely watch, but I lost (　　).
① one　② it　③ some　④ any　(東北福祉大)

☑648. I want a pen. Will you please lend me (　　)?
頻出
① it　② one　③ that　④ mine　(日本工業大)

☑649. I have a blue pen and several red (　　).
① it　② them　③ one　④ ones
(関東学院大)

☑650. This chair is the (　　) of furniture that I like the best in my room.
発展
① piece　② one　③ number　④ set　(亜細亜大)

☑651. The girl I liked was younger than (　　) you were dancing with.
① it　② that　③ the one　④ she　(亜細亜大)

☑652. I have run out of sugar, so I must go to the grocery store and get (　　).
① a few　② one　③ some　④ that　(共立女子大)

☑653. The climate of Siberia is not so mild as (　　) of Japan.
頻出
① that　② those　③ this　④ it　(城西大)

☑654. The duties of a policeman are more dangerous than (　　).
① a teacher　② that of a teacher
③ teachers　④ those of a teacher　(龍谷大)

---

647. 彼女がすてきな腕時計をくれたのに，なくしてしまった。
648. ペンが欲しい。貸してくれませんか。
649. 私は青色のペン１本と何本かの赤色のペンを持っている。
650. このいすは私の部屋の中で私が一番好きな家具です。
651. 私が好きだった女の子はあなたと踊っていた子より若かった。
652. 砂糖がなくなったので，食料品店に行って買わないといけない。
653. シベリアの気候は日本の気候ほど温暖ではない。
654. 警官の任務は教師の任務より危険だ。

UPGRADE 175 名詞の代用表現 one, that, some などの用法 第2位

647. ②：**すでに特定化されたものを指示する it**

▶ it は前の文にある「彼女のくれた(特定の)腕時計」そのものを**指示**する。

> **秘伝** (　)に〈**that＋単数名詞**〉を入れて意味が通じれば it が正解。
> (ただし➡653 のようなパターンもあるので注意)

648. ②：**〈a＋前に出た名詞〉の代用となる one**

▶ one は前に出た可算名詞を**反復する代わり**に使われる。本問では a pen の代用。前の文の a pen を指しているのではなく，不特定の pen を表しているだけ。

> **秘伝** (　)に〈**a＋単数名詞**〉を入れて意味が通じれば one が正解。

649. ④：**形容詞の後ろで複数名詞の代用となる ones**

▶ one は単独でも使えるが，**ones は必ず形容詞とともに使う**。red ones ＝ red pens。a red one なら a red pen の代用になる。本問では several「数個の」があるので③は不可。

> **＋α** 前に出た名詞の代用をする代名詞は，本問のように前の名詞と単数・複数が異なる場合もある。

650. ①：**不可算名詞の代用には使えない one**

▶ ②がワナ。**one は〈a＋名詞〉の代用**だから，a が付かない名詞＝不可算名詞の代用は不可。furniture は不可算名詞なので one で代用することはできない。１点の家具を指すときは a [the] piece of furniture とする。

651. ③：**one の後ろに修飾語句が付くと the one(s) となることがある**

▶ one の後ろに関係詞節などの**修飾語句を伴うと the が付く**。

652. ③：**不特定の数量を表す some**

▶ some は代名詞として〈some＋可算・不可算名詞〉の代用をする。本問では some ＝ some sugar である。650 で述べたように，sugar は不可算名詞なので one は使えない。

> **重要表現** run out of A「A がなくなる，A を切らす」 ➡982, 1135

653. ①：**the＋名詞(単数形)の代用となる that**

▶ この that は「**the＋すでに出た名詞(単数)**」の代用。後ろに **of … などの修飾語句を伴う**。that は the climate of Siberia を指示するのではなく，the climate という語句の代用に過ぎない。

誤答 ④it は修飾語句を伴えないうえ，シベリアの気候を指示することになるので不可。

654. ④：**the＋名詞(複数形)の代用となる those**

▶ 653 の that の複数形。やはり後ろに **of … などの修飾語句を伴う**。本問では those of a teacher ＝ the duties of a teacher。

誤答 ② that では教師の任務が１つしかないことになり，不自然。

☑655. (　　) present at the meeting supported the bill.
① This　② These　③ That　④ Those
(名古屋外語大)

UPGRADE 176

☑656. Proust and James are great novelists, and (　　) is easy to read.
頻出 ① both　② all　③ none　④ neither　(龍谷大)

☑657. (　　) book I read last week was very good.
① Neither　② Scarcely　③ None of the　④ Both of the
(慶應大)

☑658. Although scientists have developed several vaccines for cold viruses, (　　) has proved effective against all types of colds.
① none　② no one　③ neither　④ never
(国士舘大)

☑659. I don't like (　　) of the two books.
① either　② every　③ neither　④ none
(三重県立看護大)

☑660. Would you lend me a ball-point pen or a pen? (　　) will do.
① Any　② Either　③ Each　④ Every
(大阪産業大)

☑661. There are many food stands on (　　) side of the street.
頻出 ① both　② either　③ other　④ neither
(椙山女学園大)

---

655. その会議に出席していた人たちは，その法案に賛成した。
656. プルーストとジェームズは偉大な作家だ。そしてどちらも読みやすくない。
657. 先週読んだ本はどちらもあまりよくなかった。
658. 科学者たちは風邪ウイルスのワクチンをいくつか開発したが，すべての風邪に効くと証明されたものは１つもなかった。
659. その２冊の本のどちらも好きではない。
660. ボールペンかペンを貸してくれませんか。どちらでもいいです。
661. 通りのどちらの側にもたくさんの食べ物の屋台がある。

655. ④：those ＝(the) people＋修飾語句「…である人々」

▶ those は後ろに関係詞節や形容詞などの修飾語句を伴って「…である人々」の意味を表すことがある。本問では those present ＝ the people (who were) present となる。 ➡ 732

UPGRADE 176 either, neither, both, none などの区別 第3位

2つ[2人]	both 「両方(の)」	either 「どちらか(の)」	neither 「どちら(の…)も～ない」
3つ[3人]以上	all 「全部(の)」	any 「どれか(の)」	none 代「どれ1つ～ない」 no 形「どの…も～ない」

★代名詞には名詞の前に置いて形容詞としても使えるものが多いが，**none には代名詞用法だけ，no には形容詞用法だけしかない**ことに注意。

656. ④：「両方否定」の neither ― 代名詞的用法

▶ **「2つのもののどちらも…ない」は neither**(単数扱い)で表す。

誤答 本問は Proust と James の2人についての話であり，③ none「3つ以上のうちのどれも…ない」は不可。① **both は複数扱い**なので動詞が is では不可。

657. ①：「両方否定」の neither ― 形容詞的用法

▶ 代名詞には形容詞としても使えるものが多い。この neither は後ろに名詞を置いて「どちらの〈名詞〉も…ない」という意味になる。〈neither＋名詞〉も単数扱い。

誤答 ③④の後ろには複数名詞が必要だが，(　　)の後ろが単数形 book なので不可。

658. ①：「3つ以上の中のどれも～ない」を表す none

▶ 本問では several「数個の」がキーワード。**3つ以上**のワクチンを開発したのに，そのうちのどれも効かなかったのである。② no one は「誰も…ない」だからおかしい。③ neither は2つのものについて用いる。

659. ①：not ～ either「2つのうちのどちらも～ない」＝ neither

誤答 ③がワナ。neither 自体が否定語なので，**否定文に neither は使わない**。
④ none は後ろに two books とあるので不可。none of は3つ以上のものが「どれも…ない」と言うときに使う。
② **every は代名詞になれない**ので不可。(each は代名詞用法がある)

660. ②：either will do「どちらでもよい」

▶ 2つのうちのどちらでも OK だ，というときに使う慣用表現。なお，「何でもよい」というときは Anything will do. と言う。

661. ②：「どちらにも・両方」を表す either

▶ ①はワナ。**both の後ろの名詞は複数形**でないとダメ。either は「どちらか片方(の)」の意味がふつうだが，文脈によっては「どちらも，両方とも」の意味になることもある。**either side**「両側とも」の形で出ることが多い。

☑662. "How much gasoline is left in the tank?" "(　　), I'm afraid."
発展 ① Not some　② None　③ Nothing　④ Not one
（慶應大）

UPGRADE 177

☑663. Some people are very selfish. They only think of (　　).
① them　② themselves　③ oneself　④ theirselves
（神奈川大）

☑664. I would cry by myself in my room.
① as much as possible　② in a loud voice
③ beside my mother　④ alone
（つくば国際大）

UPGRADE 178

☑665. Jane lent me (　　) last week.
① a her book　② a book of her
③ this book of her　④ this book of hers
（日本工業大）

---

662. 「タンクにガソリンはどれくらい残っている？」「全然ないと思うよ」
663. とてもわがままな人たちがいる。彼らは自分のことしか考えない。
664. 私は自分の部屋で一人きりになってよく泣いたものだった。
665. ジェーンは先週この本を貸してくれた。

662. ②：**none**「まったくない」

▶ 代名詞 none は**ある特定のもの**（本問ではガソリン）**が少しも［1つも］ない**ことを意味する。本問のようにガソリンのような**不可算名詞に対しても使える**ことにも注意。

+α **nothing** はあらゆるものに関して「何もない」の意味で使う。
例 "What's in the box?" "*Nothing*."「箱には何がある？」「何もない」

UPGRADE 177 再帰代名詞の用法

-self, -selves の形の代名詞を**再帰代名詞**という。3つの主な用法がある。
① 主語と目的語が同じときに用いる。例 I love *myself*.「私は自分が好きだ」
② 「自分」という意味を強調する。例 I made it *myself*.「自分でそれを作った」
③ 前置詞と共に用いる。例 by *myself*, in *itself*

663. ②：**they の再帰代名詞は themselves**

▶ 三人称複数の主語 They に対する「自分」は themselves。① them にすると They とは別の人を指すことになる。④ theirselves という形はない。

664. ④：**by oneself**「一人で（= alone），独力で」

▶ oneself の形は文の主語に合わせて yourself, himself などと変化する。

☑ **for oneself**「独力で」
☑ **in itself [themselves]**「それ自体」
☑ **(be) beside oneself (with A)**「（A で）我を忘れている」 ➡ 1018

UPGRADE 178 所有格の注意点

665. ④：**of＋独立所有格を使うべき場合**

▶ **所有格（my, your, her など）は冠詞（a, the）や this, that, some などと並べて使うことはできない**ので①は不可。代わりに〈of＋独立所有格（mine / yours / hers など）〉を使う。

例 ×a my friend → ○a friend of mine
×your that book → ○that book of yours

第23章 数量表現

Data Research

〈出題数 TOP 4〉

倍数表現	321問
(a) few / (a) little	212問
most「たいていの」	161問
as many [much] as + 数詞	87問

第1位 倍数表現 → UPGRADE 184 p.257
空所補充問題・整序問題で最頻出。特に名詞に付ける形がよく出る。

第2位 (a) few / (a) little → UPGRADE 179 p.249
不可算名詞ともからめて出題されることが多いので，名詞の語法も確認しよう。

第3位 most「たいていの」 → UPGRADE 180 p.251
特に most A と most of the A の違いが重要だ。ほかにも否定(no, much)や比較とからんだ問題は要注意だ。

(PRODIGY 英語研究所)

UPGRADE 179

☑ **666.** 頻出 There were some policemen in the street, but too (　　) to keep control of the crowd.
① few　② many　③ little　④ much　(関東学院大)

☑ **667.** 頻出 We had to hurry because there was (　　) time left.
① so much　② so many　③ only a little　④ only a few　(獨協医科大)

☑ **668.** 頻出 John could not afford the car for he had (　　) money left in the bank.
① a few　② few　③ little　④ small　(京都産業大)

☑ **669.** She asked me (　　) temples there are in Kyoto.
① how much　② how big　③ how many　④ what a lot of　(東洋学園大)

☑ **670.** You shouldn't drink too (　　) wine.
① little　② many　③ more　④ much　(三重県立看護大)

☑ **671.** I earn (　　) money than a postman.
① few　② fewer　③ little　④ less　(帝京大)

---

666. 街には警官が何人かいたが，群衆を抑えるには数が少なすぎた。
667. 少ししか時間が残っていなかったので，私たちは急がなければならなかった。
668. ジョンはその車を買う余裕がなかった。なぜなら銀行にはほとんどお金が残っていなかったから。
669. 京都にはいくつの寺があるのか彼女は私に尋ねた。
670. ワインを飲み過ぎてはいけません。
671. 私のかせぐお金は郵便配達人より少ないです。

UPGRADE 179 数量表現の基本 第2位

数量表現は比較(➡ p.168)や可算名詞・不可算名詞(➡ p.230)などと関連が深い。学習前に見直しておこう。

PART 2 語法

666. ①：few（＋可算名詞）「少ししか…ない」

▶ 可算名詞には few, many を，不可算名詞には little, much を使う。

▶ a few は「少しある」という意味で，「あること」に焦点を当てている。一方 a を付けずに few だけなら「少ししかない」という弱い否定語になる。a little と little の違いも同様だ。

667. ③：a little＋不可算名詞「少しの…」

▶ 空所の後ろの time は不可算名詞なので，many, few は不可。「急がなければならなかった」とあるので，「時間が少ししかなかった」という意味になるように③を選ぶ。 ➡ Check 67

重要表現 there is A left「残り A がある，A が残っている」

668. ③：little＋不可算名詞「少ししか[ほとんど]…ない」

▶ money は不可算名詞なので few は付けられない。a を付けない little は弱い否定語で，「少ししか[ほとんど]…ない」という意味である。

669. ③：how many＋可算名詞「いくつの…」

▶ 空所の後ろの temples が可算名詞なので，how many を選ぶ。

誤答 ① 〈how much＋不可算名詞〉は「どれだけの量の…」という意味だ。

670. ④：much＋不可算名詞「多量の…」

▶ ふつう much は否定文・疑問文で使い，「あまり…ない」という意味になる。否定文・疑問文以外では a lot of を使うのが一般的。

671. ④：less＋不可算名詞「より少ない…」

▶ less は little の比較級で不可算名詞に用いる。最上級は(the) least だ。

Check 67 可算名詞と不可算名詞に付く数量表現

① 可算名詞に付くもの	many, few, a number of, several
② 不可算名詞に付くもの	much, little, a good deal of
③ 両方に付くもの	some, any, most, a lot of, lots of, enough, plenty of

☑ **672.** I'm afraid there isn't (　　) tea left.
頻出 ① any　② some　③ little　④ few　(名城大)

☑ **673.** Would you care for (　　) more coffee?
発展 ① a　② far　③ no　④ some　(慶應大)

☑ **674.** Compared with women of just ten years ago, those of today are marrying later, having (　　) children.
① less　② some　③ any　④ fewer
(清泉女子大)

UPGRADE 180

☑ **675.** (　　) the students I met here are rich.
① All　② Almost　③ Most　(聖マリアンナ医科大)

☑ **676.** (　　) students will spend a few months studying abroad.
① Almost　② Almost every　③ Most　④ Most of　(立命館大)

☑ **677.** Some students still choose French but (　　) seem to prefer Spanish, Italian and the like.
① most　② so much　③ almost　④ large　(中央学院大)

☑ **678.** (　　) people present were over thirty.
頻出 ① Almost　② Almost of the
③ Most of　④ Most of the　(獨協大)

---

672. 残念ながらお茶が残っていない。
673. もっとコーヒーをお飲みになりませんか。
674. ほんの10年前の女性と比べると，今日の女性は結婚の時期が遅く，産む子供の数が少ない。
675. ここで私が出会った学生は，みんな裕福である。
676. ほとんどの生徒たちは数か月費やして留学するだろう。
677. まだフランス語を選ぶ学生もいるが，たいていの学生は，スペイン語，イタリア語などを好むようだ。
678. 出席者の大多数は30歳を超えていた。

672. ①：**否定文での any**

▶ tea は不可算名詞。any, some, little は不可算名詞に付けられる。

▶ ふつう否定文・疑問文では some の代わりに any を使う。

▶ not any A ＝ no A

例 I did*n't* see *any* children there. ＝ I saw *no* children there.「そこで子どもを１人も見なかった」

673. ④：**疑問文での some**

▶ 依頼や勧誘を表す疑問文で，相手に肯定の答えを促す場合は，疑問文でも some を使う。本問でも「コーヒーを勧めている」と考えて some を選ぶ。

674. ④：**比較級の fewer と less**

▶ 可算名詞には fewer を，不可算名詞には less を付ける。

▶ those of today は「今日の女性たち」のこと。 ➲ 654

重要表現 compared with A「A と比べると」 ➲ 213

UPGRADE 180 all, most, almost と the

675. ①：**all the A「すべての A」**

▶ almost, most は直後に〈the＋名詞〉を置けない。一般に most, some, many, much などの数量表現の直後に〈the＋名詞〉を置いてはいけない。

例 × most [× some] the books → ○ most [some] of the books

676. ③：**most A「たいていの A」** 第３位

▶ most の後ろの A は無冠詞の可算名詞の複数形か，不可算名詞。

誤答 ① Almost は直後に名詞を置けない。(➲ 679)
② Almost every は後ろに単数形の名詞がくる。④ Most of (➲ 678)

677. ①：**most「大部分の人[もの]」**

▶ most, many, few, much, little, enough などの数量表現は名詞として使える。本問の most は most students の意味で seem の主語になっている。

678. ④：**most of the A「大部分の A」**

▶ some, many, much, most などのような数量表現の後ろに of を付けると，その後ろの名詞は必ず〈the [this/that/these/those/ 所有格]＋名詞〉という形になる。逆に数量表現の後ろに of がなければ，後ろの名詞に the [this/that/these/those/ 所有格] などを付けてはいけない。

Check 68 〈数量表現＋名詞〉と〈数量表現＋of the＋名詞〉のまとめ

○	×
○ many cars	× many the cars
○ most of the cars	× most of cars（⇐これに注意！）
○ some of my books	× some my books
○ three of those students	× three those students
○ those three students	× those of three students

☑679. Her uncle lost (　　) the books in the fire.
頻出 ① almost　② much　③ the most　④ almost all
(帝京大)

UPGRADE 181

☑680. (　　) student has failed the test.
① A good many　② Many a
③ A great many　④ A lot many　(関西学院大)

☑681. John has quite a few books.
頻出 ① much　② only a few　③ small　④ many
(東海大)

☑682. Lately not a few people live to be eighty years old.
① several　② a lot of
③ the small number of　④ hundreds of　(愛知工業大)

☑683. Fortunately, I received (　　) good many job offers.
頻出 ① a　② any　③ little　④ much　⑤ some　⑥ the
(武蔵大)

☑684. A number of pigeons are on the platform.
頻出 ① Many a　② So much　③ Lots of　④ A few of
(九州共立大)

☑685. (　　) of students may now be twice as big as it used to be.
発展 ① A number　② Numbers　③ The number　④ The numbers
(慶應大)

☑686. A large number of cars (　　) parked outside the stadium.
① has　② have　③ was　④ were　(高松大)

---

679. 彼女のおじはほとんどすべての本を火事で失った。
680. 多くの学生がその試験で失敗した。
681. ジョンはたくさんの本を持っている。
682. 最近では80歳まで生きる人はかなり多い。
683. 幸運にも私はかなり多くの仕事の申し出を受けた。
684. たくさんのハトがプラットフォームにいる。
685. 今では学生の数はかつての倍になっているかもしれない。
686. たくさんの車がスタジアムの外に止められていた。

679. ④：almost all the＋名詞「ほとんどすべての…」

▶ almost の直後に名詞は置けない。all, every, no, any, 数字(ten, a hundred など)が付いている名詞の前には置くことができる。

Check 69　almost の語法

○ almost all the students	× almost the students
○ almost no book(s)	× almost those books
○ almost everything	× almost things
○ almost three hundred people	× almost people

★ almost は everything, nothing, anything, everyone のような代名詞なら修飾することができる。

UPGRADE 181 「多くの」の表現

680. ②：many a＋可算名詞「たくさんの…」

▶〈many a＋名詞〉は単数扱いになることに注意。➡ 532

681. ④：quite a few＋可算名詞「たくさんの…」＝ many＋可算名詞

▶ quite a few は「かなり多数の」だ。

▶ quite a little ＝ much という表現もあるが，出題はまれ。

682. ②：not a few＋可算名詞「かなり多数の，少なからずの…」＝ quite a few

▶ not a few は「少なくない」ということだが，実際には「多い」ことを表す。

重要表現　live to be X years old「X 歳になるまで生きる」➡ Check 19 p.77

683. ①：a good [great] many＋可算名詞の複数形 ＝ quite a few＋可算名詞

▶〈a good [great] many＋名詞〉「かなり多くの…」は複数扱い。➡ 532

684. ③：a number of A「多くの A」＝ many A － 複数扱い ➡ 528

▶ a number of A は several「いくつかの」から many まで，文脈次第でさまざまな数を表しうる。必ずしも「多数の」とは訳せないので注意。

▶ a lot of, lots of は「たくさんの」の意味で可算名詞にも不可算名詞にも用いる。

685. ③：the number of A「A の数」－ 単数扱い ➡ 527

686. ④：a large number of＋可算名詞「たくさんの…」＝ many＋可算名詞

▶ a large number of A は複数扱い。

▶ a number of は，不可算名詞には付けられない。

▶ a small number of A「少数の A」という表現もある。

☑ 687. The Rugby World Cup game was shown on a big screen in front of (　　) audience.

① a few　② many　③ much　④ a large

（神戸学院大）

☑ Check 70 large ⇔ small で数の大小を表す名詞

☑ **population**「人口」 ☑ **audience**「観客」 ☑ **number**「数字」 ☑ **family**「家族」
☑ **amount**「量」 ☑ **sum**「金額」 ☑ **salary**「給料」

UPGRADE 182

☑ 688. There wasn't (　　) news in his letter.

① a great many　② hardly any
③ a great deal of　④ a large number of

（東海大）

☑ 689. He tried to guess how much money had been stolen.
= He tried to guess the (　　) of money stolen.

① amount　② heap　③ expectation　④ investigation

（駒澤大）

UPGRADE 183

☑ 690. 頻出 Before the vaccine was discovered, (　　) 80,000 people died each year from smallpox.

① as many as　② as much as　③ so many　④ so much

（摂南大）

☑ 691. My students are many in number, (　　) seventy or eighty altogether.

① as much as　② as little as　③ no less than　④ no more than

（愛知工業大）

☑ 692. He was so poor that he had (　　) than one hundred yen.

① not less　② no less　③ no more　④ not other

（大阪産業大）

---

687. ラグビーワールドカップの試合は大観衆の前で大きなスクリーンに映し出された。
688. 彼の手紙に変わったことはあまり書かれていなかった。
689. どれだけのお金が盗まれたのか，彼は推定しようとした。
690. ワクチンが発見される以前は，天然痘で毎年８万人もの人たちが死んでいた。
691. 私の学生は数が多く，全部で 70 ～ 80 人もいます。
692. 彼はとても貧しくて，100 円しか持っていなかった。

687. ④：a large audience「大観衆」

▶ audience, population などは, large, small で数の大小を表す。many, much は使えない。これは family なども同じで, 1つの「大家族」なら a large family だ。(もちろん, 複数の家族なら many families となる)

▶ 観客の数や人口を問う疑問文では what か how large を使う。(現代英語では what のほうが 10 倍以上多い) ➲ Check 42 p.161

例 *What* is the population of London?
= *How large* is the population of London?
「ロンドンの人口はどれくらいですか」

UPGRADE 182 不可算名詞の量

688. ③：a great [good] deal of＋不可算名詞 ＝ much＋不可算名詞

▶ time, money, attention, trouble, information などの不可算名詞に用いる。
➲ Check 66 p.231

▶ a great deal は much と同様に副詞としても用いられる。

誤答 ② hardly「ほとんど…ない」は否定語なので, There wasn't の後ろには使えない。There was hardly any news in his letter. なら正しい英文だ。

689. ①：the amount of＋不可算名詞「…の量」

▶ the [an] amount of の後ろには, money, time, water, energy, information, work, food, sleep などの不可算名詞が来る。

▶ a large [small] amount of A のように, large や small で量の大小を表す。

▶ a large [small] sum of money「多[少]額のお金」も重要。ふつう sum はお金について用いる。

UPGRADE 183 比較の形を使った数量表現

690. ①：as many as＋数詞「…も」

▶ as many as は数字が多いことを強調するために用いられる。

▶ 不可算名詞の量が多いことを強調するなら, as much as を使う。

例 *as much as* 70% of the country「その国の 70%も」

691. ③：no less than＋数詞「…も」＝ as much [many] as＋数詞

▶ 〈no＋比較級〉は,「差がない」ことになるので(➲ Q&A⑧ p.174), たとえば no less than 1,000 yen と言えば 1,000 円のことになる。ただし, no less than 1,000 yen は「1,000 円も」と多さを強調する表現。

▶ no less than は不可算名詞にも可算名詞にも用いられる。 ➲ 693

692. ③：no more than＋数詞「…しか」

▶ no more than 1,000 yen も 1,000 円のことになるが, no more の場合は評価が低いことになり,「たった 1,000 円しか」と, 数量が少ないことを強調する表現だ。

☑ **693.** There are (　　) a dozen bedrooms in this mansion.
① none the less　② in less than
③ no any more than　④ no fewer than　（京都外語大）

UPGRADE 184

☑ **694.** He has three times (　　) books as I have.
頻出
① more　② few　③ as many　④ as much　（駒澤大）

☑ **695.** He said he did not mind paying three times (　　) I asked.
① as much as　② as many as　③ more　④ as　（青山学院大）

☑ **696.** This room is (　　) of mine.
発展
① second larger　② the second time size
③ twice larger　④ twice the size　（京都産業大）

UPGRADE 185

☑ **697.** (　　) of the students in this school attended the dance.
① Two-thirds　② Two-third
③ The two-third　④ The two-three　（福島大）

☑ **698.** One out of (　　) five letters does not have a zip code.
① each　② any　③ every　④ all　⑤ some　（岐阜大）

☑ **699.** Yokohama is now the second (　　) city in Japan.
① larger　② largest　③ large　④ less large　（東海大）

☑ **700.** (　　) did I think of seeing you here.
① No　② Anything　③ Little　④ Few　（東京理科大）

---

693. この大邸宅には，12 ものベッドルームがある。
694. 彼は私の３倍も本を持っている。
695. 私が頼んだ金額の３倍を支払ってもいいと彼は言った。
696. この部屋は私の部屋の倍の大きさです。
697. この学校の３分の２の学生がそのダンスパーティに参加した。
698. ５通に１通の手紙には郵便番号がない。
699. 今では横浜は日本で２番目に大きな都市です。
700. ここで君に会うとは思いもよらなかった。

693. ④：no fewer than＋数詞「…も」

▶ 可算名詞の数が多いことを強調する表現。本来，fewer は可算名詞と，less は不可算名詞と共に用いられる。ただし，no less than を可算名詞に用いる用例も多い。

UPGRADE 184 倍数表現 第1位

694. ③：倍数表現「…倍」

▶〈... times＋as many [much]（＋名詞）＋as ～〉「～の…倍(の名詞)」

▶「2倍」「半分」は twice, half を使う。

例 *twice* as many as ～「～の2倍」, *half* as many as ～「～の半分」

▶〈... times＋比較級（＋名詞）＋than ～〉とする場合もときどきある。

例 The shop sells *three times more* books *than* we do.
＝ The shop sells *three times as many* books *as* we do.
「その店は私たちの3倍の本を売り上げる」

695. ①：不可算名詞の倍数表現

▶ three times as much (money) as I asked と補って考えればよい。

＋α many, much 以外の形容詞・副詞も **694** と同じ形で使う。
例 The blue car is traveling *three times as fast as* the red car.
「青い車は赤い車の3倍速く走っている」

696. ④：... times the [A's] ～「(あるものの[A の])…倍の～」

▶ size「大きさ」, length「長さ」, width「幅」, salary「給料」, pay「給料」などに，... times the [A's] を付けて，その何倍かの数量を表す。(... times の代わりに twice, half も可)

例 He earns *twice my salary*.「彼は私の給料の倍を稼ぐ」

UPGRADE 185 その他の数量表現

697. ①：分数 two(-)thirds「$\frac{2}{3}$」

▶ one(-)third = a third「$\frac{1}{3}$」, two(-)fifths「$\frac{2}{5}$」, one and a half「$1\frac{1}{2}$」。
なお，分子が1より大なら分母に -s が付く。

698. ③：every の特殊用法「…ごと」

▶〈every＋X(数)＋A(複数名詞)〉で「X ごとの A」の意味を表す。「すべての」の意味の every の後ろは単数名詞が来るが，この用法のときだけは別。

699. ②：the 序数＋最上級「…番目に～」

700. ③：否定の副詞 little「ほとんど…ない」；〈Little＋疑問文の語順〉の倒置

▶〈否定の副詞＋疑問文の語順(助動詞＋S＋V)〉の倒置だ。(➲ 500, 501)

▶ little は元々弱い否定語だが，文頭で否定が強調されると，「まったく…ない」という意味になる。

第24章 形容詞の語法

Data Research

〈出題数 TOP 3〉

worth	187問
able / capable / possible	138問
likely	112問

第1位 worth (*UPGRADE* 189 713-715)
worth は後ろに名詞を必要とするが，特に〈worth + V-ing〉と後ろに動名詞を置く構文がねらわれる。

第2位 able / capable / possible (*UPGRADE* 188 710-712)
この3つの形容詞は「できる」と訳せるが，語法も意味もまるで違う。capable は後ろに to V ではなく，of V-ing を伴う。able と possible は後ろに to V を伴うことがあるが，その語法は違うので注意が必要。また，否定の接頭辞を付けた unable, impossible などもしばしば語法問題に登場する。

第3位 likely (701)
likely は語句整序問題でよく登場する。**701** で取り上げた〈be likely to V〉以外に，It is likely that ～「～する可能性が高い」もあるので，あわせて覚えておこう。

(PRODIGY 英語研究所)

UPGRADE 186

☐**701.** John is likely (　　).
頻出
① as if he makes a mistake　② that he will make a mistake
③ to make a mistake　④ in making a mistake　(立命館大)

☐**702.** Children today are (　　) to watch TV for hours.
① inclined　② tend　③ pleasant　④ enjoyable　(獨協大)

☐**703.** Even expensive clothes won't last forever; they are (　　) to wear out sooner or later.
① about　② finally　③ owing　④ bound　(京都外語大)

☐**704.** Betty didn't seem (　　) to join our project.
① against　② willing　③ positive　④ difficult　(南山大)

☐**705.** This problem is easy to (　　).
頻出
① solve it　② solve　③ be solved　④ solution　(立命館大)

---

701. ジョンはたぶん間違いを犯すだろう。
702. 今の子供はテレビを何時間も見てしまいがちだ。
703. 高い服も永久に持つわけではない。遅かれ早かれ必ずすり切れる。
704. ベティは私たちの計画に参加する気があるようには見えなかった。
705. この問題を解くのはやさしい。

UPGRADE 186 〈形容詞+to V〉— able タイプと easy タイプ

見かけは同じ〈A+be 形容詞+to V〉の形の文でも，形容詞のタイプにより意味が違う。

● **able** タイプ→ 文の主語 A が to V の意味上の**主語**でもある。

例 **He** is able to **walk**.「彼は歩ける」→ He walks. の関係
(S) (V)

● **easy** タイプ→ 文の主語 A が to V の意味上の**目的語**になる。

例 **The book** is easy to **read**.「その本は読みやすい」
(O) (V) → **read the book** の関係

(It is easy to **read the book**. を変形したものと考えればわかりやすい)

701. ③：**be likely to V「V する可能性が高い」** 第3位

▶ likely は able タイプ。John が make a mistake の意味上の**主語**であることに注意。

誤答 ① as if「まるで…するかのように」 ➡ 106

702. ①：**be inclined to V「V する傾向がある」**

▶ able タイプ。② tend は動詞だから前に are は不要。③④は able タイプではない。

誤答 ③ pleasant「楽しい」 ➡ Check 73

703. ④：**be bound to V「必ず V する，V するにちがいない」**

▶ able タイプ。

704. ②：**be willing to V「V する気がある，V するのがいやではない」**

▶ able タイプ。反対語は unwilling，reluctant「気が進まない」。

705. ②：**A be easy to V「A を V するのはやさしい」**

▶ This problem が solve の意味上の目的語であることに注意。easy タイプの構文では**to V が他動詞なのに後ろに目的語が欠けている**のが特徴。したがって目的語(it)がある①は誤り。この文は It is easy to **solve this problem**. と書き換えることができる。

Check 71 able タイプの形容詞

- ☐ be **able** to V「V できる」
- ☐ be **sure** to V「必ず V する」
- ☐ be **certain** to V「必ず V する」
- ☐ be **bound** to V「必ず V する」
- ☐ be **likely** to V「V する可能性が高い」
- ☐ be **apt** to V「V する傾向がある」
- ☐ be **inclined** to V「V する傾向がある」
- ☐ be **liable** to V「V する傾向がある」
- ☐ be **due** to V「V する予定だ」
- ☐ be **about** to V「今にも V しそうだ」
- ☐ be **eager** to V「とても V したい」
- ☐ be **anxious** to V「とても V したい」
- ☐ be **supposed** to V「V することになっている」
- ☐ be **free** to V「自由に V してよい」

★「できる(= can)」，「必ず…する(= must)」のように**助動詞的な意味**のものが多い。

☐**706.** This river is dangerous to (　　) even in the summer.
① have swum　② swim in　③ swim it　④ swimming
(京都女子大)

UPGRADE 187

☐**707.** Please come and see me whenever (　　).
頻出
① I am convenient　② you are convenient
③ there is a convenience　④ it is convenient for you
(関東学院大)

☐**708.** I will tell the professor that (　　) to finish writing the report by Friday.
頻出
① I am impossible　② I am unable
③ I will be late　④ it cannot be done　(学習院大)

☐**709.** (　　) to read all the books on the list.
① We are necessary　② It is necessary that
③ It is necessary for us　④ We are in need　(東北工業大)

Check 72　〈人〉(to V の意味上の主語)を主語にしない形容詞

☐**convenient**「都合がいい」　☐**impossible**「不可能だ」
☐**possible**「可能だ」　☐**necessary**「必要だ」
★上の４つはどれも出題頻度が高い。しっかり覚えておこう。

UPGRADE 188

☐**710.** I'm sorry, Mr. Whistler, but we won't be (　　) to repair your washing machine. It's too old!
① able　② possible　③ suitable　④ capable
(南山大)

☐**711.** (　　) to come to the reception tomorrow?
① Are you possible　② Is it able for you
③ Is it capable for you　④ Is it possible for you　(青山学院大)

---

706. この川は夏でも泳ぐのは危険だ。
707. いつでも都合のいいときに私に会いに来てください。
708. 金曜日までにレポートを書き終えることはできないと教授に言うつもりだ。
709. 私たちはリストにある本を全部読まなければならない。
710. ホイッスラーさん，すみませんが，うちではあなたの洗濯機は修理できないでしょう。古すぎます！
711. 明日のレセプションに来ることはできますか？

706. ②：**A be dangerous to V「A を V するのは危険だ」**
= it is dangerous to V+A

▶ easy タイプの形容詞。It is dangerous to swim ***in*** this river even in the summer. と書き換えると in が必要なことがわかるだろう。この問題では to V が〈**自動詞**(swim)＋**前置詞**(in)〉であることに注意。

Check 73 easy タイプの形容詞

☑ A be easy to V	「A を V するのは簡単だ」	
☑ A be difficult to V	「A を V するのは困難だ」	
☑ A be hard to V	「A を V するのは困難だ」	
☑ A be impossible to V	「A を V するのは不可能だ」	★ possible「可能だ」は easy タイプではないことに注意。
☑ A be pleasant to V	「A を V するのは楽しい」	
☑ A be dangerous to V	「A を V するのは危険だ」	

★「**難易度・適不適**」を表すものが多い。

UPGRADE 187 〈人〉を主語にできない形容詞

次の 3 つの形容詞は，〈人〉を主語にできないので注意しよう。

707. ④：**be convenient for A「A にとって都合がいい」**

▶ convenient は原則として**〈人〉を主語にしない**。it を主語にすることが多い。(You are convenient. だと「君は(私にとって)都合がいい(利用しやすい)人だ」などの意味になってしまう)

708. ②：**impossible —〈人〉が主語の場合は誤りの選択肢**

▶ impossible は原則として**〈人〉を主語にしない**(= able タイプのような使い方はできない)。impossible は easy タイプ。したがって He is impossible to understand.「彼を理解するのは不可能だ」のような文なら，〈人〉を主語にできる。

709. ③：**necessary —〈人〉が主語の場合は誤りの選択肢**

▶ 原則として**〈人〉を主語にしない**(= able タイプのような使い方はできない)。

UPGRADE 188 3つの「できる」の区別 able, possible, capable 第 2 位

710. ①：**be able to V「V することができる」**(➡ Check 71)

▶ we が to repair の意味上の主語になっているから able タイプの形容詞が必要(➡ UPGRADE 186 p.259)。② possible はワナ。able タイプではない。③も同様。④ capable の後ろには to V でなく of V-ing を使う。

711. ④：**it is possible for A to V「A が V するのは可能だ」**

▶ possible はほとんどが形式主語 it の構文で使われる。able タイプでも easy タイプでもないので，〈人〉は主語にできない。

☑712. This crane is (　　) up to 30 tons.
頻出 ① capable to lift　② capable of lifting
③ possible to lift　④ impossible to lift　(中部大)

UPGRADE 189

☑713. This book is worth (　　).
頻出 ① read　② to read　③ to be read　④ reading　(浜松大)

☑714. Her speech is worth (　　).
頻出 ① to listen　② listening　③ listening to　④ to be listened to　(金沢工業大)

☑715. This lesson is worth taking.
= It is worth (　　) to take this lesson.　(中京大)

UPGRADE 190

☑716. It was careless of him (　　) his car unlocked.
頻出 ① leave　② to leave　③ leaving　④ left　(杉野服飾大)

☑717. It is stupid (　　) him to behave like that among the crowd.
頻出 ① with　② on　③ of　④ at　(明星大)

☑718. How nice [① the way ② to ③ you ④ all ⑤ come ⑥ of] to help us!
頻出　(岐阜経済大)

Check 74 〈it is＋形容詞＋of A(人) to V〉の構文に使われる形容詞

☑**kind**「親切だ」☑**nice**「親切だ」☑**good**「親切だ」
☑**careless**「不注意だ」☑**foolish**「愚かだ」☑**stupid**「愚かだ」☑**wise**「賢い」
★この構文に使われるのは人の性質を表す形容詞。出題が多いのはkindなど「親切さ」を表すものと，carelessなど「愚かさ」を表すものだ。

---

712. このクレーンは30トンまでつり上げることができる。
713. この本は読む価値がある。
714. 彼女のスピーチは聞く価値がある。
715. この授業は出る価値がある。
716. カギもかけずに車を放置するとは，彼は不注意だった。
717. 群衆の中であんな振る舞いをするとは彼は愚かだ。
718. はるばる私たちを手伝いに来てくれるなんて，あなたはなんて親切なんでしょう。

712. ②：**A be capable of V-ing「A が V する能力がある」**

▶ lift の意味上の主語が文の主語 crane なので，able タイプの形容詞が必要だが，③ possible も④ impossible もそのタイプではない。capable は to V でなく of V-ing を伴うが，A が V-ing の意味上の主語である点では，able タイプに分類できる。

Check 75「できる・できない」の形容詞

☑ **able** → **to V** をとり，〈人〉(to V の意味上の**主語**)が文の主語になる。
形式主語 it の構文は**不可**。反意語は unable。

☑ **capable** → **of V-ing** をとり，〈人〉・〈物〉(V-ing の意味上の**主語**)が文の主語になる。
形式主語 it の構文は**不可**。反意語は incapable。

☑ **possible** →〈人〉は主語に**ならない**。形式主語 it の構文が**可能**。反意語は impossible。

UPGRADE 189 worth の語法 第1位

713. ④：**A be worth V-ing「A を V する価値がある」**

▶ worth は後ろに to V ではなく **V-ing** をとるが，**文の構造は easy タイプと同じ**。つまり文の主語が V-ing の意味上の**目的語**になっている。V-ing は他動詞で，後ろに目的語がないのも easy タイプと同じ。

714. ③：**A be worth V-ing(自動詞)＋前置詞**

▶ worth の後ろの V-ing はふつう他動詞だが，本問のように〈自動詞＋前置詞〉を用いることもできる。前置詞なしの自動詞は不可。したがって②は誤り。

715. while：**it is worth while to V / be worth V-ing「V する価値がある」**

▶ A be worth V-ing ＝〈it is worth while to V＋A〉の書き換えに注意しよう。

UPGRADE 190 〈it is＋形容詞＋of A(人) to V〉の構文

〈**it is**＋形容詞＋**of** A(人) **to** V〉の形で「V するとは A は…だ」という意味を表す。このパターンに使われる形容詞はかぎられているので覚えよう。

716. ②：**it was careless of A to V「V するとは A は不注意だった」**

▶ careless は，このタイプの構文で最もよく出る形容詞。

▶ of の穴埋めにも注意。

717. ③：**it is stupid of A to V「V するとは A は愚かだ」**

718. ⑥-③-②-⑤-④-①：**How nice (it is) of A to V!**
「V するとは A はなんと親切なのだろう」

▶ How nice *of you to come all the way* to help us! (all the way ➲ 1215)

▶〈it is＋形容詞＋of A(人) to V〉が感嘆文になったもの。nice の後ろで it was [is]が省略されている。

UPGRADE 191

☐ **719.** It is necessary that (　　) it.
① you do　② you might do
③ you must do　④ you may do　（青山学院大）

UPGRADE 192

☐ **720.** 頻出 What's the most (　　) topic in your opinion?
① interest　② interested　③ interesting　④ interests　（会津大）

☐ **721.** 頻出 What happened? (　　), Mary.
① You sound exciting　② You sound excited
③ You are sounding excited　④ It sounds excitement　（上智大）

☐ **722.** 頻出 It is hardly (　　) that you don't remember his name.
① surprising　② surprised　③ surprise　④ surprises　（青山学院大）

☐ **723.** We found his speech extremely (　　).
① a bore　② being bored　③ bored　④ boring　（京都産業大）

☐ **724.** I have nothing to do today. I'm (　　).
① bored　② boring　③ bore　④ boredom　（桃山学院大）

---

719. 君がそれをする必要がある。
720. 君の考えでは何が最もおもしろい話題ですか。
721. どうしたの？興奮しているようね，メアリ。
722. あなたが彼の名前を覚えていないのはあまり驚きではない。
723. 私たちは彼の話をとても退屈だと思った。
724. 今日は何もすることがない。私は退屈している。

UPGRADE 191 〈it is necessary that S+V(原形)〉

719. ①：**it is necessary that S+(should) V(原形)「SがVすることが必要だ」**

▶ necessaryのような「必要」の意味を持つ形容詞の形式主語構文では，that節に原形または〈should＋原形〉が使われる（これは UPGRADE 153 p.211と同じ用法だ）。essential「不可欠だ」，importantも同じパターンをとるが，**出題されるのはnecessaryがほとんどだ**。なお，It is necessary for you to do it.としても意味は同じ。

UPGRADE 192 「させる」形容詞と「される」形容詞

感情を表す動詞から生まれた形容詞には次の区別がある。

V-ing（現在分詞型）→「(人を)ある気持ちに**させる**」（**使役**的形容詞）

V-ed（過去分詞型）→「(人が)ある気持ちにさせ**られている**」(**受身**的形容詞)

例 bore「(人)を退屈させる」→ boring「(人を)退屈**させる**」，

bored「(人が)退屈**させられる**」

★上の形以外の形容詞でも，同じような区別が必要なものがある(➡ 725, 726, 727)。

720. ③：**interesting「(人に)興味を起こさせる ＝ おもしろい」**

誤答 topicは「もの」だから②interested「(人が)興味を引かれている」は誤り。

721. ②：**excited「(人が)興奮させられている ＝ 興奮している」**

▶ ②sound excitedは「(何かに)興奮させられたような声をしている」の意味。

誤答 ①sound excitingは「君は(人を)興奮させるように聞こえる」となり，文脈に合わない。

722. ①：**surprising「(人を)驚かす」**

誤答 ②surprised「(人が)驚かされた ＝ 驚いている」

723. ④：**boring「(人を)退屈させる」**

▶〈find+O+C〉「OがCだとわかる」の構文。「his speechが(私たちを)退屈させる」という関係に注意。his speechのような「もの」はV-edの意味上の主語にはならない。

724. ①：**bored「(人が)退屈させられている ＝ 退屈している」**

誤答 ②だとI'm boring.「私は人を退屈させる＝おもしろくない人間だ」となる。

☐ **725.** I'll be extremely (　　) to see you again next week.
頻出
① pleasant　② please　③ pleased　④ pleasing
（九州共立大）

☐ **726.** Boats that leave at ten every morning provide a (　　) and relaxing trip across the lake.
① pleasant　② pleasantly　③ pleased　④ pleasure
（金沢学院大）

☐ **727.** He talked on and on as if thoroughly (　　) with the fact that he was dominating the meeting.
① satisfy　② satisfying　③ satisfied　④ satisfactory
（國學院大）

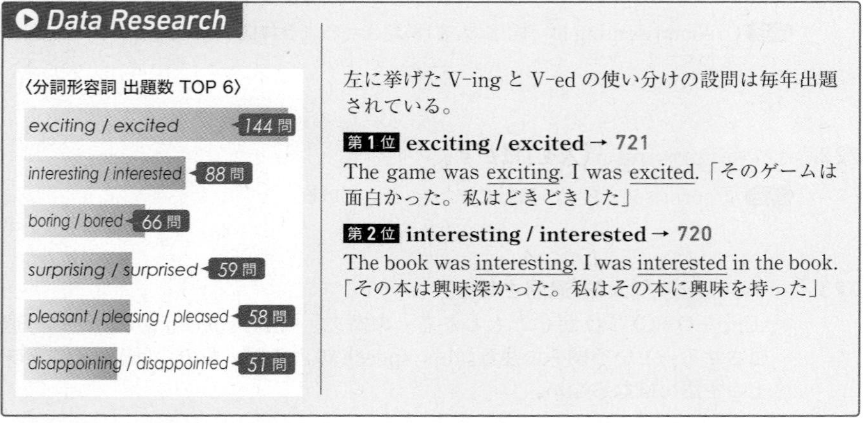

左に挙げたV-ingとV-edの使い分けの設問は毎年出題されている。

第1位 exciting / excited → 721
The game was exciting. I was excited.「そのゲームは面白かった。私はどきどきした」

第2位 interesting / interested → 720
The book was interesting. I was interested in the book.「その本は興味深かった。私はその本に興味を持った」

725. 来週あなたにまた会えたら，すごく楽しいでしょう。
726. 毎朝10時に出る船で楽しくてくつろげる湖の旅ができる。
727. 彼は自分が会議を仕切っていることに完全に満足しているように話し続けた。

725. ③：pleased「(人が)喜ばされる ＝ 喜ぶ」

誤答 ① pleasant は「(人を)楽しませる，(人にとって)心地よい」という使役的形容詞。④ pleasing も pleasant とほぼ同じ意味だが，現代英語でのデータを見ると，使用頻度は pleasant の５分の１ほど。

726. ①：pleasant「(人を)楽しませる，快適な」

▶「trip が(人を)楽しませる」だから使役的な pleasant が正解。

誤答 ③ pleased だと「trip が喜ばされる」という意味になってしまう。②は「快適に」という副詞だから名詞 trip を修飾できない。④は名詞で「楽しみ」の意味。

727. ③：satisfied (with A)「(人が) (A に)満足させられている ＝ 満足している」

▶ as if の後ろに he were が省略されているので，補って考えよう(➡ UPGRADE 42 p.59)。

誤答 ④ satisfactory は「(人を)満足させる」という使役的形容詞。② satisfying もほぼ同意だが，使用頻度はやや低い。

重要表現 the fact that ～「～という事実」 ➡ Check 31 p.123

Check 76 形容詞 使役的 vs. 受身的

「(人を)…させる」使役的形容詞		⇔	「(人が)…させられる」受身的形容詞	
☐ interesting	「興味深い」	⇔	☐ interested	「興味を持っている」
☐ exciting	「興奮させる」	⇔	☐ excited	「興奮させられている」
☐ surprising	「驚かせる」	⇔	☐ surprised	「驚いている」
☐ pleasant, pleasing	「楽しくさせる」	⇔	☐ pleased	「満足している」
☐ boring	「退屈させる」	⇔	☐ bored	「退屈している」
☐ satisfactory, satisfying	「満足させる」	⇔	☐ satisfied	「満足している」
☐ disappointing	「がっかりさせる」	⇔	☐ disappointed	「がっかりしている」
☐ tiring tiresome	「疲れさせる」, 「退屈な」	⇔	☐ tired	「疲れて[退屈して]いる」
☐ confusing	「混乱させる，ややこしい」	⇔	☐ confused	「混乱した」
☐ delightful	「愉快にさせる」	⇔	☐ delighted	「喜んでいる」
☐ amusing	「愉快にさせる」	⇔	☐ amused	「愉快な」
☐ impressive	「感動的な」	⇔	☐ impressed	「感動した」

第25章 形容詞・副詞の語法

Data Research

〈出題数 TOP 4〉

afraid	87問
like / alike / similar	68問
hard / hardly	52問
late / later / latter / lately	42問

第1位 afraid → 752

afraidはその後ろのof A[V-ing] / to V / that ～など様々な形がねらわれる。また，I'm afraid so[not]. のような，相手の言葉を受ける会話表現でも頻出だ。（Check **80**）

第2位 like / alike / similar → 731

この3つは「似ている」という日本語に相当するが，語法の違いに注意が必要だ。ほかにも選択肢として likely「可能性が高い」，動詞の resemble などと共に出題されることも多い。

第3位 hard / hardly → 745 / 第4位 late / later / latter / lately → 736, 748

hard / hardly や late / later / latter / lately などは形が似ているので要注意だ。hard，late は形容詞としても副詞としても使われる。（PRODIGY 英語研究所）

UPGRADE 193

☐ **728.** (　　)に入れるのに不適切なものを1つ選びなさい。

They caught (　　).

① an elephant alive　② a live elephant

③ an alive elephant　④ a living elephant　（福岡大）

☐ **729.** Please take care of these (　　) girls.

① lonely　② alone　③ sole　④ only　（福岡大）

☐ **730.** The baby was fast (　　).

① asleep　② sleep　③ sleeping　④ sleepy　（千葉商科大）

☐ **731.** 頻出 He and his brother are so (　　) that they could hardly be distinguished.

① alike　② like　③ liked　④ likely　（京都女子大）

☐ **732.** 頻出 (　　)に共通に当てはまる語を選びなさい。

a) What do you think of the (　　) government?

b) When Emily arrived, they were not (　　).

① alive　② present　③ current　④ ready　（芝浦工業大）

---

728. 彼らは生きたゾウを捕まえた[ゾウを生け捕りした]。
729. どうかこの寂しい女の子たちの面倒を見てください。
730. 赤ん坊はぐっすり眠っていた。
731. 彼と彼の兄[弟]はそっくりなのでほとんど区別がつかない。
732. a)現在の政府についてどう考えますか。　b)エミリが着いたとき，彼らはいなかった。

UPGRADE 193 補語専用と名詞限定専用の形容詞

形容詞には補語になる用法(叙述用法)と，名詞を(前から)修飾する用法(限定用法)の２つがあるが，「補語専用」「名詞限定専用」のものもあるので注意しよう。

728. ③：alive「生きて」

▶ alive は補語専用で，名詞の前には置けない。代わりに living，live [láiv] を使う。live は「生きている」の意味では名詞限定専用。

+α **living** は人にもほかの生物にも使えるが，**live** は人以外のものに使うのがふつう。

729. ①：lonely「寂しい，孤独な」vs. alone「１人で」

▶ alone は補語専用。

誤答 ③ sole と④ only は名詞限定で，「唯一の…」。

+α **leave A alone**「Ａを１人にしておく[放っておく]」も重要。
なお，**lone**「１人の」は名詞限定専用で，つねに名詞の前に置かれる。
例 a *lone* wolf「１匹オオカミ」

730. ①：**be fast asleep**「ぐっすり眠っている」＝ **be sound asleep**

▶ asleep「眠って」は補語専用。上の２つの形を覚えよう。名詞を修飾するときは sleeping を用いる。
例 a *sleeping* baby「眠っている赤ちゃん」(an ×asleep baby)

731. ①：**be alike**「似ている」 第２位

▶ alike「似て」は補語専用。一方 like はいつも後ろに名詞を伴う。次の関係に注意しよう。
A and B are alike.「Ａ と Ｂ は似ている」＝ A is like B.「Ａ は Ｂ と似ている」

誤答 ④ likely は「可能性がある」の意味。

732. ②：**present ＋ A**「現在の A」，**be present**「出席している，存在している」

▶ present は a)のように名詞の前に置くと「現在の」の意味になり，b)のように補語になると「出席している，存在している」の意味になる。なお，those present は「出席している人々」の意味(頻出！)。 ➡ 655

Check 77 補語専用の形容詞

☐ alive	「生きている」	☐ awake	「目が覚めている」
☐ alike	「似ている」	☐ afraid	「怖がっている」
☐ asleep	「眠っている」	☐ aware	「気づいている」
☐ ashamed	「恥じている」	☐ glad	「喜んでいる」
☐ alone	「１人で」		

☐733. My body is very (　　) to medicine and any kind of medical treatment.
頻出
① sensational　② senseless
③ sensible　④ sensitive　(学習院大)

☐734. My father's (　　) pastime is gardening.
① like　② favorable　③ likely　④ favorite
(昭和女子大)

☐735. If you are not (　　) to your elders in Japanese society, you will often get into trouble.
① respective　② respectable　③ respectful　④ respecting
(慶應大)

☐736. The (　　) speaker was not so eloquent as the former.
① late　② later　③ latter　④ last
(大阪産業大)

☐737. This is the best thing (　　).
① imaginable　② imaginative　③ imagine　④ imagining
(金沢学院大)

☐738. I've always understood one should try to be (　　) of others.
① considerable　② considering　③ considered　④ considerate
(立命館大)

☐739. (　　) people make up about 98 percent of the whole population.
① Literal　② Literary　③ Literature　④ Literate
(横浜市立大)

☐740. The Mona Lisa is a (　　) work of art, so it is displayed behind a thick pane of glass in the museum.
① valueless　② worthless　③ priceless　④ penniless
(獨協大)

---

733. 私の身体は薬やどんな種類の治療にも非常に敏感だ。
734. 父の大好きな気晴らしは，庭いじりです。
735. 日本の社会では年長者に敬意を払わないと，面倒なことになりやすい。
736. あとに話した人は，先の人ほど話がうまくなかった。
737. これが想像されうる最高のものです。
738. 人に思いやりを持つようにすべきだということは，昔から理解していた。
739. 読み書きできる人が全人口の約98%を占める。
740. モナリザは大変貴重な芸術作品なので，美術館では厚いガラスの向こうに展示されている。

UPGRADE 194 形と意味がまぎらわしい形容詞

733. ④：sensitive「敏感な，繊細な」

▶ sense の派生語には sensory「感覚の」，sensual「官能的な」，sensuous「感覚的な」があるが，たいていは本問のように誤りの選択肢として出る。

誤答 ③ sensible「賢明な」としっかり区別しよう。① sensational は「衝撃的な」，② senseless は「感覚がない」。

734. ④：favorite「いちばん好きな，お気に入りの」

誤答 ② favorable「好意的な，(人にとって)有利な」と区別しよう。

735. ③：be respectful (to A)「(A に)敬意を払う」

誤答 ① respective「個々の」，② respectable「まともな」と区別しよう。

重要表現 get into trouble「問題を起こす，困ったことになる」

736. ③：the latter「後者の，後半の」⇔ the former「前者の，前半の」 第4位

誤答 ① the late「故…」，② later「より遅い」，④ the last「最後の」と区別しよう。

737. ①：imaginable「想像されうる(限りの)」

▶ every や最上級などを強調するのに使われる。名詞の後ろに置くことが多い。

誤答 ② imaginative「想像力豊かな」，imaginary「架空の」と区別しよう。

> 秘伝 韻を踏んで覚えると忘れない。
> every trou**ble** imagina**ble**「想像されうるあらゆる困難」
> an imagina**tive** detec**tive**「想像力豊かな探偵」
> an imagina**ry** coun**try**「架空の国」

+α -**tive** は動詞に付くと「…する力がある」の意味になることが多い。

738. ④：be considerate (of A)「(A に)思いやりがある」

誤答 ① considerable「かなり(多くの)」と区別しよう。

739. ④：literate「読み書きができる」⇔ illiterate「読み書きができない」

誤答 ① literal「文字通りの」，② literary「文学の」と区別しよう。

重要表現 make up A「A(割合など)を占める」 ➡ 763

> 秘伝 literate「当て(ate)字も読める → 字が読める」，literal「書いてある(al)通り → 文字通り」，literary「アリ(ary)の文学は昆虫記」と覚えよう。

740. ③：priceless「値段がつけられないほど(貴重な)」

▶ price(値段)＋-less(ない)からできた語。

誤答 ① valueless，② worthless「無価値な」と区別しよう。

+α **invaluable**「非常に貴重な」にも注意。**valuable**「価値がある」の反意語ではないので注意。

UPGRADE 195

☐**741.** The traffic was so (　　) that we couldn't be on time for the airplane.
頻出
① large　② heavy　③ great　④ big　（東海大）

☐**742.** You must have (　　). There's no Mr. Clark here.
頻出
① the mistaken phone　② the mistaken number
③ the mistaken call　④ the wrong number　（愛知学院大）

☐**743.** They are willing to pay him (　　) salary of as much as $1.5 million.
① a cheap　② a costly　③ an expensive　④ a high
（慶應大）

☐**744.** I phoned Mary, but the line was (　　). So I had to call again later.
① busy　② full　③ off　④ taken
（関西学院大）

UPGRADE 196

☐**745.** There were so many passengers on the train that I could (　　) move to the door to get off.
頻出
① hardly　② no hardly　③ hardly not　④ not hard to
（神奈川大）

☐**746.** An eagle was flying (　　) in the sky.
① at height　② height　③ high　④ highly　（中部大）

☐**747.** Their new neighbor must be a (　　) educated person.
① highly　② high　③ much　④ very much
（大阪学院大）

☐**748.** I don't know if Peter will make it to the conference on time. The plane arrived (　　) because of bad weather.
① late　② lately　③ lateness　④ latest　（慶應大）

---

741. 車がとても混んでいたので，飛行機に間に合わなかった。
742. 番号が間違っています。ここにはクラークという人はいません。
743. 会社は彼に150万ドルもの高給を支払う気がある。
744. メアリに電話したが，話し中だった。だからあとでもう一度電話する必要があった。
745. 列車内の乗客が多すぎて，降りようにもほとんど出口のほうに進めなかった。
746. 1羽のワシが空高く飛んでいた。
747. 彼らの新しい隣人は教養の高い人にちがいない。
748. ピーターが会議に間に合うかどうかわからない。天候が悪くて飛行機が遅れたから。

Check 78 その他のまぎらわしい形容詞

☐ **economic**	「経済の」	—	☐ **economical**	「安上がりの，節約できる」
☐ **successful**	「成功した」	—	☐ **successive**	「連続した」
☐ **industrial**	「工業の，産業の」	—	☐ **industrious**	「勤勉な」
☐ **social**	「社会的な」	—	☐ **sociable**	「社交的な」

UPGRADE 195 形容詞と名詞のコロケーション

名詞を修飾するときに，慣用的に決まった形容詞を使わないといけない場合がある。日本語にまどわされないように気をつけよう。

741. ②：**heavy traffic「激しい交通，(車などの)交通量が多いこと」**
⇔ **light traffic**

▶ このようにheavyには「量が多い」の意味がある。例 *heavy* rain「大雨」

742. ④：**have the wrong number「電話番号を間違う」**

▶ wrong「間違った」はtheを伴うことが多い。反対語はright。mistaken「誤解した」は電話番号とは使わない。

743. ④：**high「(salary，price「値段」，income「収入」などが)高い，多い」**
⇔ **low**

▶「〈品物〉is high」とは言えない。

誤答 ③ expensiveは「お金がかかる」の意味なので，salaryと共には用いない。
① cheap「お金がかからない」なども上のような語とはいっしょに使わない。

重要表現 as much as＋数詞「…も」 ➡ 690

744. ①：**the line is busy「話し中だ」**

▶ the lineは電話の回線のこと。

誤答 ④のtakenは座席などがふさがっている場合に用いる。

UPGRADE 196 -lyの付かない副詞 vs. -lyの付く副詞

745. ①：**hardly「ほとんど…ない」** 第3位

▶ can [could]，any，everと共によく用いる。

誤答 hardly自体否定語なので②，③のようにnoやnotといっしょに使わない。

746. ③：**high「高く」**

▶ 副詞としてのhighは，「(物理的に)高い」という意味で用いる。

747. ①：**highly「高度に，非常に」**

▶ 副詞のhighは「物理的な高さ」を指すが，highlyは「程度の高さ」を表す。

748. ①：**late「遅れて，遅い時間に」** 第4位

誤答 ② latelyは「最近」という意味。④はthe latestで「最新の」。

重要表現 make it (to A)「(Aに)たどり着く，間に合う」 ➡ 894

☑749. The car (　　) hit the man standing at the corner.
① nearly　② near　③ close　④ closely
(大阪学院大)

UPGRADE 197

☑750. 誤りがある部分を選びなさい。
頻出
My parents always waited ①up ②for me, no matter ③what time I got ④to home.
(昭和女子大)

☑751. 誤りがある部分を選びなさい。
Let's ①go to downtown ②this evening after ③you've finished your work, ④shall we?
(東京理科大)

UPGRADE 198

☑752. Do not be (　　) of making mistakes when speaking English.
① afraid　② delighted　③ honored　④ grateful
(杏林大)

---

749. その車は角に立っていた男性を危うくはねかけた。
750. 私の両親は，私が何時に帰ってもいつも起きて待っていてくれた。
751. 君の仕事が終わったら，今夜は繁華街に行こうか。
752. 英語を話すときに間違いを犯すのを恐れるな。

749. ①：nearly「危うく，ほとんど」＝ almost
▶ 副詞の near は距離的・時間的に「近く」という意味。

UPGRADE 197 名詞とまぎらわしい副詞

go, get, come, return などの移動の動詞と共に無冠詞で使う **home** は，名詞ではなく，「家へ」「家に」の意味の副詞だ。to を付けてはいけない。

750. ④：home（×to home は誤り）
▶ get home「家に着く」の home は副詞。「…に」の意味を含むので to は付かない。

重要表現 wait up for A「起きて A を待つ」

+α ① **go to his home** のように，単独でなく所有格や冠詞が付くと **home** は名詞となり，**to** が必要になる。
② 場所[時]の副詞は名詞の後ろに置かれて，名詞にかかることがある。**on the way home**「家に帰る途中で」の **home**，**a trip abroad**「海外旅行」の **abroad**，**children today**「現代の子供たち」の **today** も同じ用法だ。

751. ①：go downtown「中心街へ行く」（×to downtown は誤り）
▶ downtown も go などと共に単独で使うときは，副詞なので to を付けない。

重要表現 Let's V ..., shall we?「…しましょうか」 ➡ 426

Check 79 名詞とまぎらわしい副詞

☑ home	「家へ」	☑ downtown	「中心街へ」	☑ abroad	「海外へ」
☑ upstairs	「上の階へ」	☑ downstairs	「下の階へ」	☑ overseas	「海外へ」

★不要な to に注意。ただし from は付けることができる。

UPGRADE 198 その他の注意すべき形容詞・副詞

752. ①：be afraid of A［V-ing］「A［V すること］を恐れる」 第1位

誤答 ② delighted「喜んでいる」，③ honored「光栄に思う」，④ grateful「感謝している」

Check 80 afraid の語法の整理

be afraid of A［V-ing］「A［V すること］を恐れる」
be afraid to V「こわくて V できない」
例 I'm *afraid to* enter the house.「私はこわくてその家に入れない」
be afraid that ～「～ではないかと心配だ」
I'm afraid ～「残念ながら～」★相手に対する遠慮などを表す。
I'm afraid so.「残念ながらそうです」
I'm afraid not.「残念ながらそうではありません」 ➡ 514

☐753. A：I don't think he will come tomorrow.
B：I don't think so (　　).
① anyway　② too　③ neither　④ either　(神奈川大)

☐754. I met her yesterday. In fact, I had met her two days (　　), too.
① ago　② before　③ past　④ after　(鹿児島大)

☐755. He <u>narrowly</u> avoided falling off the cliff.
① barely　② almost　③ scarcely　④ nearly　(東京情報大)

☐756. I can eat (　　) anything, but I don't like hot food very much.
頻出
① all of　② almost　③ hardly　④ rarely　(摂南大)

☐757. 誤りがある部分を選びなさい。
頻出
①<u>Almost students were</u> ②<u>present at the meeting</u>, ③<u>though many teachers</u> ④<u>were absent</u>.　(中央大)

UPGRADE 199

☐758. His report was written in (　　) manner that I refused to read it.
頻出
① a so careless　② such careless a
③ so careless a　④ a such careless　(同志社大)

☐759. The new electric car is (　　) as gasoline-powered ones of the same size.
① a fast as vehicle　② as a fast vehicle
③ as a vehicle fast　④ as fast a vehicle　(鹿児島大)

---

753. A：明日彼が来るとは思わない。B：私も思わない。
754. 私は昨日彼女に会った。実は，その２日前にも彼女に会っていたのだ。
755. 彼はがけから落ちるのを何とか避けた。
756. 私はほとんど何でも食べられるが，辛い料理はあまり好きではない。
757. そのミーティングには多くの教師が欠席していたが，ほとんどの学生は出席していた。
758. 彼の報告書は非常に不注意な書き方だったので，私はそれを読むことを拒んだ。
759. その新しい電気自動車は同じサイズのガソリン車と同じくらい速い車だ。

753. ④：否定文＋(,) either「～もまた…ない」

誤答 ② too は肯定文の後ろで用いる。

754. ②：... before「(現在以外の時点を基準にして)…前に」

▶ ... ago は原則として**過去形**の動詞と共に用い，「現時点より…前に，…昔に」の意味を表す。一方，... before は「過去・未来などの時点より…前に」を表す。この問題では過去完了形と共に用いられ，「昨日より…前に」を表している。 ➲ 24

+α **before** は単独で用いて漠然と「以前に」という意味を表すこともできる。一方 **ago** は単独では用いず，必ず前に **long**，**one hour** などの時間の長さを表す語句を伴う。

755. ①：barely「かろうじて，やっとのことで」＝ narrowly

誤答 ② almost と④ nearly は動詞と共に使うと「危うく…しかける，もう少しで…しそうになる」の意味になる。
例 He *almost* fell off the cliff.「彼はがけから落ちかけた」

重要表現 avoid＋V-ing「V することを避ける」 ➲ 188

756. ②：almost any「ほとんどどんな…でも」

誤答 ③がワナ。hardly any だと「ほとんどどんな…も～ない」という否定的な意味になり，後ろの文の意味に合わない。

757. ①：〈almost＋名詞〉は誤り

▶ almost「ほとんど」は副詞なので，直接名詞に付けられない。①は Almost all (the) students「ほとんどすべての学生」が正しい。Most (of the) students「ほとんどの学生」も可。

+α **nothing**，**everything**，**everyone** などには直接付けられる。

UPGRADE 199 後ろの語順に注意すべき副詞 − so / as / how / too

副詞 so，as，how，too の後ろは〈形容詞＋a [an]＋名詞〉の語順になる。

758. ③：so 形容詞＋a [an]＋名詞 that ～「非常に…な名詞なので～」

▶ such の場合は〈such a [an]＋形容詞＋名詞 that ～〉の語順となる。

➲ UPGRADE 101 p.135

759. ④：as 形容詞＋a [an]＋名詞 as ～「～と同じくらいの…な名詞」

▶ 同等比較を作る as の後ろも〈形容詞＋a [an]＋名詞〉の語順となる。

PART 3

語い

第26章 多義語

▶ Data Research

〈出題数 TOP 5〉

account	572問
case	428問
chance	261問
term	234問
charge	201問

多義語は入試で最頻出事項だ。グラフはこの28年間の出題数である。account(→ UPGRADE 200), case(→ UPGRADE 202)などの出題数は，英文法1章分に匹敵するほどだ。また早稲田大，上智大，同志社大，駒澤大，東京理科大などでは特定の単語がねらわれており，毎年この章の単語が出題されている。
また，多義語は正解の選択肢だけでなく，誤りの選択肢としても極めて高頻度で登場するから，うろ覚えはいけない。語源や類義語の知識なども活用してしっかり記憶に定着させよう。

(PRODIGY 英語研究所)

UPGRADE 200

☐ **760.** How do you <u>account for</u> this environment?
頻出
① explain　② investigate
③ take account for　④ encounter　(駒澤大)

☐ **761.** There is no accounting (　　) taste.
① for　② on　③ about　④ in　(高知大)

☐ **762.** We must take his situation into <u>account</u>.
頻出
① care　② consideration　③ idea　④ explanation
(九州共立大)

☐ **763.** The top five supermarket chains now account (　　) two thirds of food sales.
頻出
① beyond　② by　③ for　④ of　⑤ with　(法政大)

☐ **764.** He retired early (　　) ill-health.
頻出
① on behalf of　② ahead of
③ on account of　④ in front of　(東海大)

---

760. この状況をどのように説明しますか。
761. 蓼(たで)食う虫も好き好き。(ことわざ)
762. 私たちは彼の状況を考慮に入れなければならない。
763. 上位5つのスーパーのチェーンが，現在，食品売り上げの3分の2を占めている。
764. 病気のせいで彼は早い時期に引退した。

Check 81 品詞によって意味が変わる多義語

☑ face a **challenge** 名 「難問に直面する」
☑ **challenge** the theory 動 「その理論に異議を唱える」
☑ a **challenging** job 形 「やりがいのある仕事」
☑ the **cóntents** of the bag 名 「カバンの中身」
☑ be **contént** with the result 形 「その結果に満足している」
☑ The idea **sounds** great. 動 「その考えはよさそうだ」
☑ **sound** judgment 形 「適切な判断」
☑ be **sound** asleep 副 「ぐっすり眠っている」

PART 3 語い

UPGRADE 200 account は超頻出！ 第1位

account の語源は **ac**-(へ，に)＋**count**(数える)だ。account は多義語の中でも最多出題だ。

760. ①：**account for A「A を説明する」＝ explain A**
▶ この言い換えが頻出。

誤答 ② investigate「…を調べる」，③のような熟語はない ➲ 763，④ encounter「…に出会う」

761. ①：**There is no accounting for taste.「蓼(たで)食う虫も好き好き」(ことわざ)**
▶ 直訳すると「人の好みを説明することは不可能だ」。

重要表現 There is no V-ing「V することはできない」＝ It is impossible to V ➲ 179

762. ②：**take A into account「A を考慮に入れる」**
＝ take A into consideration
▶ take account of A も同意。

763. ③：**account for A「A(割合など)を占める」＝ make up A**
▶ two thirds は「$\frac{2}{3}$」。 ➲ 697

764. ③：**on account of A「A のために，A の理由で」＝ because of A** ➲ 279
▶ A は好ましくないことが多い，formal な表現。

誤答 ① on behalf of「…を代表して，…のために」，② ahead of「…の前に」，④ in front of「…のすぐ前に」

Check 82 account の整理

☑ **account** 名 「① (銀行)口座 ② 考慮 ③ 報告，記事，説明 ④ 勘定書，請求書」
☑ **account** for A 「① A を説明する ② A(割合など)を占める」
☑ on **account** of A「A のために，A の理由で」
☑ take A into **account** ＝ take **account** of A「A を考慮に入れる」

UPGRADE 201

☑765. Children cannot (　　) small frustrations.
頻出
① put up　② bear　③ await　④ bare　(桜美林大)

☑766. Her effort will surely (　　) fruit soon.
① bear　② include　③ involve　④ produce　(東京理科大)

☑767. その森に入るときは，クマが昼夜を問わず活動的であることを忘れないように。
(不足の1語を補って英文を完成させよ)
When you go in the woods, [both / bears / bear / that / active / mind / are] day and night.　(西南学院大)

UPGRADE 202

☑768. That's certainly the case with her.
頻出
① clear　② doubtful　③ stored　④ true　(学習院大)

☑769. Paul was late for class, as is often the (　　).
頻出
① accident　② case　③ chance　④ occasion　(京都産業大)

☑770. 万一の場合に備えて辞書を1冊持っていきなさい。
_____ _____ _____ _____, _____ _____ _____?
① just　② with you　③ take a dictionary
④ don't you　⑤ case　⑥ in　⑦ why　(北里大)

☑771. (　　) any case, you are not to watch television tonight.
① At　② In　③ On　④ With　(東京家政大)

☑772. In this season I always carry my umbrella (　　) it rains.
頻出
① however　② if　③ in case　④ though　⑤ whatever
(中央大)

☑773. (　　) tomorrow, our picnic will be put off till the first fine day.
① Whether it rains　② Unless it rains
③ In case it rains　④ If it will rain　(高松大)

---

765. 子供はちょっとした不満を我慢できない。
766. 彼女の努力はきっとすぐに実を結ぶだろう。
768. そのことはきっと彼女の場合に当てはまる。
769. よくあることだが，ポールは授業に遅れた。
771. とにかく，今晩はテレビを見てはいけません。
772. この季節は雨が降るといけないので，私はいつもカサを持っている。
773. もし明日雨が降れば，私たちのピクニックは次の天気のよい日まで延期されるだろう。

UPGRADE 201 bear(動詞)に気をつけて

765. ②：bear A「A を我慢する，A に耐える」＝ put up with A
▶ ほかにも stand，tolerate，endure とも言い換えられる。
誤答 ③ await「…を待つ」，④ bare「むき出しの」

766. ①：bear fruit「実を結ぶ，よい結果が出る」
▶〈活用形〉bear - bore - borne [born]
born「生まれる」は bear の過去分詞の 1 つ。
▶ bear a child「子供を産む」も重要。
誤答 ② include「…を含む」，③ involve「…を伴う」，④ produce「…を生産する」

767. bear in mind that 〜「〜を覚えておく」
▶ …, *bear in mind that bears are active both* day and night.
▶ 不足の 1 語 in を補う。bear [keep] A in mind「A を覚えておく」の A が that 節になると，bear [keep] in mind that 〜という語順になる。

UPGRADE 202 case は超頻出！ 第 2 位

case の語源は「起こったこと」。「事例」や「症例」という意味にもなる。

768. ④：the case「真相，実情」＝ true

769. ②：as is often the case (with A)「(A には) よくあることだが」
▶ この as は関係代名詞で，前または後ろの文全体の内容が先行詞。
➡ UPGRADE 112 p.155

770. ⑦-④-③-②，①-⑥-⑤：just in case「まさかの場合に備えて」
▶ Why don't you take a dictionary with you, just in case? ➡ 1243
▶ just in case は「万が一の場合に備えて」の意味で文末で使う。

771. ②：in any case「どんな事情でも，とにかく」

772. ③：in case 〜「〜する場合に備えて」
▶ in case で 1 つの接続詞と考える。in case の節中では，will，would は不可。

773. ③：in case 〜「もし〜すれば」＝ if 〜
▶ 接続詞の in case が if の意味になるのは米語。
誤答 ④は条件を表す if 節で未来時制は不可。 ➡ UPGRADE 12 p.31

Check 83 case の整理

☑ **case** 名 「① 場合 ② 事例 ③ 真相，実情 (＝ true) ④ 症例，患者 ⑤ 主張」
☑ **in case** 接 「① 〜する場合に備えて ② もし〜なら (＝ if)」
☑ **just in case**「まさかの場合に備えて」 ☑ **in any case**「どんな事情でも，とにかく」

UPGRADE 203

☐774. I met him by accident at the station.
頻出
① on occasion ② by chance ③ in luck ④ by luck （駒澤大）

☐775. You'd have a better chance of passing your exams if you worked harder.
頻出
① luck or fortune ② possibility or likelihood
③ opportunity or occasion ④ risk or gamble （上智大）

☐776. Chances are that John will pass the examination.
= John will ( ) pass the examination.
① certainly ② fortunately ③ unlikely ④ probably （関西学院大）

☐777. Do you possibly know this man?
発展
= ( ) do you know this man?
① Just in case ② Nine times out of ten
③ All of a sudden ④ By any chance （関西学院大）

UPGRADE 204

☐778. A captain is in ( ) of his ship and its crew.
頻出
① charge ② danger ③ demand ④ sight ⑤ touch
（関西学院大）

☐779. There is an extra ( ) for mailing packages by express.
① price ② charge ③ pay ④ cost （高千穂大）

☐780. We will do this free ( ) charge.
① of ② with ③ to ④ in ⑤ by （中央大）

☐781. The man was charged ( ) theft.
① by ② in ③ on ④ with （名古屋学院大）

---

774. 駅で偶然彼に会った。
775. もっと一生懸命勉強すれば，試験に通る可能性が高くなるだろうに。
776. たぶんジョンはその試験に通るだろう。
777. ひょっとしてこの男の人を知っていますか。
778. 船長は彼の船と乗組員を管理している。
779. 速達便で小包を送るのには追加料金がいる。
780. 私たちは無料でこれをするでしょう。
781. その男は窃盗罪で告発された。

UPGRADE 203 chance「① 偶然　② 可能性」 第3位

774. ②：**by chance**「偶然に，たまたま」＝ **by accident**

▶ meet A by chance ＝ come across A（➡ 854），run into A（➡ 983）「A に偶然出会う」。この言い換えも超頻出。

775. ②：**chance**「可能性」

▶ 現代英語では chance は「好機，チャンス」より「可能性」での使用が多い。

誤答 ①「幸運または運」，③「機会または場合」，④「危険(性)または賭け」

776. ④：**(The) Chances are (that) ～**「たぶん～だろう」＝ **probably**

▶ 接続詞 that を省略する場合もあるので注意。

777. ④：**by any chance**「ひょっとして」＝ **possibly**

誤答 ①「まさかの場合に備えて」，②「10回中9回(十中八九)」，③「突然」

Check 84 chanceの整理

☐ **chance** 名「① 可能性　② 機会」

☐ **by chance**「偶然に」　☐ **by any chance**「ひょっとして」

☐ (The) **Chances are** (that) ～「たぶん～だろう」＝ probably

UPGRADE 204 charge ー 熟語が頻出 第5位

778. ①：**(be) in charge of A**「A を管理している，A の責任がある」

▶ (be) responsible for A (➡ 1032) で言い換える問題も多い。

779. ②：**charge**「料金」 ➡ 622

▶ the charges for electricity [gas]「電気[ガス]代」などの公共料金，the hotel charges「ホテル代」などのサービス料，手数料などに使われる。

780. ①：**free of charge**「無料で」 ➡ 494

781. ④：**(be) charged with A**「A で告発される」

▶ charge「…を告発する」は，受動態で使われることが多い。

+α **accuse A of B**「A を B のことで責める[非難する]」(➡ 1188)
blame A for B「B は A のせいだと言う」(➡ 1029) 前置詞に注意。

Check 85 chargeの整理

☐ **charge** 名「① 料金　② 責任，管理　③ 非難，告発」
動「① …を告発する，(公的に)非難する　② (料金)を請求する，課す」

☐ (be) **in charge of** A「A を管理している，A の責任がある」

☐ **take** A **in charge** ＝ **take charge of** A「A を引き受ける，管理する」

☐ **free of charge**「無料で」

UPGRADE 205

☑ **782.** The bank (　　) the main street.
① faces　② is faced　③ locates　④ stands　(金沢学院大)

☑ **783.** She faced enormous mental and physical challenges.
頻出
① confronted　② laughed　③ attacked　④ covered　(立正大)

☑ **784.** We should face up to this problem.
① avoid　② solve　③ emphasize　④ confront　(立命館大)

☑ **785.** She was steadfast in the face of many obstacles.
① instead of　② with the help of
③ in spite of　④ with her face up　(関西大)

☑ **786.** The student lost face because he was scolded in front of the class.
発展
① fought back　② was faceless　③ got excited
④ felt ashamed　⑤ was criticized　(成蹊大)

☑ **787.** He came face (　　) face (　　) a policeman.　(大阪歯科大)

UPGRADE 206

☑ **788.** I was having lunch at a restaurant when the waiter spilled tomato sauce on my shirt. Back at home, I said to my wife later: I was upset, but I [① for　② free　③ got　④ lunch　⑤ my].
頻出
(兵庫医療大)

☑ **789.** Do you think there is a life free from worry and anxiety?
① owing to　② over　③ without　④ for the purpose of
(駒澤大)

---

782. その銀行は大通りに面している。
783. 彼女は心理的・肉体的に大きな難題に直面した。
784. 私たちはこの問題に立ち向かわなければいけない。
785. 彼女は多くの障害に直面しても，しっかりとしていた。
786. クラスの人たちの前でしかられたので，その生徒は面目を失った。
787. 彼は警官と向かい合った。
788. 私がレストランで昼食を食べていると，ウェイターが私のシャツにトマトソースをこぼした。家に帰って，それから妻にこう言った。「私は腹が立ったが，昼食を無料で食べられた」
789. 心配や不安がない生活があるとあなたは思いますか。

UPGRADE 205 face(動詞)にも注意

名詞の face「顔，表面」だけでなく，動詞の意味や慣用句にも注意しよう。

782. ①：**face A「(建物などが)A に面している」**
▶ face は他動詞。

誤答 ③ locate は be located on [in / at] A「A にある」ならよい。

783. ①：**face A「A に直面する，A に立ち向かう」＝ confront A**
▶ 言い換えが頻出。本問の challenges は「難題」。 ➲ Check 81 p.281
▶ be faced [confronted] with A「A に直面している」としてもほぼ同じ意味。

重要表現 (be) faced with difficulties「困難に直面している」

784. ④：**face up to A「A に直面する，A に立ち向かう」＝ confront A**
▶ face に up to を付けてもほぼ同意。

誤答 ①「…を避ける」，②「…を解決する」，③「…を強調する」

785. ③：**in the face of A「A に直面して，A にもかかわらず」＝ in spite of A**

誤答 ①「…の代わりに」，②「…の助けにより」，④「彼女の顔を上げて」

786. ④：**lose face「面目を失う」**

誤答 ①「反撃した」，②「個性がなかった」，③「興奮した」，⑤「批判された」

787. to, with：**face to face with A「A と向かい合って，直面して」**
▶ face to face で，ひとかたまりの副詞句として使う。
例 talk with him *face to face*「彼に直接[向かい合って]話をする」

UPGRADE 206 free「自由な」だけではない

free はもともと「拘束されていない」が原義だ。そこから free table「(拘束されていないテーブル→)空きテーブル」のような使い方もされる。

788. ③-⑤-④-①-②：**for free「無料で」＝ for nothing**
▶ ... but I *got my lunch for free.*
▶ free of charge「無料で」 ➲ 780
▶ get A free「無料で A を手に入れる」のように，free を「無料で」の意味の副詞として使うこともある。

789. ③：**(be) free from A「A がない」** ➲ 494
▶ A には，care「心配」，fear「恐怖」，stress「ストレス」など不快なことがくる。

誤答 ① owing to A「A のために」

+α **free A from B「B から A を解放する」**のように **free** を動詞として使うこともある。

☑ 790. If you would like some more coffee, please (　　) to ask us.
① feel free　② think free　③ let free　④ take free (関東学院大)

UPGRADE 207

☑ 791. I just got a raise, so money's no longer an issue. (関西外語大)
① a problem　② a reason　③ an item　④ a result

☑ 792. The Japan Weather Association has issued pollen count reports over the last decade.
① considered　② supplied　③ disagreed with　④ ended (関西大)

UPGRADE 208

☑ 793. Nancy has been on good (　　) with my sister for more than five years.
頻出
① relations　② friends　③ terms　④ conditions (同志社大)

☑ 794. I bought this house on very reasonable terms. (駒澤大)
① ears　② relationships　③ conditions　④ promises

☑ 795. In terms of the number of employees, this is the largest company in the computer industry. (駒澤大)
頻出
① Excluding　② Except for　③ Regarding　④ Including

☑ 796. Today the term computer usually refers to highly complex electronic devices. (青山学院大)
頻出
① charge　② semester
③ word with a special meaning　④ fixed or limited period of time

☑ 797. She has to come to terms with the fact that jobs are difficult to find.
発展
① explain　② accept　③ control　④ estimate
(武庫川女子大)

---

790. もっとコーヒーが欲しければ，気楽に私たちに言ってください。
791. 私は昇給したところなので，もはやお金は問題ではない。
792. 日本気象協会はこの 10 年間，花粉の数についての報告を出している。
793. ５年以上もの間，ナンシーは私の姉と仲よくしてきた。
794. 私はこの家をかなりよい条件で買った。
795. 従業員の数という点では，ここはコンピュータ産業で最大の会社だ。
796. 今日，コンピュータという用語は，ふつう高度に複雑な電子機器を表す。
797. 仕事を見つけるのは困難だという事実を，彼女は受け入れなければならない。

790. ①：**feel free to V**「気楽にVする，遠慮なくVする」

UPGRADE 207 issueは「出される，出した」が原義

791. ①：**issue**「問題(点)」

▶ issueは議論すべき「問題」，problemは対処・理解が難しい「問題」の意味が多い。

誤答 ②「理由」，③「事項，品物」，④「結果」

792. ②：**issue**「(命令・広報など)を出す，を出版する」

▶ pollen count reports「花粉の数の報告」がissuedの目的語になっている。

▶ ②のsupplyは「(～を)供給(する)」以外に，supply information「情報を提供する」のような使い方もある。

▶ 名詞の「発行物，…号」も重要なので覚えておこう。

例 this week's *issue* of *Time*「今週号の『タイム』」

UPGRADE 208 term ― 熟語に注意 第4位

793. ③：**(be) on good [close] terms with A**「Aと仲がよい」

▶ 反意語は，(be) on bad terms with A「Aと仲が悪い」。

▶ 人間関係ではrelationよりrelationshipが多く，(be) in a good relationship with〈人〉「〈人〉とよい関係である」はよく用いられる。

+α **good**や**bad**以外に，次のような例もある。

例 **be on *speaking* terms with A**「Aと話をする仲である」

794. ③：**term**「(契約・支払いなどの)条件」

▶ termは他にも「期間，学期」の意味で使われる。

例 long-*term* memory「長期(の)記憶」，mid-*term* exam「中間試験」

795. ③：**in terms of A**「Aの(観)点から」

▶ ③ regarding「…に関して」は前置詞。

誤答 ①「…を除いて」，②「…は別として」(➲ 276)，④「…を含めて」

796. ③：**term**「言葉，用語」

▶ 本問ではthe termとcomputerが同格(言い換え)になっている。

▶ technical term「専門用語」も覚えておこう。

797. ②：**come to terms with A**「① A(不快な事実など)を受け入れる
② Aと合意に達する」

Check 86 品詞で見分ける多義語

☐ He is **but** a child. 副「彼はほんの子供だ」＝ only

☐ everyone **but** you 前「あなた以外のみんな」＝ except

☐ a strong **will** 名「強い意志」

☐ He *was* **fired**. 動「彼は解雇された」★受動態が多い。 ➲ 810

UPGRADE 209

☑ **798.** His plan will not (　　) satisfactorily, I suppose.
① bring about　② work out　③ set out
④ carry out　⑤ turn out　（上智大）

☑ **799.** 頻出 You can't predict everything. Often things don't (　　) the way you expected.
① hand out　② break through
③ work out　④ get through　（神戸学院大）

☑ **800.** What makes a friendship <u>last</u>?
① end　② continue　③ closer　④ destroy　（北里大）

☑ **801.** 頻出 Clothes <u>meet</u> our needs and express our ideas and emotions.
① satisfy or conform with　② encounter by accident
③ make the acquaintance of
④ oppose in battle, contest, or confrontation　（県立広島大）

☑ **802.** I shall (　　) you badly if you are going away.
① find　② miss　③ observe　④ search　⑤ speak
（早稲田大）

☑ **803.** 頻出 A：Will you tell me where the post office is?
B：It's just behind that gray building. (　　)
① You'll miss it.　② You can't miss it.　③ You can't find it.
④ You'll get lost.　⑤ You'll be welcome.　（亜細亜大）

☑ **804.** 頻出 Kindness sometimes does not (　　).
① possess　② pay　③ worth　④ mean　（関西大）

☑ **805.** 頻出 I can't (　　) that loud noise my neighbor is making any longer.
① listen　② stand　③ hear　④ put
（熊本保健科学大）

---

798. 彼の計画が申し分なくうまくいくことはないと思う。
799. すべてのことを予測することはできない。しばしば物事は予期したようにはうまくいかない。
800. 何によって友情は続くのだろうか。
801. 服装は私たちの必要を満たし，私たちの考えや感情を表現する。
802. 君が行ってしまったら，ひどく寂しいだろう。
803. A：郵便局がどこにあるか教えていただけますか。B：あの灰色の建物のすぐ後ろですよ。見逃すはずがありません。
804. 親切は割に合わないこともある。
805. もうこれ以上，隣人が出す大きな音に私は耐えられない。

UPGRADE 209 動詞の多義語

798. ②：**work (out)**「(物事・計画などが)うまくいく」

▶ work だけでも表現できる。

例 This method will *work* well.「このやり方はうまくいくだろう」

誤答 ① bring A about「A を引き起こす」(➡ 864)，③ set out「出発する」(➡ 962)，④ carry A out「A を果たす，実行する」(➡ 1134)，⑤ turn out A「A だとわかる」(➡ 1172)

799. ③：**work (out)**「(物事・計画などが)うまくいく」

誤答 ① hand A out「A を配る」，② break through「突破する，成功する」，④ get through「連絡がつく，困難を乗り越える」

800. ②：**last**「持続する，続く」＝ **continue**

801. ①：**meet A**「A(必要・要求など)を満たす」＝ **satisfy A**

誤答 ②「…と偶然出会う」，②「…と知り合いになる」，④「戦い，争い，対立で…と敵対する」

802. ②：**miss A**「A がいないのを寂しく思う，恋しい」

▶ 別れのときに，I'll miss you.「(あなたがいなくなると)寂しくなるでしょう」と言う。

803. ②：**miss A**「A を見逃す，聞き逃す」

▶ You can't miss it.「(見逃すことはありえない→)行けばわかります」は道を教えたあとによく言う決まり文句。

▶ miss は「〈電車など〉に乗り遅れる」，「〈授業など〉に出席しない」も重要。

804. ②：**pay**「割に合う，利益になる」

▶ この pay は自動詞で，行為や物事が主語となる。

805. ②：**stand A**「A を我慢する」＝ **put up with A** ➡ 765

▶ 関係詞が省略されている。that loud noise (that) my neighbor is making

誤答 ① listen は自動詞なので，listen to the music のように to が必要。

重要表現 not ... any longer ＝ no longer ...「もはや…ない」 ➡ 465

Check 87 その他の動詞の多義語

☑ **assume** responsibility	「責任を引き受ける」
☑ **assume** it's true	「それを本当だと思う」
☑ **attend** (to) a patient	「患者の看護をする」
☑ **beat** him at chess	「チェスで彼に勝つ」
☑ **long** to see your face	「君の顔を見たい」
☑ **major *in*** economics	「経済学を専攻する」
☑ It does***n't* matter** to me.	「それは私には重要でない」
☑ I ***was* moved**.	「私は感動した」

☐806. Kazu studied hard for many years in order to (　　) his ambition of becoming a dentist.

① proceed　② realize　③ succeed　④ obtain

（南山大）

☐807. Please <u>observe</u> this hotel's conduct rules.

① check　② follow　③ look at　④ read

（明海大）

☐808. The World Cup (　　) every four years.

① holds　② opens　③ is held　④ is opened

（南山大）

☐809. Schools <u>run</u> by the state are called state schools.

① bought　② managed　③ sold　④ taught

（関西学院大）

☐810. A friend of mine, Takeda Shigeo, decided not to wait till his company <u>fired</u> him.

問　下線部の fire の意味に最も近いものは次のどれか。

① shoot bullets from a gun

② force somebody to leave his or her job

③ make somebody feel very excited

④ provide fuel for somebody　（愛知大）

UPGRADE 210

☐811. He kindly made (　　) for a man with an injured leg.

① room　② place　③ seat　④ position

（駒澤大）

☐812. We should make contact with him by some (　　) or other.

① mean　② meaning　③ means　④ meanwhile

（日本大）

---

806. カズは歯医者になりたいという願いを実現するために長年一生懸命勉強した。
807. このホテルの行動規則に従ってください。
808. ワールドカップは４年ごとに開催される。
809. 州によって運営される学校は州立学校と呼ばれる。
810. 友人の１人であるタケダ・シゲオは会社が彼をクビにするまで待たないと決めた。
811. 彼は親切にも脚をけがした男性のために場所を空けてあげた。
812. 何らかの方法で彼に連絡するべきだ。

806. ②：**realize「〈夢など〉を実現する」**

▶ realize the error「間違いを悟る」のように，realize は「～に気づく，～を認識する」の意味のほうが多いが，realize a dream「夢を実現する」のように「～を実現する」も大切。

誤答 ① proceed「前進する」，③ succeed「成功する」，④ obtain「～を得る」

807. ②：**observe the rule「規則を守る」**

▶ observe は，observe the comet「すい星を観察する」のような用例が最多だが，「〈規則など〉に従う」＝ follow に注意。

808. ③：**hold「〈会議・祭りなど〉を開催する」**

▶ ここでは hold the World Cup「ワールドカップを開催する」の受動態。

809. ②：**run「〈会社・組織など〉を経営[運営]する」＝ manage**

▶ この言い換えは頻出！

例 *run* a company「会社を経営する」＝ *manage* a company

810. ②：**fire〈人〉「〈人〉を解雇する，クビにする」＝ dismiss**

▶ ②「誰かに仕事を辞めさせる」が正解。

誤答 ①「銃から弾丸を発射する」，③「誰かをとても興奮させる」，④「誰かに燃料を供給する」fire にはこれらの意味もある。

UPGRADE 210 名詞の多義語

811. ①：**make room (for A)「(A のために) 場所を空ける」**

▶「空間，場所」の意味では room は不可算名詞なので a は付けない。

812. ③：**means「方法，手段」**

▶ by some means or other「何らかの方法で，何とかして」。means は可算名詞で単複同形であることに注意。

▶ means には「資産，収入」という意味もある。

例 live within one's *means*「収入内で生活する」

誤答 ① mean は動詞で「① ～を意味する　② 意図する (＝ intend)」，形容詞で「卑しい」(例 a *mean* person「卑しい人」) という意味になる。
② meaning「意味」，④ meanwhile「その間に」

☑813. My brother is a leader in a way.
① in a sense　② in practice　③ in private　④ in time
（女子栄養大）

☑814. What they said in the meeting yesterday didn't make (　　).
頻出
① sense　② sentence　③ meaning　④ true
（駒澤大）

☑815. At one table, the subject might be football.
問　上の文の下線の subject と同じ用法の subject を含む文を下から選べ。
① He has never mentioned the subject of money.
② The program is subject to change without notice.
③ My favorite subject at school was physical education.
④ In the sentence "he threw the ball," "he" is the subject.
⑤ Monet loved to use his garden as the subject of his paintings.
（法政大）

☑816. A : Don't forget to take out the garbage tomorrow morning.
B : (　　　　　　　　　　)
A : No. I did it last week.
① Did I forget again?　② Isn't tomorrow a weekday?
③ Didn't you do it last week?　④ Isn't it your turn this week?
（立命館大）

UPGRADE 211

☑817. That store is (　　) on Thursdays.
頻出
① close　② closed　③ closes　④ closing
（東京経済大）

☑818. He was a very close observer.
発展
① keen　② intimate　③ near-by　④ casual
（上智大）

---

813. 私の兄はある意味ではリーダーだ。
814. 彼らが昨日会議で言ったことは理解できなかった。
815. あるテーブルでは，話題はフットボールについてかもしれない。
816. A：明日の朝ゴミを出すのを忘れないで。
B：今週は君の番じゃない？
A：いいえ。私は先週やりました。
817. その店は木曜日が定休日だ。
818. 彼はとても綿密な観察をする人だった。

813. ①：**in a way**「ある意味では」= in a sense

誤答 ②「実際上は」(➡ 1132)，③「非公式に」，④「間に合って」(➡ 246)

814. ①：**make sense (to 人)**「(人に)理解できる」
　= be understandable (to 人)

▶ make sense of A「A を理解する」= understand A も重要。 ➡ 891

PART 3 語い

815. ①：**subject**「話題」

▶ ①「彼がお金の話題を出すことは決してない」が正解。

誤答 ②「プログラムは予告なしに変更されることがあります」
③「学校で私がいちばん好きな学科は体育でした」
④「『彼がボールを投げた』という文では『彼』が主語です」
⑤「モネは絵の主題[題材]として，自分の庭を使うことを好んだ」

重要表現 ② be subject to A「A を受けやすい，A に影響されやすい」 ➡ 1066

816. ④：**A's turn**「A の番，順番」

▶ Wait your **turn**.「あなたの順番を待ちなさい」のように使う。

誤答 ①「私はまた忘れたのか」，②「明日は平日ではありませんか」，③「先週は君がやらなかったか」

Check 88 その他の名詞の多義語

☑ take a **break**	「休憩を取る」	☑ make a **fortune**	「一財産作る」
☑ dinner **check**	「夕食の勘定」	☑ tell your **fortune**	「運勢を占う」
☑ the upper **class**	「上流階級」	☑ theory and **practice**	「理論と実践」
☑ an exact **figure**	「正確な数字」	☑ in a **manner**	「ある方法で」
☑ a historical **figure**	「歴史的な人物」	☑ bad **manners**	「悪い行儀」★常に-s。

UPGRADE 211 形容詞・副詞の多義語

817. ②：**(be) closed**「閉店している」⇔ (be) open

▶ closed が「閉じている」で，形容詞の close [klóus] は「近い，きめの細かい」という意味であって，「閉じている」という意味はない。close [klóuz] は「…を閉じる」(動詞)だ。

誤答 ④ closing「終わりの」は 名 の前で修飾語として使う。
例 a *closing* ceremony「閉会式」

818. ①：**close**「(観察などが)綿密な，きめの細かい」

▶ close [klóus] は「接近した，近い，親しい」の意味で使用されるほうが多いが，上の用法も重要だ。

▶ ① keen「鋭敏な，鋭い，熱心な」

誤答 ② intimate「親しい」，③ near-by「近くの」，④ casual「偶然の，無頓着な」

☑ **819.** The new medicine saved him from the illness; (　　) his condition might have been desperate.
① then　② otherwise　③ therefore　④ yet　⑤ unless
(北里大)

☑ **820.** Daddy still has a bit of his cold, but all is well otherwise.
① in other words　② in every other way
③ in appearance　④ in that　(武庫川女子大)

☑ **821.** Somehow the computer doesn't seem to be working properly.
① right　② fast　③ recently　④ instantly
(広島国際大)

☑ **822.** He was standing (　　) in the middle of the lawn.
① left　② front　③ right　④ back　(帝京大)

☑ **823.** In Japan, a lot of public telephones were, and still are, put side by side with no booth around each telephone.
問　上の文の下線の still と同じ用法の still を含む文を下から選べ。
① Still waters run deep.
② We are still short of water.
③ She got a still better idea.
④ He stood still so as not to disturb the baby's sleep.　(白鷗大)

☑ **824.** His big success was due to his patience and diligence.
① increased　② resulted from
③ made him lose　④ made him forget　(青山学院大)

☑ **825.** The report is (　　) by the end of next week.
発展
① right　② just　③ due　④ close
(東京電機大)

---

819. その新しい薬は彼を病気から救った。さもないと，彼の状態は絶望的であったかもしれない。
820. お父さんはまだ少し風邪を引いているが，それ以外はまったく元気です。
821. どういうわけかそのコンピュータがうまく動いていないようだ。
822. 彼は芝生のちょうど真ん中に立っていた。
823. 日本では，多くの公衆電話はそれぞれ仕切りもなく横に並べられていたし，今もまだそうである。
824. 彼の大成功は忍耐と勤勉さによるものであった。
825. その報告は来週末までに提出されなければならない。

819. ②：**otherwise**「さもなければ，そうでなかったら」＝ **if not so**

▶ otherwise は前文の内容を否定する条件を表す。後ろに仮定法が続くことが多い。 ➲ 93

誤答 ① then「そして」，③ therefore「それゆえ」，④ yet「しかし」，⑤ unless「～しないかぎりは」。⑤ unless は接続詞なので，ここでは使えない。

820. ②：**otherwise**「それ以外の点では」＝ **in every other way [respect]**

▶ otherwise には，ほかにも「違ったやり方で」（＝ differently）の意味もある。

821. ①：**right**「うまく，適切に」＝ **properly**

▶ この right は副詞。「うまく動く」の意味で ×work rightly とは言わない。rightly は「公正に，当然」の意味。

例 *Rightly*, he was scolded.「当然，彼はしかられた」

822. ③：**right＋〈場所・時を表す副詞句〉「まさに，ちょうど，すぐ」**

▶ 直後の場所や時の副詞句を強調する。

例 *right* in front of the building「建物の真正面に」

▶「A の右に」は on the right of A。

823. ②：**still「まだ，今もなお，相変わらず」（副詞）**

▶ ②「我々はまだ水が足りない」が正解。

誤答 ①「静かな川は流れが深い[能あるタカはツメを隠す]」（ことわざ）
③「彼女はさらにもっとよい考えを思いついた」
④「赤ちゃんの眠りを邪魔しないように，彼はじっと立っていた」
① still「静かな」（形容詞），③ still＋比較級「さらに…」（副詞），④ still「静止した，動かずに」（形容詞）。

＋α 上記以外にも「それにもかかわらず」＝ nonetheless の意味もある。

824. ②：**(be) due to A（原因）「A が原因である」** ➲ 279

▶ be due to A の形で使われることが非常に多い。

▶〈結果＋result from＋原因〉「…から生じる」 ➲ 1189

825. ③：**due「（提出物の）期限が来る，（家賃などが）支払われるべき」（形容詞）**

例 The rent is *due* on the first of the month.
「家賃は月初めに支払われるべきだ」

Check 89 その他の形容詞の多義語

☑ be **anxious *to*** go abroad	「外国に行きたい」
☑ be **anxious *about*** him	「彼のことを心配する」
☑ to a **certain** degree	「ある程度まで」
☑ **fine** sand	「細かい砂」
☑ the **late** Mr. Frayn	「故フレイン氏」
☑ get **mad** at him	「彼に対して怒る」
☑ a **minute** difference	「わずかな違い」★発音注意。[mainjúːt]
☑ a **promising** youth	「前途有望な若者」

第27章 文をつなぐ語句

Data Research

〈出題数 TOP 4〉

逆接・譲歩 *however* など 209問

追加 *in addition* など 193問

対照 *on the other hand* など 141問

因果関係 *therefore* など 127問

前後の文の関係を考えて，つなぎの語句(Discourse Marker)を選ばせるのは長文で頻出の項目だ。
逆接・譲歩を表す **however**(→ 827)，
nevertheless(→ 828)，
因果関係を表す **as a result**(→ 835)，
therefore (→ 841)，
追加を表す **in addition**(→ 837)，
moreover(→ Check **90** p.303)，
対照を表す **on the other hand**(→ 832)
などは頻出である。また，このタイプの問題は，選択肢に接続詞と副詞など品詞の異なるものが含まれる場合が多いので，Q&A⑪ もしっかりおさえておこう。

(PRODIGY 英語研究所)

UPGRADE 212

☑ **826.** Jim's Japanese was not very good, ( ) his speech still impressed the audience.
① because ② but ③ so ④ therefore (京都産業大)

☑ **827.** 頻出 In English, there is only one word for snow. In Eskimo languages, ( ), there are as many as thirty-two different words for snow.
① but ② however ③ therefore ④ yet (南山大)

☑ **828.** The tennis player was injured in the semifinal match. ( ) he won the final and took the championship.
① Even though ② In spite of
③ Instead of ④ Nevertheless (京都産業大)

---

826. ジムの日本語はあまり上手ではなかった。しかしそれでも彼のスピーチは聴衆を感動させた。

827. 英語では雪を表す単語は1つしかない。しかしエスキモーの言葉では，32個もの雪を表す異なった単語がある。

828. そのテニス選手は準決勝でけがをした。それにもかかわらず，決勝で勝ち，選手権を獲得した。

UPGRADE 212 逆接のつなぎ語句 第1位

826. ②：but 〜 still ...「しかしそれでも」

▶ but のあとに still「それでも，にもかかわらず」を使う例が多い。

誤答 ④ therefore「それゆえ」は副詞なので，ここでは使えない。

827. ②：..., however, 〜 コンマで区切る however

▶ however「しかしながら」は but と同じように前文と逆接的な内容が来るが，ふつうコンマで区切って文中に用いる(文頭・文末も可)。これは however が副詞だからだ。下記 Q&A⑪ を参照。

828. ④：nevertheless「それにもかかわらず」

▶ nevertheless は副詞で，even though は従属節を導く接続詞，instead of や in spite of は句前置詞。ここは副詞しか入らないところだ。

誤答 ① Even though「…にもかかわらず」は接続詞。② In spite of「…にもかかわらず」と③ Instead of「…の代わりに」は句前置詞(かたまりで１つの前置詞の役割を果たす)。

Q&A⑪ 文をつなぐ語句，どう見分ければよい？

●**前置詞句　despite A，during A，for A，in spite of A，with A など**

前置詞は必ず後ろに名詞を伴って，前置詞句の固まりで修飾語となる。特に文を修飾する修飾語句(副詞句)として文頭で使われる For example「たとえば」，As a result「その結果」などに注意したい。

We had a discussion about our relationship. 〈As a result〉, I learned how much she loved me.
ピリオド↑ 〈前置詞句〉, S V ....
(私たちの関係について話し合った。その結果，彼女がどんなに愛してくれているかわかった)

●**従属接続詞　while 〜，if 〜，though 〜，when 〜 など**

従属接続詞は後ろに文が来て副詞節を作り，前または後ろの文を修飾する。

〈While he was sitting idle〉, she did the dishes.
〈接続詞＋S′ V′ ...〉, S V .... ←１つの文に SV 関係が２つあることに注意。
(彼が何もしないで座っている一方で，彼女は皿洗いをした)

●**副詞　however，indeed，so，therefore など**

前置詞句や接続詞と異なり，副詞は１単語で文を修飾する。また文中に置くこともある。

He wanted to forget about it. It was, 〈however〉, an important matter for his future.
= ....〈**However**〉, it was an important matter for his future.
= .... **But** it was an important matter for his future.
(彼はそのことを忘れたかった。しかし，それは彼の将来にとって大切なことだった)

But は等位接続詞だから，however のようにコンマを前後に打って文中で使うことはできない。

☑829. I didn't say I liked her; (　　), I said I didn't like her.
頻出 ① at any rate　② in contrast　③ of course　④ on the contrary
(東京理科大)

☑830. She's far from being well-educated, (　　), but she's well-mannered.
頻出 ① nevertheless　② however　③ to be sure　④ none the less
(関西学院大)

☑831. Not everyone, (　　), is entirely comfortable with this new usage.
① but　② though　③ whenever　④ while
(藤田医科大)

UPGRADE 213

☑832. The job wasn't very interesting, but (　　) it was well-paid.
頻出 ① on the contrary　② on the other hand
③ in addition　④ all the more
(上智大)

☑833. Penny is by no means poor; (　　), she's quite rich.
頻出 ① by all means　② in fact　③ in addition　④ by the way
(京都外語大)

☑834. A：Hi, Mary, have you got any plans for the weekend?
B：No, Tom. (　　), I have nothing to do this weekend. What are you going to do?
① As a matter of fact　② To make matters worse
③ Generally speaking　④ I hope not
(東京造形大)

☑835. Joseph stayed up late last night. (　　), he fell asleep during the mathematics class.
① However　② As a result　③ Instead　④ In addition
(群馬大)

---

829. 私は彼女のことが好きだと言ったのではない。それどころか，彼女のことが好きじゃないと言ったのだ。
830. 彼女は確かに教養があるというのにはほど遠いが，しかし行儀はよい。
831. しかし，すべての人が完全にこの新しい語法をよいと思っているわけではない。
832. その仕事はあまりおもしろくなかったが，その一方で給料はよかった。
833. ペニーは決して貧しくない。いやそれどころか彼女はかなり金持ちである。
834. A：メアリ，週末の予定はありますか。　B：いいえ，トム。実は今週末はすることが何もありません。あなたは何をするつもりですか。
835. ジョゼフは昨夜遅くまで起きていた。その結果，彼は数学の授業中に寝てしまった。

829. ④：on the contrary「それどころか」

▶ 文頭の on the contrary は直前の発言を否定するときに用いる。(　　)の前の「彼女のことが好きだと言ったのではない」という文と(　　)のあとの「彼女のことが好きじゃないと言ったのだ」は逆接ではないので，but は使えない。この問題では，前の文の一部である I liked her という箇所を否定して on the contrary「それどころか」と言っていると考えればよい。

830. ③：..., to be sure, (...) but 〜「確かに…だが〜」

▶ to be sure，や indeed の後ろに but が出現することが多い。そのような場合「確かに…だが」と譲歩を表していると考えてもよい。

重要表現 far from A「A からほど遠い，まったく A ではない」 ➡ 487，1020

831. ②：〜, though, ...「でも，しかし」＝ 〜, however, ...

▶ この though は however と同じ副詞。副詞の though は文頭では用いず，文中や文末で使う。文中の場合，ふつう前後にコンマを打つ。

▶ この用法は although にはない。

誤答 ①，③，④はふつう接続詞で，本問のように S と V の間に置くことはない。

UPGRADE 213 重要なつなぎ語句

832. ②：on the other hand「一方」 第3位

▶ on the other hand は前に述べたことと対照的なことを述べるときに使う。前述のことと相互に矛盾しない場合に用いる。

▶ on (the) one hand と呼応して用いることもある。

833. ②：in fact「いやそれどころか(実は)」

▶ in fact は次の３つの用法に注意。

① (具体例の前で)実際

② いやそれどころか(前文より率直で強い表現を導く)

③ (見かけなどと違って)実は(＝ actually)

▶ 本問では上の②である。

誤答 ①「もちろん」(➡ 1016)，③「加えて」，④「ところで」(➡ Check 145)

重要表現 by no means「決して…ない」 ➡ 482

834. ①：as a matter of fact「実は，実を言えば，実際のところ」

▶ in fact と同じく，後ろに詳しい説明や具体例が続くことが多い。

重要表現
② to make matters worse「さらに悪いことには」 ➡ Check 21 p.79
③ generally speaking「一般的に言って」 ➡ Check 28 p.102，Check 113 p.341
④ I hope not「そうでないことを願う」

835. ②：as a result「その結果」

▶ ふつう文頭で用い，前の文の内容を受けて「その結果」という意味で使う。×as the result としないように。

☑ **836.** It's too late to go out now; (　　), it's starting to rain.
① all the same　② at least
③ besides　④ therefore　（高千穂大）

☑ **837.** 頻出 English students must study grammar; (　　), they must study reading, writing, and listening comprehension.
① nonetheless　② in fact
③ however　④ in addition　（城西大）

☑ **838.** My family is financially sound; (　　), we are debt free.
① on the other hand　② for example
③ for all that　④ nevertheless　（関西学院大）

☑ **839.** Michael refused; (　　), his answer was "no."
① in other words　② otherwise
③ words for words　④ however　（札幌大）

☑ **840.** The tennis courts were closed, so we went bowling (　　).
① either　② instead　③ neither　④ rather　（立命館大）

☑ **841.** I forgot to stop at the store on the way home and buy food for dinner. (　　), I decided to eat out tonight.
① In addition　② In fact　③ Nevertheless
④ Specifically　⑤ Therefore　（東京理科大）

---

836. もう外出するには遅すぎる。それに雨も降り出してきた。
837. 英語を学ぶ人は文法を学習しなければならない。それに加えて，読解，作文，聞き取りの学習もしなければならない。
838. 我が家は財政的には健全である。たとえば借金はまったくない。
839. マイケルは拒否した。言い換えると，彼の答えは「ノー」だった。
840. そのテニスコートが閉まっていたので，代わりに私たちはボウリングに行った。
841. 私は家に帰る途中でその店に立ち寄って，晩ご飯の食べ物を買うのを忘れた。それゆえ，今晩は外食することに決めた。

836. ③：**besides**「さらに，そのうえ」

▶ besides には前置詞と副詞がある。ここでは副詞。

▶ 副詞の besides は文頭で用いられることが多く，重要だと思われる情報を追加するときに用いられる。

▶ 前置詞としての用法は，besides A「A に加えて」（= in addition to A）だ。

837. ④：**in addition**「それに加えて，そのうえ」= **besides** 第2位

▶ 前文の内容に追加して述べるときに使う。

誤答 ① nonetheless「それにもかかわらず」

838. ②：**for example**「たとえば」= **for instance**

▶ 具体例を挙げるときに使う。

▶ 本問で sound は「健全な」，debt free は「借金がない」（➡ UPGRADE 206 p.287）の意。

839. ①：**in other words**「言い換えると，つまり」

▶ 前文を言い換えるときに使う。ふつうはより単純でわかりやすい表現を後ろにもってくる。

840. ②：**instead**「その代わりに」

▶ 文頭や文末で単独の副詞として使う。

重要表現 instead of A「A の代わりに」 ➡ 291

841. ⑤：**therefore**「それゆえ，その結果」= **hence** 第4位

▶ 文頭，文中で用い，前に原因・理由が述べてあって，結果を述べる前に置く。so より堅い語。

▶〈原因・理由を表す文〉. *Therefore*,〈結果を表す文〉.

▶ hence も同じ意味で使われる。hence は後ろに名詞を置くことがある。

例 She did her best, *hence* her success.「彼女はベストを尽くした。だから成功した」

誤答 ④ Specifically「具体的には」

☑ Check 90 その他の文をつなぐ語句

☐ You must not be too angry at him. **After all**, he is only six.
「彼にあまり腹を立ててはいけない。**なぜなら**，わずか6歳なん**だから**」
★ after all を文頭で使うと，前に述べられていることの**理由・説明**が来る。

☐ The product is easily available. **Moreover**, it is cheap.
「その製品は簡単に入手できる。**そのうえ**，安い」
★ moreover は前に述べられたことに**追加**するときに用いる。in addition と同意。

☐ He worked harder than other workers. **Thus** he was paid better.
「彼は他の労働者よりもよく働いた。**それゆえ**，よりたくさん給料をもらった」
★ thus は therefore や hence と同じく，前に述べられていることの**結果**を述べる。

第28章 重要語いの整理

Data Research

〈出題数 TOP 3〉

essential など	85問
eventually	78問
assure, ensure など	46問

英単語の意味や言い換えを問う問題で，いつもねらわれる単語をこの章では扱う。これらの単語は，短文だけではなく長文においても，その単語の意味が問われたり，正解の選択肢に登場したりするから，しっかりと覚えたい。

第1位 essential は，necessary，indispensable，vital，crucial などとの言い換え問題で，毎年問われている。

第2位 eventually は，in the end，finally などとの言い換え問題が多い。

第3位 assure，ensure など sure の派生語は，誤りの選択肢としてもよく登場するから，要注意だ。

（PRODIGY 英語研究所）

UPGRADE 214

☑**842.** I (　　) you that the wedding will take place as planned.
① assure　② insure　③ admire　④ inspire　（武蔵大）

☑**843.** The first duty of the state is to <u>ensure</u> that people have enough to eat.
① presume　② assume　③ acknowledge　④ guarantee　（関西外語大）

☑**844.** Two Californian towns, Davis and Palo Alto, have <u>banned</u> smoking in public buildings.
① admitted　② kept　③ prohibited　④ required　（上智大）

☑**845.** We are having our annual yard sale. So come and spend a wonderful day shopping for books, clothes, and furniture (　　) beds and tables.
① sleeping　② making　③ adding　④ including
（関東学院大）

☑**846.** If we can pay attention to the advice of <u>countless</u> scientists, every one of us will gain in good health.
① innumerable　② active　③ distinguished　④ nameless　（同志社大）

---

842. 結婚式は予定通りに行われるだろうと私が保証します。
843. 国家の一番の義務は，人々が食べ物を十分手に入れられるようにすることです。
844. デービスとパロアルトというカリフォルニア州の２つの町が，公共の建物での喫煙を禁止した。
845. 私たちは年に１度のヤードセールをしています。だから，本，衣服，ベッドやテーブルを含む家具の買い物で，すばらしい１日を過ごしに来てください。
846. 無数の科学者たちの助言に注意を払うことができるなら，私たちの誰もが健康状態がよくなるだろう。

UPGRADE 214 重要語いの整理

842. ①：assure〈人〉that ～「〈人に〉～だと確信を持って言う，～と言って〈人〉を安心させる」 第3位

+α I (can) assure you.「本当です，私が保証します」

PART 3 語い

843. ④：ensure A「A を確実にする」＝ guarantee A 第3位

▶ en-が形容詞に付くと「…にする」という意味の動詞になる。

例 enrich「…を豊かにする」，enlarge「…を大きくする」

Check 91 sure の派生語

- ensure that ～「～を確実にする」＝ make sure that ～
- insure A「A に保険をかける」
- reassure A「A を安心させる」

844. ③：ban A「A を禁止する」＝ prohibit A

▶ ban, prohibit はどちらも〈V＋A＋from V-ing〉の文型をとる。prohibit は法律などで使う堅い語で，ban は法的または社会的に使用などを禁じるときに使うことが多い。 ➲ 1014

845. ④：including A「A を含めて」

▶ including A は分詞構文と考えてもよいが，直前の名詞句を修飾する前置詞句と考えてもよい。

▶ include「…を含む」⇔ exclude「…を除外する」の関係にも注意。

▶ contain は「(箱などに)…を含む」という意味。

846. ①：countless「無数の」＝ innumerable

▶ countless や innumerable は「数がない」のではなく，「数が数えられないほどたくさんある」ことを表す。

+α 同様に priceless や invaluable は「価値がない」のではなく，「(評価できないほど)価値が高い」ことを表す。 ➲ 740

Check 92 まぎらわしい単語(動詞)

adapt A	「A を合わせる」	—	adopt A	「A を採用する，養子にする」
arise	「生じる，起こる」	—	arouse A	「A を刺激する」
find A (found-found)	「A を見つける」	—	found A (founded-founded)	「A を設立する」
precede A (pre-は時間的に「前」)	「A に先行する」	—	proceed (pro-は空間的に「前」)	「前進する」
wind [wáind] (wound [au]-wound)	「曲がる」	—	wound [wú:nd] A (wounded-wounded)	「A を傷つける」

☑**847.** As civilization grew more <u>complex</u>, better methods of communication were needed.

① complicated ② comprehensive
③ composed ④ complete （東海大）

☑**848.** John shows no interest in international problems at all. I don't know how he can be so (　　) to suffering in other countries.

① indifferent ② sensitive ③ sympathetic ④ inheritable
（京都外語大）

☑**849.** I have tried to (　　) Nancy from going abroad. She is too young.

① encourage ② discourage ③ convince ④ persuade
（京都外語大）

☑**850.** Jane has been working very hard, so I think she (　　) a long vacation.

① conserves ② deserves ③ reserves ④ preserves
（東北福祉大）

☑**851.** Quality control is <u>an essential</u> part of the manufacturing process.
頻出
① a necessary ② a productive
③ an alternative ④ an environment （中部大）

☑**852.** After years of failing health, the father <u>eventually</u> died.
頻出
① eternally ② finally ③ immediately ④ suddenly
（甲南大）

☑**853.** John's <u>perspective</u> on international relations was highly respected by everyone.

① conference ② feelings ③ experience ④ views
（会津大）

---

847. 文明がより複雑になるにしたがって，よりよい意思伝達方法が必要とされた。
848. ジョンは国際問題にまったく興味を示さない。他国の苦しみに対してどうしてそんなに無関心でいられるのかわからない。
849. 私はナンシーが海外に行くのを思いとどまらせようとした。彼女は若すぎる。
850. ジェーンは一生懸命働いてきたので，長期休暇をもらうに値すると思う。
851. 品質管理は製造工程において必要不可欠な部分である。
852. 何年にもわたって健康が悪化し，その父親は結局死んだ。
853. ジョンの国際関係に関する大局観は，みんなにとても尊重されていた。

847. ①：complex「複雑な」= complicated

▶ 頻出の言い換えパターンだ。ただし，微妙な違いもある。complex は「多くの部分が絡み合う構造」を言い，しばしば，技術用語として使う。一方，complicated は日常語として使うことが多く，「扱いづらかったり，解決や理解が難しかったりする問題や状況」に用いることが多い。

848. ①：be indifferent to A「A に無関心である」

▶ indifferent の in- は否定の接頭辞なので，different の反意語のようだが，意味は反対ではないので注意。前置詞 to との連語関係も覚えよう。

849. ②：discourage A from V-ing「A に V するのを思いとどまらせる」
⇔ encourage A to V「A が V するよう励ます，促す」

+α 反意語で連語関係が異なる表現は要注意。
例 be dependent on A「A に依存している」
⇔ be independent of A「A から独立している」

850. ②：deserve A「A の価値がある」= be worth A

▶ -serve には「取っておく，保つ」の意味がある。

誤答 ① conserve と ④ preserve は「…を保存する」③ reserve は「…を予約する」

+α deserve は目的語に V-ing も to V もとれる。

851. ①：essential「必要(不可欠)な」= necessary, indispensable, vital, crucial 第1位

852. ②：eventually「結局，ついに」= finally, in the end 第2位

▶ eventually は言い換え問題の頻出単語。in the long run, in the end との言い換えも多く出題されている。

853. ④：perspective「大局観，(正しい)ものの見方」= view

▶ perspective は言い換え問題よりも和訳問題に頻出する単語だ。語源は per-(全体的に)＋spect(見る)＋ -tive(力のある)だ。「遠近法」の意味もある。

+α put [see] A in perspective「A を正しく判断する」

Check 93 類義語

◆動詞

☑ display A「A を展示する」= show A, exhibit A
☑ endure A「A に耐える」= bear A, stand A

◆形容詞

☑ accurate「正確な」= exact
☑ enormous「莫大な」= huge, vast
☑ notorious「悪名高い」= infamous
☑ polite「礼儀正しい」= courteous
☑ reluctant「したがらない」= unwilling
☑ steady「一定の，変わらない」= constant

◆名詞

☑ diversity「多様性」= variety
☑ sympathy「同情」= compassion

Check 94 反意の接頭辞

◆ **dis-**　主に動詞に付く

☐ **disagree**「反対する」 ☐ **disappear**「消える」 ☐ **dislike** A「A を嫌う」
☐ **disobey** A「A に背く」 ☐ **disclose** A「A を暴く，発表する」
☐ **disorder**「無秩序」 ☐ **dishonest**「不正直な」

◆ **in-**，**un-**　主に形容詞に付く（**in-**は後ろのつづり字のせいで **im-**，**il-**，**ir-**などにもなる）

☐ **indirect**「間接の」 ☐ **informal**「形式ばらない」 ☐ **incapable**「できない」
☐ **inadequate**「不適切な」 ☐ **imperfect**「不完全な」 ☐ **illegal**「違法な」
☐ **indispensable**「（なしで済ませられない→）必要不可欠な」 ☐ **irregular**「不規則な」
☐ **unable**「できない」 ☐ **uncommon**「めったにない」 ☐ **unkind**「不親切な」

Check 95 注意したい反意語

◆名詞

☐ **theory**	「理論」	⇔	☐ **practice**	「実践，実際」
☐ **cause**	「原因，理由」	⇔	☐ **effect**	「結果，影響」
☐ **virtue**	「美徳」	⇔	☐ **vice**	「悪徳」
☐ **quality**	「質」	⇔	☐ **quantity**	「量」
☐ **demand**	「需要」	⇔	☐ **supply**	「供給」

◆動詞

☐ **admit** A	「A を（事実だと）認める」	⇔	☐ **deny** A	「A を否定する」
☐ **accept** A	「A を受け入れる」	⇔	☐ **reject** A	「A を拒否する」
☐ **include** A	「A を含む」	⇔	☐ **exclude** A	「A を除外する，A を締め出す」

◆形容詞

☐ **abstract**	「抽象的な」	⇔	☐ **concrete**	「具体的な」
☐ **conservative**	「保守的な」	⇔	☐ **progressive**	「進歩的な」
☐ **active**	「積極的な，活発な」	⇔	☐ **passive**	「消極的な」
☐ **affirmative**	「肯定的な」	⇔	☐ **negative**	「否定的な」
☐ **male**	「男性の」	⇔	☐ **female**	「女性の」
☐ **maximum**	「最大限の」	⇔	☐ **minimum**	「最小限の」
☐ **optimistic**	「楽観的な」	⇔	☐ **pessimistic**	「悲観的な」
☐ **permanent**	「永久的な」	⇔	☐ **temporary**	「一時的な」
☐ **previous**	「以前の」	⇔	☐ **following**	「次の」
☐ **rural**	「田舎の」	⇔	☐ **urban**	「都会の」

PART 4

熟語

第29章 基本動詞の熟語

▶ Data Research

設問数		長文出現数
159問	come up with	1168回
121問	get along with	557回
113問	make up for	402回
22問	keep early hours	23回
19問	make much of	18回

左のデータは28年間の大学入試問題での短文の設問の正解となった出題数と，長文中の出現回数である。**come up with**(→ 862)，**make up for**(→ 1084)などは短文空所補充や言い換え問題でよく出題されているし，長文中でも頻出の熟語だ。
一方，**keep early [good] hours**(→ 931)，**make much [little] of**(→ 978)などは短文の問題対策として覚えておくべきだが，長文中ではあまり多くは登場していない。大学入試問題ならではの傾向と言えるだろう。

（PRODIGY英語研究所）

UPGRADE 215

☑**854.** I came (　　) an old friend yesterday.
頻出
① across　② around　③ against　④ at　（法政大）

☑**855.** The boy just <u>came to</u> and seems all right. You can talk to him now.
① appeared　② visited
③ called　④ recovered consciousness
（関西外語大）

☑**856.** It is difficult to <u>come by</u> that video.
① obtain　② offer　③ prepare　④ provide　⑤ submit
（日本大）

☑**857.** It's nine o'clock now. The party is coming to (　　).
① an open　② a start　③ an approach　④ an end
（都立科学技術大）

---

854. 昨日昔の友達に偶然出会った。
855. 少年はちょうど意識を取り戻し，大丈夫なようです。もう彼と話ができますよ。
856. あのビデオを手に入れるのは難しい。
857. 今9時です。パーティは終わりそうです。

KEY POINT 20 熟語でも動詞の語法や文法を考える！

基本動詞の熟語のほとんどが，動詞の語法や文法に従っていることに気をつけよう。たとえば，put off「延期する」という熟語を考えるとき，もともと put は他動詞(→ p.207)だと知っていれば，この熟語が〈他動詞＋副詞〉だとわかる。すると，put it off は正しいが，put off it は誤りだとわかる。(下のQ&A⑫ 参照)。

UPGRADE 215 come 出現⇒到達

come の熟語は「出てくる」(出現)と「達する」(到達)のイメージでとらえよう。たとえば **come across** A「A に偶然出会う」は「目の前に出現する」というイメージだ。

854. ①：**come across A「A(人)に偶然出会う，A(物)を偶然見つける」**

誤答 ② come around「やってくる，(日時・催しが)巡ってくる」

855. ④：**come to (one's senses)「正気[意識]を取り戻す，我に返る」**

▶ ④「意識を取り戻した」が正解。
▶ 本問のように one's senses を省略し，come to とすることが多い。

856. ①：**come by A「A を手に入れる」＝ obtain A**

▶ この言い換えが頻出だ。

誤答 ② offer「〜を申し出る」，③ prepare「〜を用意する」，④ provide「〜を提供する」，⑤ submit「〜を提出する」

857. ④：**come to an end「終わる」**

誤答 ②のように come to a start を使うことは入試ではまれ。①，③もふつうは使わない。

Q&A⑫ put A on と get on A は，どうして A の位置が違うの？

本書の熟語の表記には get on A「A(バスなど)に乗る」のように A が on の後ろに書かれているものと，put A on のように A が on の前に書かれているものがある。get on A は**〈自動詞＋前置詞＋A(目的語)〉**の熟語だから，決して ×get A on とはしない。

一方，put A on「A を着る」のように A を先に表記している熟語は**〈他動詞＋A(目的語)＋副詞〉**の熟語で，put A on 以外に put on A とすることもある。たとえば，put a hat on としても put on a hat としてもよい。

ただし，**〈他動詞＋A(目的語)＋副詞〉**の熟語でも**目的語が代名詞の場合は，目的語を先にして** put it on としなければならず，×put on it としてはいけない。

get on A → ○get on a bus ×get a bus on
put A on → ○put on a hat ○put a hat on
　　　　　 ×put on it ○put it on

本書では〈他動詞＋A(目的語)＋副詞〉の熟語はすべて〈V＋A＋副詞〉の語順のみを提示するが，〈V＋副詞＋A〉の語順で登場することもある。

☐858. 国際事情となると私はほとんど何も知りません。
When [① nothing ② I ③ international ④ comes ⑤ almost ⑥ affairs ⑦ to ⑧ it ⑨ know]. (愛媛大)

☐859. Indigestion often ( ) eating rotten food.
① causes of ② results in ③ comes from ④ takes in (茨城大)

☐860. A : Where are you from?
B : ( )
① I come from Matsuyama.
② I came from Matsuyama yesterday.
③ I come from Matsuyama every day.
④ I came back from Matsuyama. (松山大)

☐861. I often wonder when this world came into ( ). (東京薬科大)

☐862. I wonder who first thought of the idea of wearing seat belts in cars.
頻出
① came down on ② came home to ③ came into
④ came up to ⑤ came up with (東京理科大)

UPGRADE 216

☐863. Can you tell me how the accident happened?
頻出
① came on ② came out ③ came about ④ came around (愛知学院大)

☐864. What brought about your change in attitude?
頻出
① altered ② caused ③ grew ④ occurred (愛知工業大)

☐865. It takes a lot of work to bring up children.
頻出
① rise ② bear ③ raise ④ teach (法政大)

---

859. 腐った食べ物を食べることで消化不良が生じることが，しばしばある。
860. A：どちらのご出身ですか。 B：私は松山の出身です。
861. この世界はいつから存在するようになったのか，私はしばしば疑問に思う。
862. 車内でシートベルトを着用するという考えを最初に思いついた人は誰だろうか。
863. どのようにしてその事故が起こったか，私に教えてもらえますか。
864. あなたの態度が変わったのはどうしてですか。
865. 子供を育てるのには多大な労力が必要だ。

858. ⑧-④-⑦-③-⑥-②-⑨-⑤-①：**when it comes to A「A のことになると」**

▶ When *it comes to international affairs, I know almost nothing.*

▶ 新しい話題を導入する表現。A には V-ing を置くこともある。 ➲ 175

859. ③：**come from A「A から生じる」**

誤答 ② result in A は「A という結果になる」だ。result from A「A から生じる」(➲ 1189) なら正しい。④ take in は「～を飲み込む，(人を) だます」の意味。

860. ①：**come from A「A の出身である」**

▶ come from A は「A の出身である」の意味では現在時制で用いる。進行形にはしない。

861. **being [existence]：come into being [existence]「出現する，生まれ出る」**

▶ この being は「存在」という意味だ。

+α bring A into being「A を生じさせる」 ➲ UPGRADE 216

862. ⑤：**come up with A「A を思いつく，提案する」** 第1位

誤答 ② come home to〈人〉「〈人〉に痛切に感じられる」 ➲ 867
③ come into A「A (場所) に入る，A (状態) になる」
④ come up to A「A (期待など) に沿う」

UPGRADE 216 come と bring は自動詞と他動詞のペア

自動詞 **come** に対応する他動詞が **bring** だ。熟語でもこの関係は成り立つ。

Ⓐ **come** to an end「A が終わりになる」
bring Ⓐ to an end「A を終わりにする」

このように **come** の主語 A が **bring** の目的語になっているペアの熟語がたくさんある。(訳語の「が…なる」→「を…する」にも注意)

たとえば **come to one's senses**「正気を取り戻す」を知っていれば，**bring** A **to one's senses**「A を正気に戻す」はすぐに類推できる。

863. ③：**come about「起こる，生じる」＝ happen**

▶ この言い換えが頻出。

▶ この about は副詞なので，come about の後ろに名詞は置けない。

誤答 ① come on「〈命令文で〉1. 急げ 2. おいおい」，② come out「1. 出る，外出する 2. 出版される」(➲ 866)，④ come around「やってくる，(日時・催しが) 巡ってくる」

864. ②：**bring A about「A を引き起こす」＝ cause A**

▶ この about も **863** と同様に副詞で，A は他動詞 bring の目的語だ。語順は bring about A とする例が多い。 ➲ Q&A⑫ p.311

865. ③：**bring A up「A を育てる」＝ raise A**

▶ この言い換えが頻出。

! 注意 bring up「育てる」の意味に対応する come up の用法はない。

☑866. The book (　　) out last month.
① broke　② came　③ turned　④ went　(武蔵大)

☑867. The TV program (　　) home to people the risks of smoking.
発展
① put　② brought　③ took　④ made　(東洋大)

UPGRADE 217

☑868. His father promised to buy him a car when he came (　　).
① of adult　② of age
③ to adult　④ to reach to twenty　(亜細亜大)

☑869. If trade does not improve soon, the firm may (　　), and then all the workers will be out of a job.
① take place　② keep in touch　③ be well off
④ go bankrupt　⑤ come into effect　(中央大)

☑870. He studied hard to make his dream come (　　).
① actual　② factual　③ real　④ true
(青山学院大)

☑871. Everything seemed to go (　　) with me.
① bad　② ill　③ mistaken　④ wrong
(千葉商科大)

☑872. I'm going to leave for Europe next week so I'm very busy (　　) my journey.
① making　② going to
③ preparing on　④ getting ready for　(東京電機大)

---

866. その本は先月出版された。
867. そのテレビ番組は人々に喫煙の危険を痛切に感じさせた。
868. 彼の父は，彼が成人したら車を買ってあげると約束した。
869. もし商売がすぐに改善しなければ，その会社は倒産するかもしれないし，そうするとそこの労働者が皆，職を失うことになる。
870. 彼は夢を実現させるために一生懸命勉強した。
871. 私については，すべてがうまくいかないように思えた。
872. 来週ヨーロッパに向けて出発することになっているので，旅行の準備をするのにとても忙しい。

866. ②：come out「出版される」

▶ bring A out「A を出版する」とペアで覚えよう。

誤答 ① break out「(戦争などが)急に起こる」, ③ turn out「〜と判明する」(➡ 1172), ④ go out「外出する，(火が)消える」

+α **come out with A = bring A out**「A を出版する」という言い換え問題もある。**A come with B = A bring B** という関係だ。

867. ②：**bring A home to**＋〈人〉「A を〈人〉に痛切に感じさせる」

▶ 本問は A が後ろに置かれて〈bring home to＋人＋A〉の語順になっている。

例 bring *the fact* home to the boys = bring home to the boys *the fact*
「その事実を少年たちに痛切に感じさせる」

▶〈A come home to＋人〉「A が〈人〉に痛切に感じられる」も重要。

UPGRADE 217 状態の変化を表す come と get と go

SVC「…になる」という意味を表すとき，動詞と形容詞の相性が決まっているものも多い。たとえば，get ready と言えても ×go ready とは言えない。

868. ②：come of age「成人する，十分発達する」

869. ④：go bankrupt「倒産する，破産する」

▶〈**go＋状態**〉は，「**悪い状態への変化**」を表すことが多い。

誤答 ① take place「起こる，開催される」(➡ 922)，② keep in touch (with A)「(A と)連絡を取り合う, 保つ」(➡ 933), ③ (be) well off「裕福である」(➡ 1202), ⑤ come into effect「(法律などが)実施[施行]される」

+α **go out of business**「失業する」
go dead「(電話・電気などが)切れる」

870. ④：come true「実現する」

▶〈**come＋状態**〉は，「**よい状態・本来の状態への変化**」が多い。

☑ **come alive**「活気づく」

☑ **come right**「うまくいく」

871. ④：go wrong (with A)「(A について)悪くなる，うまくいかない」

誤答 ① go bad は「腐る」。

872. ④：**get ready for A**「A の準備をする」

▶〈**get＋状態**〉は，「**一時的な状態への瞬間的な変化**」が多い。go mad「気が狂う」と get mad「怒る」(= get angry)を比べれば，get の瞬間的で一時的なイメージがわかる。

☑ **get angry**「怒る」

☑ **get excited**「興奮する」

☑ **get sick**「病気になる」

誤答 ③ は preparing *for* なら可。

☑873. My brother (　　).
頻出 ① did marriage with a teacher　② got married to a teacher
③ married with a teacher
④ and a teacher married with each other　(熊本県立大)

☑874. He decided to <u>get rid of</u> all the magazines in his room.
頻出 ① tear　② classify　③ submit　④ discard
(立命館大)

☑875. Gradually I (　　) to love Susan.
① became　② came　③ reached　④ turned　(中部大)

UPGRADE 218

☑876. He is not <u>doing well</u> with his friends.
頻出 ① getting in touch　② coming up
③ getting along　④ doing away　(関西学院大)

☑877. I will get in touch (　　) you as soon as I arrive at the office Monday morning.
① at　② of　③ in　④ with　⑤ for　(早稲田大)

☑878. We must <u>get over</u> this difficulty.
① employ　② overcome　③ examine　④ interrupt
(駒澤大)

☑879. What time does your brother <u>get through</u> work every day?
頻出 ① finish　② start　③ go　④ leave　(奈良大)

UPGRADE 219

☑880. The bomb <u>exploded</u> with a loud bang which could be heard all over the city.
① went away　② went off　③ went on
④ went out　⑤ went up　(東京理科大)

---

873. 私の弟は教師と結婚した。
874. 彼は自分の部屋のすべての雑誌を処分する決心をした。
875. 私は徐々にスーザンを愛するようになっていった。
876. 彼は友人たちと仲よくしていない。
877. 月曜日の朝オフィスに着いたらすぐに，あなたに連絡をするつもりです。
878. 私たちはこの困難を乗り越えなければならない。
879. あなたのお兄さんは毎日仕事を何時に終えますか。
880. 町中で聞こえるほどの大きな爆発音を立てて爆弾が爆発した。

873. ②：**get married to A「A と結婚する」＝ marry A**

▶〈get＋V-ed〉の形は多い。これは受動態〈be＋V-ed〉の be が get になり，「状態の変化」を表す。たとえば，be married は「結婚している」（状態）だが，get married は「結婚する」という「動作」だ。

☑**be dressed**「服を着ている」（状態）　☑**get dressed**「服を着る」（動作）

誤答 ×marry with〈人〉は不可（➡ 534）

PART 4 熟語

874. ④：**get rid of A「A を捨てる，処分する」＝ discard A**

▶ rid A of B「A から B を取る」の受動態 A be rid of B から，be が get になった形だ。

▶ get rid of A は「A（習慣など）をやめる」，「A（風邪など）が治る」などの用法もある。

875. ②：**come to V「V するようになる」**

▶ V には be，know，think，understand などの状態動詞が来る。

! 注意 ×become to V → ○come to V「V するようになる」

! 注意 ×come to be 形容詞→ ○become 形容詞
（ただし come to be V-ed は可）

UPGRADE 218 get の熟語

876. ③：**get along with A「A と仲よくする」＝ get on with A**　第 2 位

877. ④：**get in touch with A「A に連絡を取る」**

▶ keep in touch with A（➡ 933）は「A と連絡を取り合う，保つ」。

878. ②：**get over A「A を乗り越える，A（病気など）から回復する」**
＝ overcome A，recover from A

879. ①：**get through（with）A「A を終える」＝ finish A**

UPGRADE 219 go の熟語

880. ②：**go off「爆発する」＝ explode**

Data Research

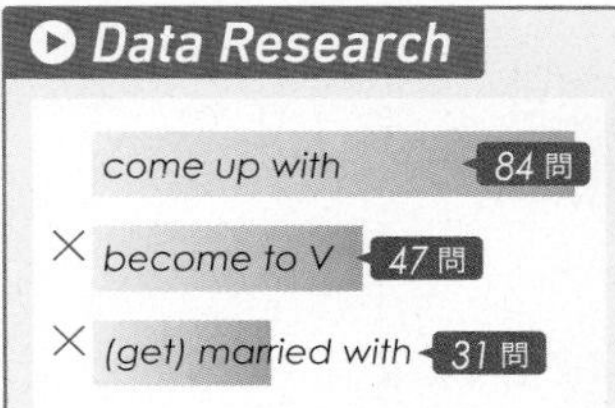

come up with A は，15 年間に 84 回も設問として出題された頻出熟語だが，そういう頻出熟語と同じくらいよく出題される“誤りの選択肢”がある。たとえば，×become to V は 47 題，×get married with も 31 題。どちらも絶対選んではいけない“誤りの選択肢”。

（PRODIGY 英語研究所）

☑881. As we <u>went over</u> his story in detail, we decided that he was telling a lie.
① calculated ② examined ③ heard
④ read ⑤ revised (日本大)

☑882. They <u>went through</u> hard times when they were younger.
頻出 ① enjoyed ② experienced ③ tried ④ made (駒澤大)

☑883. Robert went ( ) to help me when I was in trouble.
① to his heels ② on my nerves
③ to his senses ④ out of his way (青山学院大)

☑884. Tom went swimming ( ) the river.
① along ② for ③ in ④ to (明星大)

☑885. Let's go out ( ) a walk.
① for ② on ③ into ④ with (神奈川工科大)

UPGRADE 220

☑886. You're ( ) a lot of progress with your English.
① going ② developing ③ moving ④ making
(九州国際大)

☑887. She has <u>made up her mind</u> to go to Europe on vacation.
頻出 ① suggested ② ordered ③ decided ④ abandoned
(東海大)

☑888. It makes no ( ) to me whether we go by bus or train.
① preference ② difference ③ change ④ matter
(立命館大)

☑889. Not all college graduates ( ) the opportunities open to them.
① are out of use with ② come in useful to ③ go out of use with
④ have the use of ⑤ make use of (近畿大)

---

881. 我々は彼の話を詳しく調べて，彼がうそをついていると判断した。
882. もっと若かったころ，彼らはつらい時代を経験した。
883. 私が困っていたとき，ロバートはわざわざ私を助けてくれた。
884. トムは川に泳ぎに行った。
885. 散歩に出かけよう。
886. 英語がかなり上達しましたね。
887. 彼女は休暇でヨーロッパに行こうと決心した。
888. 私たちがバスで行こうと電車で行こうと，私には重要なことではない。
889. 大学を卒業したすべての人が，自分たちに開かれた機会を利用するわけではない。

881. ②：go over A「A を調べる」= examine A

882. ②：go through A「A を経験する」= experience A

883. ④：go out of one's way to V「わざわざ V する」= take the trouble to V

誤答 ② get on A's nerves「A をいらだたせる」(➡ 1097)

884. ③：go V-ing「V しに行く」

▶ V-ing には **swimming**, **fishing**, **shopping**, **skiing**, **skating** などが来る。

▶ go V-ing の後ろの前置詞は，go とのつながりではなく，V-ing とのつながりで考える。本問では go to the river と考えるのではなく，swimming *in* the river から考えて in を選ぶ。 ➡ 237

885. ①：go (out) for a walk「散歩に出かける」

Check 96 「出かける」の go － その他の熟語

☑ **go** for a drive「ドライブに出かける」 ☑ **go** for a drink「飲みに行く」
☑ **go** on a picnic「ピクニックに行く」 ☑ **go** on a trip「旅に出かける」

UPGRADE 220 make の熟語

886. ④：make progress with [in] A「A で進歩する」

▶ 本問のように progress に修飾語が付くこともある。

+α **make** effort(s) **to V**「V しようと努力する」

887. ③：make up one's mind (to V)「(V しようと)決心する」= decide (to V)

▶ make up は「整える」だから，「頭を整理する」から「決心する」になったと考えられる。次の熟語も「整える」から考えれば理解しやすい。

Check 97 「整える」の make up － その他の熟語

☑ make up 「① 仲直りする ② 化粧する」
☑ make up for A 「A を埋め合わせる，補う」 ➡ 1084

888. ②：make no difference「重要ではない」

▶ make no difference は「差[違い]が生じない」から「重要ではない」という意味で使う。

889. ⑤：make use of A「A を利用する」

☑890. He made the most of his limited space in the dormitory when he was a college student.
① enjoyed very much ② created nearly all of
③ decorated beautifully ④ utilized effectively (立命館大)

☑891. He could not make sense of the political situation.
頻出
① understand ② discuss ③ keep ④ establish
(福岡工業大)

☑892. Please ( ) sure that you turn off the radio before you go to bed.
① get ② have ③ keep ④ make
(東北工業大)

☑893. He made a point of writing down what his opponents said in debates.
① good writing ② allowance for writing
③ bad writing ④ it a rule to write (東海大)

☑894. I'm afraid ( ) to the meeting this morning. Something has come up.
① I can't make it ② I couldn't help it
③ I hope not ④ I promise (東京理科大)

☑895. We made for home as it was getting dark. (駒澤大)
① looked for ② started out for ③ searched ④ aimed at

☑896. We had a hard time [① meet ② ends ③ both ④ making].
頻出
(駒澤大)

☑897. Let's make believe we have a million dollars.
① deny ② tell honestly ③ pretend ④ report exactly
(青山学院大)

☑898. Keiko ( ) with an American girl.
① became a friend ② came friends
③ made a friend ④ made friends (中部大)

---

890. 彼は大学生だったとき，寮の限られた空間を最大限利用した。
891. 政治的な状況を彼は理解できなかった。
892. 就寝する前に必ずラジオを切るようにしてください。
893. 彼は議論の際に相手が言うことを書き留めることにしていた。
894. 残念ながら今朝の会議には行けません。急に用事ができたのです。
895. 暗くなってきたので，私たちは家に向かった。
896. 私たちは収入内でやりくりするのに苦労した。
897. 100万ドルを持っているふりをしよう。
898. ケイコはアメリカ人の女の子と友達になった。

890. ④：**make the 最上級 of A**

☑ **make** the most of A「A を最大限利用する」

☑ **make** the best of A「A を最大限利用する」

▶ make the best of は，好ましくない状況・不満足な条件を最大限に利用する場面で使う。

891. ①：**make sense of A「A を理解する」＝ understand A**

☑ A make sense (to＋人)「A が(人にとって)理解できる」 ➲ 814

892. ④：**make sure that ～「～を確かめる，～を確実にする」**

▶〈make＋形容詞〉で 1 つの動詞のように考えればよい。

☑ make sure [certain] of A「A を確かめる，A を確実にする」

893. ④：**make it a rule to V**

＝ make a point of V-ing「V することにしている」

▶ make it a rule to V の it は形式目的語で，to V が真の目的語。

☑ make it a habit [point] to V「V することにしている」

☑ make allowance for A「A を考慮に入れる」＝ allow for A

894. ①：**make it (to A)「(A に)たどり着く，間に合う」**

▶ make it「(世間で)成功する」もある。

895. ②：**make for A「A に向かって進む；A に役立つ」**

▶ 自動詞の make は「進む」の意味。② start out for A「A に向かって出発する」が正解。

誤答 ① look for A「A を探す」，③ search A「〈場所〉を探す」，④ aim at A「A をねらう」

896. ④-③-②-①：**make (both) ends meet**

「収支を合わせる，収入内でやりくりする」

▶ We had a hard time *making both ends meet.*

▶「帳簿などの収入の数字と支出の数字を合わせる」というのが原義。both はないことのほうが多い。

897. ③：**make believe (that) ～「～のふりをする」＝ pretend (that) ～**

▶ make *people* believe「人々に信じさせる」から people がなくなった形だと考えれば理解しやすい。

898. ④：**make friends with A「A と友達になる」**

▶ A に単数の名詞が来ても，friends と常に複数形だ。

誤答 ①は a friend がおかしい。be [become] friends with A が正しい形。

+α shake hands with *him*「彼と握手する」も hands が複数形であることに注意。

UPGRADE 221

☐899. I (　　) a very good time in New York.
① got　② stayed　③ had　④ passed　⑤ took
(上智大)

☐900. Alice has many interests (　　) common (　　) George.
(東京理科大)

☐901. A : Hello, this is Tom. May I (　　) with Jerry?
B : Just a second, please. I'm afraid he is not available at the moment.
① bring it　② give it
③ have a word　④ take your time　(早稲田大)

☐902. I distrust him. He says he will help me, but I'm sure he won't.
① count on　② do not have confidence in
③ do not think of　④ try to reach　(中部大)

☐903. Do you have any (　　) of what the president is going to say to us?
頻出 ① idea　② image　③ imagination　④ plans
(南山大)

☐904. Kyoko (　　) a wonderful dream last night.
① watched　② looked　③ had　④ took　(中部大)

Check 98 「考えを持つ」の have ― その他の熟語

☐**have no idea＋wh 節**　「～はわからない」
☐**have no doubt that ～**　「～を疑わない」
☐**have no intention of V-ing**　「V するつもりがない」
☐**have A in mind**　「A を考えている」

---

899. 私はニューヨークでとても楽しい時間を過ごした。
900. アリスはジョージと多くの趣味を共有している。
901. A：こんにちは，こちらトムです。ジェリーと少し話をしていいですか。
B：ちょっと待ってください。残念ながら，今，彼は手が空いていません。
902. 私は彼を信用しない。彼は私を助けてくれると言うが，きっと助けてくれないだろう。
903. 社長が私たちに何を言うつもりか，君はわかりますか。
904. キョウコは昨夜すばらしい夢を見た。

UPGRADE 221 haveの熟語

899. ③：**have a good time**「楽しむ」＝ **enjoy oneself**

▶ この have は「経験する」だ。have fun「楽しむ」もほぼ同意。

Check 99 「経験する」の have － その他の熟語

- ☑ **have an accident** 「事故にあう」 ★×meet an accident は不可。
- ☑ **have an adventure**「冒険する」 ★×do an adventure は不可。
- ☑ **have difficulty [trouble] (in) V-ing**「V するのに苦労する」 ➲ 176

900. in, with：**have A in common (with B)**「(B と)A を共有する」

901. ③：**have a word with A**「A と少し話をする」

誤答 ④ take one's time「ゆっくりする，時間をかける」(➲ 917)

902. ②：**have confidence in A**「A を信頼する」

▶ distrust「～を信用しない」

誤答 ① count on A = trust A(➲ 1054)

Check 100 「感情・感覚を持つ」の have － その他の熟語

- ☑ **have trust in** A「A を信頼する」
- ☑ **have faith in** A「A を信頼する」
- ☑ **have respect for** A「A を尊敬する」
- ☑ **have pity on** A「A に同情する」
- ☑ **have a headache**「頭痛がする」

903. ①：**have an [some, any] idea of A**「A がわかる」

▶ A が wh 節の場合，ふつう of を省略する。

▶ have no idea of A「A がわからない」が最も多い。また no idea の代わりに not ... any idea としたり，not have the slightest [faintest] idea of A「A はまったくわからない」としたりすることもある。

904. ③：**have a dream** ＝ **dream**「夢を見る」

▶ 日本語の「見る」に引きずられて，×look [see / watch] a dream としてはいけない。

Check 101 〈have＋動作の名詞〉－ その他の熟語

- ☑ **have a look** (at A) 「(A を)見る」＝ **look** (at A)
  ★〈米〉は take a look が多い。
- ☑ **have a try** 「やってみる」＝ **try**
- ☑ **have a discussion about** A「A について議論する」＝ **discuss** A
- ☑ **have a sleep** 「眠る」＝ **sleep**
- ☑ **have a drink** 「飲む」＝ **drink**
- ☑ **have a rest** 「休息する」＝ **rest**

UPGRADE 222

☑905. The Prime Minister announced that he would resign, taking responsibility (　　) the poor result in the election.
① from　② for　③ with　④ by　(広島経済大)

☑906. 発展 Many people are unkind to their pets through ignorance. They don't (　　) the trouble to find out their animals' needs.
① make　② take　③ meet　④ have　(同志社大)

☑907. 発展 He took (　　) to finish the project.
① account　② advantage　③ gains　④ pains　(明治大)

☑908. Taro will (　　) his father's business as soon as he leaves college.
① take off　② take down　③ take out
④ take over　⑤ take to　(大東文化大)

☑909. Plastics (　　) of many traditional materials such as wood.
① has taken charge　② have been granted
③ has ruled the world　④ have taken the place　(青山学院大)

☑910. 頻出 He takes on too much work.
① performs　② continues　③ provides　④ accepts　⑤ endeavors
(上智大)

☑911. These insects can take on the color of their surroundings.
① attack　② assume　③ start　④ stake　(駒澤大)

☑912. We drove into New York, taking (　　) at the wheel.
① changes　② rides　③ turns　④ ways
(関西学院大)

---

905. 首相は選挙の結果が悪かった責任を取って辞任するつもりだと表明した。
906. 無知のためにペットに冷酷になっている人がたくさんいる。彼らは動物が必要としているものをわざわざ知ろうとはしないのだ。
907. 彼はその計画を終えようと骨を折った。
908. タロウは大学を出たらすぐに父親の仕事を継ぐだろう。
909. プラスチックは木材のような多くの伝統的な素材に取って代わった。
910. 彼はあまりにもたくさんの仕事を引き受けすぎる。
911. これらの昆虫は周囲の色になることができる。
912. 私たちは交代で運転して，ニューヨークまで車で行った。

UPGRADE 222 「引き受ける」の take

take は「〜を持って行く」だが，Can I **take** your coat? と言われて，「コートを持って行っていいか？」という意味だと思ってはいけない。「あなたのコートを預かりましょうか」と言っているのだ。**take**「〜を引き受ける」から考えるとわかりやすい。

PART 4 熟語

905. ②：**take responsibility for A「A の責任を取る」**

▶ have responsibility for A とすれば「A の責任がある」だ。

906. ②：**take the trouble to V「わざわざ V する」**

▶「V する苦労を引き受ける」が文字通りの意味。take は意志的な動作のイメージだ。have trouble V-ing「V するのに苦労する」(➲ 176) と比べよう。

907. ④：**take pains to V「V しようと骨を折る，苦労して V する」**

▶ これも単に「苦痛がある」なら have a pain と言えるが，take は「苦労を引き受ける」というイメージだ。

908. ④：**take A over「A を引き継ぐ」**

▶ over は副詞なので take A over となることも take over A となることもある。

➲ Q&A⑫ p.311

909. ④：**take the place of A「A に取って代わる」= replace A**

▶ take the place of A = take A's place も重要。

秘伝 **ペアで覚えよ！ take と give の反意の熟語。**

- ☑ **take A over**「A を引き継ぐ」 ⇔ **give A over**「A を引き渡す」
- ☑ **take the place of A** ⇔ **give place to A**「A に(地位などを)譲る」

910. ④：**take A on「A(責任・仕事など)を引き受ける」= accept A**

911. ②：**take on A「A(性質・色・外見・意味など)を帯びる」= assume A**

▶ **take** の熟語の言い換えは **assume** が最多！

▶ この意味では take A on としない。

912. ③：**take turns (at [in] A [V-ing])「交代で(A [V])する」**

▶ *take turns at* the wheel「交代で運転する」。*take turns* (*at*) cooking [driving] などのように動名詞を使うこともできる。

▶ turn「順番」(➲ 816)

KEY POINT 21 take の熟語は3つの意味から！

take は「引き受ける」，「考える」，「利用する」の3つの意味が重要だ。この意味が熟語の中に入っているとわかれば，覚えやすい。

UPGRADE 223

☑913. We take modern technology too much for (　　).
頻出
① grant　　② granted
③ granting　　④ having granted　（南山大）

☑914. 君はもちろんその事実を知っているものと私は思った。
頻出
I [① it　② for　③ that　④ took　⑤ granted] you knew the fact.
（大阪学院大）

☑915. A misjudgment could happen to anybody. (　　) it easy!
① Cheer　② Encourage　③ Take　④ Worry
（東京理科大）

UPGRADE 224

☑916. I intend to take full (　　) this trip to buy the things I need.
頻出
① advance of　② advantage of　③ demand for
④ opportunity for　⑤ stop during　（近畿大）

☑917. It's better to take your (　　) than to hurry and make mistakes.
① work　② heart　③ mind　④ time　⑤ energy
（関西学院大）

UPGRADE 225

☑918. Don't be <u>taken in</u> by a smooth talker.
① attracted　② employed　③ deceived
④ hated　⑤ introduced　（日本大）

---

913. 私たちは現代の科学技術を当然のことだと思いすぎている。
915. 判断の誤りは誰にでもあり得ることだよ。気楽に考えて！
916. 必要なものを買うためにこの旅を十分に利用するつもりだ。
917. 急いで間違いを犯すよりもゆっくりやるほうがよい。
918. 口先のうまい人にだまされるな。

UPGRADE 223 「考える」の take

913. ②：take A for granted「A を当然と思う」 ➲ 1039

▶ take A for B「A を B と思う」が元になっていて，grant「認める」の過去分詞 granted が B に置かれている。文字通り訳せば「A を(一般に)認められることだと思う」という意味。

▶ 入試では約 23%が受動態 be taken for granted で使われている。

Check 102 「考える」の take － その他の熟語

☑ **take** A for B　「A を B だと思う」
☑ **take** A as B　「A を B だと思う」
☑ **take** A to be B「A を B だと思う」

914. ④-①-②-⑤-③：take it for granted that ～「～は当然のことだと思う」

▶ I *took it for granted that* you knew the fact.

▶ it は形式目的語で，that 節が真の目的語。

915. ③：take it [things] easy「気楽に考える，ゆっくりやる」
⇔ take it seriously「真剣に考える」

▶ Take it easy.「さよなら，じゃあね」は別れのあいさつで用いられることが多い。

UPGRADE 224 「利用する」の take

take a taxi，take a bus などのように交通機関を利用するときにも **take** を使う。

916. ②：take advantage of A「A を利用する」

Check 103 「利用する」の take － その他の熟語

☑ **take** a chance　「一か八かやってみる」
☑ **take** an opportunity for A「A の機会を利用する」

917. ④：take one's time「ゆっくりする，時間をかける」

▶ time の後ろに V-ing を付けることもある。

▶ 本問は It が形式主語。

▶ to take your time と to hurry and make mistakes の不定詞句が比較されている。

UPGRADE 225 その他の take の熟語

918. ③：(be) taken in「だまされる」＝ (be) deceived

▶ この言い換えが頻出。受動態で使われることが多い。

☑919. He has <u>taken up</u> golf as a hobby.
① seen ② given up ③ begun ④ taught (法政大)

☑920. The plane (　　) at exactly ten o'clock.
① wear off ② put an end ③ took part ④ took off (東洋大)

☑921. I'm taking a few days (　　) because I'm moving to a new house.
① to ② over ③ of ④ off (名古屋外語大)

☑922. 頻出 The trade talks between the U.S. and Japan will (　　) in Tokyo next month.
① take on ② take out ③ take place ④ take seats (京都外語大)

☑923. He may well take pride (　　) his talent.
① about ② of ③ with ④ in (同志社大)

☑924. 頻出 Today people want to take good care (　　) their hearts.
① in ② as ③ for ④ of (昭和薬科大)

☑925. 頻出 I think your son <u>takes after</u> your husband.
① occupies ② resembles ③ succeeds ④ likes (千葉工業大)

UPGRADE 226

☑926. 頻出 Keep your (　　) on the baby.
① mind ② heart ③ head ④ eye (東洋大)

☑927. I spoke to him on the phone the other day and he made me promise (　　) myself.
① keep it to ② keeping it to
③ to keep it ④ to keep it to (東海大)

---

919. 彼は趣味としてゴルフを始めた。
920. その飛行機は10時きっかりに離陸した。
921. 私は新しい家に引っ越しするので，数日間休暇を取ります。
922. アメリカと日本の貿易協議は来月東京で行われる。
923. 彼が自分の才能に誇りを持っても当然である。
924. 今日，人々は心臓のケアを十分したいと思っている。
925. あなたの息子さんはご主人に似ておられると思います。
926. 赤ちゃんから目を離さないで。
927. 先日彼と電話で話したら，そのことを内緒にしておくようにと約束させられた。

919. ③：take A up「A(趣味など)を始める，(仕事など)に取りかかる」

920. ④：take off「離陸する」

921. ④：take〈時間〉off「〈時間〉の休みを取る」例 *take* a day *off*「1日休む」
☑take A off「A(服など)を脱ぐ」も重要表現。

922. ③：take place「起こる，開催される」
▶ 予定したことが多いが，An accident took place.「事故が起きた」とも言う。

923. ④：take pride in A「Aを誇りに思う」＝ be proud of A

924. ④：take care of A「Aに注意する」
☑take care to V「Vするように気をつける」
☑Take care of yourself.「お大事に」★別れのあいさつで用いる。

925. ②：take after A「A(肉親)に似ている」＝ resemble A
▶ take after は血のつながりがある人に用いるが，resemble は単に「…に似ている」だけで血縁関係がなくともよい。 ➡536

UPGRADE 226 keep と hold の熟語

keep も **hold** も「継続」を表す。**keep** は「動作や状態の継続」を表し，たとえば keep on V-ing「Vし続ける」のように動作を継続する表現もあれば，keep silent「黙る」のように状態を継続する表現もある。一方，hold は「動きを止める」だ。hold one's tongue「黙る」も hold one's breath「息を凝らす」も動かない状態を継続するということだ。

926. ④：keep an [one's] eye on A「Aから目を離さない」

927. ④：keep A to oneself「Aを秘密にしておく，Aを人に話さない」

重要表現 promise to V「Vすることを約束する」 ➡195

Check 104 〈keep＋to〉と〈hold＋to〉

☑keep to oneself「人と付き合わない」
☑keep to A「A(計画・規則など)に従う」
☑hold to A「Aに固執する，A(約束など)を守る」
★どれも「…から離れない」が元の意味だ。

☑928. I advised him that he should keep his thoughts to himself in this situation. But he couldn't ( ) his tongue.
① cease ② hold ③ lose ④ hide (慶應大)

☑929. A：Don't tell Allan about John and Mary. You know he can't ( ) a secret.
B：OK. I got it.
① hold ② stop ③ save ④ keep (法政大)

☑930. If you keep ( ) with bad men, you will soon learn their ways.
① companion ② company ③ fellow ④ comrade (明治大)

☑931. You had better keep early ( ) so you will be in good health.
① conditions ② customs ③ hours ④ time (明治大)

☑932. どんなことがあっても，約束を守らなければならない。
Whatever may happen, you must ( ) your promise.
① give ② keep ③ defend ④ hold (関西大)

☑933. A：I've got to go. Thank you for everything.
B：I'll miss you but let's ( ).
① go out together ② get along with you
③ not be sorry ④ keep in touch (拓殖大)

☑934. When I drive, I ( ) only safety in mind.
① am ② hold ③ keep ④ support (中部大)

☑935. Keep your children ( ) movies too often.
頻出
① of going on ② from going to
③ by going for ④ away from (茨城大)

---

928. この状況では自分の考えを人に言うべきではないと私は彼に忠告した。しかし彼は黙っていられなかった。
929. A：ジョンとメアリのことをアランに言わないで。ほら，彼は秘密を守れないだろ。
B：うん。わかった。
930. 悪い人たちと付き合っていると，すぐにその人たちのやり方を身につけてしまうだろう。
931. 健康でいるために早寝をするほうがよい。
933. A：行かなくちゃ。何もかもありがとう。
B：君がいないと寂しくなる。でも連絡を取り合おう。
934. 私は運転するときに安全だけを心に留めている。
935. 子供たちが映画を見に行ってばかりいるということがないようにしなさい。

928. ②：**hold one's tongue「黙る，黙っている」**
▶「舌を動かさないようにする」という意味から「黙る」となる。

929. ④：**keep a secret「秘密を守る」**
▶ keep A a secret「A を秘密にしておく」の形も大切。

重要表現 I got it.「わかった」

930. ②：**keep company (with A)「(A と)交際する，同行する」**
= keep A company

誤答 ① companion「仲間」は可算名詞。

931. ③：**keep early [good] hours「(毎日)早寝をする」** 第4位
▶ 空所補充問題以外では非常にまれ。単に go to bed early と言うのがふつう。
▶ keep **late** hours「(毎日)夜ふかしする」，keep **regular** hours「(毎日)規則正しく寝る」なども出題されている。

932. ②：**keep one's promise「約束を守る」**

Check 105 〈keep [hold]＋名詞〉

☐ **keep a diary**	「日記を付ける」
☐ **keep a schedule**	「計画を守る」
☐ **keep one's family**	「家族を養う」＝ **support one's family**
☐ **hold one's breath**	「息を凝らす」
☐ **hold the line**	「電話を切らずに待つ」

933. ④：**keep in touch (with A)「(A と)連絡を取り合う，保つ」**
▶ 本問のように，会話や手紙の終わりによく用いられる。
▶ get in touch with A「A と連絡を取る」(➲ 877)と違って，keep を使うと「継続的に連絡を保つ」ことを表す。

重要表現 have got to V = have to V「〜しなければならない」

934. ③：**keep A in mind「A を心に留める」**
▶ keep in mind that S+V「S が V することを心に留める」
▶ have A in mind, bear A in mind (➲ 767)もほぼ同意。

935. ②：**keep A from V-ing「A に V させないでおく」**
▶ keep は自動詞も他動詞もあるので，keep from V-ing の形もある。

Check 106 「抑える」の keep と hold

☐ A **keep from** V-ing	「A が V しないでおく」
☐ A **keep away from** B	「A が B から離れておく」
☐ **keep** A **away from** B	「A を B から離しておく」
☐ **keep** A **back**	「A(感情など)を抑える」
☐ **hold** A **back**	「A(感情・病気など)を抑える」

☑936. It is very expensive to keep (　　) with the fashion.
頻出
① to　② at　③ up　④ by　(東海大)

☑937. The traffic accident held up the train last night.
発展
① waited　② robbed　③ delayed　④ suspended
(駒澤大)

UPGRADE 227

☑938. Matty, my colleague, is very shy. She can't look (　　).
発展
① me my eye　② at me in my eyes
③ at me in eyes　④ me in the eye　(関西学院大)

☑939. He was often told that he looked like his father.
① resembled　② reproached　③ watched　④ cared for
(成蹊大)

☑940. There was nobody in the village. We (　　) the whole area for hours, but could find no trace of residents.
① looked for　② searched　③ sought
④ saw　⑤ witnessed　(東京医科大)

☑941. 雨が降り出しそうだ。
It looks [① as　② going　③ if　④ is　⑤ it　⑥ rain　⑦ to].
(帝京大)

☑942. 私たちが車で港のそばを通り過ぎたときに大型の汽船が目に入った。
We [① a　② as　③ caught　④ drove　⑤ large　⑥ of　⑦ sight
⑧ steamboat　⑨ we] by the harbor.　(中央大)

☑943. If you get too excited in an argument, you tend to (　　) the main point.
① keep up with　② lose sight of
③ pay attention to　④ think much of　(近畿大)

---

936. 流行に遅れずついてゆくには，とてもお金がかかる。
937. 昨夜その交通事故が列車を遅れさせた。[その交通事故のせいで昨夜は列車が遅れた。]
938. 私の同僚のマッティはとても内気である。彼女は私の目をまともに見ることができない。
939. 彼はお父さんに似ているとしばしば言われた。
940. その村には誰もいなかった。我々は何時間もその地域全体を探したが，居住者の形跡は見つけられなかった。
943. 議論においてあまりに興奮すると，主要なポイントを見失いがちである。

936. ③：keep up with A「A に遅れずついてゆく」

▶「(勉強などで人)についてゆく，(友情など)を保持する」という意味もある。

937. ③：hold A up「A を遅れさせる」＝ delay A

UPGRADE 227 「見る・見える」の look・see など

see は「見える」だが，**look** は「目を向ける」という意味である。つまり **see** は目に見えることを表すが，**look** は見えていなくても，ただ注意を向けている場合もある。

例 He *looked*, but *saw* nothing.

「彼は目をやったが，何も見えなかった」

938. ④：look〈人〉＋in the eye [face]「〈人〉の目[顔]をじっと見る」

▶ ふつう look は自動詞で look at A のように前置詞を伴うが，この look は例外的に他動詞だ。

▶ 単に人の目や顔を見ることだけでなく，やましいことがないという態度を表す。

939. ①：look like A「A に似ている」＝ resemble A（➡ 536）

☐ look alike「似ているように見える」★主語は複数の名詞。

940. ②：search A(場所)；search for A(欲しいもの) ＝ look for A

▶ search A は，A に「探す場所」がくる。search the room for the key「カギを求めて部屋を探す」となる。 ➡ Check 107

誤答 ①の look for A は，A に「欲しいもの」が置かれる。

例 look for the key「カギを(求めて)探す」

本問は後ろが the whole area という「場所」なので，①は不可。

Check 107 search の語法

☐ search A	「A(場所)をさぐる」	★ *search* the room「部屋の中を探す」
☐ search for A	「A(欲しいもの)を探す」	★ *search for* the key「カギを探す」

941. ①-③-⑤-④-②-⑦-⑥：look as if 〜「〜のように見える」

▶ It looks *as if it is going to rain.*

▶ as if の節の内容が事実でなかったり，あまり確信が持てないと，as if の節中で仮定法を用いる。(➡ 106)

942. ③-⑦-⑥-①-⑤-⑧-②-⑨-④：

catch sight of A「A を見つける，見かける」

▶ We *caught sight of a large steamboat as we drove* by the harbor.

943. ②：lose sight of A「A を見失う」

誤答 ① keep up with A「A に遅れずについていく」(➡ 936)，③ pay attention to A「A に注意を払う」，④ think much of A「A を高く評価する」(➡ 979)

UPGRADE 228

☑ **944.** Every child needs someone to look up to.
頻出 ① imitate ② pity ③ respect ④ watch （中央大）

☑ **945.** George always looked down on his brother.
頻出 ① confused ② despised ③ respected ④ fancied （駒澤大）

UPGRADE 229

☑ **946.** A special committee was set up to look into a case that may greatly affect the future of the company.
頻出
① decide ② plan ahead ③ investigate
④ talk about ⑤ consult （上智大）

☑ **947.** I looked over the plans yesterday.
① examined ② made ③ handed in ④ turned over
（駒澤大）

☑ **948.** 誤りがある部分を選びなさい。
Mary had a hard time ①understanding the new words in English class ②even with her teacher's explanation. In the end, she decided to ③look up them in her dictionary ④instead. （南山大）

UPGRADE 230

☑ **949.** Will you take care of the children?
① see out ② see through ③ see off ④ see to （青山学院大）

☑ **950.** Please see to it that the front door is locked.
① tell me when ② ask somebody if
③ make sure that ④ remember to tell me that
（青山学院大）

---

944. どの子にも尊敬できる人が必要だ。
945. ジョージはいつも弟を軽蔑していた。
946. 会社の将来におおいに影響があるかもしれない事件を調査するために，特別委員会が設立された。
947. 昨日その計画に目を通した。
948. メアリは英語の授業で先生の説明を受けても新しい単語を理解するのに苦労した。結局，その代わりに彼女は辞書でそれらを調べることにした。
949. その子供たちの面倒を見てくれますか。
950. 玄関のカギをかけるように気をつけてください。

UPGRADE 228 態度を表す look

look は単に「見る」という動作を表すだけでなく，次のような熟語でさまざまな「人の態度」を表すことがある。

944. ③：**look up to A「A を尊敬する」＝ respect A**

945. ②：**look down on A「A を軽蔑する」＝ despise A**

Check 108 態度を表す look － その他の熟語

☑ look back (on A)　「(A を)回想する」
☑ look on　「傍観する」
☑ look to A　「A に頼る」
☑ look forward to A [V-ing]　「A [V すること] を楽しみに待つ」　➡ 171

UPGRADE 229 「調べる」の look

946. ③：**look into A「A(問題など)を調べる」＝ investigate A**

947. ①：**look A over「A(書類など)に目を通す」＝ examine A**　➡ 1173

▶ over は副詞なので，目的語が代名詞の場合は look it over の語順になる。

➡ Q&A⑫ p.311

948. ③：**look A up (in B)「(B で) A を調べる」**　➡ 1161

▶ B には辞書やリストなどが来る。

▶ ③は look them up in her dictionary としなければならない。up は副詞なので，A が代名詞のときには look A up の語順になる。A が代名詞でなければ look A up / look up A の両方の語順がある。例 ○look it up, ×look up it, ○look the word up, ○look up the word。　➡ Q&A⑫ p.311

UPGRADE 230 「気をつける」の look と see と watch

949. ④：**see to A「A(人)の世話をする，A(仕事)を取りはからう」**

950. ③：**see to it that ～「～するよう気をつける，～するよう取りはからう」**

▶ make sure that ～「～するよう確かめる，注意する」との言い換えが多い。

Q&A⑬ see to it that ～ の it は何？

この **it** は形式目的語で **that** 節が真の目的語である。**that** 節が **it** の直後にあるので奇妙に思うかもしれないが，これは **that** 節の前には前置詞を置いてはいけないというルールがあり，see to ×that ～とできないからである。

例 depend on it that ～「～次第だ」(まれ)

(ただし，**in that** (➡ 316) や **except that** など例外的に，**that** 節の前に前置詞を置く熟語もある。)

☑951. Will you (　　) after my cats while I'm away from home?
頻出
① keep　② look　③ put　④ catch

（名城大）

☑952. "(　　)! There's a car coming," the mother shouted to her young daughter.
① Danger　② Watch out　③ Caution　④ Attention

（明治大）

UPGRADE 231

☑953. My cousin doesn't like his new project, but he seems to regard it as a learning experience.
① look after　② look in
③ look for　④ look upon　（清泉女子大）

☑954. If you have any questions, please (　　) to ask me any time.
① be easy　② be safe　③ feel easy　④ feel free

（青山学院大）

☑955. We all went to the airport to see Mr. Adams (　　).
① at　② out　③ off　④ up　（甲南大）

☑956. I haven't (　　) my girlfriend for more than three months.
① heard from　② listened from　③ written from
④ received from　⑤ talked from　（大東文化大）

UPGRADE 232

☑957. Why don't you put aside a certain sum for a new car?
① earn　② obtain　③ pay　④ save　（日本大）

---

951. 私が家を留守にしている間，私の猫の面倒を見てくれますか。
952. 「気をつけて！車がやってくる」と母親が幼い娘に叫んだ。
953. 私のいとこは自分の新しい計画が好きではないが，彼はそれを学びの経験の１つだと見なしているようだ。
954. 何らかの疑問があれば，いつでも気楽に私に聞いてください。
955. アダムズ氏を見送るために，私たちは皆空港へ行った。
956. ３か月以上もの間，僕は恋人から連絡をもらっていない。
957. 新しい車のために一定の金額を貯金してはどうですか。

951. ②：look after A「A の面倒を見る」＝ take care of A（➲ 924）

952. ②：watch [look] out（for A）「(A に)気をつける」
▶ 日本語の「危ない！」に相当する表現は Watch [Look] out! だ。
☑ watch one's step「足元に気をつける」

PART 4 熟語

UPGRADE 231 その他の知覚動詞の熟語

953. ④：look upon [on] A as B「A を B と見なす」
＝ see [regard / view] A as B
▶ 下線の後ろに as があることに注意。
誤答 ① look after「〜の面倒を見る」（➲ 951），② look in「〜をのぞき見る」，③ look for「〜を探す」（➲ 940）

954. ④：feel free to V「気楽に V する，遠慮なく V する」 ➲ 790

955. ③：see A off「A を見送る」

956. ①：hear from A「A から連絡がある，手紙・電話などをもらう」
☑ hear of A「A のうわさを聞く」

UPGRADE 232 put の熟語

put は目的語の名詞を伴うだけでなく，**副詞(句)も必ず伴う。**たとえば ×I put it. だけでは不自然で，I put it *here*. とか，I put it *on the table*. と副詞(句)を付ける。「置く」という意味以外の熟語でも，put にはつねに副詞(句)が付く。

957. ④：put A aside「A を貯金する」＝ save A
▶ aside は「わきに」という意味の副詞。

Check 109 put A＋副詞(句) − その他の熟語

☑ put A into practice「A を実践する」
☑ put A away「A を片づける」
☑ put A in order「A を片づける，整とんする」
☑ put A off「A を延期する」＝ postpone A ➲ 1156
☑ put A on「A を身に付ける，着る」
☑ put A out「A(火・明かり)を消す」＝ extinguish A ➲ 1133
★これらの熟語も副詞(句)を伴っていることに注意。

☑958. What you said has (　　) an end to my anxiety.
① cut　② hit　③ met　④ put　(奈良大)

☑959. I've put (　　) weight again.
① to　② on　③ in　④ for　(東洋大)

☑960. To (　　) it briefly, I don't want to see her.
① get　② give　③ go　④ make　⑤ put
(東京慈恵会医科大)

UPGRADE 233

☑961. Are you going to set (　　) for New York tomorrow morning?
① on　② at　③ off　④ in　(福岡大)

☑962. She wished to <u>set out for</u> Thailand.
① get out of　② leave for
③ travel around　④ move to　(立命館大)

☑963. We (　　) our restaurant ten years ago in Paris.
① made starting　② started out　③ set up　④ set for　(上智大)

☑964. As soon as she got home, she <u>set about</u> preparing lunch.
① began　② enjoyed　③ forgot　④ quit　(日本大)

UPGRADE 234

☑965. It'll (　　) you no harm to drink a little whisky.
① come　② do　③ have　④ take　(福岡経済大)

---

958. あなたの言ったことが私の心配に終止符を打った。
959. 私はまた体重が増えた。
960. 手短に言うと，彼女に会いたくない。
961. 明日の朝，あなたはニューヨークに向かって出発するのですか？
962. 彼女はタイに向けて出発したいと思った。
963. 私たちは10年前パリにレストランを開業した。
964. 彼女は家に着くやいなや，昼食の準備を始めた。
965. ウイスキーを少し飲んでも害にならないだろう。

958. ④：put an end to A「A を終わりにする」
= stop [end] A, bring an end to A

Check 110 put＋名詞＋前置詞 － その他の熟語

☑ put a question to A 「A に質問する」 ＝ question A
☑ put emphasis on A 「A を強調する」 ＝ emphasize A

959. ②：put on weight「体重が増える」＝ gain weight

960. ⑤：to put it briefly「手短に言うと」
▶ put には「〜を表現する」という意味がある。

Check 111 「〜を表現する」の put － その他の熟語

☑ to put it another way「言い換えると」☑ put A into words「A を言葉で表す」
☑ put A down「A を書き留める」➲ 1178

UPGRADE 233 開始の set

set を使う熟語は「始まる・始める」など開始を表す意味になるものが多い。
set は「備え付ける」だから，そこから「準備する」へとイメージが広がり，さらに「始める」という意味になる。
例 I'm all *set* for the trip. ＝ I'm ready for the trip.「旅の準備ができている」

961. ③：set off「出発する」

962. ②：set out (for A)「(A に向かって)出発する」＝ set off (for A)

963. ③：set A up「A(施設など)を設立する，建てる，開業する」

964. ①：set about A [V-ing]「A [V]に取りかかる」＝ begin [start] A
▶ このように set の熟語と start [begin]を言い換えさせる設問は多い。

UPGRADE 234 do の熟語

965. ②：do harm to A「A に害を与える」＝ do A harm
▶「与える」という日本語につられて give を使ってはいけない。意味も文型も give と同じだが，harm，damage，good などには do を使うと決まっている。
▶ harm は「(人や生物などに対する)肉体的・精神的な危害」で，damage は「(物や環境の)価値・有用性を損なうこと」。

Check 112 「与える」の do － その他の熟語

☑ do A damage 「A に損害を与える」＝ do damage to A
☑ do A good 「A に利益を与える」＝ do good to A

☐966. ためになるよりも，むしろ害になる薬もある。
Some medicine [① does ② good ③ harm ④ more ⑤ than].
(新潟医療福祉大)

☐967. John : Could you do me a ( )?
Mary : Sure. What do you need?
① favor ② demand ③ hint ④ case (中央大)

☐968. We should do away with all the unfair rules.
① abolish ② persist ③ diminish
④ insist ⑤ acknowledge (大東文化大)

☐969. Can you do without a guidebook during the journey?
頻出
① buy ② consult with ③ dispense with ④ take out
(拓殖大)

UPGRADE 235

☐970. It goes without saying that she is an excellent pianist.
= ( ) to say, she is an excellent pianist. (関西大)

☐971. My birthday is a month from today, that's to ( ), April 5th.
① say ② speak ③ talk ④ tell (群馬大)

☐972. He speaks French, not to mention English.
① needless to say ② as much as to say
③ so to speak ④ not to speak of (流通経済大)

☐973. Don't speak ill ( ) others behind their backs.
① of ② off ③ on ④ only ⑤ out
(金沢工業大)

---

967. ジョン：お願いしてもいいかな？ メアリ：いいわよ。どうしてほしいの？
968. 私たちはすべての不公平なルールを廃止するべきである。
969. 旅行中にガイドブックなしで済ますことができますか。
970. 言うまでもなく，彼女はすばらしいピアニストだ。
971. 私の誕生日は今日から１か月後，すなわち４月５日です。
972. 英語は言うまでもなく，彼はフランス語もしゃべる。
973. 人のいないところで悪口を言うな。

966. ①-④-③-⑤-②：do (A) more harm than good
「(A に)利益よりも害を与える」

▶ Some medicine *does more harm than good.*

▶ do harm と do good を組み合わせてできた表現。 ➡ Check 112

967. ①：do A a favor「A の頼みを聞く」

☐ ask A a favor「A に頼みごとをする」 ➡ 1080

968. ①：do away with A「A を廃止する」＝ abolish A ➡ 1100

▶ この言い換えがよく出る

969. ③：do without A「A なしで済ませる」＝ dispense with A

▶ do には「間に合う，十分だ」の意味があるから，do without A は「A なしで間に合わす」→「A なしで済ます」となる。

UPGRADE 235 「言う」の動詞の熟語 say, speak, tell など

970. Needless：It goes without saying that ～.「言うまでもなく」
＝ Needless to say, ～.

+α It is not too much to say that ～.「～と言っても過言ではない」

971. ①：that is (to say)「すなわち，言い換えれば」

972. ④：not to mention A「A は言うまでもなく」 ➡ Check 21 p.79
＝ not to speak of A
＝ to say nothing of A

誤答 ① needless to say は 970 のようにふつう文頭で文修飾として使う。

973. ①：speak ill of A「A の悪口を言う」
⇔ speak well [highly] of A「A をほめる」

▶ speak はふつう自動詞で，どんな話し方をするか述べることが多い。したがって，well や ill など話し方を表す副詞を伴うことが多い。

▶ これらの熟語はやや古い表現だ。入試 10 年分のデータにおいて 31 回登場しているが，長文中では 1 回しか登場していない。受験には必要な知識だが，口語では say bad [good] things about A のほうがよく使う表現だ。

Check 113 〈副詞〉＋speaking － その他の熟語

☐ generally speaking「一般的に言えば」 ☐ frankly speaking「率直に言えば」
☐ broadly speaking「概して」 ☐ strictly speaking「厳密に言って」

☑974. They (　　) lies to the common people who come to them for advice.
① are　② cure　③ do　④ soak　⑤ tell
(東京慈恵会医科大)

☑975. We couldn't tell one (　　) the other.
① with　② to　③ against　④ from
(徳島文理大)

☑976. As we have seen, the basis of this conclusion is, to say the (　　), vague.
① honest　② least　③ more　④ opinion　(日本大)

UPGRADE 236

☑977. Fortunately, she (　　) the bankrupt company.
頻出
① had been hired by　② had nothing to do with
③ shared nothing to　④ worked desperately for
(近畿大)

☑978. All the members didn't make much of her opinion.
① welcome　② agree with　③ accept　④ value
(立命館大)

☑979. Most people don't think much of the book which Dr. Smith published.
① seldom think about　② don't memorize
③ don't always read　④ have a low opinion of
(愛知学院大)

---

974. 彼らは助言を求めて自分たちの元に来る庶民にうそをつく。
975. 私たちは一方を他方と区別することはできなかった。
976. 私たちが見てきたように，この結論の根拠は，控えめに言ってもあいまいである。
977. 幸運にも彼女は破産した会社とは何の関係もなかった。
978. メンバーは全員彼女の意見を重視しなかった。
979. スミス博士が出版した本をたいていの人たちは高く評価していない。

974. ⑤：tell（人）a lie「（人に）うそをつく」
⇔ tell（人）the truth「（人に）本当のことを言う」

▶ tell a lie などの熟語は tell *him* a lie と「伝える相手(him)」を入れても入れなくてもよい。しかし that 節が目的語の場合は tell that ～ とせず，tell *him* that ～ のように，「伝える相手」が必要であることに注意しよう。 ➡ 577

975. ④：can tell A from B「A と B を区別できる」 ➡ 1047

▶ この意味の tell A from B は can などを伴うことが多い。

+α tell A apart「A を区別する」
★ A は複数の名詞。これも can を伴うことが多い。

976. ②：to say the least「控えめに言っても」★文中・文末での使用が多い。

UPGRADE 236 〈動詞＋数量を表す名詞〉の熟語

something, **much**, **nothing** などの数量を表す名詞を使って，程度や頻度などを表すことがある。

977. ②：have nothing to do with A「A と関係がない」

Check 114 have *something* to do with A

☑ have ***something*** to do with A 「A と(ある程度)関係がある」
☑ have ***nothing*** to do with A 「A と関係がない」
☑ have ***a lot*** to do with A 「A とおおいに関係がある」
☑ have ***little*** to do with A 「A とほとんど関係がない」
★目的語の名詞(something など)が「程度を表す副詞」のように働いている。

978. ④：make much of A「A を重視する」 第5位
☑ make little of A「A を軽視する」

979. ④：think much of A「A を高く評価する」
☑ think highly of A「A を高く評価する」
☑ think nothing of V-ing「V することを何とも思わない」
★この V-ing は他人には困難・奇妙と思われる行為。
★④の opinion は「評価」の意味。

Check 115 その他の〈動詞＋数量を表す名詞〉

☑ (be) something of A 「A のようなところがある」
☑ see something of A 「A にときどき会う」
☑ see much of A 「A にしばしば会う」
★これらの熟語も上記以外の数量を表す名詞を使える。

UPGRADE 237

☑980. Two students ( ) asleep during the class.
① began ② fell ③ jumped ④ led （熊本学園大）

☑981. The first of May ( ) on a Sunday this year.
発展 ① fell ② happened ③ hit ④ jumped ⑤ stopped （立教大）

☑982. We <u>ran out of</u> gas in the middle of the main street and blocked traffic.
頻出 ① exhausted ② ran across
③ were short for ④ were ready for （長崎総合科学大）

☑983. Bob happened to <u>run into</u> the same lady that he saw on the plane.
頻出 ① chase ② encounter ③ escape ④ cheat ⑤ like （中央大）

☑984. Yesterday I <u>ran across</u> my old friend.
① happened to call ② happened to know
③ happened to meet ④ happened to drive （明海大）

☑985. It ( ) to me that I should make a phone call to my parents.
頻出 ① happened ② hit ③ occurred ④ joined （駿河台大）

☑986. The editor hit ( ) a good title for a new novel by a famous writer.
① at ② over ③ upon ④ with （青山学院大）

☑987. I'll pick you ( ) at Sendai Station at five.
頻出 ① on ② out ③ up ④ off （東北工業大）

---

980. ２人の生徒が授業中に眠った。
981. 今年は５月１日は日曜日にあたった。
982. 私たちは大通りの真ん中でガソリンを切らして，通行を止めてしまった。
983. ボブは飛行機で見かけた，同じ女性に偶然出会った。
984. 昨日私は昔からの友人に出会った。
985. 両親に電話をしなければいけないということが私の頭に浮かんだ。
986. 有名作家の新作小説にふさわしい題名を編集者は思いついた。
987. 仙台駅に５時に迎えに行きます。

UPGRADE 237 fall, run などの重要熟語

980. ②：fall asleep「寝入る」
▶「無意識に寝入る」ことを言う。

Check 116 fall の熟語

☐fall ill [sick]　「病気になる」
☐fall short of A　「A(期待など)に達しない」
☐fall behind　「遅れる」
★これらの fall は「落ちる」という意味ではなく，「(ある状態に)なる」という意味。

PART 4 熟語

981. ①：fall on A「〈記念日などが〉A(曜日)にあたる」

982. ①：run out of A「A がなくなる，A を切らす」＝ exhaust A

Check 117 run の熟語

☐A run out　「A がなくなる」
☐A run short　「A が不足する」
☐S run short of A　「S は A が不足する」
☐run the risk of A [V-ing]　「A の[V する]危険を冒す」

983. ②：run into A「A に偶然出会う」

984. ③：run across A「A に偶然出会う」＝ come across A，run into A

重要表現 happen to V「偶然 V する」

985. ③：occur to〈人〉「(考えなどが)〈人〉にふと思い浮かぶ」
▶ 本問は形式主語構文で It ＝ that 節と考える。

誤答 ①は happen to〈人〉「〈人〉に起こる」と混乱しないようにしよう。

+α dawn on〈人〉「(物事が)〈人〉に次第にわかり始める」

986. ③：hit upon [on] A「A を思いつく」
▶ occur to と異なって〈人〉が主語。

987. ③：pick A up「A を車に乗せる，車で迎えに行く」
▶ pick A up はほかにも「A(言葉)を覚える，身につける」という意味もある。

誤答 ② pick A out「A を選び出す」

☑ **988.** Allen plays the piano beautifully, but I don't like the way he always ( ) in front of everyone.
頻出
① comes over ② makes out ③ shows off ④ turns around
（慶應大）

☑ **989.** The typhoon caused the flood.
= The typhoon ( ) rise to the flood. （聖マリアンナ医科大）

☑ **990.** The clerk ( ) me a call to let me know about you.
① hit ② took ③ gave ④ sent （関西学院大）

☑ **991.** Don't give it a second thought. It's nothing.
① Never mind. ② Don't be thoughtful.
③ Give it away. ④ Put it down. （東海大）

☑ **992.** That boy used to drop in on me very often.
① bother ② ignore ③ invite ④ visit （立命館大）

---

988. アレンはピアノを美しく弾くけれど，皆の前でいつも見せびらかしているところは嫌いだ。
989. 台風が洪水を引き起こした。
990. あなたのことを私に知らせるために事務員が私に電話をくれた。
991. 考え直さなくていいよ。何でもないんだ。
992. その少年は非常に頻繁に私のところに立ち寄ったものだった。

988. ③：show (A) off「(能力・成果などを)見せびらかす」

▶ 自動詞としても他動詞としても使える。

誤答 ① come over「やって来る」, ② make out「うまくやる」, ④ turn around「ぐるりと回る」

PART 4 熟語

989. gave：give rise to A「A を引き起こす」＝ cause A

▶ 主語に[原因]が，A に[結果]が来る。

990. ③：give A a call「A に電話する」

+α make a call「電話する」も重要。

991. ①：give A a second thought「A を考え直す」
＝ give a second thought to A

▶ ① Never mind.「気にしないで」 ➡ 1259

☑ without a second thought「何のためらいもなく」

誤答 ②の thoughtful は，Try to be thoughtful.「思いやりを持つように」のように使う。

+α on second thought「考え直して」 ➡ 1211

992. ④：drop in on〈人〉「〈人〉をちょっと訪れる」
drop in at〈場所〉「〈場所〉に立ち寄る」

第30章 前置詞でつかむ熟語

Data Research

〈前置詞＋名詞〉の熟語 出題数 TOP 4

on purpose	122問
in charge of A	97問
in advance	86問
at a loss	84問

左は〈前置詞＋名詞〉の熟語の28年間の出題数である。前置詞は後ろに必ず名詞を伴うから，まずはその相性を押さえておこう。

第1位 **on purpose**「故意に，わざと」(**1057**) 空所補充問題も多いが，intentionally, deliberately などとの言い換え問題も多い。また，for the purpose of A「Aの目的で」も重要だ。

第2位 **in charge of A**「Aを担当して」(**999**) 多義語 charge は熟語問題で頻出。また，in charge は長文中でも679回も登場している重要表現だ。

第3位 **in advance** (**1207**) 空所補充問題も多いが，beforehand, ahead of time などとの言い換え問題も多い。これも長文中で774回も登場している重要表現だ。

第4位 **at a loss** (**995**) at a loss の後に wh 節や to V(know, explain, etc.)などがくる形がねらわれて，語句整序問題で頻出する。 (PRODIGY 英語研究所)

UPGRADE 238

☑**993.** 頻出 Please come in and make yourself (　　) home.
① at　② for　③ in　④ under (北里大)

☑**994.** She had never acted on stage, so she was ill at ease.
① uncomfortable　② satisfied
③ calm　④ pleased (中央大)

☑**995.** 頻出 She was so shocked at the news that she was quite (　　) a loss what to do.
① at　② of　③ in　④ on (福岡大)

☑**996.** 頻出 船は波にもてあそばれていた。
The ship [① mercy　② was　③ the waves　④ of　⑤ the　⑥ at]. (兵庫県立大)

---

993. 中に入って楽にしてください。
994. 彼女は舞台で演技したことがなかったので，落ち着かなかった。
995. 彼女はその知らせにとてもショックを受けて，どうしていいのか途方に暮れた。

Data Research

〈前置詞＋名詞〉の熟語 出題数 番外編 TOP 3

熟語	出題数
beyond description	44 問
beside oneself with A	36 問
at A's disposal	22 問

〈前置詞＋名詞〉の熟語出題数の中で，この3つの熟語は短文の設問でよく出題されている割には，長文の中であまり出現しない熟語だ。英文を読む上では上級レベルだが，大学入試問題の空所補充・語句整序では常連で，得点したい熟語である。

番外編第1位 **beyond description**「言葉で表せない(ほどすばらしい)」(**1017**) 短文の設問では44問も出ているが，長文中の出現回数は28年間でたったの24回しかない。左に挙げたin advanceの774回と比較すると，30分の1の出現数だ。短文の設問での出題数が長文での出現数よりも多く，大学入試では毎年登場する常連だ。

番外編第2位 **beside oneself with A**「A(感情)で我を忘れる」(**1018**) 長文中では28年間でたったの28回しか出現していないが，短文の設問では36問も問われている。語句整序問題でも要注意の熟語だ。

番外編第3位 **at A's disposal**「Aの自由に使える」(Check **118** p.349) 長文中の出現回数は87回だが，短文の設問では22問出題されており，大学入試では見落とせない熟語だ。

(PRODIGY 英語研究所)

PART 4 熟語

UPGRADE 238 状態の at

「…の場所にある」の意味から，「…の状態に置かれている」の意味へと発展。

993. ①：make oneself at home「くつろぐ」
▶ 直訳すると「自分を家にいる状態にする」。Make yourself **at home**.「くつろいでください」と命令文で使われるのがふつう。

994. ①：(be) ill at ease「落ち着かない，不安だ」＝(be) uncomfortable
⇔(be) at ease「くつろいでいる」＝(be) comfortable, (be) relaxed
▶ ill は否定を表す副詞。
▶ be の代わりに feel も用いる。

995. ①：(be) at a loss「途方に暮れている」 第4位
▶ loss は自分を失った状態。後ろに what to do を置くと「どうしてよいかわからない」の意味になる。
☐ (be) at a loss for words「言葉に詰まっている」

996. ②-⑥-⑤-①-④-③：(be) at the mercy of A「Aのなすがままである」
▶ The ship *was at the mercy of the waves*.
▶ at A's mercy という使い方もある。

Check 118 状態の at ― その他の熟語

☐ (be) at work「作業中だ」　☐ at large「全体として(の)，一般の」
☐ (be) at A's disposal「A(人)の自由に使える」
☐ at least「少なくとも」⇔ at most「多くとも」
☐ at best「(どんなに)よくても」⇔ at worst「(どんなに)悪くても」

UPGRADE 239

☑ **997.** Will you get (　　) touch with me before Monday?
頻出 ① through　② in　③ on　④ for　(防衛大)

☑ **998.** He fell (　　) love with her at first sight.
① out　② under　③ in　④ down　(愛知工業大)

☑ **999.** You should ask Mr. Thompson about this project. He is in (　　) of it.
頻出 ① business　② charge　③ front　④ mark
(金沢工業大)

☑ **1000.** He is deep in (　　).
① coin　② penny　③ debt　④ loan　(駒澤大)

UPGRADE 240

☑ **1001.** My father went over to France (　　) business.
① at　② by　③ in　④ on　(中部大)

☑ **1002.** When I was twelve, I went (　　) a trip to Hong Kong.
① on　② in　③ at　④ for　(東海大)

☑ **1003.** Oh, no! That building is (　　) fire.
① under　② in　③ at　④ on　(静岡大)

UPGRADE 241

☑ **1004.** Our new home has been (　　) construction all summer. We hope to move in next month.
① under　② of　③ on　④ at　⑤ for
(亜細亜大)

---

997. 月曜日になる前に私に連絡してくれるかい？
998. 彼は一目で彼女を好きになった。[彼は彼女に一目ぼれをした。]
999. このプロジェクトについてはトムソンさんに聞けばいい。彼が担当だ。
1000. 彼はずいぶん借金をしている。
1001. 父は仕事でフランスに渡った。
1002. 12歳のとき，私は香港に旅行した。
1003. うわー，あの建物が燃えている。
1004. 私たちの新しい家は夏の間建設中だった。来月には引っ越せると思う。

UPGRADE 239 状態の in

「…の中にある」から「…の状態にある」の意味に発展。「困難」「健康状態」「感情」など，意志でコントロールできない状態を表すものが目立つ。

997. ②：**get in touch with A「A と連絡を取る」** ➔ 877
▶ keep in touch with A「A と連絡を保つ」（➔ 933），keep in contact with A「A と接触を保つ」も覚えよう。

998. ③：**fall in love with A「A(人など)に恋する」**
☑ (be) in love with A「A に恋している」

999. ②：**(be) in charge of A「A を担当している」** ➔ 778 第2位

1000. ③：**(be) in debt「借金をしている」** debt [dét] ➔ Rule 23 p.443

Check 119 状態の in ― その他の熟語

☑ (be) in a hurry「急いでいる」
☑ (be) in good health [shape]「健康だ」
☑ (be) in fashion「流行している」
☑ (be) in order「整然としている」
☑ (be) in trouble「困っている」
☑ (be) in A's way「A の邪魔だ」

UPGRADE 240 活動的状態の on

「…に乗っている」→「動きつつある」と発展。活動的な状態を表すものが多い。

1001. ④：**(be) on business「仕事で(出かけている)」**

1002. ①：**go on a trip「旅に出る」**
☑ go on a picnic「ピクニックに出かける」

1003. ④：**(be) on fire「火事になっている，火がついている」**
☑ set A on fire「A に火を放つ」

Check 120 活動的状態の on ― その他の熟語

☑ (be) on the phone「電話に出ている」
☑ (be) on duty「勤務中である」
☑ (be) on one's way (to A)「(A へ)行く途中だ」
☑ (be) on the air「放送中である」
☑ (be) on board「(乗り物に)乗っている」

UPGRADE 241 受身的状態の under

「…の下に」→「(上から)…を受けて」と発展。〈under＋動詞の名詞形〉で「…されつつある」の意味になるものが多い。

1004. ①：**(be) under construction「建設[工事]中である」＝ be being built**

☑1005. If you can't keep your dog (　　) control, you shouldn't bring him to the park.

① on　② under　③ in　④ with　(東海大)

☑1006. Plans are under way to build a new railway.

① in haste　② in progress　③ in depth　④ in bloom　(駒澤大)

UPGRADE 242

☑1007. 頻出 She was unable to warn her mother that she would be late because the telephone was (　　).

① out of work　② off work　③ out of order　④ off duty　(東海大)

☑1008. 頻出 The boys had no money, so it was out of the question for them to go to the movies.

① disagreeable　② dishonest　③ impossible　④ unusual　(近畿大)

☑1009. The technology used in this camera is now out of date.

① contemporary　② original　③ old-fashioned　④ novel　(流通経済大)

☑1010. Wearing the wrong kind of clothes for the party made me feel out of place.

① feel uneasy　② feel unlucky

③ feel unhappy　④ feel disappointed　(青山学院大)

☑1011. Out of sight, out of mind.

① They are free to come and go.　② Life is subject to decay.

③ Art is long, and time is fleeting.　④ Long absent, soon forgotten.　(國學院大)

UPGRADE 243

☑1012. 頻出 The rain prevented us (　　) going to the mountain.

① from　② off　③ to　④ in　(奈良県立大)

1005. 犬をおとなしくさせられないなら，公園に連れてきてはいけない。
1006. 新しい鉄道を造る計画が進行中だ。
1007. 電話が故障していたので，彼女は母親に遅くなることを知らせられなかった。
1008. 少年たちにはお金がなかったので，映画に行くなんて不可能だった。
1009. このカメラに使われている技術はもう時代遅れだ。
1010. 間違った種類の服をパーティに着て行ったので，私は場違いに感じた。
1011. 目に見えないと忘れ去られる。[去るもの日々に疎(うと)し。]（ことわざ）
1012. 雨のせいで私たちは山に行けなかった。

1005. ②：keep A under control「A を制御しておく，支配している」
☑ (be) under control「制御[制圧]されている」

1006. ②：(be) under way「進行中である」
▶ (be) **on the way (to A)**「(A へ)行く途中である」，(be) **in the way of** A「A の邪魔になっている」と区別しよう。

Check 121 受身的状態の under ― その他の熟語

☑ (be) under pressure「圧力を受けている」
☑ (be) under the influence of A「A の影響を受けている」

UPGRADE 242 否定の out of

「…の外で，…を外れて」の意味から，「否定」の意味を持つさまざまな熟語を生み出す。肯定的な状態を表す **in** とペアになっていることも多い。

1007. ③：(be) out of order「故障している，混乱している」
⇔ (be) in order「整然としている，正常だ」
▶ out of order はふつう公共設備のものが故障している場合に使う。個人の所有物には be broken を使う。

誤答 ① out of work「失業中の」，④ off duty「勤務時間外の」

1008. ③：(be) out of the question「不可能である」＝(be) impossible
▶ この言い換えが頻出だ。

1009. ③：(be) out of date「時代遅れである」⇔ (be) up to date「最新である」
☑ (be) out of fashion「流行遅れである」⇔ (be) in fashion「流行している」

1010. ①：(be) out of place「場違いだ」
▶ 本問では be が feel に置き換わっている。文脈から feel uneasy「落ち着かない」を選ぶ。

1011. ④：Out of sight, out of mind.「目に見えないものは忘れ去られる」
▶ out of sight は「見えなくなって」，out of mind は「心から消えて，忘れて」の意味。なお，**(be) out of one's mind** は「気が変になっている」の意味。

Check 122 否定の out of ― その他の熟語

☑ (be) out of control「制御できない」　☑ (be) out of work「失業している」

UPGRADE 243 禁止・妨害の from

「人を〈行為〉から引き離す」→「人に〈行為〉をさせない」。

1012. ①：prevent A from V-ing「A が V するのを妨げる，防ぐ」

☑ **1013.** Nothing will stop me (　　) loving you.
① from　② about　③ against　④ to　(清和大)

☑ **1014.** 私たちの学校は髪を黄色に染めるのを禁じている。
頻出 Our [① from　② prohibit　③ rules　④ school　⑤ us] dyeing our hair yellow.　(姫路獨協大)

☑ **1015.** Please refrain (　　) smoking in the classroom.
頻出 ① to　② for　③ over　④ from　(大阪商業大)

UPGRADE 244

☑ **1016.** By all means you must let me have the money at ten o'clock.
① By any chance　② Late on
③ Without fail　④ Somehow　(大阪学院大)

☑ **1017.** She is beautiful (　　) description.
① beyond　② over　③ without　④ out of　(帝京大)

☑ **1018.** He was (　　) himself with joy to hear the news.
① over　② besides　③ beside　④ beyond　(高千穂大)

☑ **1019.** All the rooms of this building are (　　) outside sound.
① by far from　② far from　③ free from　④ free with
(武庫川女子大)

☑ **1020.** (　　) being sincere, he is very dishonest.
① Due to　② Because of　③ Far from　④ In spite of
(愛知学院大)

UPGRADE 245

☑ **1021.** He is suffering (　　) AIDS.
頻出 ① at　② from　③ in　④ on　(同志社大)

1013. 私があなたを愛するのを妨げるものは何もない。
1015. 教室ではタバコを控えてください。
1016. 10時に必ずお金を渡してもらわないといけない。
1017. 彼女は言葉にできないほど美しい。
1018. 彼はその知らせを聞いて，喜びのあまり我を忘れていた。
1019. この建物の部屋はすべて外からの音が聞こえない。
1020. 誠実どころか彼はとても不誠実だ。
1021. 彼はエイズにかかっている。

1013. ①：stop A from V-ing「A に V させない」

1014. ④-③-②-⑤-①：prohibit A from V-ing「A が V するのを禁じる」

▶ Our *school rules prohibit us from* dyeing our hair yellow.

1015. ④：refrain from V-ing「V するのを慎む」

PART 4 熟語

Check 123 禁止・妨害の from ― その他の熟語

- ☑ keep A from V-ing 「A に V させないでおく」 ➲ 935
- ☑ discourage A from V-ing 「A に V する気をなくさせる」 ➲ 849

UPGRADE 244 否定の前置詞を含むその他の熟語

beyond, **beside**, **from** などの「ある点・範囲から離れる」という意味の前置詞は多くの否定表現を生み出す。

1016. ③：without fail「必ず，欠かさず」＝ by all means, certainly, always

▶ without「…なしに」＋fail「間違い」で，二重否定的な表現(＝肯定)。

1017. ①：(be) beyond description「言葉で表せない(ほどすばらしい・ひどい)」

▶ beyond「…を超えて」→「…が不可能で」。ほかに次のようなものがある。

☑ beyond doubt「疑いなく」

☑ (be) beyond A's understanding[ability/imagination]
「A の理解[能力/想像]を超えている」

1018. ③：(be) beside oneself (with A)「(A で)我を忘れている」

▶ beside「…の横に」→「…から外れて」。with は感情の原因を表す。

1019. ③：(be) free from A「A(よくないもの)がない」 ➲ 494, 789

▶「…から自由だ」が元の意味。

1020. ③：(be) far from A「A からほど遠い，まったく A ではない」 ➲ 487

▶ 文頭にある far from ... は「…どころか」と訳すとよい。

UPGRADE 245 原因・起源・原料の from

1021. ②：suffer from A「A(病気など)で苦しむ，A にかかる」

☑ **1022.** Parts of the church (　　) from the eleventh century.
① bring　② come　③ date　④ derive　(北里大)

☑ **1023.** The word grammar is derived (　　) the Greek words that mean "writing" and "letters."
① at　② out of　③ for　④ from　(関西学院大)

UPGRADE 246

☑ **1024.** She tried to learn French but soon got tired (　　) it and gave up.
頻出　① of　② on　③ for　④ in　(亜細亜大)

☑ **1025.** Water is made up (　　) hydrogen and oxygen.
頻出　① with　② of　③ from　④ by　(福岡大)

☑ **1026.** Jim's class consisted of 46 students.
頻出　① was lacking in　② lay in
③ was made up of　④ was crowded with　(日本工業大)

☑ **1027.** The human body is made up of millions of cells.
頻出　① supported　② composed　③ developed　④ exhibited
(青山学院大)

☑ **1028.** I hated those people who (　　) me at my high school.
① took happiness of　② made happy out of
③ took kindness of　④ made fun of　(目白大)

UPGRADE 247

☑ **1029.** 乗客は遅れの責任は航空会社にあると言った。
頻出　The passengers [① the delay　② the airline　③ blamed　④ for].
(関東学院大)

☑ **1030.** 歩行者もいくぶん事故に責任がある。
The pedestrian [① the accident　② blame　③ for　④ to　⑤ is] to some extent.
(中央大)

1022. その教会のいくつかの部分は 11 世紀に作られた。
1023. grammar という言葉は「書くこと」や「文字」を意味するギリシャ語に由来する。
1024. 彼女はフランス語を学ぼうとしたが，すぐに飽きてやめた。
1025. 水は水素と酸素からできている。
1026. ジムのクラスには 46 人の学生がいた。
1027. 人間の体は無数の細胞でできている。
1028. 私は高校時代に自分をからかう人たちが大嫌いだった。

1022. ③：**date from A「A(時代)にさかのぼる」＝ date back to A**

1023. ④：**derive A from B「A を B から引き出す，派生させる」**

▶ 本問は上の熟語の受身形。自動詞的な A **derive from** B「A が B から派生する，B に由来する」もいっしょに覚えよう。

Check 124 原因・起源・原料の from ― その他の熟語

☑ **judging from** A	「A から判断すると」	➲ 227
☑ (be) **descended from** A	「A の子孫である」	

PART 4 熟語

UPGRADE 246 原因・起源・材料の of

もともと **of** は「…から離れて」という **from** に近い意味を持っていた。だから **from** と同じように，「原因」や「起源」や「材料」を表す場合がある。

1024. ①：**(be) tired of A「A にうんざりしている」＝ (be) fed up with A**(➲ 1145)

▶ 本問の **get tired of** A は(be)を get で置き換えたもので，「A にうんざりする」の意味。

1025. ②：**(be) made up of A「A で構成されている」**

▶ (be) made of A は「A(材料)で作られる・できている」 ➲ 264

1026. ③：**consist of A「A で構成されている」**

1027. ②：**(be) composed of A「A で構成されている」**

＝ (be) made up of A ＝ consist of A

▶ 上の３つの熟語は言い換え問題で非常によく出るのでいっしょに覚えよう。

1028. ④：**make fun of A「A をからかう，ばかにする」**

▶ 直訳すると「A を材料にして楽しむ」。**make a fool of** A「A を笑いものにする，かつぐ」もよく似た意味。

UPGRADE 247 理由の for

以下の熟語に出てくる **for** は「…に相当する」「…に対応する」といった意味だ。

1029. ③-②-④-①：**blame A for B「B は A のせいだと言う」**

▶ The passengers *blamed the airline for the delay.*

▶ A(人や組織など)は B(過失・事故など)の重大さに相当した責任を問われるわけだ。

1030. ⑤-④-②-③-①：**(be) to blame for A「A(事故など)に対して責任がある」**

▶ The pedestrian *is to blame for the accident* to some extent.

重要表現 to some extent「ある程度まで」 ➲ 1123

☑ **1031.** I'd like to apologize (　　) being late this morning.
頻出　① at　② for　③ of　④ to　(東海大)

☑ **1032.** We are responsible (　　) our own choices.
頻出　① for　② by　③ of　④ at　(上智大)

☑ **1033.** Thank you very much [① to　② coming　③ see　④ for] me.
(駒澤大)

UPGRADE 248

☑ **1034.** She was pleased (　　) the present.
① by　② with　③ for　④ to
(宮崎産業経営大)

☑ **1035.** Bob asked me if I was content (　　) my present job.
① of　② with　③ for　④ to　(昭和女子大)

UPGRADE 249

☑ **1036.** We regard cellular phones (　　) accessories.
① by　② to be　③ as　④ for　(大阪産業大)

☑ **1037.** I'll always <u>look on</u> Arisa Mizuki as one of the best actresses in the world.
① love　② regard　③ feel　④ find　(産能大)

☑ **1038.** Although English is the international language, you must not think of it (　　) one, unified language.
① because　② for　③ as　④ with　(東海大)

1031. 今朝遅れたことを謝りたいのです。
1032. 私たちは自分の選んだものに責任がある。
1033. 会いに来てくれて本当にありがとう。
1034. 彼女はその贈り物が気に入った。
1035. ボブは私に今の仕事に満足かと聞いた。
1036. 私たちは携帯電話をアクセサリーとみなしている。
1037. 私はずっとミヅキアリサを世界有数の女優と考えるだろう。
1038. 英語は国際語だが，1つの統一された言語と考えてはならない。

1031. ②：apologize (to A) for B「(A に)B のことで謝る」 ➡ 540

▶ blame とは違い，A(人)の前には to が必要なので注意。

1032. ①：(be) responsible for A「A(仕事・事故など)に対して責任がある」

▶ 仕事や事故の重大さに相当した責任があるというわけだ。

▶ for の穴埋め問題がよく出題される。

1033. ④-②-①-③：thank A for B「A に B のことで感謝する」

▶ Thank you very much *for coming to see* me.

PART 4 熟語

Check 125 理由の for ー その他の熟語

☑ praise A for B	「A を B のことでほめる」
☑ punish A for B	「A を B のことで罰する」
☑ excuse A for B	「A を B について許す」＝ pardon A for B
☑ forgive A for B	「A を B について許す」
☑ (be) famous for A	「A により有名である」

UPGRADE 248 感情の原因を表す with

with はもともと「…に対して」という意味だった。ここに挙げた表現はこの意味でとらえるとわかりやすい。

1034. ②：(be) pleased with A「A が気に入っている」

1035. ②：(be) content(ed) with A「A に満足している」＝(be) satisfied with A

☑ (be) angry with A	「A(人)に腹を立てている」	
☑ (be) fed up with A	「A にうんざりしている」	➡ 1145
☑ (be) beside oneself with A	「A で我を忘れている」	➡ 1018

UPGRADE 249 「…として」の as ― regard A as B の仲間

このasはいわば「＝」の意味を持っている。

1036. ③：regard A as B「A を B とみなす」 ➡ 953

1037. ②：look on A as B「A を B とみなす」

1038. ③：think of A as B「A を B とみなす」

Check 126 「…として」の as ー その他の熟語

☑ refer to A as B「A を B と呼ぶ」 ☑ as such「① そのように　② それ自体では」

☑ view A as B　「A を B とみなす」＝ see A as B

UPGRADE 250

☑1039. In the United States we take it (　　) granted that we can use the car for everything.
頻出
① as　② to　③ for　④ to be　(東京理科大)

☑1040. The three colors of the French national flag stand for "liberty, equality, and fraternity."
頻出
① seem　② draw　③ represent　④ remind　(中央大)

UPGRADE 251

☑1041. This car handles better than that one.
頻出
= This car is superior (　　) that one in handling.
① from　② to　③ than　④ by　(武蔵大)

☑1042. For a long time women were thought to be inferior (　　) men.
① than　② with　③ on　④ to　(山梨学院大)

☑1043. 誤りがある部分を選びなさい。
I prefer ①postponing the whole business ②than ③getting into ④debt.
(昭和女子大)

☑1044. The work of a nurse is (　　) to the work of a doctor.
① regular　② same　③ resemble　④ similar　(駒澤大)

☑1045. Two times 7 is equal (　　) 14.
① for　② in　③ with　④ to　(山梨学院大)

UPGRADE 252

☑1046. It is sometimes difficult to distinguish the Swedish language (　　) Danish.
① by　② with　③ from　④ to　(中央大)

1039. 合衆国では私たちはあらゆることに車を使えることを当然のことと考えている。
1040. フランス国旗の３色は「自由，平等，友愛」を表す。
1041. この車はあれより扱いやすい。
1042. 長い間女性は男性に劣ると思われていた。
1043. 借金をするよりその事業を全部後回しにしたい。
1044. 看護師の仕事は医師の仕事に似ている。
1045. 7の2倍は14になる。
1046. スウェーデン語をデンマーク語と区別するのは難しいことがある。

UPGRADE 250 「…として」「…を表す」の for

このforは上のasに似た意味を持つ。

1039. ③：take A for granted「Aを当然とみなす」 ➡913

▶ 直訳すると「Aを認められた(granted)ものとして(for)とらえる」の意味。

1040. ③：stand for A「Aを表す，象徴する」＝ represent A(言い換え頻出)

UPGRADE 251 「…より」「…と比べ」than や as のような意味の to

1041. ②：(be) superior to A「Aより優れている」＝(be) better than A

▶ better に似た意味だが，than は用いない。

+α -ior の語尾を持つ形容詞は than ではなく to で比較の基準を表す。

1042. ④：(be) inferior to A「Aより劣っている」＝(be) worse than A

1043. ②：prefer A to B「AをBより好む」

▶ than ではなく to とする。prefer to V_1(原形) rather than to V_2(原形)なら可能。

1044. ④：(be) similar to A「Aと似ている」 ➡536 +α

1045. ④：(be) equal to A「Aと等しい」

重要表現 A times B「BのA倍」

UPGRADE 252 「分ける」「違う」— 区別の from

「AをBから切り離す」→「AをBから区別する」

1046. ③：distinguish A from B「AをBと区別する」

▶ distinguish between A and B「AとBを区別する」のほうが使用頻度は高い。

☑ **1047.** I can't tell the real diamond (　　) the imitation.
① between　② and　③ from　④ for　（浜松大）

UPGRADE 253

☑ **1048.** They recovered their breath little by little.
① increasingly　② gradually　③ lately　④ immediately
（徳山大）

UPGRADE 254

☑ **1049.** You remind me (　　) somebody I knew a long time ago.
頻出　① from　② in　③ of　④ to　（実践女子大）

☑ **1050.** The teacher will (　　) the schedule of the school trip.
① inform you　② inform with you
③ inform you of　④ inform to you　（水産大）

☑ **1051.** They convinced us (　　) their innocence.
① against　② in　③ of　④ off　⑤ on　（中央大）

UPGRADE 255

☑ **1052.** We depend (　　) water and use it in many different ways.
頻出　① with　② for　③ in　④ on　（関西学院大）

☑ **1053.** You cannot rely (　　) my help.
頻出　① with　② on　③ at　④ until　（流通科学大）

☑ **1054.** Don't count on him.
① despise　② insult　③ respect　④ trust　（明治大）

☑ **1055.** We Japanese live (　　) rice.
① at　② in　③ of　④ on　（帝京大）

1047. 私は本物のダイヤと模造品を区別できない。
1048. 彼らは少しずつ呼吸を回復した。
1049. あなたを見ると，私はずっと昔の知り合いを思い出す。
1050. 先生が修学旅行の日程を君に知らせてくれるだろう。
1051. 彼らは自分たちが無罪であることを私たちに確信させた。
1052. 私たちは水に依存し，多くの用途に使っている。
1053. 君は僕の助けに頼ることはできない。
1054. 彼のことを当てにするな。
1055. 私たち日本人は米を食べて生きている。

1047. ③：can tell A from B「A と B を区別できる」 ➲ 975

☐ (be) different from A 「A と異なる」

☐ differ from A 「A と異なる」

UPGRADE 253 「…ずつ」「…の差で」― 区切りや差を表す by

1048. ②：little by little「少しずつ」= gradually

▶ I missed the train by a minute.「1 分の差で列車に乗りそこなった」のような by も差を表す用法だ。

Check 127 区切りや差を表す by ― その他の熟語

☐ day by day 「日に日に」
☐ step by step 「一歩一歩」
☐ one by one 「1 つずつ」
☐ by far 「断然，はるかに」
☐ by degrees 「徐々に」

UPGRADE 254 「…について」の of

これらの表現の **of** は **about** に近い意味である。

1049. ③：remind A of B「A に B を思い出させる」

☐ remind A **that** ～「A に～ということを思い出させる」

▶ remember との区別が非常によくねらわれる。

1050. ③：inform A of B「A に B を知らせる」

☐ keep A informed of B「A に B のことを絶えず知らせる」

1051. ③：convince A of B「A に B を信じさせる」

▶ この表現の受身が A **be convinced of** B「A が B を確信している」= A **be sure of** B だ。**convince** A **that** ～「A に～ということを信じさせる」と，その受身形 A **be convinced that** ～「A が～ということを信じている」にも注意。

UPGRADE 255 「…に頼って・基づいて」― 依存・根拠の on

「…の上に乗って」→「…に頼って」と発展。

1052. ④：depend on A「A に頼る，A 次第である」

☐ (be) dependent on A「A に依存している」

1053. ②：rely on A「A に頼る，A を当てにする」= trust A

1054. ④：count on A「A を当てにする」= trust A

1055. ④：live on A「A に頼って生きる」

▶ A には「食物」や「お金」などが来る。

☐ feed on A「(動物が) A を食べて生きる」

☑ **1056.** The movie (　　) a true story.
① bases　② is to base　③ is based on　④ is based of　(南山大)

☑ **1057.** It was an accident; he didn't break the window on (　　).
① design　② intention　③ purpose　④ will　(東洋大)

UPGRADE 256

☑ **1058.** Young people in Britain (　　) America for their ideal of freedom.
① looked to　② requested from
③ searched in　④ looked up to　(桃山学院大)

☑ **1059.** Unfortunately, the demonstrators resorted (　　) violence.
① to　② with　③ for　④ in　(流通科学大)

UPGRADE 257

☑ **1060.** These books originally belonged (　　) my Uncle Victor.
① to　② on　③ at　④ with　(東京薬科大)

☑ **1061.** I succeeded because Henry helped me.
= I (　　) my success to Henry.
① thank　② owe　③ give　④ get　(福岡工業大)

☑ **1062.** Such a custom is not peculiar (　　) the British.
① at　② for　③ to　④ with　(専修大)

UPGRADE 258

☑ **1063.** I was determined not to give in to their demands.
① join with　② object to　③ stand by　④ surrender to　(中央大)

☑ **1064.** I don't know why the management submitted (　　) the strikers' demands so easily.
① with　② of　③ in　④ to　(拓殖大)

1056. その映画は実話に基づいている。
1057. それは事故であった。彼は故意に窓を壊したのではない。
1058. イギリスの若者はアメリカが自由の理想を示してくれることを期待した。
1059. 残念ながらデモをしていた人たちは暴力に訴えた。
1060. これらの本は元はビクターおじさんのものだった。
1061. 私が成功したのはヘンリーが助けてくれたおかげだ。
1062. そのような習慣は英国人に特有ではない。　**1063.** 彼らの要求に屈しないと決心した。
1064. なぜ経営側がストをした人々の要求にそんなに簡単に屈したのかわからない。

1056. ③：(be) based on A「A に基づいている」

1057. ③：on purpose「故意に，わざと」 **第1位**

= intentionally, deliberately, by intention

▶ 同意語句との言い換え問題も出る。反意語 by accident「偶然に」(➡ 774)も覚えよう。

☑ Check 128 依存・根拠の on ーその他の熟語

☐ on condition that 〜　「〜という条件で」

☐ on one's own　「(自分に頼って)→独立して」

UPGRADE 256 「…に頼って」— 依存の to

1058. ①：look to A for B「A に頼って B を求める，A に B を期待する」

= rely on A for B

▶ look to A to V「A が V してくれるのを当てにする」

1059. ①：resort to A「A(手段)に訴える」

▶ 名詞の resort には「リゾート地」の意味もある。

UPGRADE 257 「…に所属して」— 所属・帰属の to

1060. ①：belong to A「A に属している」

▶ 進行形にならないことにも注意。 ➡ UPGRADE 2 p.21

1061. ②：owe A to B「A は B のおかげだ」 ➡ Check 63 p.219

▶ 元の意味は「A を B に借りている」。

☐ attribute A to B「A は B のもの[せい]だと考える」

1062. ③：(be) peculiar to A「A に特有だ」

UPGRADE 258 「従属する・負ける」の to

所属の to に近い。「負ける」とは，相手に従属することだ。

1063. ④：give in to A「A に屈服する」= surrender to A

1064. ④：submit to A「A に屈服する」

! 注意 他動詞 submit A は「A を提出する」だ。 ➡ 1176

☑ **1065.** Ice and snow should <u>give way to</u> warmer weather when the wind changes.
頻出
① give a message to　② come back to
③ yield to　④ be opposed to　（亜細亜大）

☑ **1066.** All of the world's nations are <u>subject to</u> international space law.
① the issues to be discussed by　② unpleasantly affected by
③ of less importance than　④ required to follow　（法政大）

UPGRADE 259

☑ **1067.** All at once everybody in the class burst (　　) laughter.
① to　② for　③ toward　④ into　（亜細亜大）

☑ **1068.** 気温が非常に低いと水は氷になる。
Very low [① into　② water　③ temperature　④ ice　⑤ turns].
（大正大）

☑ **1069.** Wood is made (　　) paper.
① by　② from　③ into　④ of　（名古屋学院大）

UPGRADE 260

☑ **1070.** The welfare office provides (　　).
頻出
① food with people in need　② food people in need
③ people in need with food　④ people in need for food
（秋田県立大）

☑ **1071.** The manager (　　) Henry with a gold watch.
頻出
① handed　② gave　③ offered　④ presented　（桃山学院大）

☑ **1072.** Every seven to ten years our bones are (　　) with new bones.
① occurred　② provided　③ substituted　④ replaced　（愛知工業大）

☑ **1073.** All passenger ships are supposed to be (　　) with lifeboats.
① prepared　② built in　③ equipped　④ packed　（獨協大）

1065. 風向きが変わると，氷と雪はより暖かい天候に取って代わられるはずだ。
1066. 世界のすべての国は国際宇宙法の支配下にある。
1067. 突然クラスの皆がどっと笑い出した。　**1069.** 木材は加工されて紙になる。
1070. 福祉事務所は困っている人々に食べ物を提供する。
1071. 経営者はヘンリーに金の腕時計を贈呈した。
1072. 7年から10年ごとに私たちの骨は新しい骨で置き換えられる。
1073. すべての客船は救命ボートを装備しなければならない。

1065. ③：give way to A「A に取って代わられる，屈服する」= yield to A

1066. ④：(be) subject to A「A に支配されている，影響を受ける」 ➡ 815

UPGRADE 259 「…になる・…にする」— 状態の変化を表す into

1067. ④：burst into laughter「突然笑い出す」

▶ burst の本来の意味は「爆発する」。この意味が「急激な変化」を表す。

☑ burst into tears「突然泣き出す」

☑ break into A　「急に A し出す」

重要表現 all at once「突然」

1068. ③-⑤-②-①-④：turn A into B「A を B に変える」= change A into B

▶ Very low *temperature turns water into ice.*

☑ A turn into B「A が B に変わる」

1069. ③：A (be) made into B「A が加工されて B になる」

▶ make A into B「A を B に加工する」の受身形。make A into B → make B of [from] A「B を A で[から]作る」の関係に注意。

☑ translate A into B「A を B に翻訳する」

UPGRADE 260 「与える」の with

〈A **with** B〉は A と B が結びついていることを意味する。「A に B を与える」とは，A と B を**結びつける**ことだ。

1070. ③：provide A with B「A に B を提供する」

▶ A (people in need「困っている人々」) が「**受け手**」，B (food) が「**与えられるもの**」であることに注意しよう。A と B が逆になると **provide** B **to** [**for**] A の形になる。

例 provide him **with** information = provide information **to** him
「彼に情報を提供する」

1071. ④：present A with B「A に B を贈呈する，与える」

▶ これも A に「受け手」，B に「与えられるもの」が来る。

1072. ④：replace A with B「A を B で置き換える」

▶ A には「捨てられるもの」，B には「新品のもの」などが来る。

1073. ③：A (be) equipped with B「A が B を備えている」

▶ equip A with B「A に B を備えつける」の受身形。９割以上が受身形で出る。

☑ **1074.** For eight days our ship was (　　) with extremely fine weather.
① cared　② blessed　③ stood　④ torn　(松山大)

UPGRADE 261

☑ **1075.** The poor old man was robbed (　　) his money.
頻出
① off　② for　③ from　④ of　(東海大)

☑ **1076.** Astonishment almost deprived the girl (　　) her speech.
頻出
① of　② at　③ with　④ against
(大阪産業大)

☑ **1077.** Exercise can help to (　　) stress and frustration.
頻出
① make use of　② give way to　③ run out of　④ get rid of
(城西大)

☑ **1078.** Now that you are grown up, you should be independent (　　) your parents.
① at　② with　③ without　④ of　(流通科学大)

☑ **1079.** Our school is within ten minutes (　　) my house.
① to　② of　③ in　④ for　(京都教育大)

☑ **1080.** May I ask a favor (　　) you?
① from　② for　③ of　④ to　(東邦大)

UPGRADE 262

☑ **1081.** Would it be possible to (　　) this cellphone for a new one?
① replace　② exchange　③ recover　④ turn　(札幌大)

1074. 8日間私たちの船はとてもよい天気に恵まれた。
1075. かわいそうに，その老人は金を奪われた。
1076. 驚きのあまり少女はほとんど口がきけなくなった。
1077. 運動はストレスと欲求不満を解消するのに役立つ。
1078. 君はもう大人なんだから，親から独立すべきだ。
1079. 私たちの学校は自宅から10分以内のところにある。
1080. 頼みごとをしてもよろしいですか。
1081. この携帯電話を新品と交換してもらえますか。

1074. ②：**A (be) blessed with B「A が B に恵まれている」**
▶ bless A with B「A に B を恵む」の受身形だ。ほとんどすべて受身形で出る。

☑ Check 129「与える」の with ― その他の熟語

- ☑ supply A with B「A に B を供給する」
- ☑ furnish A with B「A に B を備えつける」
- ☑ A (be) endowed with B「A が B(才能)に恵まれている」

UPGRADE 261「奪う」「離れる」― 分離の of

of にはもともと「…から離れて」の意味があった。次の表現に出てくる **of** はどれもこの意味を持っている。「A から B を奪う」とは〈A **of** B〉つまり「A と B が**離れた状態**」にすることだ。

1075. ④：**rob A of B「A から B を奪う，強奪する」**
▶ A には「B の所有者」，B には「所有物(＝奪われるもの)」が来る。

1076. ①：**deprive A of B「A から B(能力・機会など)を奪う」**

重要表現 speech「話す能力」

1077. ④：**get rid of A「A を捨てる，取り除く」** ➲ 874

1078. ④：**(be) independent of [from] A「A から独立している」** ➲ 849
▶ of の代わりに from を使うこともある。

重要表現 now that ...「(いまや)…だから」

1079. ②：**(be) within A of B「B から A 以内にある」**
▶ within がないときは，of ではなく from を使うので注意。
例 Our school is ten minutes *from* my house.「私たちの学校は自宅から 10 分だ」

1080. ③：**ask a favor of A「A に頼みごとをする」**
▶「A から好意を求める」が元の意味だ。やや堅い表現。 ➲ 967

☑ Check 130 分離の of ― その他の熟語

- ☑ relieve A of B「A の B(心配・責任など)を取り除く」
- ☑ cure A of B「A の B(病気・悪習慣など)を治す」
- ☑ (be) free of A「A(悪いもの)がない」 ➲ 494

UPGRADE 262「交換」の for

〈A **for** B〉には「A と B を**交換して**」の意味がある。

1081. ②：**exchange A for B「A を B と交換する」**
☑ in exchange for A「A と引き換えに」

☑ **1082.** John sold his car (　　) a thousand dollars.
① by　② for　③ in　④ with　(近畿大)

☑ **1083.** You never get anything free.
① for nothing　② with pleasure　③ on business
④ for fun　⑤ in sight　(亜細亜大)

☑ **1084.** We have to make (　　) the damage we caused him.
① up for　② out of　③ away with　④ over to　(流通科学大)

☑ **1085.** I mistook that man (　　) someone I know.
① of　② to　③ at　④ for　(城西大)

UPGRADE 263

☑ **1086.** In the West, the term comic suggests a pictorial story aimed (　　) a young audience.
① for　② on　③ to　④ at　(和光大)

☑ **1087.** It is rude to stare (　　) someone.
① at　② into　③ on　④ to　(武蔵大)

UPGRADE 264

☑ **1088.** The workers are calling for another raise.
頻出　① begging　② demanding　③ opposing　④ projecting　(中央大)

☑ **1089.** Why don't you apply (　　) the job?
① for　② with　③ to　④ from　(桜美林大)

☑ **1090.** Why did you come here?
= What did you come here (　　)?
① to　② for　③ in　④ by　(津田塾大)

1082. ジョンは車を 1,000 ドルで売った。
1083. ただで手に入るものはない。
1084. 私たちは彼に与えた損害を補償しなくてはならない。
1085. 私はその男性を自分の知り合いと間違えた。
1086. 西洋ではマンガという言葉は，幼い読者向けの絵物語を連想させる。
1087. 人をじっと見るのは失礼だ。
1088. 労働者たちはさらなる賃上げを要求している。
1089. その仕事に応募してはどうか。
1090. どうして ここへ来たのですか。

1082. ②：sell A for B「A を B(値段)で売る」

1083. ①：for nothing「ただで」＝ free, for free ➡ 788

▶ 直訳すると「ゼロと交換で」だ。

1084. ①：make up for A「A を埋め合わせる，補う」＝ compensate for A

▶「damage と，それを埋め合わせるもの(賠償金など)を交換する」と考えよう。

1085. ④：mistake A for B「A を B と間違える」

Check 131 「交換」の for ― その他の熟語

☑ buy A for B「A を B(値段)で買う」
☑ pay A for B「A を B の代金として払う」
☑ substitute A for B「A を B の代わりにする」

UPGRADE 263 「…をねらって」― 目標の at

at の基本的意味は「…の点に止まって」である。ここから「…をねらって」という意味が生まれる。

1086. ④：A (be) aimed at B「A は B 向けである，B をねらっている」

▶ 元の形 aim A at B「A(銃口など)を B に向ける」よりも，この形が出る。

1087. ①：stare at A「A をじっと見る」

☑ gaze at A「A を見つめる」

▶ **look at** A なども同じ仲間。

UPGRADE 264 「…を求めて」― 願望・欲求の for

「…に向かって」→「…を求めて」と発展。「願望」や「欲求」が向かっている対象を表す。**look for** A「A を探す」もこの仲間。

1088. ②：call for A「A を必要とする，要求する」＝ demand A ＝ require A

▶ この３つの言い換えは頻出だ。

1089. ①：apply for A「A に応募する」

▶ **apply to** A「A に当てはまる」(➡ Check 136 p.379)と区別しよう。

1090. ②：What ～ for?「何のために～か」＝ Why ～?

▶ **for what**「何のために，何を求めて」の what が文頭に出たことによってできた構文。目的または理由を尋ねるパターン。Why の疑問文との言い換えが頻出。

☑ **1091.** She craved solitude and yet she was longing (　　) an exciting life.
発展 ① for　② of　③ on　④ with　(関西学院大)

UPGRADE 265

☑ **1092.** I've got to (　　) for a test tomorrow morning.
① lesson　② prepare　③ ready　④ research
(金沢学院大)

☑ **1093.** Look out for cars when you cross the street.
① Be careful of　② Check under
③ Don't play with　④ Stop
(明星大)

UPGRADE 266

☑ **1094.** That accident had an effect (　　) my way of thinking.
① in　② on　③ over　④ to　(熊本学園大)

☑ **1095.** Volcanoes seem to have a significant influence (　　) the climate and the soil in nearby areas.
① at　② for　③ on　④ to　(武庫川女子大)

☑ **1096.** The King imposed a heavy tax on his people to pay for his foreign wars.
発展
① organized　② placed　③ displayed　④ decreased
(立正大)

☑ **1097.** We should get our car repaired soon. That rattling noise really gets on my nerves.
発展
① turns me up　② settles me down
③ disturbs me　④ satisfies me
(日本大)

1091. 彼女は孤独を求めながらも刺激的な生き方にあこがれていた。
1092. 明日の朝のテストの準備をしなければならない。
1093. 道を渡るときは車に気をつけなさい。
1094. その事故は私の考え方に影響を与えた。
1095. 火山は近隣の気候と土壌に重大な影響を与えるようだ。
1096. 王は外国での戦争をまかなうために人民に重税を課した。
1097. 車をすぐに直してもらったほうがよい。ガタガタいう音が本当に私の神経にさわる。

1091. ①：long for A「A を切望する，A にあこがれる」

☑ Check 132 願望・欲求の for － その他の熟語

☐ wait for A「A を待つ」　☐ (be) anxious for A「A を熱望している」
☐ for pleasure「楽しみのために, 遊びで」　☐ search for A「A を探し求める」

UPGRADE 265 「…に備えて」― 準備・用心の for

1092. ②：prepare for A「A に向けて準備する」＝ get ready for A
▶ prepare A for B「A を B に向けて準備する」という形もある。

1093. ①：look out for A「A に気をつける」＝ watch out for A ➡ 952
▶ ① be careful of A は「A を大切にする」の意味。

☑ Check 133 準備・用心の for － その他の熟語

☐ (be) ready for A　「A のための準備ができている」
☐ for a rainy day　「万一に備えて」
☐ provide for A　「① A に備える　② A を養う」

UPGRADE 266 攻撃・被害・影響の対象を指す on

「…の上に乗って」→「…に攻撃・影響を加えて」と発展。受身的な状態を表す under(➡ UPGRADE 241 p.351)と対比して考えよう。

1094. ②：have an effect on A「A に影響を与える」
▶ 日本語につられて have を give としたり，on を to とするのは誤り。

1095. ③：have (an) influence on A「A に影響を与える」
☐ have an impact on A「A に影響を与える」
★ A には the environment「環境」が来ることが多い。

1096. ②：impose A on B「A を B に課する，押しつける」
▶ A には「税金」，「罰」，「規則」など，あまり「ありがたくないもの」が来る。

1097. ③：get on A's nerves「A をいらだたせる」＝ disturb A，annoy A
▶ get our car repaired の形については，get A V-ed(➡ 564)参照。

☑ Check 134 攻撃・被害・影響の対象を指す on － その他の熟語

☐ look down on A　「A を見くだす」 ➡ 945
☐ blame A on B　「A を B のせいにする」
☐ play a trick on A　「A をからかう」
☐ act on A　「A に作用する」＝ affect A

UPGRADE 267

☑1098. We can deal (　　) things that are difficult at this point in time.
① with　② in　③ for　④ to　(日本福祉大)

☑1099. I just can't (　　) with such hard work alone.
① cope　② dispense　③ part　④ succeed　(広島女学院大)

☑1100. This regulation should be done away with.
① be modified　② be abolished　③ be renewed　④ be remade
(亜細亜大)

UPGRADE 268

☑1101. The teacher was faced (　　) a difficult choice.
頻出　① to　② from　③ on　④ with　(日本社会事業大)

☑1102. I was confronted with many problems.
発展　① overcame　② faced　③ attacked　④ overwhelmed
(東海大)

☑1103. Alcohol can interfere with getting a good night's sleep.
① assist　② disturb　③ promote　④ resist　(関西大)

UPGRADE 269

☑1104. X : I'm afraid I've spilt some wine on the carpet.
Y : Oh, don't (　　) about that.
① care　② matter　③ suffer　④ worry　(徳島文理大)

☑1105. I am anxious (　　) the result of the examination.
① about　② for　③ of　④ to　(学習院大)

☑1106. The mayor seems to (　　) about the next election.
① be concerned　② be concerning
③ concern　④ have concerned　(京都産業大)

1098. 私たちは現段階の困難な事柄に対処できる。
1099. そんな難しい仕事に１人で対処することはできない。
1100. この規則は廃止すべきだ。　**1101.** その教師は難しい選択に直面していた。
1102. 私は多くの問題に直面していた。　**1103.** アルコールは夜の安眠を妨げることがある。
1104. X：カーペットにワインをこぼしてしまった。Y：あら，そんなこと気にしないで。
1105. 試験の結果が気になる。　**1106.** 市長は次の選挙を心配しているようだ。

UPGRADE 267 対処・処理の with

with には「…に対して」という意味がある。ここに挙げた表現はこの意味で考えると理解しやすい。

1098. ①：**deal with A**「A(物・人)を扱う」

1099. ①：**cope with A**「A(問題など)に対処する」

1100. ②：**do away with A**「A を廃止する」＝ **abolish A**
▶ 本問は受身形。上の言い換えは頻出だ。 ➡ 968

UPGRADE 268 「…に対して」ー 対抗・直面の with

1101. ④：**(be) faced with A**「A に直面している」 ➡ 783

1102. ②：**(be) confronted with A**「A に直面している」＝ **(be) faced with A**

1103. ②：**interfere with A**「A に干渉する，A の邪魔になる」

Check 135 対抗・直面の with ー その他の熟語

☑ **compete with** A「A と競争する」
☑ **put up with** A 「A を我慢する」＝ **endure** A，**stand** A，**bear** A（言い換え頻出）
➡ 805

UPGRADE 269 「心配する」の about

「…について心配する」という表現はどれも **about** を用いる。

1104. ④：**worry about A**「A のことを心配する」
☑ (**be**) **worried about** A「A のことを心配している」
誤答 ① care を命令文で使うのはまれ。

1105. ①：**(be) anxious about A**「A のことを心配する」
＝ **(be) worried about A**
▶ **(be) anxious for** A「A を熱望している」(➡ Check 132 p.373) と区別しよう。

1106. ①：**(be) concerned about A**「A のことを心配する」
＝**(be) worried about A**
▶ **(be) concerned with** A「A に関係している，関心を持っている」と区別しよう。

UPGRADE 270

☑ 1107. He played an active (　　) in business until he was over eighty.
① position　② part　③ service　④ use　(亜細亜大)

☑ 1108. Jim did his best in the games he took part (　　).
頻出
① at　② in　③ of　④ with　(武蔵大)

☑ 1109. My cousin Bob majored (　　) French in college.
① for　② on　③ at　④ in　(名古屋学院大)

☑ 1110. Many Americans <u>engage in</u> recreation with the same seriousness of purpose they expend on work.
頻出
① devote themselves to　② feel attracted by
③ call for　④ promise to entertain　(同志社大)

☑ 1111. My sister is (　　) in the work of the organization Greenpeace.
① invested　② implicated　③ involved　④ implied
(名古屋女子大)

☑ 1112. I was so (　　) in the book I didn't hear the phone call.
① absorbed　② concerned　③ engaged　④ surprised
(広島女学院大)

UPGRADE 271

☑ 1113. I can't concentrate (　　) my homework with the radio playing so loud.
① in　② on　③ for　④ with　(南山大)

☑ 1114. Mars science has focused (　　) the question 'Where did the water go?'
① about　② on　③ of　④ to　(愛知医科大)

1107. 彼は80歳を超えるまでビジネスで積極的な役割を演じた。
1108. ジムは参加した試合でベストを尽くした。
1109. 私のいとこのボブは大学でフランス語を専攻した。
1110. 多くのアメリカ人は仕事をするときと同じ真剣な目的意識を持って，レクリエーションを行う。
1111. 私の姉はグリーンピースという組織の仕事にかかわっている。
1112. 私は読書に夢中で電話の音が聞こえなかった。
1113. ラジオをそんなに大きな音で鳴らしては，宿題に集中できない。
1114. 火星学では「水はどこへ消えたのか」という問題を最大の関心事としてきた。

UPGRADE 270 「参加する」「従事する」「関係・関心を持つ」の in

in の「…の中に入って」の意味から「参加して・従事して・関心を持って」の意味に発展。(be) interested in A もここに入る。「仲間に入る」,「首をつっこむ」などの日本語のイメージと近い。

1107. ②：play a part in A「A で役割を演じる」＝ play a role in A
▶ part の前に形容詞を置くことが多い。
例 play an *important* part [role]「重要な役割を演じる」

1108. ②：take part in A「A に参加する」＝ participate in A
▶ この言い換えが頻出だ。
▶ 本問は games と he の間に関係代名詞 that が省略されている。

1109. ④：major in A「A を専攻する」
▶ **specialize in** A「A を専門にする」も似た意味。

1110. ①：engage in A「A に従事する，A を行う」
▶ **(be) engaged in** A「A に従事している，A を行っている」のように受身形でも使う。

重要表現 ① devote oneself to A「A に身をささげる，専念する」 ➡ 1122

1111. ③：(be) involved in A「A に関わっている」 ➡ 123

1112. ①：(be) absorbed in A「A に熱中している」
▶「A に吸い込まれている」が文字通りの意味。

UPGRADE 271 「集中する」「こだわる」「専念する」の on

on の基本的な意味「…に接触して，くっついて」が発展し，「注意・意識」が対象にくっついて離れないという意味を表すもの。

1113. ②：concentrate on A「A に(注意などを)集中する」
▶ concentrate A on B「A を B に集中する」という形もある。

重要表現 with the radio playing の形については，with＋A＋V-ing(➡ 229)参照。

1114. ②：focus on A「A に(関心などを)集中する」＝ concentrate on A
▶ focus の本来の意味は「焦点を合わせる」だ。

☑ **1115.** Although he was drunk he insisted (　　) driving.
① to　② in　③ for　④ on　(北海道工業大)

☑ **1116.** Mr. Brown kept an eye on his children while his wife was out shopping.
頻出 ① watched　② looked at　③ scolded　④ took after
(東海大)

☑ **1117.** It's foolish to (　　) past failures.
① pull over　② count on　③ make over　④ dwell on
(明海大)

☑ **1118.** I'm not very keen (　　) classical music.
① for　② of　③ on　④ to　(摂南大)

UPGRADE 272

☑ **1119.** My father is used to (　　) late every night.
頻出 ① work　② have worked　③ be working　④ working
(摂南大)

☑ **1120.** (a) I normally commute to work by bus.
= (b) I am accustomed (　　) to work by bus.
① to commuting　② for a commute
③ with commuting　④ at a commute　(名古屋外語大)

☑ **1121.** When you are visiting a foreign country, you are expected to (　　) to its customs.
① adapt　② regulate　③ subject　④ apply　(南山大)

☑ **1122.** I planned to devote myself especially (　　) insects.
① in　② for　③ onto　④ to　(東京理科大)

1115. 彼は酔っぱらっているのに運転するといって聞かなかった。
1116. ブラウン氏は奥さんが買い物に行っている間子供たちを見ていた。
1117. 過去の失敗をあれこれ考えるのは愚かだ。
1118. 私はクラシック音楽はあまり好きではない。
1119. 私の父は毎晩遅くまで働くのに慣れている。
1120. (a)私はふつうバスで通勤する。(b)私はバスで通勤することを習慣にしている。
1121. 外国にいるときは，そこの習慣に合わせるべきだ。
1122. 私はとりわけ昆虫に身をささげるつもりだった。

1115. ④：insist on A [V-ing]「A [V すること]を強く主張する，言い張る」
▶ on の後ろには V-ing がよく来る。
▶ V-ing に意味上の主語がつくことが多い。 ➲ 166

1116. ①：keep an [one's] eye on A「A を見張る，監視する」＝ watch A

1117. ④：dwell on A「A について，くよくよ考える[くどくど話す]」

1118. ③：(be) keen on A「A に熱中している，A が大好きだ」

重要表現 classical music「クラシック音楽」。×classic music とは言わない。

UPGRADE 272 「慣れる」「執着する」の to

to にも「…にぴったり合って，くっついて」の意味がある。

1119. ④：(be) used to A [V-ing]「A [V すること]に慣れている」
▶ **後ろに動詞が来るときは V-ing** 形。原形は来ない。 ➲ 173
▶ 助動詞の used to と区別しよう。これは to の後ろが原形。 ➲ 51

1120. ①：(be) accustomed to A [V-ing]
「A [V すること]に慣れている，A [V すること]を習慣にしている」
＝ (be) used to A [V-ing]

1121. ①：adapt to A「A に適応する」＝ adapt oneself to A
☑ adapt A to B「A を B に適合させる」

注意 よく似た単語に adopt「…を採用する」があるので，気を付けよう。

秘伝 **「合わせる(awaseru) adapt」と覚えよう。**

1122. ④：devote A to B「A を B にささげる」
☑ devote oneself to A「A に身をささげる，専念する」

Check 136 「慣れる」「執着する」の to ― その他の熟語

☑ keep to A 「A(規則など)を守る，A から離れない」
☑ keep to oneself 「自分の殻に閉じこもる，人と交際しない」
☑ (be) attached to A 「A に愛着を持っている，A に付いている」
☑ apply to A 「A に当てはまる」
☑ hold (on) to A 「A にしがみつく，A を離さない」

☑1123. Everybody suffers from colds (　　) some extent.
① on　② to　③ at　④ with　(上智大)

☑1124. Where (　　) did you catch such a big butterfly?
① on earth　② in world
③ for earth　④ for world　(神戸学院大)

☑1125. He has a generous mind (　　) nature.
① in　② on　③ at　④ by　(関東学院大)

☑1126. "Do you think he is the guy that broke the window?" "That's (　　)."
① for sure　② to be sure　③ certainly　④ certainty　(同志社大)

☑1127. <u>At any rate</u>, I will talk with my sister tomorrow.
① At all times　② At any time　③ In any event　④ At the best
(日本大)

☑1128. We have to take care of their baby <u>in turn</u>.
① kindly　② alternately　③ effectively　④ leisurely　(明海大)

☑1129. I discussed the matter with him (　　) private.
① by　② for　③ in　④ to　(中央大)

☑1130. <u>In general</u>, I agree with you.
① In fact　② Entirely　③ On the whole　④ Completely　(駒澤大)

☑1131. They asked me what I wanted to do there (　　) detail and made a plan for me.
① at　② for　③ in　④ of　⑤ with　(明治大)

☑1132. The plan is good in theory, but it won't work in (　　).
① general　② real　③ practice　④ fact　(専修大)

UPGRADE 273 その他の重要熟語

1123. ②：to some extent [degree]「ある程度まで」

1124. ①：on earth「いったい」= in the world
▶ 疑問詞の後ろに置いて疑問の意味を強調する表現。

1125. ④：by nature「生まれつき」

1126. ①：for sure「確かに」
誤答 ②③も「確かに」だが，be 動詞の補語になるのは for sure だけ。

1127. ③：at any rate「とにかく，いずれにせよ」= in any case [event]

1128. ②：in turn「①交代で，順番に　②今度は，次に」

1129. ③：in private「私的に，ひそかに」
= privately ⇔ in public「人前で，公然と」

1130. ③：in general「一般的に言って」= generally, on the whole
☑ in particular「特に」
例 Nothing *in particular*.「特に何もない」

1131. ③：in detail「詳しく」
▶ cf. in short [brief]「簡潔に，要約して」 ➲ 1181

1132. ③：in practice「実際上は，実用では」⇔ in theory「理論上は」

1123. みんなある程度は風邪にかかる。
1124. いったいどこでそんな大きいチョウを捕まえたんだ？
1125. 彼は生まれつき気前がいい。
1126.「彼が窓を割った男だと思うか」「それは確かだ」
1127. とにかく明日姉[妹]に相談する。
1128. 私たちは交代で彼らの赤ちゃんを世話せねばならない。
1129. 私は彼と個人的にその問題について話した。
1130. 一般論としては私は君と同じ考えだ。
1131. 彼らはそこで何をやりたいのかを私に詳しく尋ねて，計画を作ってくれた。
1132. その計画は理論的には良いが，実際にはうまくいかないだろう。

第31章 副詞でつかむ熟語

Data Research

〈V＋up with〉の熟語 出題数 TOP 4

put up with A	178問
come up with A	159問
catch up with A	89問
keep up with A	59問

up with, up to, down with, down to など，〈副詞＋前置詞〉を含む熟語は数多くあるが，中でも〈V＋up with〉の熟語は最もよくねらわれる。左の4つの熟語が選択肢に並ぶことも多いから要注意だ。

第1位 **put up with A**「Aを我慢する」→ 765
長文中の出現回数なら come up with のほうが頻度が高いが，設問の出題数なら第1位だ。この熟語は tolerate, bear, stand, endure などとの言い換え問題が60％ほどもあるのが特徴だ。

第2位 **come up with A**「Aを思いつく，提案する」→ 1162
長文中でもよく出現するし，設問数も非常に多い熟語だ。

第3位 **catch up with A**「Aに追いつく」→ 1165
選択問題だけでなく語句整序問題，言い換え問題など様々な問題形式で出題されている。

第4位 **keep up with A**「Aに遅れずついてゆく」→ 936
選択問題だけでなく語句整序問題も多い。継続の意味に注意しよう。（PRODIGY 英語研究所）

UPGRADE 274

☑ **1133.** Please extinguish all cigarettes before entering the factory.
頻出 ① put on ② put out ③ put over ④ put up （愛知学院大）

☑ **1134.** They'll surely carry out their plan without difficulty.
頻出 ① transform ② uniform ③ perform ④ inform （法政大）

☑ **1135.** When you go on a long road trip, make sure to avoid (　　) out of gas.
① running ② driving ③ keeping ④ using （摂南大）

☑ **1136.** The chairman did not rule out the possibility of an agreement.
発展 ① promise ② reject ③ accept ④ forestall （上智大）

☑ **1137.** I am exhausted.
頻出 ① have spent all my money ② am very healthy
③ am worn out ④ have done everything （関西外語大）

1133. 工場に入る前にすべてのタバコの火を消してください。
1134. 彼らはきっと難なく計画を実行するでしょう。
1135. 長距離を車で旅するときは，ガス欠にならないように気をつけなさい。
1136. 議長は協定を結ぶ可能性があることを否定しなかった。
1137. 私は疲れ果てている。

UPGRADE 274 完了の out

out は「(中身が)外に出て」の意味から発展し,**「なくなって・消えて・終わって」**などの意味を表す。

1133. ②:put **A** out「**A(火・明かり)を消す**」= extinguish **A**
▶ テレビやラジオなどの電源を切る場合は **turn** A **off** を使う。 ➲ 1157
誤答 ① put A on「A を身につける」, ④ put A up「A を泊める」。

1134. ③:carry **A** out「**A を果たす,実行する**」= perform **A**, accomplish **A**

1135. ①:run out of **A**「**A がなくなる**」 ➲ 982
☑ be out of A「A がなくなっている」(状態)
☑ (be) sold out「売り切れている」

1136. ②:rule **A** out「**A を除外する,(可能性など)を否定する**」
= exclude **A**, reject **A**
▶ 元の意味は「定規(ruler)で線を引いて消す」だ。

1137. ③:(be) worn out「**疲れ果てている**」= (be) tired out, (be) exhausted
▶「すり減ってなくなっている」が元の意味だ。worn は wear「…をすり減らす」の過去分詞。

重要表現	wear A out「A をすり減らす,疲れ果てさせる」 例 Mary *wore out* her shoes walking to school every day. 「メアリは毎日学校まで歩いて靴をすり減らした」

Q&A⑭ 「つける」と「消す」の熟語の覚え方はある?

頻出熟語で区別がややこしい「つける」と「消す」をまとめておこう。

「〈テレビ・電灯など〉をつける」は **turn** A **on** だ。元々の意味は「(スイッチを)回して A を **on** にする」で,この **on** は電流が流れている状態を表している。**turn on** the gas [the water]「ガス[水道]の栓を開ける」とも言える。

これらを「消す」あるいは「止める」ときは **turn** A **off** を使う。流れを「切断(= **off**)」するイメージだ。一方,「流れ」がないロウソクやタバコなどに火をつけるときは **light** を,消すときは **put** A **out** を使う。電灯には **turn** A **off** も **put** A **out** も使える。なお,「〈火や明かりが〉消える」は **go out** だ。

☑ **1138.** The candle is on the verge of (　　) out.
① passing　② coming　③ going　④ dying
（名古屋工業大）

☑ **1139.** The smaller languages of the world will die (　　).
① all　② out　③ outside　④ absolutely
（中央大）

UPGRADE 275

☑ **1140.** Alan (　　) not going on the trip.
① ended up　② ended with　③ wanted　④ wanted to
（花園大）

☑ **1141.** (a) What kind of home was he raised in?
頻出 ＝(b) Where was he (　　)?
① brought up　② grown up　③ held up　④ taken up
（成蹊大）

☑ **1142.** The general assembly broke up at three o'clock in the afternoon.
① began　② didn't end　③ ended　④ didn't begin
（東京国際大）

☑ **1143.** Oil and natural gas are being used up quickly.
① ended　② exhausted　③ supplied　④ worn out
（甲南女子大）

☑ **1144.** I hope it will clear up soon, because we are going out.
① be fine　② clean up　③ clear out　④ make clear
（日本大）

☑ **1145.** I am fed up with his attitude.
① happy with　② tired of
③ uncertain about　④ worried about
（青山学院大）

1138. そのロウソクは今にも消えそうだ。
1139. 世界の少数言語は絶滅するだろう。
1140. アランは結局旅行に行かなかった。
1141. (a)彼はどんな家で育てられたのか。(b)彼はどこで育てられたのか。
1142. 総会は午後３時に解散した。
1143. 石油と天然ガスは急速に使い尽くされつつある。
1144. 私たちは外出するので，早く晴れてほしい。
1145. 彼の態度にはうんざりだ。

1138. ③：go out「〈火・明かりが〉消える」

▶ **put** A **out** に対応する自動詞だ。

重要表現 on the verge of V-ing「今にも V しそうで」

1139. ②：die out「絶滅する」＝ become extinct

▶「死んでいなくなる」が元の意味。

PART 4 熟語

UPGRADE 275 完了の up

「頂上まで**上がる**」→「**終わる**」と発展。日本語の「**仕上げる**」「でき**上がる**」などが完了の意味を持つのにそっくりだ。

1140. ①：end up **V-ing「最後は V することになる」**

▶ 後ろに場所の副詞句が来ることもある。

例 He ended up *in prison*.「ついに彼は刑務所行きになった」

1141. ①：bring **A** up **「A(子供)を育てる」＝** raise **A** ➲ 865

▶ **grow up**「大人になる」。他動詞の grow は「〈植物など〉を育てる」の意味で，**人間の子供を育てる場合には使えない**から注意！

1142. ③：break up **「解散する，別れる」**

▶「(夫婦やカップルが)別れる」という意味でも用いる。**break up with** A は「A と別れる」。

1143. ②：use **A** up **「A を使い果たす」＝** exhaust **A,** consume **A**

▶ 本問の *are being used up* は進行形の受身形。

▶ up の「すっかり使い果たす」イメージから，次のような言い方もある。

例 Time is *up*.「時間切れです」

1144. ①：clear up **「晴れる」**

1145. ②：(be) fed up with **A「A にうんざりしている」＝** (be) tired of **A**

▶ 元の意味は「A を腹いっぱい食わされている」だ。 ➲ 1024

Check 137 完了の up － その他の熟語

- ☑ hang up 「電話を切る」
- ☑ give A up 「A をやめる，あきらめる」
- ☑ make up one's mind 「決心する」 ➲ 887

UPGRADE 276

☑ **1146.** Please continue the good work.
= Please (　　) the good work.
① repeat on　② keep up　③ endure with　④ remain to
（成蹊大）

☑ **1147.** When she heard he was sick, she sent him some flowers to try and cheer him (　　).
発展
① away　② down　③ out　④ up　（中央大）

UPGRADE 277

☑ **1148.** Yesterday was the first time John ever let me down.
頻出
① awoke me　② convinced me
③ disappointed me　④ helped me　（日本大）

☑ **1149.** My proposal was turned down in the meeting.
頻出
① circulated　② rejected　③ opposed　④ avoided
（東海大）

☑ **1150.** I have to cut down my expenses.
① repeat　② report　③ return　④ reduce　（駒澤大）

☑ **1151.** Time and time again, we've told you to settle down.
発展
① get down　② sit down
③ pass the time away　④ have a more steady way of life
（明治薬科大）

1146. いい仕事を続けてください[その調子でがんばってください]。
1147. 彼が病気だと聞いて，彼女は励まそうと彼に花を送った。
1148. ジョンが私を失望させたのは，昨日が初めてだった。
1149. 私の提案は会議で却下された。
1150. 出費を減らさないといけない。
1151. 私たちは何度も君に身を固めるように言った。

UPGRADE 276 「活動・元気」― 肯定的な up

up には「上へ」→「増加・活動・元気・興奮」などのプラスのイメージがある。

1146. ②：**keep** A **up**「A を維持する，続ける」= **maintain** A，**continue** A
▶ この up は「活動」のイメージだ。

1147. ④：**cheer** A **up**「A を元気づける」
▶ **cheer up** 自動詞用法の「元気を出す」も覚えよう。命令文で使われることが多い。
例 *Cheer up*!「元気出せよ！」

Check 138 活動の up ― その他の熟語

☐ **hurry up** 「急ぐ」　☐ **wake up**「目覚める」
☐ **stay [sit] up (late)** 「(遅くまで)起きている」

UPGRADE 277 「減少・停止・不活発」― 否定的な down

up とは逆に，**down** は「下へ(落ちる)」→「低下・減少・停止・失望・故障」と，マイナスイメージの表現を多く生み出す。

1148. ③：**let** A **down**「A をがっかりさせる」= **disappoint** A

1149. ②：**turn** A **down**「A を断る，拒絶する」= **refuse** A，**reject** A ➲ 592
▶ 頻出イディオム。なお，**turn** A **down** は「A の音・力を下げる，弱める」の意味もある。

1150. ④：**cut** A **down**「A を削減する」= **reduce** A
▶ **cut down on** A も同じような意味。

1151. ④：**settle down**「(ある場所・状態に)落ち着く」
▶「停止」のイメージ。「結婚して落ち着く」の意味でも使う。

Check 139 否定的な down ― その他の熟語

☐ **break down**「故障して止まる」　☐ **come down with** A「A(病気など)にかかる」
☐ **put** A **down**「A を鎮圧する，静める」　☐ **calm down**「落ち着く，冷静になる」

UPGRADE 278

☑ **1152.** Let's carry on this discussion some other time.
頻出 ① conclude ② confirm ③ continue ④ convert
(中央大)

☑ **1153.** This report will be good. ( ) working. You're almost finished.
頻出 ① Try on ② Come on ③ Keep on ④ From now on
(京都外語大)

☑ **1154.** When I tried to make a telephone call to my relative who lives in California, the operator said, "Hold on a second, please."
① Hang it ② Hang on ③ Hang over ④ Hang up
(秋田県立大)

☑ **1155.** Bungee jumping soon caught on in the United States.
発展 ① caused accidents ② became popular
③ had to be prohibited ④ was understood (神奈川大)

UPGRADE 279

☑ **1156.** Never put off till tomorrow what you can do today.
頻出 ① postpone ② cancel ③ give up ④ stop
(関西外語大)

☑ **1157.** "Would you ( ) the TV? The baby is sleeping."
頻出 ① put on ② put out ③ turn off ④ turn over
(名古屋女子大)

☑ **1158.** The Russian foreign minister canceled his visit to Japan.
頻出 ① called on ② called off ③ called in ④ called up
(関西外語大)

1152. この議論はまたいつか続けよう。
1153. この報告書はいいものになる。作業を続けなさい。あともう少しだ。
1154. カリフォルニアの親戚に電話しようとしたとき，交換手が「しばらくお待ちください」と言った。
1155. バンジージャンプはまもなくアメリカで人気が出た。
1156. 今日できることを明日に延ばすな。
1157.「テレビを消してくれませんか。赤ちゃんが眠っています」
1158. ロシアの外務大臣が日本訪問をキャンセルした。

UPGRADE 278 「続けて・動いて」― 継続・活動の on

on を含む熟語には行為や活動的状態が続いていることを意味するものが多い。「スイッチが on になっている」というイメージだ。

1152. ③：**carry A on「A を続ける」＝ continue A**
▶ **carry on with** A もほぼ同じ意味。

1153. ③：**keep on V-ing「V し続ける」＝ continue V-ing, go on V-ing**
▶ **keep V-ing** もほぼ同じ意味。

1154. ②：**hold on「(電話を切らずに)待つ」＝ hang on**
▶ 会話問題に頻出。 ➡ 1270

1155. ②：**catch on「人気が出る」＝ become popular**
▶「理解する」＝ **understand** の意味もある。
例 I *caught on* to his tricks.「私は彼のトリックを理解した」

Check 140 継続・活動の on ― その他の熟語

☐ go on	「続ける」	☐ from now on	「今後(ずっと)」
☐ on and on	「延々と，立て続けに」	☐ turn A on	「A(明かりなど)をつける」

UPGRADE 279 「やめて・止まって」― 中断・休止の off

継続・活動の **on** の反対の意味。「スイッチが **off** になっている」イメージ。

1156. ①：**put A off「A を延期する」＝ postpone A**
▶ 後ろに動詞を置くときは V-ing の形になる。 ➡ 190

1157. ③：**turn A off「A を止める，切る」**
▶ 電気，ガス，水道のように「流れ」があるものを止める場合に使う。たき火やロウソクの火などを消す場合には **put** A **out** を用いる。 ➡ 1133

1158. ②：**call A off「A を取りやめる」＝ cancel A**
▶ call には「〈試合〉を中止する」という意味がある。
例 a *called* game「コールドゲーム」

Check 141 中断・休止の off ― その他の熟語

☐ lay A off	「A を解雇する」	☐ off and on	「断続的に」＝ on and off
☐ take A off	「A(期間・日)を休暇として取る」		
☐ break A off	「A(会話・関係など)を中断する」		

UPGRADE 280

☑ 1159. Mr. and Mrs. Suzuki usually turn up on time at a party.
① appear ② return ③ leave ④ go
(長崎総合科学大)

☑ 1160. I waited for two hours at the station but he never (　　).
頻出 ① turned in ② showed up ③ appeared on ④ arrived on
(上智大)

☑ 1161. (　　) the meaning of this word in the dictionary.
① Attempt ② Try ③ Look up ④ Search up
(関西学院大)

☑ 1162. John came up with a fascinating suggestion.
頻出 ① thought of ② denied ③ turned down ④ overtook
(関西外語大)

UPGRADE 281

☑ 1163. He played the violin so well that he (　　) from all the other musicians in the room.
① got down ② sat down
③ stayed out ④ stood out (西南学院大)

☑ 1164. She picked out the shoes that match the dress.
① wanted ② bought ③ ordered ④ selected (拓殖大)

UPGRADE 282

☑ 1165. Tom has got to work hard to (　　) with the others.
頻出 ① catch up ② put down ③ keep off ④ make do (桃山学院大)

☑ 1166. He worked hard to live up to his parents' expectations.
① beat ② exceed ③ investigate ④ meet (北里大)

☑ 1167. That car is certainly up to date.
① antique ② expensive ③ modern ④ old (中部大)

1159. 鈴木夫妻はたいてい時間どおりにパーティに現れる。
1160. 駅で２時間待ったが，彼は現れなかった。
1161. この単語の意味を辞書で調べなさい。
1162. ジョンはすばらしい提案を思いついた。
1163. 彼はヴァイオリンをとても上手に弾いたので，部屋にいたほかのすべての音楽家より目立った。
1164. 彼女はそのドレスに合う靴を選んだ。
1165. トムはほかの人たちに追いつくためにがんばらねばならない。
1166. 彼は両親の期待に添うようにがんばった。 1167. その車は確かに最新式だ。

UPGRADE 280 「出る・出す」— 出現の up

「上がってくる」の意味から「表面に出てくる」の意味が生まれる。

1159. ①：turn up「(約束の場所などに)現れる」= appear, arrive

1160. ②：show up「(約束の場所などに)現れる」= appear, arrive

1161. ③：look A up (in B)「A を(B で)調べる，検索する」 ➡ 948
= find A, search for A
▶ A は「単語」,「電話番号」など，B は「辞書」,「電話帳」など。

1162. ①：come up with A「A を思いつく，提案する」 ➡ 862 第2位
= think of A, propose A, suggest A

UPGRADE 281 「目立つ・出す」の out

「外に出て」の意味から，「目立つ」「選ぶ」「指摘する」「世に出る」などの意味が生まれた。

1163. ④：stand out「目立つ」= be noticeable [prominent / conspicuous]
▶「外に立つ」→「目立つ」。

1164. ④：pick A out「A を選び出す」= choose A, select A
▶「ピックアップする」は和製英語。pick A up(➡ 987)には「選ぶ」の意味はない。

Check 142 「目立つ・出す」の out — その他の熟語

☑ point A out「A を指摘する」	☑ come out「出版される」➡ 866
☑ bring A out「A を出版する」	☑ leave A out「A を抜かす」

UPGRADE 282 到達の up

「上昇して」→「ある点に達して」と発展。

1165. ①：catch up with A「A に追いつく」= overtake A 第3位
▶ keep up with A「A に遅れずついていく」(➡ 936)といっしょに覚えよう。

1166. ④：live up to A「A(期待・主義など)に添う，従う」
= meet A, satisfy A

1167. ③：(be) up to date「最新だ」⇔ (be) out of date「時代遅れだ」

UPGRADE 283

☑ **1168.** Last night a fire broke out in the neighborhood.
頻出 ① caused ② made ③ started ④ called (東海大)

☑ **1169.** The comedy skit was so funny that I (　　) laughing.
① burst up ② burst out ③ busted up ④ sat up (明海大)

UPGRADE 284

☑ **1170.** As the teacher spoke in a low voice, I couldn't (　　) what she said.
頻出 ① hold back ② keep in ③ make out ④ take over (熊本学園大)

☑ **1171.** Can you figure out what is wrong with this machine?
頻出 ① understand ② develop ③ count ④ write (日本大)

☑ **1172.** We needn't have worried. Everything turned out all right in the end.
頻出 ① appeared ② proved to be
③ dressed smartly ④ extinguished (大阪薬科大)

UPGRADE 285

☑ **1173.** I want to look over these exercises before I give them to the teacher.
① point ② examine ③ answer ④ understand (千葉工業大)

☑ **1174.** You must think over what they say.
① consider ② follow ③ repeat ④ support (日本大)

1168. 昨夜近所で火事が起きた。
1169. そのコント[喜劇の寸劇]はとてもおかしかったので，私は吹き出した。
1170. 先生が小さな声で話したので，私には何と言ったのかわからなかった。
1171. この機械のどこがおかしいかわかりますか。
1172. 心配はいらなかった。結局すべて問題なしとわかった。
1173. 先生に渡す前に，これらの課題をチェックしたい。
1174. 君は彼らが言うことをじっくり考えるべきだ。

UPGRADE 283 開始の out

「外に出て」→「始まって」と発展。

1168. ③：break out「〈火事・戦争などが〉起きる，ぼっ発する」＝ start

1169. ②：burst out V-ing「急に V し出す」＝ burst into A（名詞）
▶ **burst out laughing ＝ burst into laughter**（➡ 1067）だ。
☐ set out to V「V し始める」
☐ set out（for A）「（A に向かって）出発する」 ➡ 962

UPGRADE 284 「わかる」の out

「隠されていたことが**外に出る**」＝「**わかる**」という意味。

1170. ③：make A out「A を理解する，判別する」＝ understand A

1171. ①：figure A out「A を理解する，解決する」＝ understand A

1172. ②：turn out（to be）A「A と判明する」＝ prove（to be）A
▶ **it turns out that 〜**「〜と判明する」の構文も重要。
例 *It turned out that* I was wrong. ＝ I *turned out to be* wrong.
「私は間違っていたことがわかった」
☐ work A out「A を解く，A を考え出す」
☐ find A out「A（事実など）をつきとめる」

UPGRADE 285 「じっくり詳しく」の over

over には **all over the world**「世界中で」のように「**…全体を**」の意味がある。そこから発展したのがこの意味。

1173. ②：look A over「A に目を通す，チェックする」＝ examine A，check A
➡ 947

1174. ①：think A over「A をよく考える」＝ consider A
☐ talk A over「A をじっくり話し合う」＝ discuss A

UPGRADE 286

☑ **1175.** Sam entered the classroom just when the test papers were being handed out.
① dispersed ② dispatched ③ dismissed ④ distributed
（東海大）

☑ **1176.** You have to hand in your report by the end of next month.
① correct ② examine ③ submit ④ write （近畿大）

UPGRADE 287

☑ **1177.** History begins when events are (　　).
① varied ② material ③ reflected ④ written down
（関東学院大）

☑ **1178.** I write down in my notebooks what I think is interesting.
① hold up ② put up ③ put down ④ lay off
（日本工業大）

UPGRADE 288

☑ **1179.** The angles of a triangle always (　　) 180 degrees.
① add up to ② catch up with
③ gain access to ④ make up for （立教大）

☑ **1180.** The committee was composed of women.
① was started by ② did not include
③ was made up of ④ included （獨協大）

☑ **1181.** In short, he was one of those people who seem to do everything well.
① To sum up ② By accident
③ To be frank with you ④ To make matters worse （朝日大）

1175. ちょうどテスト用紙が配られているときに，サムは教室に入った。
1176. 君はレポートを来月末までに提出しなければならない。
1177. 出来事が書き留められたとき，歴史は始まる。
1178. 私はおもしろいと思うことをノートにメモする。
1179. 三角形の角はつねに合計 180 度になる。
1180. 委員会は女性で構成されていた。
1181. 要するに彼は何でもうまくやるように思われる人の１人だった。

UPGRADE 286 「広がる」の out vs. 「集まる」の in

out には外に向かって「**広がる**」の意味がある。一方 **in** には，内側に向かって「**集まる**」の意味がある。

1175. ④：**hand A out「A を配布する」＝ distribute A**
▶ 先生の手元からテスト用紙が生徒たちに「広がる」というイメージ。

1176. ③：**hand A in「A を提出する」＝ submit A**
▶ 生徒たちのレポートが先生の手元に「集まる」というイメージ。
☐ **turn** A **in**「A を提出する」＝ **hand** A **in**
☐ **lay** A **out**「① A を広げて置く，配置する
② A(庭園，都市など)を設計する」

UPGRADE 287 「記録して」の down

「下に落ちて」→「止まって」→「書き留められて」と発展。

1177. ④：**write A down「A を書き留める」**
▶ 本問は受身形。

1178. ③：**put A down「A を書き留める」＝ write A down，take A down**
▶ what I think is interesting は，連鎖関係詞節。 ➲ 388
S′ SV V′ C′

UPGRADE 288 「合わせて」の up

これらの **up** には「合わせて，まとめて」の意味がある。

1179. ①：**add up to A「合計 A になる」**
☐ **add** A **up**「A を合計する」

1180. ③：**(be) made up of A「A で構成されている」** ➲ 1025
＝ consist of A，(be) composed of A

1181. ①：**to sum up「要約すれば」＝ in short，in brief**

誤答 ② By accident「偶然に，たまたま」(➲ 774)，③ To be frank with you「率直に言えば」(➲ Check 21 p.79)，④ To make matters worse「さらに悪いことには」(➲ 161)

UPGRADE 289

☑ 1182. Last night she passed away in her sleep.
① died ② proceeded ③ sneered ④ fainted
(大阪薬科大)

☑ 1183. What a mess! Please ( ) your toys, Akira.
① hang up ② play off ③ put away ④ take away
(中部大)

UPGRADE 290

☑ 1184. It is [① the government ② to take ③ on ④ action ⑤ up to ⑥ immediate] the growing debt.
(川崎医科大)

☑ 1185. Excuse me, could you ( ) out the form to send this package?
① dash ② fill ③ sign ④ write (武蔵大)

☑ 1186. All the participants of the meeting stood up for the proposal he made.
① demanded ② rejected ③ supported ④ attacked
(駒澤大)

☑ 1187. He ( ) up for a yoga class which will start next week.
① sat ② signed ③ spoke ④ stood (学習院大)

1182. 昨夜眠っている間に彼女は亡くなった。
1183. こんなに散らかしちゃって！ アキラ，おもちゃを片づけなさい。
1184. 増える負債に対して即座に行動を取るのは政府の責任である。
1185. すみませんが，この荷物を送るための書類に記入していただけませんか。
1186. その会議の参加者全員は彼がした提案に対して賛成した。
1187. 彼は来週開始するヨガの教室に申し込んだ。

UPGRADE 289 away の熟語

「離れて・遠くへ」→「消える・なくなる」と発展。

1182. ①：**pass away**「亡くなる」＝ **die**

▶ 元の意味は「遠くへ去る」。die「死ぬ」の遠回しな表現。

1183. ③：**put A away**「A を片づける」

▶「A をここから離れたところへやる」が元の意味。

UPGRADE 290 副詞でつかむ重要熟語

1184. ⑤-①-②-⑥-④-③：**be up to A**「A の責任である，A 次第である」

▶ It is *up to the government to take immediate action on* the growing debt.

▶ It は形式主語，to V 以下が真主語。(➡ 130) It is up to you to V.「V するのは君次第だ」のような使い方が多い。

1185. ②：**fill A out**「A(用紙・書式の決まった書類)に記入する」＝ **fill A in**〈英〉

▶ fill out the form「書類に記入する」で覚えよう。

1186. ③：**stand up for A**「A の味方をする，A を擁護する」＝ **support A**

▶ この for は be for A(267)と同様に「賛成」の for。

▶「反対」の表現に stand up against A「A に反対して立ち上がる」がある。

1187. ②：**sign up for A**「A(講座など)に申し込む，登録する，参加する」

▶ 講座やボランティア活動など，組織的な活動に申し込んだり，参加したりすること。

第32章 重要熟語の整理

UPGRADE 291

☑ **1188.** He (　　) me of telling a lie.
頻出 ① charged　② blamed　③ criticized　④ accused
（松山大）

☑ **1189.** Her low grades result (　　) her poor study habits.
頻出 ① at　② in　③ on　④ from　（専修大）

☑ **1190.** Not dressing warmly in winter can (　　) catching a bad cold.
頻出 ① result from　② derive from　③ influence　④ result in
（同志社大）

☑ **1191.** Kanazawa was Yoko's home town, so she was (　　) with every corner of the old city.
頻出 ① famous　② well-known　③ familiar　④ friends　（駒澤大）

☑ **1192.** His reputation as a physician is familiar (　　) us.
頻出 ① on　② to　③ with　④ for　（桜美林大）

☑ **1193.** Tony <u>is anxious to</u> join Big Mike's gang.
① hates to　② is apt to　③ wants to
④ is reckless to　⑤ is sorry to　（東京理科大）

☑ **1194.** Tom (　　) her by the hand.
① kissed　② hit　③ caught　④ shot　（福岡大）

☑ **1195.** She didn't like George (　　), but they get on fine now.
頻出 ① at first　② firstly
③ for the first time　④ first time　（上智大）

1188. 彼は私がうそをついたと非難した。
1189. 彼女の成績が悪いのはあまり勉強をしない習慣のせいである。
1190. 冬に暖かい服を着ないせいで，悪い風邪を引いてしまうこともあり得る。
1191. 金沢はヨウコの故郷だったから，彼女はその古い街のすみずみまでよく知っていた。
1192. 彼の医者としての評判は，私たちもよく知っている。
1193. トニーはビッグ・マイクスの一団に入りたいと切望している。
1194. トムは彼女の手をつかんだ。
1195. 最初のうち彼女はジョージを好きではなかったが，今では仲よくしている。

UPGRADE 291 前置詞がまぎらわしい熟語

似たような形で，まぎらわしい熟語を区別しよう。

1188. ④：**accuse A of B「AをBのことで責める[非難する]」**

▶ 動詞と前置詞の連語関係に注意。

Check 143 前置詞がまぎらわしい熟語 ー「非難する」

☐ accuse A of B	「AをBのことで責める[非難する]」	
☐ blame A for B ＝ blame B on A	「BはAのせいだと言う[責める]」	➲ 1029
☐ charge A with B	「AをBのことで非難する，(警察などが)告発する」	➲ 781

1189. ④：**result from A「A(原因・理由)から生じる」**

1190. ④：**result in A「Aという結果になる」**

▶〈結果〉＋result from＋〈原因〉＝〈原因〉＋result in＋〈結果〉

1191. ③：**(be) familiar with A「Aをよく知っている」**

1192. ②：**(be) familiar to〈人〉「〈人〉によく知られている」**

▶〈人〉be familiar with A ＝ A be familiar to〈人〉の関係に注意。

1193. ③：**(be) anxious to V「Vしたい，Vするよう切望する」**

▶ be anxious about A「Aのことを心配する」(➲ 1105)と区別しよう。

1194. ③：**catch〈人〉＋by the＋〈体の部分〉「〈人〉の〈体の部分〉をつかむ」**

▶ catch のほかに take，seize「…をつかむ」なども同じ文型をとる。

▶ hit [pat]〈人〉＋on the＋〈体の部分〉「〈人〉の〈体の部分〉をたたく[軽くたたく]」と区別しよう。

1195. ①：**at first「最初のうちは」**

▶ at first はあとで状況が変わることを暗示している。

Check 144 〈前置詞＋first〉の熟語

☐ at first	「最初のうちは」	
☐ for the first time	「初めて」	
☐ for the first time in A	「Aぶりに」	➲ 242
☐ in the first place	「まず第一に」	

☑ **1196.** People say that dogs will be noisy, but that's not true (　　) all dogs. Mine is quiet. （京都教育大）

☑ **1197.** The story sounds too good to be (　　). You should be careful.
① correct　② out　③ realized　④ true （立教大）

☑ **1198.** He knows it thoroughly. = He has learnt it by (　　).
① head　② heart　③ face　④ mind （駒澤大）

UPGRADE 292

☑ **1199.** Tom promised to stand by his friend and help in any way that was needed.
① attend　② believe　③ honor　④ support　⑤ threaten
（日本大）

☑ **1200.** I don't really care for that sort of thing.
頻出 ① like　② understand　③ see　④ imagine （高千穂大）

☑ **1201.** Jim's parents criticize almost everything that he does.
頻出 ① bring fault to　② find fault with　③ make fault with
④ see fault for　⑤ take fault to （立教大）

☑ **1202.** Mr. Smith was once rich but he lost all his money.
① for good　② well-off　③ up to date　④ on and on
（名古屋外語大）

☑ **1203.** Can your brother come to my office right away?
① later　② brightly　③ immediately　④ slowly （千葉工業大）

☑ **1204.** I'm telling you, once (　　) for all, not to put garbage on our porch.
① or　② but　③ and　④ then （京都外国語大）

☑ **1205.** I believe that honesty will triumph in the long run.
① fortunately　② rapidly　③ strangely　④ ultimately （駒澤大）

1196. 犬はうるさいものだと言われている。けれどもそれはすべての犬に当てはまるわけではない。私の犬はおとなしい。
1197. その話はうますぎて本当とは思えない。気をつけたほうがいいよ。
1198. 彼はそのことを完全に覚えている。
1199. トムは彼の友人を支え，必要とあらばどのような手段を使っても助けると約束した。
1200. 私はそういうことがあまり好きではありません。　＊1201～1205 の和訳は p.401 へ。

1196. of：be true of A「A に当てはまる」

☑ be true to A「A に忠実だ」

例 *be true to* one's word「約束を守る」

1197. ④：be too good to be true「話がうますぎて本当とは思えない」

▶ 本問では be の代わりに sound「…に聞こえる」を使っている。

1198. ②：learn A by heart「A を暗記する」＝ memorize A

☑ know A by heart「A を暗記している」

UPGRADE 292 言い換えで覚える熟語

1199. ④：stand by A「A を支える，力になる」＝ support A

1200. ①：care for A「A を好む」＝ like A

▶ care for A はふつう，否定文や疑問文で用いられる。また care to V「V したい」という形もある。

1201. ②：find fault with A「A に文句をつける，非難する」＝ criticize A

▶ この熟語の出題中，約 40%がこの言い換えだ。

1202. ②：(be) well-off「裕福である」＝ (be) rich

▶ well off とすることもある。比較級を用いた be better off「(以前より，人より) 暮らし向きがよい」という形も多い。

1203. ③：right away「すぐに」＝ immediately，at once

1204. ③：once and for all「きっぱりと，これを最後に」

＝ in a final manner，definitely，finally

▶ I'm telling you, ～ , not to put ...

S　V　O　C

「私はあなたに…を置かないように～言っている」

1205. ④：in the long run「結局は，長い目で見れば」

＝ ultimately，finally，eventually

1201. ジムの両親は彼のすることほとんどすべてに文句をつける。
1202. スミス氏は昔は金持ちだったが，お金を全部なくしてしまった。
1203. あなたのお兄さんはすぐに私のオフィスに来られるでしょうか。
1204. 私はあなたにきっぱりとゴミをポーチに置かないように言っています。
1205. 結局は正直であることが成功につながると私は信じる。

☑ **1206.** Mary left this country <u>for good</u>.
① for her health ② to get rich
③ forever ④ for a while (愛知学院大)

☑ **1207.** Kate will prepare it <u>in advance</u>.
① someday ② beforehand
③ right away ④ on time (駒澤大)

UPGRADE 293

☑ **1208.** We eat out <u>occasionally</u>.
① once in a while ② once too often
③ once and for all ④ once in a blue moon (関西学院大)

☑ **1209.** I enjoy listening to classical music <u>from time to time</u>.
① all day long ② always ③ sometimes ④ timely
(中部大)

UPGRADE 294

☑ **1210.** A：What do you think of the manager's new plan, Paul?
B：(　　), I don't think it is going to work.
① At the last minute ② At the same time
③ Between you and me ④ On the other hand
(学習院大)

☑ **1211.** <u>After further consideration</u>, he made a great change in his speech.
① On second thought ② Out of all accounts
③ On another's head ④ With deeper reason
⑤ After another thought (亜細亜大)

☑ **1212.** A：How do you (　　) your living?
B：I'm a nurse.
① earn ② act ③ do ④ become (駒澤大)

1206. メアリは永久にこの国を去った。
1207. ケイトはあらかじめその準備をするだろう。
1208. 私たちはときどき外食をする。
1209. 私はときどきクラシック音楽を聴いて楽しむ。 ＊1210〜1212 の和訳は p.403 へ。

1206. ③：for good「永久に」＝ forever [for ever]，permanently

誤答 ④ for a while「しばらくの間」

1207. ②：in advance「前もって，あらかじめ」
＝ beforehand，ahead of time

▶ 次の言い換えも覚えよう。

☑ on the whole「概して」＝ by and large

☑ time after time「何度も何度も」＝ time and (time) again

PART 4 熟語

UPGRADE 293 頻度を表す熟語

1208. ①：once in a while「ときどき」＝ occasionally，sometimes

☑ on occasion(s)「ときどき」

誤答 ④ once in a blue moon は「めったに…(ない)」の意味。

1209. ③：from time to time「ときどき」
＝ occasionally，sometimes，now and then

UPGRADE 294 重要熟語

1210. ③：between you and me「内緒だが，ここだけの話だが」
＝ between ourselves

▶ ふつう文頭で用いる。

誤答 ① At the last minute「最後に」，② At the same time「同時に」，
④ On the other hand「一方」（➲ 832）。

1211. ①：on second thought「考え直して」 ➲ 991

+α without a second thought「迷わずに」
have second thought(s) about A「A について再考する」

1212. ①：earn one's living「生計を立てる」＝ make one's living

1210. A：マネージャーの新しい計画について，君はどう思う，ポール？
B：ここだけの話だが，うまくいくとは思わない。

1211. さらに考えた後，彼は演説を大きく変更した。

1212. A：どうやって生計を立てているのですか？
B：看護師をしています。

☑ **1213.** She speaks French extremely well.
= She has a good (　　) of French.
① command　② order　③ sense　④ memory　⑤ fluency　(中央大)

UPGRADE 295

☑ **1214.** Why didn't you do it (　　) I told you?
① how　② exactly　③ the way　④ the sense
(関西学院大)

☑ **1215.** Thank [① coming　② way　③ you　④ for　⑤ the　⑥ from
⑦ your　⑧ all] town.　(西南学院大)

☑ **1216.** 君がそうしたいのなら，邪魔だてはしないよ。
If you wish to do it, I won't stand (　　).
① on your way　② in your way　③ your way
④ ahead of you　⑤ up for you　(立正大)

☑ **1217.** It was hard for the old woman to (　　) her way back home.
① make　② need　③ observe　④ solve
(日本女子大)

☑ **1218.** I thought Jason was arrested and Brian wasn't, but the fact is the other way (　　).
① around　② out　③ over　④ up　(武庫川女子大)

☑ **1219.** A：Didn't I see you at the movie last night?
B：(　　)
① No way!　I was studying for the test.
② Yes, I was at home studying for the test.
③ I didn't see you.　I went the night before last.
④ I doubt it.　The movie wasn't very interesting.　(立命館大)

1213. 彼女はフランス語をとても流ちょうに話す。
1214. なぜあなたは私が言ったようにやらなかったのか。
1215. あなたの町からはるばる来てくださって，ありがとうございます。
1217. その老女が家まで帰り着くのは難しかった。
1218. ジェイソンは逮捕されブライアンは逮捕されなかったと私は思ったが，実際はその逆である。
1219. A：昨晩映画館で会わなかったですか。
B：あり得ない！　私はテスト勉強をしていました。

1213. ①：have a good command of A「A（言語）を自由に使える，達者である」

▶ have fluency in A「A が流ちょうだ」という形もあるが，fluency には a は付かない。

UPGRADE 295 way ― 5年間で 124 題！

PART 4 熟語

1214. ③：the way ～「～するように」＝ in the way that ～＝ as ～

▶ 本問のような場合は the way が 1 つの接続詞のように働いて，副詞節をまとめていることに注意。the way ～＝ how ～「～するやり方」の名詞節については（➡ Check 39 p.148）。

1215. ③-④-①-⑧-⑤-②-⑥-⑦：(come) all the way「はるばる（来る）」

▶ Thank *you for coming all the way from your* town.

1216. ②：in A's way「A の邪魔になって」＝ in the way of A

+α on the [one's] way (to A)「(A に)行く途中で」（➡ Check 145）

1217. ①：make one's way「（苦労して）進む，成功[出世]する」

▶ feel one's way「手さぐりで進む」のように，make 以外の動詞でも，V＋one's way で「V しながら進む」という意味で使うことがある。

例 push *one's way*「押し進む」

1218. ①：(It is) the other way (a)round.「事実はその反対だ」

▶ the other way (a)round はもともと向きや位置が「反対に，あべこべで」という意味だが，この例のように向きや位置とは関係のない使い方もある。

▶ round は主に〈英〉。

1219. ①：No way.「とんでもない，冗談じゃない」

▶ No と言うよりも，強意的な表現。

☑ There's no way (that) ～.「～ということはあり得ない」

There's no way you can do it.「そんなことできるわけがない」

誤答 ②は Yes と答えているから，「昨晩，映画館に行った」ことになるが，後で「家で勉強していた」と言っており，矛盾している。（➡ UPGRADE 125）

☑ Check 145 way の熟語一覧

- ☐ on the [one's] way (to A)　「(A に)行く途中に」
- ☐ by way of A　「A を経由して」　➡ 285
- ☐ by the way　「ところで」
- ☐ in the same way that ～　「～と同じように」
- ☐ find one's way　「たどり着く」
- ☐ lose one's way　「道に迷う」
- ☐ have [go] one's own way　「勝手なことをする」
- ☐ there is no way ～　「どうしても～できない」
- ☐ Where there is a will, there is a way.「意志があるところに道がある」

▶ Data Research

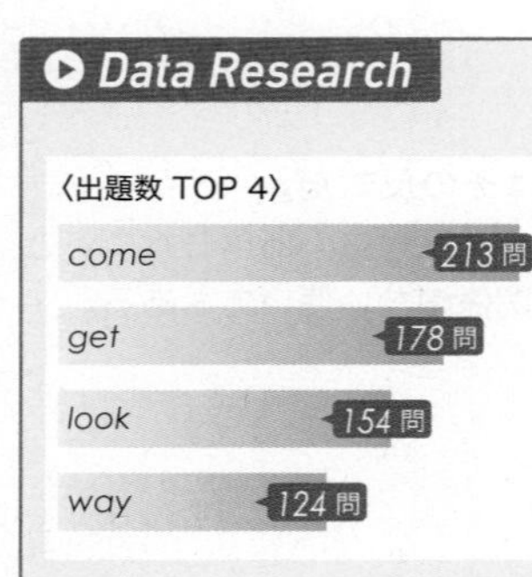

過去5年間の出題で，単語別に出題数を数えると左のグラフのようになった。(機能語は除く。)

第1位 come は come up with A(→ **862**)，come true(→ **870**)のような熟語はもちろん，The time will come when ...(→ **368**)，come＋C のような構文，さらには会話表現でもしばしば設問として登場する。設問形式も空所補充問題だけでなく，下線部語句言い換え問題，語句整序問題などが，短文でも長文でも出題されている。

第2位 get は get along with A(→ **876**)のような熟語，get＋O＋C や get＋C のような構文もねらわれる。come 同様，短文でも長文でもあらゆる出題形式で登場する。

第3位 look は look forward to V-ing(→ **171**), look into A(→ **946**)などの熟語の出題が目立つが，分詞構文などの文法問題と絡める出題も多く見られる。

第4位 way は前ページの UPGRADE **295** の熟語的な用法が頻出だ。長文での言い換え問題に特に注意したい。

(PRODIGY 英語研究所)

PART 5

会話

第33章 会話

Data Research

共通テストリスニング問題では配点の50%近くが会話に基づく問題である。各大学の入学試験でも，会話問題は国公立大学で約５%，私立大学で約７%を占めている。会話ならではの重要表現をこの章で学び，それを実際に使用する場面を理解しておこう。左のグラフは最近25年間の入試における会話表現の出現回数である。

第1位 Would [Do] you mind ...? → 1238

この25年間で812回出現しているが，この５年間だけでもWould [Do] you mind ～? の後ろに来る形(V-ingやif節)などに関する設問(空所補充・語句整序など)は80問以上出題されている。

第2位 (That's) too bad. → 1260

この25年間で667回出現し，この５年間だけで20問の空所補充・語句整序問題が出題されている。

第3位 go ahead(→ 1240)

381回出現し，30問出題されている。

(PRODIGY英語研究所)

UPGRADE 296

☑ **1220.** "Hi! You must be Anne Richards, the new foreign student. I'm Mari."
"Oh, hi! (　　)"
① It's nice of you, Mari.
② Nice to meet you, Mari.
③ It would be nice to meet you, Mari.
④ Nice to have met you, Mari. (津田塾大)

☑ **1221.** "Hi. How's it going?"
"(　　)"
① Pretty good. Thanks.
② It depends.
③ Nice to meet you.
④ I'm sorry. I've got to work on Sunday. (宮城大)

☑ **1222.** "How are things these days?"
"(　　)"
① Oh, today is Friday.　② Well, couldn't be better.
③ Oh, please go ahead. (山梨大)

UPGRADE 296 あいさつの表現

Check 146 あいさつの表現

☑ How do you do?「はじめまして」
☑ How are you (doing)?「元気ですか」
☑ What's up?「どうしたの？；元気か？」
☑ How are things (with you)?「調子はどうですか」
★ How are you? などに対する応え方には，Fine.，Not too bad.（悪くない），Couldn't be better.（最高）という表現がある。

PART 5 会話

1220. ②：Nice to meet you.「はじめまして」

▶ 初対面のときには meet を使う。ほかにも
(I'm) glad to meet you.
I'm happy to meet you.
(I'm) pleased to meet you.
などと言う。また，単に "Hi." や "Hello." と言うことも多い。
初対面でなければ see を使い，Nice to see you again.「またお会いできてうれしいです」と言う。

▶ Nice meeting you.「お会いできてよかったです」は別れるときに言う言葉。

訳 「こんにちは。あなたは外国からの新入生のアン・リチャーズですね。私はマリです」
「あら，こんにちは。はじめまして，マリ」

1221. ①：How's it going?「調子はどう？」

▶ 友人など親しい間柄で使う。How's it going? に対しては How are you? と言われたときと同じような応え方をすればよい。単に "Good." や "Great." と応じることも多い。

誤答 ② It depends.「それは状況次第だ」
③ Nice to meet you.「はじめまして」

訳 「やあ。調子はどうですか？」「とてもいいよ。ありがとう」

1222. ②：How are things (going with you)?「調子はどうですか」

▶ How are things? もくだけた表現で，How's things? と言うこともある。

▶ Couldn't be better.「最高です」は「それ以上ということがありえない」から「最高」という意味になる。 ➡473

誤答 ③ go ahead「どうぞ」(➡1240)

訳 「最近調子はどうですか？」「ええ，最高です」

☑ **1223.** "Oh, I'm so miserable."
"(　　)?"
"I lost my contact lenses."
① How about you　　② How are you getting on
③ What can I tell you　　④ What's the matter　（東海大）

☑ **1224.** Peter：Hi, Hanako.
Hanako：Oh, Peter! I was going to call you tonight.
Peter：(　　)
Hanako：Well, it's Robert's birthday on Friday, and I'm planning a surprise party for him.
① Sounds like fun.　　② What's up?
③ No problem.　　④ Don't get me wrong.　（工学院大）

☑ **1225.** Long time no see.
① It has been a long time since I saw you last.
② It will be a long time before I can see you again.
③ Let's talk together for a long time.　（西南学院大）

☑ **1226.**「ご両親にもよろしくお伝えください」
"Please (　　) to your parents."
① remind me　　② remember me
③ give my message　　④ speak of me　（杏林大）

☑ **1227.** (　　) hello to Mariko, please.
① Tell　② Say　③ Speak　④ Talk　（関西学院大）

☑ **1228.** Don't forget to give my best (　　) to your wife.
頻出 ① hello　② forward　③ recall　④ regards　（沖縄国際大）

☑ **1229.** "It's getting late. (　　)" "We're so glad you stopped by."
発展 ① I'm happy you came over.　　② I really missed you.
③ I'd better be going now.　　④ I'm still on vacation.　（神奈川大）

☑ **1230.** When you say 'good-by' to someone, you can say, '(　　)'
① It was nice meeting you.
② Long time no see.
③ How's everything going?
④ What a surprise to meet you here!　（駒澤大）

☑ **1231.** A：Bye. Nice meeting you.
B：Nice meeting you, too. (　　) you again.
① See　② Call on　③ Wait for　④ Thank　（帝京平成大）

1223. ④：What's the matter?「どうしたの？」

▶ 相手を気づかう表現。＝ Is (there) something wrong with you?

訳 「ああ，何てこった」「どうしたの？」「コンタクトレンズをなくしたんだ」

1224. ②：What's up?「どうしたの？；元気か？」

▶ What's up? は，心配そうに相手を気づかう表現。

誤答 ① Sounds like fun.「おもしろそう」，③ No problem.「だいじょうぶ」，
④ Don't get me wrong.「私のことを悪く思わないで[誤解しないで]」

訳 **ピーター**：やあ，ハナコ。 **ハナコ**：ああ，ピーター！ 今晩電話しようと思っていたところです。 **ピーター**：どうしたの？ **ハナコ**：あの，金曜日がロバートの誕生日だから，彼のためにサプライズ・パーティをやるつもりです。

PART 5 会話

1225. ①：Long time no see.「久しぶりですね」
＝ It has been a long time since I saw you last.

▶ これには "Yes. It's good to see you again." や "Yes. It's been a while. When did we meet last?" などと答えればよい。

訳 ① 前にお会いしてから，ずいぶんになりますね。
② またお会いできるのは，ずいぶん先になるでしょうね。
③ 長い時間をかけて，いっしょに話しましょう。

1226. ②：Please remember me to〈人〉.「〈人〉によろしく伝えてください」

1227. ②：say hello to〈人〉(for me)「〈人〉によろしく伝える」

訳 どうぞマリコによろしくお伝えください。

1228. ④：give my (best) regards to〈人〉「〈人〉によろしく伝える」

▶ best の代わりに kindest, warmest なども使える。また，give my best wishes to〈人〉，give my best to〈人〉とすることもある。

訳 奥様によろしくお伝えください。

1229. ③：I'd better be going now.「おいとまします」

▶ I'd better は I had better の省略形。直訳は「もう行くほうがいいでしょう」。

▶ I must be going now.「もう行かなければなりません」とも言う。

訳 「遅くなってきました。もう行きます」
「立ち寄ってくださってうれしかったです」

1230. ①：It was nice meeting you.「お目にかかれてよかったです」
＝ Nice meeting you.

▶ 別れるときに言う言葉。Nice to meet you.「はじめまして」(➡ 1220)と混同しないように。

訳 誰かに「さようなら」と言うときに，「お目にかかれてよかったです」と言うことがある。

1231. ①：See you again.「また会いましょう」— 別れのあいさつ

訳 A：さようなら。会えてよかった。 B：こちらこそ。また会いましょう。

UPGRADE 297

☑1232. A：What time does your flight get in?
B：Around five tonight.
A：So you should get to your hotel around six?
B：Yeah, (　　).
A：I could meet you there. Then we can go have dinner somewhere.
① that should be about right　② if you think I should go
③ but I'll be so tired　④ it must be the case　(立教大)

☑1233. A：Would you do me a favor?
B：(　　). What is it?
① Don't mention it　② No, thank you
③ Yes, please　④ Sure　(国際武道大)

☑1234. A：Would you like another slice of pizza?
B：Sure, (　　)? I'll try the mushroom one.
① sorry　② am I　③ why not　④ I beg your pardon
(西南学院大)

☑1235. A：What day of the week is her birthday?
B：Well, (　　)... Friday.
① let us say　② let me see
③ count the days　④ name the day　(松山大)

☑1236. A：Can I borrow your bike?
B：(　　).
A：Thanks.
① By all means　② Don't mention it
③ I wish I could　④ Not at all　(東海大)

☑1237. A：Are you coming to Helen's birthday party?
B：(　　)
① I wish I could, but I will be out of town.
② No. I first met Helen at the meeting.
③ The birthday party was wonderful.
④ Yes. I'm having Helen over.　(会津大)

UPGRADE 297 Yes/No に代わる表現

1232. ①：Yeah.「はい」Yes よりくだけた言葉
(be) about right「だいたい正しい」

▶ 最後の発言に go have dinner とあるが，これは go and V から and が落ちた形だ。主に〈米〉のくだけた言い方。

▶「君がホテルに着くのは６時ごろだね？」と A に尋ねられて，B は Yeah「はい」と応えているので，それに続く言葉として①「それでだいたい正しいはずです」を選ぶ。

誤答 ④ it must be the case「それは事実であるに違いない」は，今後の予定を話し合っている文脈に合わない。

重要表現 get in「(列車・飛行機・バスなどが)着く」

訳 A：君のフライトは何時に着くのかな？
B：今夜５時ごろ。
A：じゃあ君がホテルに着くのは６時ごろだね？
B：うん，だいたいそのくらいでしょう。
A：ホテルに迎えに行くよ。それからどこかに夕食を食べに行ける。

1233. ④：Sure.「いいとも」＝ Yes.

▶ 話し言葉。Certainly. や Of course. も Yes. の代わりになる。

訳 A：頼みを聞いていただけますか。 B：はい，何でしょう？

1234. ③：Why not? ＝ Yes. ― 提案・申し出に対する同意

▶ Why not? は「どうしてそうじゃないのか」という文字どおりの意味で使うこともあるが，本問のように「いいに決まっているじゃないか」と同意・賛成の意味で使うことが多い。

誤答 ④ I beg your pardon?「もう一度言っていただけますか？」(➲ 1258)

訳 A：ピザをもうひと切れいりませんか。
B：うん，いいね。私はマッシュルームのを試そう。

1235. ②：let me see「ええと」＝ let's see

▶ 即答できないときに，間を持たせるために用いる。前にある Well も同じ役割だ。

訳 A：彼女の誕生日は何曜日ですか。
B：そうですね，ええと。金曜日です。

1236. ①：By all means.「もちろん」＝ Yes.

▶「承認・許可」のていねいな強調表現。

訳 A：あなたの自転車を借りていいですか。 B：もちろん。 A：ありがとう。

1237. ①：I wish I could.「できればいいけど(できない)」― 断りの表現

▶ wish の後ろには実現不可能な願望がくるので，I wish I could. は No と同じく断りの表現。①のように，後ろに〈but＋理由〉を置くことが多い。

訳 A：ヘレンの誕生日パーティにあなたは来るの？
B：行きたいところだが，僕は町を出ているんだ。

☐1238. A : Would you mind giving me a ride to Kitasato Hospital?
頻出 B : (   )
① Yes. Never mind. ② No, I can't give it to you.
③ No, not at all. ④ Yes. Where to? (北里大)

☐1239. A : Would you mind getting some things for me at the store?
B : (   )
① Yes, thank you very much. ② No, not if I can help it.
③ Sure, I'd be happy to. ④ I don't mind if I do. (立教大)

☐1240. A : Excuse me. Do you mind if I sit here?
頻出 B : (   ) The seat is vacant.
① Oh, do you? ② No, go ahead.
③ Yes, here you are. ④ Yes, I don't care. (神奈川工科大)

☐1241. A : Would you like some more coffee?
B : (   ) I'd rather have tea instead.
① Yes, please. ② I don't mind.
③ No, thank you. ④ I like that. (大阪産業大)

☐1242. A : Today's baseball practice was hard! I am so hungry.
B : I know, the coach made us run for such a long time. (   ) go to eat somewhere on the way home?
A : That sounds great. I don't think I can make it all the way home on an empty stomach.
① How about ② Why don't we
③ When shall we ④ Where don't we (武庫川女子大)

☐1243. A : Why don't you go abroad if you want to brush up your English?
B : (   )
① Because I'm preparing that.
② Because I'm studying Russian.
③ Well, I'm thinking of it.
④ No, I don't believe so. (中央大)

UPGRADE 298 依頼・勧誘・申し出とその応え方

1238. ③：**Would [Do] you mind V-ing?「V していただけませんか」** 第1位
— **No, not at all.「いいですよ」**

▶ Would [Do] you mind V-ing? の文字通りの意味は「V するのはいやですか」なので，「いいですよ」と承諾するには No. と応える。Yes. と応えると，「いやだ」と断ることになる。give A a ride「A を(車などに)乗せる」。

訳 A：北里病院まで車に乗せていただけませんか。 B：いいですよ。

PART 5 会話

1239. ③：**I'd be happy to.「喜んで」**

▶ I'd be happy to V.「喜んで V する」の V が省略された形。

▶ Would you mind ～? と聞かれているから，承諾するなら，No. や Certainly not. と応えるのが普通だ。(➡ 1238) しかし，このように Sure. と応える場合もありえるので注意が必要だ。

訳 A：お店でいくつか買い物をしてくれませんか。B：はい，よろこんで。

1240. ②：**go ahead「どうぞ」— 許可** 第3位

▶ Do you mind if I ...? は「…してもいいですか」と許可を求める表現で，No, go ahead. で「ええ，どうぞ」と承諾したことになる。また May I ...?「…していいですか」と聞かれたら，Yes, go ahead.「ええ，どうぞ」と応えられる。

訳 A：すみませんが，ここに座ってもよろしいですか。
B：はい，どうぞ。その席は空いています。

1241. ③：**No, thank you.「いいえ，けっこうです」— 断りの表現**

訳 A：コーヒーをお代わりなさいませんか。
B：いいえ，けっこうです。代わりにお茶をもらいたいです。

1242. ②：**Why don't we ...?「…しませんか」— 勧誘の表現**
(That) sounds great [good].「それはいいね」

▶ Why don't we ...? は「なぜ私たちは…しないのか」という意味で理由を尋ねることもあり得るが，「…しませんか」という勧誘の表現としても使われる。その場合，Because ～. と応えない。

重要表現	(That) sounds great [good]. は誘いや提案を受けて，それに賛成するときに使う表現。

重要表現	make it「たどり着く」 ➡ 894

訳 A：今日の野球の練習はきつかった！ とてもおなかが減った。
B：そうだね，コーチはとても長く走らせたね。家に帰る途中でどこかへ食べに行かないか。
A：それはいいね。お腹を減らしたままずっと家までたどり着けないと思う。

1243. ③：**Why don't you ...?「…してはどうですか」**

▶ 1242 と同様に Why don't you...? も何かを勧めているときには，Because ～. と応えると不自然になる。Well「そうだな」は不確かな気持ちを表す。

訳 A：英語を磨き直したければ外国に行ったらどうですか。
B：そうですね，そうしようかと思っているところです。

☑ **1244.** A：Could you show me around the area?
B：Yes, with (　　).
① gratitude　② interest　③ pleasure　④ satisfaction
（千葉商科大）

☑ **1245.** A：May I take a look at the menu, please?
B：Yes, of course. (　　)
① Here you have.　② Here you may.
③ Here you are.　④ Here they do.　（北里大）

☑ **1246.** A：Can I give you a hand with the dishes?
B：(　　) I'll do them later.
① Don't bother.　② I don't mind.　③ No more.　（中央大）

UPGRADE 299

☑ **1247.** A：Excuse me, but is this the place where I can catch the bus for Heisei High School?
B：Yes, it is. I'm a student at that high school. Shall I go there with you?
A：(　　) I am an exchange student. My name is Ted. Nice to meet you.
B：I'm Shuntaro. Nice to meet you, too.
① It's very kind of you. That'll be a great help for me.
② It's totally waste of time. I have to get there in ten minutes.
③ You should watch your mouth.
④ Do you mind if I make a phone call right now?　（北海道科学大）

☑ **1248.** A：Thank you very much for helping me.
頻出 B：(　　)
① Don't mention it.　② Congratulations.
③ That's very kind of you.　④ Many thanks.　（駒澤大）

☑ **1249.** A：Mary, this book is for you. You can keep it.
B：Oh, thank you very much, Betty.
A：(　　).
① I'd appreciate it　② Take it easy
③ Thank you for the same　④ You're welcome　（東海大）

1244. ③：**With pleasure.「喜んで」— 依頼に対する承諾** ➲ 270

訳 A：その地域を案内してもらえますか。
B：はい，喜んで。

1245. ③：**Here you are [go].「はいどうぞ」— 物を渡すときの表現**

訳 A：メニューを見せていただけますか。
B：はい，もちろんです。どうぞ。

1246. ①：**Don't bother.「気にしなくてもいいです」**

▶ 相手が気づかってくれた申し出を断って，「気にしなくてもいい」と言うときに用いる。

+α I'm sorry to bother you but ～.「おじゃましてすみませんが～」は，依頼をするときのていねいな表現。

訳 A：皿洗いを手伝いましょうか。
B：お構いなく。あとでやりますから。

UPGRADE 299 感謝とその応え方

1247. ①：**It's [That's] very kind of you.「ご親切にありがとう」**

▶ 相手にお礼を述べるときに，It's [That's] very kind of you (to V). と言う。How kind of you (to V)! とすると，ていねいさが増す。

訳 A：すみませんが，ここで平成高校へ行くバスに乗れるのでしょうか。
B：はい，そうです。私はその高校の生徒です。いっしょに行きますか。
A：ご親切にありがとう。そうしてくれたら，大変助かります。私は交換留学生です。私の名前はテッドです。はじめまして。
B：私はシュンタロウです。はじめまして。

1248. ①：**Don't mention it.「どういたしまして」**

▶ Thank you. と言われてそれに応える表現。謝られたときも使える。

訳 A：手伝ってくれてどうもありがとう。
B：どういたしまして。

1249. ④：**You're welcome.「どういたしまして」= Don't mention it.**

▶ Thank you. と言われてそれに応える表現。Don't mention it. と違い，謝られたときには使わない。

訳 A：メアリ，この本をあげるわ。返さないでいいから。
B：ああ，どうもありがとう，ベティ。
A：どういたしまして。

☐ **1250.** A：Would you prefer to sit in the waiting room?
B：No, I prefer to sit here.（　　）
① Thanks for telling me.
② Thank you just the same.
③ I still like your waiting room, though.
④ I'm glad to hear that.（杏林大）

☐ **1251.** Thank you very much. I（　　）your kindness.
頻出
① appreciate　② approve
③ congratulate　④ express（東海大）

UPGRADE 300

☐ **1252.**（　　）に入れるのに不適切なものを1つ選びなさい。
When you accidentally step on someone's foot, you'll say "（　　）"
① Excuse me, please.　② I beg your pardon.
③ Pardon you.　④ I'm sorry.（明星大）

☐ **1253.** Don't blame me for what happened. It wasn't my（　　）if you lost the instructions.
発展
① fault　② defect　③ error　④ mistake（同志社大）

☐ **1254.** A：Do you have to talk so loud?
B：（　　）
① Yes. I have to be quiet.　② I'm sorry. We'll keep it down.
③ No. It's very noisy in here.　④ Why do you think so?
（立命館大）

Q&A⑮ 「すみません」が Thank you.

日本語で「すみません」と言う場面で，英語では Thank you. と言うことが多い。たとえば，次の例では I'm sorry. と言うと奇妙だ。
例「お茶はいかがですか」「すみません，お願いします」
"Would you like some tea?" "*Thank you*, please."

☐ **1255.** A：（　　）Is there a post office around here?
B：Yes. It's on the 5th Avenue.
① Excuse me.　② I'm sorry.
③ May I help you?　④ It's my pleasure.（吉備国際大）

1250. ②：Thank you just the same.「お気づかいありがとう」
＝ Thanks anyway.

▶ 相手の申し出を断ったとき，あるいはこちらの要望を聞いてもらえなかったときなどに，Thank you just the same. と言う。

訳 A：待合室でお座りになりたいですか。
B：いいえ，ここで座っているほうがいいです。お気づかいありがとう。

1251. ①：I appreciate A.「A のことを感謝する」

▶ I appreciate it. ＝ Thank you.

▶ ×appreciate〈人〉としてはいけない。

訳 どうもありがとう。ご親切に感謝します。

UPGRADE 300 謝罪とその応え方

1252. ③：I'm sorry. ＝ I beg your pardon. ＝ Excuse [Pardon] me.

▶ これらの表現は小さな過失や無礼をわびるときや，あるいは人の前を通るときに「失礼します」という意味で用いる。

誤答 ③は Pardon me. なら正しい。

訳 たまたま人の足を踏んだときにはこう言う。「ごめんなさい」

1253. ①：It is my fault.「私が悪いんです」— 自分の非を認める表現

▶ It's your fault. なら「あなたが悪いんです」だ。

訳 起こったことで私を責めないで。あなたが使用説明書をなくしたとしても，それは私のせいじゃない。

1254. ②：I'm sorry.「すみません」

▶ I'm sorry. は日常的に軽く「すみません」というときにも用いられるが，責任の所在を問われるような重大な場面で言うと，自分の過失や誤りを認めることになるので要注意。

訳 A：そんな大声で話さなくてはいけないのか。
B：すみません。小さい声で話します。

1255. ①：Excuse me.「ちょっとすみません」

▶ 初対面の人に声をかけるときに使う。Excuse me, but ～. と続けることも多い。

誤答 ② I'm sorry. は「依頼」をするときには使わない。

訳 A：すみません。このあたりに郵便局はありますか。
B：はい。5番街にあります。

☑ **1256.** A : I'm sorry to have kept you waiting for so long.
頻出 B : (　　) I appreciate the message, though.
A : It's the least I could have done.
① You're welcome.　　② That's very kind of you.
③ That's all right.　　④ No, thanks.　（岩手医科大）

☑ **1257.** A : I'm sorry I'm late! I hope you haven't been waiting long.
B : (　　). I only just got here myself!
① About thirty minutes　　② I beg your pardon
③ No problem　　④ Thanks a lot　（学習院大）

☑ **1258.** Could you repeat that? = I beg your (　　)?
① dust　② mess　③ pardon　④ permission　（千葉商科大）

☑ **1259.** A : My dog was very noisy last night. I'm sorry.
B : (　　)
A : I hope he didn't disturb your sleep too much, did he?
B : No, really! Please don't worry about it at all.
① I used to have a goldfish when I was a child.
② Has he been sick recently?
③ Please don't let it happen again.
④ Never mind. It can't be helped.　（東京工科大）

1256. ③：(That's) all right.「いいですよ」

▶ 謝罪されたときにそれを受けて That's all right. と言う。All right. や OK. でもよい。

誤答 ① You're welcome. はお礼に対する返答で，謝罪に対しては用いない。

重要表現	It's the least I can do.「それくらいしかできなくて」 この表現は「①もっとしてあげたいのにそれ以上できないとき ②お礼に対して返答するとき」などに用いられる。

訳 A：ずいぶん長い間待たせてしまってごめんなさい。
B：いいですよ。でも，メッセージをありがとう。
A：それぐらいしかできなかったんだ。

PART 5 会話

1257. ③：No problem.「だいじょうぶ，いいですよ」

▶ 相手が感謝や，謝罪したときに，「いいですよ」と言うときに使う。

▶ 相手が要望を述べたときに，「いいですよ」とそれを受けるときにも No problem. と言う。

例 "Would you mind watching my bag?" "*No problem.*" （上智大）
「私のカバンを見ていてくださいませんか」「いいですよ」

訳 A：遅れてごめんなさい。長く待たせてなかったらいいんだけど。
B：だいじょうぶ。私もたった今ここに着いたところよ。

1258. ③：I beg your pardon?「もう一度言っていただけますか？」

▶ 相手の言っていることが聞こえなかったり，わからなかったりしたときに，「もう一度言ってほしい」という意味で I beg your pardon?(↗)と上昇調で言う。Pardon (me)?(↗)も同じように使える。

訳 もう一度言っていただけますか。

1259. ④：Never mind.「気にしないで」
It can't be helped.「しかたありません」＝ You can't help it.

▶ Never mind. はお礼やおわびに対して言う。「ドンマイ」は和製英語で，英語では Don't mind. とは言わない。

▶ help には「避ける」という意味があるので，It can't be helped. は「それは避けられない」というのが文字通りの意味。

訳 A：昨夜うちの犬がとてもうるさかったですね。すみません。
B：気にしないで。しかたないですよ。
A：犬のせいであまり眠れなかったということがなければよいのですが。
B：いいえ，そんな。全然心配しないでください。

UPGRADE 301

☑1260. A：I have a toothache.
頻出 B：(　　)
① That's great.　② That's too bad.
③ Please give it to me.　④ When do you eat it?　(上武大)

☑1261. What a shame that John failed the exam!
頻出 ① a humility　② an embarrassment
③ a disaster　④ a pity　(関西外語大)

☑1262. A：My grandfather died of cancer last month.
B：(　　)
① No hard feelings.　② I apologize to you.
③ You can never tell.　④ Oh, I'm very sorry to hear that.
(獨協大)

UPGRADE 302

☑1263. Can you (　　) me the way to the station?
① tell　② teach　③ choose　④ go with　(四国大)

☑1264. Would you please (　　) me the way to Shibuya Station?
① take　② teach　③ guide　④ show　(駒澤大)

☑1265. A：May I help you?
B：Yes, I think I'm (　　).
A：Where are you going?
① disappointed　② lost　③ excited　④ finished　(愛知学院大)

☑1266. A：Can you tell me the way to the station?
B：I'm sorry, I'm (　　) here myself.
① a passenger　② a clerk　③ a resident　④ a stranger
(武蔵野美術大)

☑1267. A：Excuse me. (　　) Ikebukuro?
B：The easiest way is to take the Yamanote line.
① How much is it to　② How long does it take to
③ How far is　④ How much is
⑤ How do I get to　(日本大)

UPGRADE 301 同情・遺憾・慰めの表現

1260. ②：(That's) too bad.「かわいそうに」= It's too bad. 第2位
▶ 相手に同情を示す表現。
▶ 自分にとって「残念だ」という意味でも使う。
訳 A：歯が痛い。
B：かわいそうに。

1261. ④：a shame「残念なこと」= a pity 第4位
▶ What a shame!「なんと残念なんだ」= What a pity!
▶ shame も pity もこの意味のときは可算名詞なので a が付く。shame「恥」, pity「哀れみ」は不可算名詞だ。
訳 ジョンがテストに落ちたなんて，残念だ！ (It's a pity ～ ➡ 102)

1262. ④：I'm sorry to hear that.「それはお気の毒に」
▶ 相手に同情を示す表現。
訳 A：祖父が先月ガンで死にました。
B：まあ，それはお気の毒に。

UPGRADE 302 道を案内する表現

1263. ①：tell me the way「私に道を教える」
▶「道を教える」に teach は使わない。
訳 私に駅への道を教えていただけますか。

1264. ④：show me the way「私に道を教える」
▶ show me the way は実際に連れて行くとか，地図などで道を示す場合に使う。単に口で教える場合は tell を使う。
訳 渋谷駅への道を教えていただけませんか。

1265. ②：be lost「道に迷っている」
訳 A：お助けしましょうか。
B：はい。道に迷ったようです。
A：どちらに行かれるのですか。

1266. ④：I'm a stranger (around here).「(このあたりは)不案内です」
訳 A：駅への道を教えてもらえますか。
B：残念ながら私自身もこのあたりは不案内なんです。

1267. ⑤：How do [can] I get to A?「どうしたら A に行けますか」
訳 A：すみませんが，池袋までどうしたら行けますか。
B：いちばん簡単なのは山手線に乗ることです。

☐1268. A : Hello. Is Mary there please?
B : (　　)
A : This is Keiko Watanabe.
① Of course, there is.
② Who's calling, please?
③ Hello, nice to meet you.
④ Well, would you introduce yourself, please? (九州産業大)

☐1269. A : Matsuyama Company? I'd like to talk to Mr. Yamada.
B : (　　).
A : Oh, hi, Mr. Yamada.
① I am　② Here we are　③ Next, please　④ Speaking
(松山大)

☐1270. "Hello, may I speak to Mr. Yamada?"
頻出 "(　　)"
① Now or never.　② Sure. Hold on, please.
③ Certainly. Hang up, please.　④ That's my pleasure. (東京家政大)

☐1271. I'm afraid you have the (　　) number. This is 225-1211.
① bad　② easy　③ strange　④ wrong
(東北工業大)

☐1272. A : Could I speak to Susie?
B : I'm sorry. She's out now. Do you want to (　　) a message?
① leave　② take　③ read　④ listen　⑤ bring (産能大)

☐1273. A : He's on another line right now. Would you like to hold on a minute?
B : (　　)
① Thank you. I like it very much.
② No, thank you. I'll call back later.
③ No, thank you. I'll just wait.
④ How long should I wait for him? (中央大)

UPGRADE 303 電話の表現

1268. ②：**Who's calling, please?「どちら様ですか」＝ Who is this, please?**
▶ 相手の名前を聞く表現。

重要表現 This is A(名前).「こちら A(名前)です」

訳 A：もしもし，メアリをお願いできますか。
B：どちら様ですか。
A：こちらはワタナベ・ケイコです。

1269. ④：**Speaking.「私です」**
▶ 相手に「○○さんと話をしたい」と言われ，それが自分であるときのお決まりの応え方だ。

訳 A：松山会社ですか？　山田さんと話したいのですが。
B：私が山田です。
A：ああ，どうも，山田さん。

1270. ②：**hold on「電話を切らずに待つ」＝ hold the line** ➲ 1154
⇔ **hang up「電話を切る」**

訳 「もしもし，山田さんと話せますか」
「はい。そのままお待ちください」

1271. ④：**You have the wrong number.「電話番号が違います」**
訳 残念ながら電話番号が間違っています。こちらは 225-1211 です。

1272. ①：**leave a message「メッセージを残す」**
⇔ **take a message「メッセージを預かる」**
▶ Do you want to leave a message? = Shall I take a message?
訳 A：スージーと話せますか。
B：すみませんが今おりません。伝言を伝えましょうか。

1273. ②：**call back「電話をかけ直す」**
訳 A：彼は今ちょうど別の電話に出ています。しばらくお待ちいただけますか。
B：いいえ，あとでかけ直します。

Check 147 その他の電話の表現

☐ You are wanted on the phone.	「あなたに電話ですよ」
☐ be on the phone	「(人が)電話をかけている」
☐ I can't hear you very well.	「(電話が遠くて)声がよく聞こえません」

☐ **1274.** Customer : Good morning. I'd like to speak to the manager.
Manager : I am the manager, sir. (　　)?
Customer : It's this radio. It doesn't work.
① How did it work　② What is your name
③ How can I help you　④ What is this　(関西学院大)

☐ **1275.** Hanako : I'm looking for a hat.
頻出
Clerk : What size?
Hanako : I'm not sure. (　　)
Clerk : Of course you can. There's a large mirror over there.
① Can you choose one for me?　② How do you like this one?
③ Can I try some on?　(佛教大)

☐ **1276.** Salesclerk : Have you been helped?
頻出
Customer : (　　)
Salesclerk : Take your time. Call me if you need any assistance.
Customer : Thanks.
① I wish I could.　② I'm just looking, thanks.
③ Please help yourself.
④ Yes, could you spare me some time?　(龍谷大)

☐ **1277.** A : How would you like your steak, sir?
B : (　　)
① Would you like to have a drink?　② Yes, sir. We do.
③ It's beefsteak, sir.　④ Rare, please.
⑤ Yes, a green salad, please.　(敬愛大)

☐ **1278.** Customer : Could I have a steak and a salad?
Waiter : (　　)
Customer : No. That's all for me.
① Sure. What can I do for you?　② Certainly. Anything else?
③ What do you recommend?　④ Of course you can.　(流通科学大)

☐ **1279.** A : Why don't you buy it?
B : (　　). It's too expensive.
① It can't afford me　② I can't be unaffordable
③ It can't be unaffordable　④ I can't afford it　(中央大)

UPGRADE 304 店での会話

1274. ③：How can I help you? = May [Can] I help you?
「(店で)何にいたしましょう，どういったご用件でしょうか」

▶ How can I help you? などは店員が客に声をかけるときに使われる。また道に迷って困っている人などに親切に声をかけるときにも使う。

訳 客：おはようございます。店長と話したいのですが。
店長：私が店長です。どういったご用件でしょうか。
客：このラジオです。作動しないのです。

1275. ③：try A on「A を試着する」

訳 ハナコ：帽子を探しているのです。
店員：サイズはいくつですか？
ハナコ：わかりません。試着してもいいですか。
店員：もちろんです。あちらに大きな鏡があります。

1276. ②：I'm just looking.「見ているだけです」

▶ お店に入って，店員に構ってほしくないときに使う。

訳 店員：ご用をうかがっていますか。
客：見ているだけです。どうも。
店員：ごゆっくりどうぞ。もしご用がございましたら声をかけてください。
客：ありがとう。

1277. ④：How would [do] you like A?「A をどのように調理しますか」 ➲ 417

▶ レストランで注文をとるときに店員が使う表現。

▶ ステーキの焼き加減は生に近いほうから rare，medium rare，medium，medium well-done，well-done の５段階。

訳 A：ステーキの焼き加減はどうしましょうか。
B：レアにしてください。

1278. ②：Anything else?「ほかに何か(ご注文はありませんか)」

▶ 注文の最後に，Anything else? と尋ねられたら，**That's it [all]**.「それだけです」と応えるのがパターン。

▶ a steak，a salad と a が付いているのは，「ステーキ」「サラダ」を商品の１つと考えているからだ。 ➲ UPGRADE 170 617

訳 客：ステーキとサラダをください。
ウェイター：はい。ほかに何かご注文は？
客：いえ，それだけです。

1279. ④：can afford A「A を買う余裕がある」= can afford to buy A

訳 A：なぜそれを買わないんだ？
B：買う余裕がないんだ。高すぎるよ。

☑ **1280.** A：How much is this watch?　　（獨協医科大）

B：$ 125.75.

A：Good. I'll take it.

B：(　　)?

A：Here's my VISA.

① Cash or charge　　② Money or card
③ How do you like your money　　④ Do you like to pay now

UPGRADE 305

☑ **1281.** A：Excuse me. Do you have the time?

B：(　　)

① No, I don't. I'm very busy.　　② Sure. Go ahead.
③ Well, it's nine thirty.　　④ Yes. Take your time.

（愛知学院大）

☑ **1282.** A：You are wanted on the phone!

B：(　　)

① Coming.　② Yes. I am.　③ That's it.　④ I'd like to.

（東海大）

☑ **1283.** "Welcome to the party. Please (　　) yourself to the light snacks and drinks on the table."

① help　② keep　③ put　④ take　（大阪教育大）

☑ **1284.** Father：Aren't you going to school today?

Daughter：(　　)

① How about you?　　② I didn't go yesterday.
③ No, it's a regular school day.　　④ Yes, but not until the afternoon.

（会津大）

1280. ①：**Cash or charge?「現金ですか，それともクレジットカードですか」**

重要表現 I'll take it.「それを買います」

訳 A：この時計はいくらですか。
B：125 ドル 75 セントです。
A：いいですね。これをいただきます。
B：現金ですか，それともクレジットカードですか。
A：ビザカードです。

PART 5 会話

UPGRADE 305 重要会話表現

1281. ③：**Do you have the time?「今何時ですか」**

+α **Do you have time?**「お時間ありますか」
例 *Do you have time* for coffee?「コーヒーを飲む時間ある？」

訳 A：すみません。今何時でしょうか。
B：ええと，9時半です。

1282. ①：**(I'm) Coming.「今行きます」**

▶「行く」だが，(I'm) going. ではなく(I'm) coming. と言う。この come は相手の言う場所に「接近する」の意味だ。

訳 A：あなたに電話ですよ！
B：今行きます。

1283. ①：**help oneself to A「A を自由に取って食べる」** 第5位

訳「パーティにようこそ。テーブルの軽食とお飲み物を召し上がってください」

1284. ④：**否定疑問文に対する応え方** ➡ UPGRADE 125 p.167

▶ Are you hungry? と聞かれても Aren't you hungry? と聞かれても，Yes. と応えれば Yes, I am (hungry).「はい，私はおなかが減っています」の意味になるし，No. と応えれば No, I'm not (hungry).「いいえ，私はおなかが減っていません」ということになる。

例 "Don't you like it?" "*No, I don't.*"
「それは好きじゃないの？」「ええ，好きじゃありません」

▶ ④ Yes, but not until the afternoon. は，Yes と応えているので I'm going to school today.「今日は学校に行く」ということになる。その後の but not until the afternoon は but I'm not going to school until the afternoon.「でも午後になるまでは学校に行かない」のことで，「午後になってから学校に行く」と言っていることになる。

誤答 ① How about you?「君はどうなの？」は Father の質問に対する答えになっていない。② I didn't go yesterday.「私は昨日行かなかった」は過去時制なのでおかしい。③ No, it's a regular school day.「いいえ，今日はふつうの学校の日です」は，No とその後ろの文がつながらない。ここで No と応えると，「今日は学校に行かない」という意味になる。No を Yes とすれば正しくなる。

訳 父：今日は学校に行かないのか？
娘：行くよ。でも午後になってからね。

☑ **1285.** Hi! (　　) where I went last night!

① Guess　② Say　③ Speak　④ Tell　(南山大)

☑ **1286.** A : Are you coming to the party tonight?

B : (　　) I'd like to, but I can only go if I finish this report first. The boss wants it first thing tomorrow morning.

① It's up to you.　② It depends.
③ You can say that again.　④ Absolutely.

(岩手医科大)

☑ **1287.** A : Who was that good-looking young man I saw you with last night?

B : I'm not going to tell you, so (　　) your own business!

① behave　② know　③ mind　④ think

(聖マリアンナ医科大)

☑ **1288.** A : I went out with Jennifer Baynes last weekend. Do you know her?

B : No, I don't. What's she interested in?

A : Surprisingly, she's interested in sports cars. In fact, she drove.

B : (　　) Where did she take you?

① Sure.　② No kidding!　③ That's how.　④ Thank you.

(九州国際大)

☑ **1289.** A : You look tired. What have you been doing?

B : I've been writing letters since nine o'clock this morning. Believe it or not, I've already written ten letters.

A : Ten letters? (　　) you're tired!

① As a matter of fact　② No wonder
③ Possibly　④ To my surprise　(中央大)

1285. ①：Guess＋wh 節．「〜か当ててみて」

▶ guess は「推測する，答えを言い当てる」の意味で，Guess ＋ wh 節は，話を切り出すときによく使う。

▶ Guess what. で，「何だと思う？，聞いてくれる？，当ててみて」という意味になる。

訳　やあ，昨晩，僕がどこに行ったと思う？

1286. ②：It [That] (all) depends.「それは状況次第だ」

▶ It [That] depends. は yes / no が一概に言えないときに使われる。all があってもなくても同じ意味。

誤答 ① It's up to you.「それはあなた次第だ」，③ You can say that again.「そのとおり，同感だ」，④ Absolutely.「まったくそうだ」。3つとも重要表現だ。

訳　A：あなたは今夜パーティに来るつもりですか。
B：それは状況次第だ。行きたいところだが，まずこの報告書を仕上げないと，行けないんだ。上司が明日の朝一番にこれを欲しがっている。

1287. ③：Mind your (own) business.「大きなお世話だ」
＝ (It's) none of your business.

▶「君の知ったことか，余計なことはするな」という意味で使う。単に None of your business. と言うこともある。

訳　A：昨晩，君がいっしょにいたあのかっこいい若者は誰だい？
B：あなたに言うつもりはないし，大きなお世話です！

1288. ②：No kidding!「まさか，うそ！」

▶ kid には「冗談を言う」という意味があり，No kidding! は「冗談を言うな」というのが文字通りの意味。そこから，「冗談言わないで，そんなばかな」と相手の言ったことに対して驚きを表す表現として使われるようになった。

訳　A：先週末にジェニファー・ベインズと出かけた。彼女を知っている？
B：いいや。その人はどんなことに興味があるの？
A：驚いたことに，彼女はスポーツカーに興味があるんだ。実際、彼女が運転したんだ。
B：まさか！　彼女はどこに連れて行ってくれたの？

1289. ②：No wonder 〜.「当然〜，〜は少しも不思議でない」
＝ It is no wonder that 〜.

▶ It is を省略した場合，ふつう No wonder の後の that も省略する。

誤答 ① As a matter of fact「実は」(➡ 834)，③ Possibly「ひょっとすると」，④ To my surprise「私が驚いたことには」(➡ 278)

重要表現	Believe it or not「信じようが信じまいが，こんなことを言っても信じないだろうが」

訳　A：疲れているようだね。何をしていたの？
B：今朝の9時から手紙を書いているんだ。信じないかもしれないが，もう10通手紙を書いた。
A：10通？　どうりで疲れているわけだね！

PART

6

発音・アクセント

第34章 発音・アクセント

Rule 1 「アルファベット読み」の母音がねらわれる！

日本人は二重母音に弱い。[ei]が「エー」や，ときには「エ」になってしまいやすい。**a**，**i**，**u**，**e**，**o**の文字を見るとローマ字式に「ア，イ，ウ，エ，オ」と読みたくなるが，英語にはこれらを**アルファベットを読むときのように「エイ，アイ，ユー，イー，オウ」と読む語が多い。**

a [ei]	ancient	[éinʃənt] 古代の	patient	[péiʃənt] 我慢強い
	danger	[déindʒər] 危険	radio	[réidiòu] ラジオ
	angel	[éindʒəl] 天使	chamber	[tʃéimbər] 部屋
	apron	[éiprən] エプロン	chaos	[kéiɑs] 無秩序
	dangerous	[déindʒərəs] 危険な	behavior	[bihéivjər] 行い
	label	[léibəl] ラベル	vague	[véig] 漠然とした
	stadium	[stéidiəm] スタジアム		
i [ai]	climate	[kláimit] 気候	crisis	[kráisis] 危機
	isolate	[áisəlèit] 孤立させる	polite	[pəláit] 礼儀正しい
u [juː]	universe	[júːnəvə̀ːrs] 宇宙	university	[jùːnəvə́ːrsəti] 大学
	uniform	[júːnəfɔ̀ːrm] 制服		

注意 「ユ」ではなく，長母音「ユー」だ。

e [iː]	evening	[íːvniŋ] 夕方	extreme	[ikstríːm] 極度の
	genius	[dʒíːnjəs] 天才	vehicle	[víːikl] 乗り物
	appreciate	[əpríːʃièit] 評価する	equal	[íːkwəl] 等しい
	recently	[ríːsntli] 最近	decent	[díːsnt] まともな
	species	[spíːʃiːz] (生物の)種	evil	[íːvəl] 邪悪な
o [ou]	only	[óunli] 唯一の	both	[bóuθ] 両方の
	folk	[fóuk] 民衆	host	[hóust] 主催者
	post	[póust] 郵便	most	[móust] 最も

注意 o 単独で[ɔː]と読むことは少ない。**例外** cost [kɔ́(ː)st] 経費

区別しよう！

bathe	[béið]	水浴する	wild	[wáild]	野生の	later	[léitər]	より遅く
bath	[bǽθ]	入浴	wilderness	[wíldərnis]	荒野	latter	[lǽtər]	後者(の)
live	[lív]	動生きる	major	[méidʒər]	主要な	say	[séi]	言う
live	[láiv]	形生きた	measure	[méʒər]	尺度	said	[séd]	say の過去形

秘伝 「子音字＋e」の前にある母音はアルファベット読みで発音するものが多い。

wise	[wáiz]	賢い	cute	[kjúːt]	かわいい
wisdom	[wízdəm]	知恵	cut	[kʌ́t]	切る

PART 6 発音・アクセント

Rule 2 [ɑ] [ɔː] [ɑː]と読む a は例外

a の読み方で多いのは parade などの[ei]と salmon などの[æ]。
[ɑ] [ɔː] [ɑː]の３つは比較的少ない。

[æ]	salmon	[sǽmən] サケ	casual	[kǽʒuəl] 気楽な
[ɑ]	wander	[wɑ́ndər] さまよう（参考 wonder [wʌ́ndər] 不思議がる）		
	want	[wɑ́nt] 欲しい		
[ɔː]	chalk	[tʃɔ́ːk] チョーク	always	[ɔ́ːlweiz] いつも
	tall	[tɔ́ːl] 高い		
[ɑː]	father	[fɑ́ːðər] 父親	calm	[kɑ́ːm] 静かな
	palm	[pɑ́ːm] 手のひら		

Rule 3 [ʌ]と読む o をマーク！

[ʌ]は「ア」に近い音だ。「オ」と発音しないように。カタカナ化したものに注意。

stomach	[stʌ́mək]	胃	comfortable	[kʌ́mfərtəbl]	快適な
glove	[glʌ́v]	手袋	government	[gʌ́vərnmənt]	政府
front	[frʌ́nt]	正面	love	[lʌ́v]	愛
tongue	[tʌ́ŋ]	舌	onion	[ʌ́njən]	タマネギ
wonder	[wʌ́ndər]	不思議がる	won	[wʌ́n]	win の過去形(one と同音)
oven	[ʌ́vən]	オーブン	monkey	[mʌ́ŋki]	サル
mother	[mʌ́ðər]	母親	brother	[brʌ́ðər]	兄弟
son	[sʌ́n]	息子	honey	[hʌ́ni]	蜂蜜

例外 [uː]　lose [lúːz] 失う　prove [prúːv] 証明する

Rule 4　oo は[uː] [u] [ʌ]の３通り

oo は[uː]が原則。例外的な[u]，[ʌ]は覚えてしまおう。

[uː]	food	[fúːd] 食べ物	loose	[lúːs] ゆるい
	smooth	[smúːð] なめらかな	choose	[tʃúːz] 選ぶ
	tool	[túːl] 道具	shoot	[ʃúːt] 撃つ
	tooth	[túːθ] 歯	bloom	[blúːm] 咲く
[u]	wood	[wúd] 木材	wool	[wúl] 毛糸
	cook	[kúk] 料理人	hood	[húd] ずきん
	foot	[fút] 足	hook	[húk] 留め金
	shook	[ʃúk] shake の過去形	★ hood, wool, cook は特に注意！	

秘伝 a woman cook in a wool hood はすべて短い[u]。
「毛糸のフードをかぶった女料理人」

[ʌ]	flood	[flʌ́d] 洪水	blood	[blʌ́d] 血　★この２つのみ。

秘伝 "a **flood** of **blood**"「血の洪水」と覚えよう。

Rule 5　aw，au はほぼすべて[ɔː]

aw，au は長母音[ɔː]が原則。二重母音[ou]になることはない。

aw [ɔː] law [lɔ́ː] 法律 ≠ low [lou] 低い
lawn [lɔ́ːn] 芝生 ≠ loan [loun] 貸し付け
saw [sɔ́ː] see の過去形 ≠ so [sou] だから，sow [sou] 種をまく
draw [drɔ́ː] 描く　　awful [ɔ́ːfəl] ひどい

注意 a-way，a-wake などは a と w が別の音節なのでこのルールに当てはまらない。

au [ɔː]	cause	[kɔ́ːz] 原因	author	[ɔ́ːθər] 作者
	fault	[fɔ́ːlt] 欠点	pause	[pɔ́ːz] 休止
	daughter	[dɔ́ːtər] 娘	audience	[ɔ́ːdiəns] 聴衆
	launch	[lɔ́ːntʃ] 発射する	caution	[kɔ́ːʃən] 用心
	naughty	[nɔ́ːti] いたずらな	automatic	[ɔ̀ːtəmǽtik] 自動の

例外 laugh [lǽf] 笑う

Rule 6 oa はほぼすべて[ou]

boat	[bóut] 船	coat	[kóut] コート
road	[róud] 道路	coast	[kóust] 沿岸
approach	[əpróutʃ] 近づく	soap	[sóup] せっけん
goal	[góul] ゴール	throat	[θróut] のど
coach	[kóutʃ] コーチ		

例外 abroad [əbrɔ́ːd] 海外へ，broad [brɔ́ːd] 広い（派生語も含む。例 broadcast [brɔ́ːdkæst] 放送） ★例外はこの２個だけだ。

PART 6 発音・アクセント

Rule 7 ea は[iː] [e] [ei]の３通り

ea は[iː]と読むのがふつう。[e]はねらわれる。[ei]は３個だけだ。

[iː]	breathe	[bríːð] 呼吸する	cease	[síːs] やめる
	creature	[kríːtʃər] 動物	feature	[fíːtʃər] 特徴
	meat	[míːt] 肉	increase	[inkríːs] 増える
	reach	[ríːtʃ] …に達する	weak	[wíːk] 弱い

★他にも多数ある。

[e]	sweat	[swét] 汗	measure	[méʒər] 尺度
	pleasure	[pléʒər] 楽しみ	breath	[bréθ] 息
	weapon	[wépən] 武器	meant	[mént] mean の過去形
	bread	[bréd] パン	spread	[spréd] 広げる
	instead	[instéd] 代わりに	treasure	[tréʒər] 宝
	ready	[rédi] 用意できた	breakfast	[brékfəst] 朝食
	threat	[θrét] 脅し	leather	[léðər] 皮
	meadow	[médou] 牧草地	weather	[wéðər] 天気
	thread	[θréd] 糸	pleasant	[plézənt] 楽しい
	feather	[féðər] 羽毛	wealth	[wélθ] 富
	dreadful	[drédfəl] 恐ろしい	endeavor	[indévər] 企て
	steady	[stédi] 着実な		

[ei]	break	[bréik] 壊す	great	[gréit] 大きな
	steak	[stéik] ステーキ		

秘伝 **"break a great steak"** と覚えよう。

Rule 8 ow は[au]か[ou]に注意

しっかり区別して覚えよう。まずねらわれる[au]を覚えること。

[au]	allow	[əláu] 許可する	brow	[bráu] まゆ毛
	power	[páuər] 力	cow	[káu] 雌牛
	drown	[dráun] おぼれさせる	crowd	[kráud] 群衆
	owl	[ául] フクロウ	vow	[váu] 誓う
	flower	[fláuər] 花		
[ou]	crow	[króu] カラス	bowl	[bóul] はち
	low	[lóu] 低い	arrow	[ǽrou] 矢
	blow	[blóu] 吹く		

区別しよう！

{ know [nóu] 知っている
knowledge [nɑ́lidʒ] 知識

{ bow [bóu] 弓
bow [báu] おじぎ(をする)

Rule 9 ou は[au]か[ou]に注意

[ʌ] [uː] [u] と読む語は少ないが，ねらわれる。

[au]	doubt	[dáut] 疑い	loud	[láud] うるさい
	aloud	[əláud] 声に出して	shout	[ʃáut] 叫ぶ
	bough	[báu] 大枝	foul	[fául] 不快な
	pound	[páund] ポンド	mouth	[máuθ] 口
	couch	[káutʃ] ソファ	council	[káunsəl] 会議
	ground	[gráund] 地面	drought	[dráut] 日照り
	sound	[sáund] 音	fountain	[fáuntən] 泉
	trousers	[tráuzərz] ズボン	county	[káunti] 郡
	bound	[báund] 縛られた	surround	[səráund] 囲む
	announce	[ənáuns] 知らせる	proud	[práud] 誇りを持つ
[ou]	though	[ðóu] ～だが	soul	[sóul] 魂
	shoulder	[ʃóuldər] 肩	doughnut	[dóunət] ドーナツ
[ʌ]	southern	[sʌ́ðərn] 南の	rough	[rʌ́f] 荒い
	tough	[tʌ́f] たくましい	enough	[inʌ́f] 十分な
	cousin	[kʌ́zn] いとこ	country	[kʌ́ntri] 国
	couple	[kʌ́pl] カップル	touch	[tʌ́tʃ] 触る
	trouble	[trʌ́bl] 困難	double	[dʌ́bl] 二重の
	young	[jʌ́ŋ] 若い（注意 youth [júːθ] 若さ）		

[uː]	through	[θrúː] …を通って	wound	[wúːnd] 傷
	soup	[súːp] スープ	group	[grúːp] 集団
	routine	[ruːtíːn] 日課		

[u]	could	[kúd] (← can)	would	[wúd] (← will)
	should	[ʃúd] (← shall)	例外 cough	[kɔ́ːf] 咳

! 注意 **through** [θrúː] と **thorough** [θə́ːrou] 完全な を区別しよう。

Rule 10 過去・過去分詞形の -ought, -aught は[ɔːt]

thought	[θɔ́ːt] (← think)	bought	[bɔ́ːt] (← buy)
caught	[kɔ́ːt] (← catch)	sought	[sɔ́ːt] (← seek)
brought	[brɔ́ːt] (← bring)	taught	[tɔ́ːt] (← teach)

★助動詞の ought も[ɔ́ːt]。 ! 注意 drought [dráut] 日照り ★過去形ではない。

Rule 11 母音字＋ r は[ɑːr] [ɔːr] [əːr]の３通り

ar は[ɑːr], **or** は[ɔːr], **ear**, **er**, **ir**, **ur** は[əːr]が原則だ。(ear が二重母音の場合は→Rule 13)

ar [ɑːr]	hard	[hɑ́ːrd] 困難な	arch	[ɑ́ːrtʃ] アーチ
	cigar	[sigɑ́ːr] 葉巻	guitar	[gitɑ́ːr] ギター
	guard	[gɑ́ːrd] 守る	farm	[fɑ́ːrm] 農場

or [ɔːr]	northern	[nɔ́ːrðərn] 北の	horse	[hɔ́ːrs] 馬
	ordinary	[ɔ́ːrdənèri] ふつうの	support	[səpɔ́ːrt] 支持する

ear, **er**, **ir**, **ur**

[əːr]	heard	[hə́ːrd] hear の過去形	pearl	[pə́ːrl] 真珠
	learn	[lə́ːrn] 学ぶ	earth	[ə́ːrθ] 地球
	search	[sə́ːrtʃ] 探す	early	[ə́ːrli] 早い
	earn	[ə́ːrn] 稼ぐ	thirsty	[θə́ːrsti] のどが渇いた
	hurt	[hə́ːrt] けがをした	interpret	[intə́ːrprit] 解釈する

例外 heart [hɑ́ːrt] 心(★出題数２位！) hearth [hɑ́ːrθ] 炉ばた
★２個だけ。

Rule 12 wor は[wəːr], war は[wɔːr]

wor [wəːr]	worthy	[wə́ːrði] 価値ある	work	[wə́ːrk] 働く
	world	[wə́ːrld] 世界	word	[wə́ːrd] 単語
	worm	[wə́ːrm] 虫	例外 sword [sɔ́ːrd] 剣	★ w は発音しない。
war [wɔːr]	warm	[wɔ́ːrm] 暖かい	reward	[riwɔ́ːrd] 報酬

Rule 13 ear の二重母音は[ɛər]と[iər]を区別せよ

[ɛər]	bear	[bɛ́ər] クマ	pear	[pɛ́ər] ナシ
	wear	[wɛ́ər] 着ている		
[iər]	fear	[fíər] 恐れ	dear	[díər] 愛しい
	rear	[ríər] 育てる	beard	[bíərd] ひげ
	hear	[híər] 聞こえる	clear	[klíər] 晴れた
	gear	[gíər] ギア	year	[jíər] 年
	appear	[əpíər] 現れる		
	! 注意 tear	[tíər] 名 涙	tear	[tɛ́ər] 動 裂く

Rule 14 ei は[iː]か[ei]

[iː]	receive	[risíːv] 受け取る	receipt	[risíːt] レシート
	perceive	[pərsíːv] 認識する	ceiling	[síːliŋ] 天井
	seize	[síːz] つかむ		
[ei]	weight	[wéit] 重さ	weigh	[wéi] 重さをはかる
	neighbor	[néibər] 隣人	freight	[fréit] 貨物
	例外 height	[háit] 高さ		

Rule 15 se は[s]と[z]を区別せよ

[s]	cease	[síːs] やめる	precise	[prisáis] 正確な
	closely	[klóusli] 密接に		
[z]	disease	[dizíːz] 病気	choose	[tʃúːz] 選ぶ
	advise	[ædváiz] 助言する	reserve	[rizə́ːrv] 予約する

区別しよう！

loose	[lúːs] 形 ゆるい	lose	[lúːz] 動 失う
close	[klóus] 形 近い	close	[klóuz] 動 閉める
use	[júːs] 名 使用	use	[júːz] 動 使う

Rule 16 ss は例外[z]と[ʃ]に注意

ss は success, assume のように[s]が原則だが，次の例外に気をつけよう。

[z]	dessert	[dizə́ːrt] デザート	scissors	[sízərz] はさみ
	dissolve	[dizɑ́lv] 溶ける	possess	[pəzés] 所有する

[ʃ] pressure [préʃər] 圧力　assure [əʃúər] 保証する　mission [míʃən] 使命

Rule 17 x は[ks]か[gz]かに注意(特に ex で始まる語に注意)

[ks]	experience	[ikspíəriəns] 経験	exercise	[éksərsàiz] 練習
	extreme	[ikstríːm] 極度の	experiment	[ikspérəmənt] 実験
	excellent	[éksələnt] 優秀な		
[gz]	exhaust	[igzɔ́ːst] 使い果たす	example	[igzǽmpl] 例
	exhibit	[igzíbit] 展示する	examine	[igzǽmin] 検査する
	exist	[igzíst] 存在する	exaggerate	[igzǽdʒərèit] 誇張する

区別しよう！

- anxious [ǽŋkʃəs] 心配して
- anxiety [æŋzáiəti] 心配

- execute [éksikjùːt] 遂行する
- executive [igzékjutiv] 重役

- exhibition [èksəbíʃən] 展示
- exhibit [igzíbit] 展示する

秘伝 ex ＋子音　あるいは ex ＋アクセントがない母音　→[ks]
ex ＋アクセントがある母音　→[gz]

Rule 18 th は[θ]か[ð]

[θ]が多いので，[ð]のものをしっかり覚えよう。

[θ]	author	[ɔ́ːθər] 作者	theme	[θíːm] 主題
	method	[méθəd] 方法	mouth	[máuθ] 口
	thumb	[θʌ́m] 親指	theory	[θíːəri] 理論
[ð]	southern	[sʌ́ðərn] 南の	smooth	[smúːð] なめらかな
	though	[ðóu] けれども	northern	[nɔ́ːrðərn] 北の

区別しよう！

- worth [wə́ːrθ] 名形 価値(ある)
- worthy [wə́ːrði] 形 価値ある

- cloth [klɔ́ːθ] 布
- clothe [klóuð] 着せる

- breath [bréθ] 息
- breathe [bríːð] 息をする

- bath [bǽθ] 風呂
- bathe [béið] 水浴する

Rule 19 ch は[tʃ] [k] [ʃ]の３通り

ch は[tʃ]がふつうで，[k]がねらわれる。[ʃ]は２つだけ覚えよう。

[tʃ]	touch	[tʌ́tʃ] 触る	chamber	[tʃéimbər] 部屋
	match	[mǽtʃ] 一致する	arch	[ɑ́ːrtʃ] アーチ
[k]	stomach	[stʌ́mək] 腹	character	[kǽriktər] 性格
	ache	[éik] 痛み	chorus	[kɔ́ːrəs] コーラス
	architect	[ɑ́ːrkətèkt] 建築家	monarch	[mɑ́nərk] 君主
	chemical	[kémikəl] 化学の	scheme	[skíːm] 計画
	chemistry	[kéməstri] 化学	melancholy	[mélənkɑ̀li] 憂うつ
	mechanical	[məkǽnikəl] 機械的な	orchestra	[ɔ́ːrkəstrə] オーケストラ
	chaos	[kéiɑs] 無秩序		
[ʃ]	machine	[məʃíːn] 機械	moustache	[mʌ́stæʃ] 口ひげ

Rule 20 sc は[s]か[sk]

後ろに **i** か **e** があれば[s]，それ以外では[sk]と読む。

[s]	scissors	[sízərz] はさみ	scene	[síːn] 場面
	science	[sáiəns] 科学	discipline	[dísəplin] 規律
	例外 conscious	[kɑ́nʃəs] 意識して	conscience	[kɑ́nʃəns] 良心
[sk]	scare	[skɛ́ər] 怖がらせる	scream	[skríːm] 叫ぶ
	例外 muscle	[mʌ́sl] 筋肉		

Rule 21 cc は[k]か[ks]

後ろに **e** か **i** があるときのみ[ks]と読む。

[k]	accurate	[ǽkjurət] 正確な	occur	[əkə́ːr] 起こる
	occurrence	[əkə́ːrəns] 事件	occasion	[əkéiʒən] 機会
	accompany	[əkʌ́mpəni] 伴う		
[ks]	accept	[æksépt] 受け入れる	accident	[ǽksədənt] 事故
	access	[ǽkses] 利用権	success	[səksés] 成功
	例外 soccer	[sɑ́kər] サッカー		

Rule 22 -tion は[ʃən]，-stion [stʃən]は例外

[ʃən] education [èdʒukéiʃən] 教育 condition [kəndíʃən] 条件
notion [nóuʃən] 概念
例外 [stʃən] question [kwéstʃən] 質問 suggestion [səgdʒéstʃən] 提案
★この2つだけ覚えよう。

Rule 23 その他の発音に注意すべき語(黙字など)

-st- の t が黙字	hustle	[hʌ́sl] 急ぐ	castle	[kǽsl] 城
	fasten	[fǽsn] 固定する		
[f]となる gh	rough	[rʌ́f] 荒い	tough	[tʌ́f] たくましい
	enough	[inʌ́f] 十分な	cough	[kɔ́:f] 咳
	laugh	[lǽf] 笑う		
発音しない gh	though	[ðóu] …だが	weight	[wéit] 重さ
	weigh	[wéi] 重さをはかる	thought	[θɔ́:t] 考え
	sight	[sáit] 景色	例外 ghost	[góust] 幽霊
-mb の b が黙字	tomb	[tú:m] 墓	comb	[kóum] くし
(-mb の前の母音の発音にも注意)	bomb	[bɑ́m] 爆弾	thumb	[θʌ́m] 親指
-bt の b が黙字	doubt	[dáut] 疑い	debt	[dét] 借金
	subtle	[sʌ́tl] 微妙な		
発音しない l	folk	[fóuk] 民衆	calm	[kɑ́:m] 静かな
	salmon	[sǽmən] サケ		
その他の黙字	receipt	[risí:t] レシート	island	[áilənd] 島
	honor	[ɑ́nər] 名誉	honest	[ɑ́nist] 正直な
	foreign	[fɔ́:rən] 外国の	psychology	[saikɑ́lədʒi] 心理学
	knee	[ní:] ひざ	muscle	[mʌ́sl] 筋肉
	handsome	[hǽnsəm] ハンサムな		

! 注意 alcohol [ǽlkəhɔ̀:l] アルコール のhは発音される。

★超例外発音の語	women	[wímin] 女(複数)	bury	[béri] 埋める
	busy	[bízi] 忙しい	gauge	[géidʒ] 規格
	sew	[sóu] 縫う	toe	[tóu] 足指

PART 6 発音・アクセント

Rule 24 アクセントに関係ない語尾

-ing, **-ed**, **-ment**, **-ness**, **-ly**, **-ful**, **-less**, **-er**, **-or** が付いても
アクセントの位置は変わらない。

mánage [mǽnidʒ] 経営する→ mánager [mǽnidʒər] 経営者,
mánagement [mǽnidʒmənt] 経営
ínterest [íntərəst] 興味→ ínteresting [íntərəstiŋ] 興味深い,
ínterested [íntərəstid] 興味を持っている
immédiate [imíːdiət] 即座の→ immédiately [imíːdiətli] 即座に
intérpret [intə́ːrprit] 解釈する→ intérpreter [intə́ːrpritər] 通訳
例外 phótograph [fóutəgræ̀f] 写真 →photógrapher [fətɑ́grəfər] 写真家

Rule 25 アクセントがある語尾

-eer, **-ee**, **-ere**, **-ade**, **-ental**, **-ology**, **-ain**, **-duce** などの語尾には
アクセントが来る。

-éer	caréer	[kəríər] 経歴		voluntéer	[vɑ̀ləntíər] ボランティア	
	enginéer	[èndʒiníər] 技術者		pionéer	[pàiəníər] 開拓者	
-ée	guarantée	[gæ̀rəntíː] 保証する		agrée	[əgríː] 同意する	
	degrée	[digríː] 程度				
	例外 committee [kəmíti] 委員会			cóffee [kɔ́ːfi] コーヒー		
-óo(n)	bambóo	[bæmbúː] 竹		typhóon	[taifúːn] 台風	
	ballóon	[bəlúːn] 風船				
-ére	interfére	[ìntərfíər] 干渉する		sincére	[sinsíər] 誠実な	
	例外 átmosphere [ǽtməsfìər] 雰囲気					
-áin	entertáin	[èntərtéin] 楽しませる		maintáin	[meintéin] 維持する	
	compláin	[kəmpléin] 文句を言う		expláin	[ikspléin] 説明する	

！注意 -ain に必ずアクセントがあるのは，動詞の場合。móuntain [máuntən] 山，
fóuntain [fáuntən] 泉，cértain [sə́ːrtn] 確かな などには当てはまらない。

-pose 動	suppóse	[səpóuz] 思う	oppóse	[əpóuz] 反対する
	impóse	[impóuz] 押しつける	expóse	[ikspóuz] さらす
-énd 動	defénd	[difénd] 防御する	preténd	[priténd] ふりをする
	recomménd	[rèkəménd] 勧める	comprehénd	[kɑ̀mprihénd] 理解する
-dúce 動	introdúce	[ìntrədjúːs] 紹介する	redúce	[ridjúːs] 減らす

-óy 動	destróy [distrɔ́i] 破壊する		emploý [implɔ́i] 雇う	
	annóy [ənɔ́i] いらだたせる			
-áy 動	displáy [displéi] 展示する		betráy [bitréi] 裏切る	
	deláy [diléi] 遅らせる			
-éntal	oriéntal [ɔ̀ːriéntl] 東洋の		fundaméntal [fʌ̀ndəméntl] 基本的な	
	environméntal [invàiərənméntl] 環境の			
-ólogy	biólogy [baiɑ́lədʒi] 生物学		technólogy [teknɑ́lədʒi] 技術	
	psychólogy [saikɑ́lədʒi] 心理学			
-áde	persuáde [pərswéid] 説得する		paráde [pəréid] パレード	
	例外 décade [dékeid] 10年			

Q&A⑯ アクセント問題を解くためのコツはある？

アクセント決定のカギは語尾だ。英単語の語尾をアクセントの関係で分類すると次の４つになる。

① アクセントに関係ない語尾　② それ自体にアクセントがある語尾
③ 直前の母音にアクセントがある語尾　④ ２つ前の母音にアクセントがある語尾

語尾を見るだけでばっちりわかる問題が多いから，マスターしないと損だ。

Rule 26 直前の母音にアクセントがある語尾

-ic, -ics, -ical, -ial, -ual, -ian, -ion, -ity, -ient などの語尾の直前の母音にアクセントが来る。

-ic/ -ics	económic [èkənɑ́mik] 経済の	energétic [ènərdʒétik] 精力的な
	mathemátics [mæ̀θəmǽtiks] 数学	characterístic [kæ̀riktərístik] 特徴
	fantástic [fæntǽstik] すばらしい	económics [èkənɑ́miks] 経済学
	orgánic [ɔːrgǽnik] 有機的な	statístics [stətístiks] 統計
	sympathétic [sìmpəθétik] 同情に満ちた	例外 pólitics [pɑ́lətìks] 政治学
-ical	chémical [kémikəl] 化学の	phýsical [fízikəl] 物理的な
	práctical [prǽktikəl] 実用的な	polítical [pəlítikəl] 政治的な
-ial	indústrial [indʌ́striəl] 産業の	matérial [mətíəriəl] 材料
	offícial [əfíʃəl] 公式の	artifícial [ɑ̀ːrtəfíʃəl] 人工の
	benefícial [bènəfíʃəl] 有益な	fináncial [finǽnʃəl] 財政の
	sócial [sóuʃəl] 社会の	esséntial [isénʃəl] 不可欠の
	例外 spíritual [spíritʃuəl] 精神的な	

PART 6 発音・アクセント

-ual	indivídual [ìndəvídʒuəl] 個人		intelléctual [ìntəléktʃuəl] 知的な	
	habítual [həbítʃuəl] 習慣的な			
-ian	musícian [mjuːzíʃən] 音楽家		physícian [fizíʃən] 医者	
	politícian [pɑ̀lətíʃən] 政治家			
-ion	decísion [disíʒən] 決定		relígion [rilídʒən] 宗教	
	educátion [èdʒukéiʃən] 教育		illúsion [ilúːʒən] 幻想	

! 注意 emótion → emótional のように -al がついても変化しない。

-ity	actívity [æktívəti] 活動	necéssity [nəsésəti] 必要
	idéntity [aidéntəti] 正体	electrícity [ilektrísəti] 電気
-ety	varíety [vəráiəti] 多様性	anxíety [æŋzáiəti] 心配
-ish	astónish [əstániʃ] 驚かす	distínguish [distíŋgwiʃ] 区別する
	accómplish [əkámpliʃ] 達成する	abólish [əbáliʃ] 廃止する

秘伝「イアンとイオンがいっしょにいかるがシティに行く」
-ian　-ion　-ish　-ical　-ity　-ic

-ient	áncient [éinʃənt] 古代の	suffícient [səfíʃənt] 十分な
	effícient [ifíʃənt] 能率的な	convénient [kənvíːnjənt] 便利な
-ience	cónscience [kánʃəns] 良心	convénience [kənvíːnjəns] 便利
	expérience [ikspíəriəns] 経験	áudience [ɔ́ːdiəns] 観衆
-iency	effíciency [ifíʃənsi] 能率	defíciency [difíʃənsi] 欠陥
-graphy	biógraphy [baiágrəfi] 伝記	photógraphy [fətágrəfi] 写真
	geógraphy [dʒiágrəfi] 地理学	
-sive	expénsive [ikspénsiv] 高価な	progréssive [prəgrésiv] 進歩的な
	impréssive [imprésiv] 印象的な	
-que	uníque [juːníːk] 唯一の	techníque [tekníːk] 技術
-meter	barómeter [bərámitər] 気圧計	thermómeter [θərmámətər] 温度計
-itude	áttitude [ǽtitjùːd] 態度	áltitude [ǽltətjùːd] 高度

秘伝「いつでもシブ くキメてるね」
-itude -sive-que-meter

-itute	súbstitute [sʌ́bstətjùːt] 代用する	cónstitute [kánstətjùːt] 構成する
-ior	behávior [bihéivjər] 行動	inférior [infíəriər] 劣った
	supérior [səpíəriər] 優れた	intérior [intíəriər] 内部の

-age	dámage [dǽmidʒ] 損害		ímage [ímidʒ] イメージ	
	advántage [ædvǽntidʒ] 利点		encóurage [inkə́:ridʒ] 励ます	

-val(動詞の名詞形) arrível [əráivəl] 到着　survíval [sərváivəl] 生存

Rule 27 二音節前にアクセントが来る語尾

-ate, **-ous**, **-ite**, **-ism**, **-graph** などの語尾を持つ語は，二音節前にアクセントが来る。**-ate** の付く語の出題率が目立って高い。

-ate
immédiate [imí:diət] 直接の　appréciate [əprí:ʃièit] 評価する
délicate [délikət] 繊細な　éducate [édʒukèit] 教育する
démonstrate [démənstrèit] 証明する　elíminate [ilímənèit] 除去する
cóncentrate [kɑ́nsəntrèit] 集中する
séparate [sépərèit] 分ける　commúnicate [kəmjú:nəkèit] 伝達する
cómplicate [kɑ́mpləkèit] 複雑にする　assóciate [əsóuʃièit] 関連付ける
hésitate [hézətèit] ためらう　décorate [dékərèit] 飾る
áccurate [ǽkjurət] 正確な　appróp riate [əpróupriət] 適切な
fórtunate [fɔ́:rtʃənət] 幸運な　désperate [déspərət] 必死の
últimate [ʌ́ltəmət] 究極の
ádequate [ǽdikwət] 十分な（qu の u は母音ではない）

注意 élevate → éleva**tor** のように -ator となっても変化なし。

注意 二音節の単語には当てはまらない。
prívate [práivət] 個人の　clímate [kláimit] 気候
creáte [kriéit] 作り出す

-ous
óbvious [ɑ́bviəs] 明白な　prévious [prí:viəs] 前の
dángerous [déindʒərəs] 危険な　ínfamous [ínfəməs] 悪名高い
ridículous [ridíkjuləs] こっけいな　mystérious [mistíəriəs] 不思議な

例外 cónscious [kɑ́nʃəs] 意識のある，advantágeous [ædvəntéidʒəs] 有利な，delícious [dilíʃəs] おいしい，courágeous [kəréidʒəs] 勇気ある　などは -ous の直前の母音にアクセントがある。（しかし文字で見ると，これらも ous の２個前の母音字が強くなっている！）

-ite
définite [défənit] 明確な　fávorite [féivərit] 大好きな
áppetite [ǽpətàit] 食欲　ópposite [ɑ́pəzit] 反対の

-ism /-asm
méchanism [mékənìzm] しくみ　críticism [krítəsìzm] 批判
jóurnalism [dʒə́:rnəlìzm] 報道業界　enthúsiasm [inθú:ziæ̀zm] 熱意

-ize	críticize	[krítəsàiz] 批判する	apólogize	[əpálədʒàiz] 謝る
	récognize	[rékəgnàiz] 認める	órganize	[ɔ́ːrgənàiz] 組織する
-graph	phótograph	[fóutəgræ̀f] 写真	páragraph	[pǽrəgræ̀f] 段落

注意 photograph の派生語はアクセントが移動するので注意。
（Rule 26 が適用されている）
photógraphy [fətágrəfi] 写真（撮影）　photográphic [fòutəgrǽfik] 写真の

> **秘伝** 二音節前にアクセントが来る５つの重要語尾の覚え方。
> It's danger**ous** to critici**ze** his favor**ite** photo**graph** immedi**ate**ly.
> 「彼のお気に入りの写真をすぐに批判するのは危険だ」

-fy 動	idéntify	[aidéntəfài] 正体をつきとめる	sátisfy	[sǽtisfài] 満足させる
	térrify	[térəfài] 恐れさせる	jústify	[dʒʌ́stəfài] 正当化する
-my	ecónomy	[ikánəmi] 経済	acádemy	[əkǽdəmi] 学会
	astrónomy	[əstránəmi] 天文学	énemy	[énəmi] 敵

Rule 28 名前動後のパターン

名詞として使われるときは**前**，**動詞**のときは**後ろ**にアクセントが置かれる語がある。「名前動後」と覚えよう。

record	[rékərd] 名 記録	desert	[dézərt] 名 砂漠
	[rikɔ́ːrd] 動 記録する		[dizə́ːrt] 動 見捨てる
progress	[prágres] 名 進歩	import	[ímpɔːrt] 名 輸入
	[prəgrés] 動 進歩する		[impɔ́ːrt] 動 輸入する
insult	[ínsʌlt] 名 侮辱	object	[ábdʒikt] 名 物体
	[insʌ́lt] 動 侮辱する		[əbdʒékt] 動 反対する

注意 present → [prézənt] 名 プレゼント [préznt] 形 出席して [prizént] 動 贈呈する

注意 名詞でも動詞でもアクセントが変わらない語のほうが多い。例 contról [kəntróul] 制御（する），repórt [ripɔ́ːrt] 報告（する），expréss [iksprés] 表現する，急行

Rule 29 -ffer で終わる動詞はその前にアクセントが来る

次の動詞はアクセントがまぎらわしいが，**f の数に注目する**とすっきりまとめられる。

-ffer	óffer [ɔ́ːfər] 申し出る	dífferr [dífər] 異なる	súffer [sʌ́fər] 苦痛を被る
-fér	prefér [prifə́ːr] …のほうを好む	refér [rifə́ːr] 言及する	

Rule 30 -ableが付くとアクセントが1つ前に移る語がある

admíre [ædmáiər] 賞賛する → ádmirable [ǽdmərəbl] りっぱな
compáre [kəmpέər] 比較する → cómparable [kɑ́mpərəbl] 比較できる

注意 アクセントが変わらないものも多い。
例 cómfort [kʌ́mfərt] 快適 → cómfortable [kʌ́mfərtəbl] 快適な

Rule 31 カタカナ英語に油断するべからず

日本語化している語には，英語とアクセントがずれたものが多いから確認しておこう。

advíce [ædváis] 忠告
álphabet [ǽlfəbèt] アルファベット
bálance [bǽləns] バランス
chállenge [tʃǽlindʒ] 難問
dámage [dǽmidʒ] 損害
demócracy [dimɑ́krəsi] 民主制
équal [íːkwəl] 等しい
guitár [gitɑ́ːr] ギター
ímage [ímidʒ] イメージ
ínterval [íntərvəl] 間隔
módern [mɑ́dərn] 現代の
óperator [ɑ́pərèitər] オペレーター
paráde [pəréid] 行進
pénalty [pénəlti] 刑罰
percéntage [pərséntidʒ] 百分率
prógram [próugræm] プログラム
succéss [səksés] 成功
tobácco [təbǽkou] タバコ
vólume [vɑ́ljuːm] 体積
álcohol [ǽlkəhɔ̀ːl] アルコール
áverage [ǽvəridʒ] 平均
cálendar [kǽləndər] カレンダー
cómment [kɑ́ment] コメント
délicacy [délikəsi] デリカシー
énergy [énərdʒi] エネルギー
evént [ivént] 出来事
hotél [houtél] ホテル
Ínternet [íntəːrnèt] インターネット
mánager [mǽnidʒər] 経営者
muséum [mjuːzíːəm] 博物館
órchestra [ɔ́ːrkəstrə] オーケストラ
páttern [pǽtərn] 型
percént [pərsént] パーセント
políce [pəlíːs] 警察
pýramid [pírəmìd] ピラミッド
tálent [tǽlənt] 才能
violín [vàiəlín] バイオリン

PART 6 発音・アクセント

その他のアクセント問題頻出語

ágriculture	[ǽgrikʌ̀ltʃər] 農業	allów	[əláu] 許可する
altérnative	[ɔːltə́ːrnətiv] 二者択一の	áncestor	[ǽnsestər] 先祖
appárent	[əpǽrənt] 見かけの	áppetite	[ǽpətàit] 食欲
árchitecture	[ɑ́ːrkətèktʃər] 建築	átmosphere	[ǽtməsfìər] 大気
aváilable	[əvéiləbl] 利用できる	canál	[kənǽl] 運河
chémistry	[kéməstri] 化学	cigár	[sigɑ́ːr] 葉巻
círcumstance	[sə́ːrkəmstæ̀ns] 状況	compárison	[kəmpǽrisn] 比較
cónsequence	[kɑ́nsəkwèns] 結果	consíder	[kənsídər] 考慮する
contémporary	[kəntémpərèri] 現代の	contínue	[kəntínjuː] 続く
contríbute	[kəntríbjuːt] 貢献する	decíde	[disáid] 決める
démocrat	[déməkræ̀t] 民主党員	dessért	[dizə́ːrt] デザート
detérmine	[ditə́ːrmin] 決める	devélopment	[divéləpmənt] 発展
éffort	[éfərt] 努力	embárrass	[imbǽrəs] 困惑させる
endéavor	[indévər] 企て	engágement	[ingéidʒmənt] 約束
énterprise	[éntərpràiz] 企業	énvelope	[énvəlòup] 封筒
envíronment	[inváiərənmənt] 環境	éxercise	[éksərsàiz] 練習
expériment	[ikspérəmənt] 実験	famíliar	[fəmíljər] よく知った
fatígue	[fətíːg] 疲労	fémale	[fíːmeil] メスの
fúrniture	[fə́ːrnitʃər] 家具	góvernment	[gʌ́vərnmənt] 政府
ígnorant	[ígnərənt] 無知な	índustry	[índəstri] 産業
ínfamous	[ínfəməs] 悪名高い	ínfluence	[ínfluəns] 影響
ínstinct	[ínstiŋkt] 本能	ínstrument	[ínstrəmənt] 器具
intérpret	[intə́ːrprit] 解釈する	interrúpt	[ìntərʌ́pt] 中断する
ínterview	[íntərvjùː] インタビュー	líterature	[lítərətʃər] 文学
magníficent	[mægnífəsnt] すばらしい	maríne	[məríːn] 海の
mélancholy	[mélənkɑ̀li] 憂うつ	míschief	[místʃif] いたずら
nécessary	[nésəsèri] 必要な	óbstacle	[ɑ́bstəkl] 障害
occúr	[əkə́ːr] 起こる	occúrrence	[əkə́ːrəns] 出来事
órigin	[ɔ́ːrədʒin] 起源	partícular	[pərtíkjulər] 特定の
phenómenon	[finɑ́mənɑ̀n] 現象	philósophy	[filɑ́səfi] 哲学
préference	[préfərəns] 好み	récent	[ríːsnt] 最近の
réference	[réfərəns] 参照	refrígerator	[rifrídʒərèitər] 冷蔵庫
rélative	[rélətiv] 相対的な	represént	[rèprizént] 表す
routíne	[ruːtíːn] 日課	sácrifice	[sǽkrəfàis] 犠牲
signíficant	[signífikənt] 重要な	sóuthern	[sʌ́ðərn] 南の
submít	[səbmít] 提出する	súrface	[sə́ːrfis] 表面
thórough	[θə́ːrou] 完全な	végetable	[védʒətəbl] 野菜

英語索引

Ⓒは本文中の Check を示しています。
be 動詞が含まれる熟語は，中心となる語の頭文字を参照してください。　例）(be) *able* to V → A の項を参照。

A

B

D

E

F

G

H

I

N

O

Q

R

S

T

Y

文法事項索引

な

は

ま

や

ら

わ

表紙デザイン：bookwall
本文デザイン：クニメディア株式会社

初 版
第１刷　2005年 9 月 1 日　発行
第16刷　2009年 4 月 1 日　発行
改訂版
第１刷　2009年 9 月 1 日　発行
第19刷　2014年 8 月 1 日　発行
三訂版
第１刷　2014年11月 1 日　発行
第22刷　2023年 6 月 1 日　発行
四訂版
第１刷　2023年11月 1 日　発行
第２刷　2024年 2 月 1 日　発行
第３刷　2024年 4 月 1 日　発行
第４刷　2024年 4 月10日　発行

ISBN978-4-410-11184-6

編著者　霜 康司・刀祢 雅彦・麻生 裕美子
発行者　星野 泰也
発行所　**数研出版株式会社**
〒101-0052 東京都千代田区神田小川町2丁目3番地3
〔振替〕00140-4-118431
〒604-0861 京都市中京区烏丸通竹屋町上る大倉町205番地
〔電話〕代表（075）231-0161
ホームページ　https://www.chart.co.jp
印刷　株式会社加藤文明社

本書におけるデジタルコンテンツのご利用方法

本書では，紙面の QR コードからアクセスすることで，下記の３コンテンツをご利用いただけます。

ユーザー登録や追加費用は不要なので，気軽にご利用いただけます。 （通信費はお客様のご負担となります。Wi-Fi 環境でのご利用をお勧めいたします。）

① 英文音声の再生

PART １～５の全問題英文の音声＋ PART ６の発音・アクセントの音声を確認することができます。

〈お薦めの使い方〉

① 設問を解いて，解説を確認

↓

② 音声を聞きながら，英文を目で追って確認

↓

③ 英文を目で追いながら，音声と共に音読（シャドウイング）を何度も繰り返す

↓

④ 英文を見ずに音声をシャドウイング

④は上級者向けです。③を何度も繰り返し，結果として英文を覚えるくらいになってください。

② ドリル問題（本書掲載の全問題＋類問）

１問１答形式のドリル問題で，本書の復習と，大学入試問題等を用いた豊富な類問の演習が可能です。
様々な問題を通して，基本事項を確認しましょう。

③「本書の学習法」に関する紹介動画

著者による『アップグレード 英文法・語法問題』を使った学習法の紹介動画を視聴できます。

〈デジタルコンテンツ一覧〉

＊左記の「デジタルコンテンツ一覧」以外に，①②は各章のタイトル横，③は p.7「本書の構成と効果的な使い方」にも QR コードを掲載しております。

＊ QR コードは株式会社デンソーウェーブの登録商標です。